高等院校经济学管理学系列教材

# 电子商务概论

## Introduction to E-Business

毛晶莹 ◎主编

北京大学出版社
PEKING UNIVERSITY PRESS

**图书在版编目(CIP)数据**

电子商务概论/毛晶莹主编. —北京:北京大学出版社,2016.9
(高等院校经济学管理学系列教材)
ISBN 978-7-301-25502-5

Ⅰ. ①电… Ⅱ. ①毛… Ⅲ. ①电子商务—高等学校—教材 Ⅳ. ①F713.36

中国版本图书馆 CIP 数据核字(2015)第 032053 号

| | |
|---|---|
| **书　　名** | 电子商务概论<br>Dianzi Shangwu Gailun |
| **著作责任者** | 毛晶莹　主编 |
| **责任编辑** | 朱梅全　刘秀芹 |
| **标准书号** | ISBN 978-7-301-25502-5 |
| **出版发行** | 北京大学出版社 |
| **地　　址** | 北京市海淀区成府路 205 号　100871 |
| **网　　址** | http://www.pup.cn |
| **电子信箱** | sdyy_2005@126.com |
| **新浪微博** | @北京大学出版社 |
| **电　　话** | 邮购部 62752015　发行部 62750672　编辑部 021-62071998 |
| **印 刷 者** | 三河市北燕印装有限公司 |
| **经 销 者** | 新华书店 |
| | 730 毫米×980 毫米　16 开本　17.75 印张　338 千字 |
| | 2016 年 9 月第 1 版　2016 年 9 月第 1 次印刷 |
| **定　　价** | 42.00 元 |

# 前　言

随着信息技术、计算机技术和互联网技术的迅猛发展，电子商务已成为21世纪的主要商业模式，并已成为推动社会经济、生活和文化进步的重要动力。电子商务改变了企业的生产方式、管理模式和经营方式，也对个人的日常生活、学习和工作产生了深远的影响。电子商务将是21世纪全球经济增长最快的领域之一，它带来的经济发展机遇是人类历史上几百年才能遇到的。

随着电子商务理论与实践的发展，一门新的学科——电子商务学应运而生。电子商务理论是一门技术、经济、管理诸多学科知识融汇交叉的新兴的应用型学科，它涉及的内容十分广泛。电子商务的发展速度极快，国内外企业不断推出电子商务的创新模式，这也对电子商务教学提出了更高的要求。电子商务教材急需更新，以满足高等院校电子商务课程的教学需求。本书力求全面系统地介绍电子商务的整体理论框架及其所涵盖的主要原理、技术与发展趋势，用最新的数据体现电子商务的发展状况，使读者在阅读此书后能够对电子商务的理论、技术、应用与发展有一个清晰完整的认识，并为后续深入学习与研究电子商务打下基础。

本书将结合电子商务的特点和我国互联网络应用的状况，全面系统地介绍电子商务的基础知识、电子商务技术基础、电子支付、网上银行、电子商务安全、电子商务模式、网络营销和移动电子商务，突出理论知识与实践技能相结合的特色。本书可以作为高等院校电子商务、信息技术、经济学、工商管理学、金融学、国际贸易等专业学生的教学用书，也可以作为社会各界电子商务的培训教材，同样适用于企事业部门的管理人员和业务人员了解和掌握电子商务。

本书由华东师范大学毛晶莹负责设计全书框架，撰写大纲和定稿。本书是在借鉴众多专家和学者的研究成果的基础上写成的，在此表示衷心的感谢。

毛晶莹

2016年5月

# 目　　录

# 第一章　电子商务概述

【本章学习目标】

- 了解电子商务的概念；
- 了解电子商务的产生与发展；
- 掌握电子商务的分类；
- 了解电子商务对社会的影响。

## 案例导读

### 2012年"光棍节"淘宝和天猫销售额191亿元，超越美国最大网购节[①]

2012年11月11日凌晨，"光棍节"在淘宝和天猫同时启动，第一分钟就有1000万人同时拥入。仅仅10分钟，淘宝和天猫上的交易额就达到了2.5亿元，又过了27分钟，这个数据就被刷新成了10亿元。到早上8:10，突破50亿元，8小时就超越了2011年"双十一"天猫和淘宝的支付宝总销售额。而截止到13:38，通过支付宝的交易额就突破了100亿元。这个数字大幅超越了2011年美国电子商务行业的最高纪录——美国最大的网上购物节"网络星期一"(感恩节后的第一个星期一)的交易额12.5亿美元(约合78亿元人民币)。2012年，北、上、广、杭544家重点零售企业中秋、国庆的8天假期里总共营收额也只不过149.4亿元。艾媒咨询监测的数据显示，参与2012年"光棍节"促销活动的网民超过1.06亿人。最新的数据显示，2012年"双十一"购物狂欢节支付宝总销售额191亿元，其中天猫132亿，淘宝59亿。

电商"光棍节"的发起者是淘宝，最初的动机是看到普通商场都有"十一黄金周"之类的促销时段，淘宝就想在网上也搞一个促销活动。相对于传统节日，"光棍节"更富有草根娱乐精神和互联网时代特色，所以更受网民的追捧。促成震撼销售额的当然不仅仅是"光棍节"这个噱头，还有一个原因是11月11日正好踩到了一个商业规律的节拍上。11月11日距离国庆节促销已过去一个多月，离元旦还有一个月，此时需要一个促销活动来提升业绩。11月正是秋装清仓、冬装上市的季节，而淘宝和天猫有四成的成交额由服装提供。2009年11月11

---

① 参见陈聿敏：《淘宝"双十一"吸金191亿元，超越美国最大网购节》，http://news.sohu.com/20121112/n357321658.shtml，2015年6月3日访问。

日，淘宝联合了27家店铺，首次以“光棍节”的名义，举办了一个促销活动，单日成交额超过5000万元。尝到了甜头的淘宝继续搞“光棍节”促销活动。2010年11月11日，淘宝成交金额达9.36亿元。2011年11月11日，淘宝支付宝交易额突破33.6亿元。而2012年的11月11日更是创造了新的纪录191亿元。很多人都会把这一天看成是电商之间的一场价格、品牌、客户资源的争夺战，淘宝、天猫、京东、苏宁易购、当当等都在这一天使出浑身解数，争取更多的网购人群。

市场研究机构eMarketer报告显示，2011年中国电子商务零售规模达553.7亿美元，同比增长103.7%，预计2012年将增长94.1%，增长速度远高于美国，在全球市场中排名第四。

时至今日，网购已经从一线城市白领的时髦行为，变成不分时间、地域的全民消费新模式，老年人、农民工、学生都纷纷上了网；电子商务正在牵动百万商家、快递物流和电商服务业的神经，已经成为中国拉动内需、促进千万人就业的核心动力之一。

阿里巴巴集团董事局主席马云说：“天猫购物狂欢节将是中国经济转型的一个信号，也就是新经济、新的商业模式对传统商业模式的大战，让所有制造业贸易商们知道，今天形势变了。对于传统行业来讲，这个大战可能已经展开。”

也有分析人士认为，从现下的电商形势看，中国的零售业态正在“发生根本性变化”——线上交易形式已经由之前的作为零售产业的补充渠道之一，转型为拉动中国内需的主流形式，由此开始全面倒逼传统零售业态升级。

## 第一节 电子商务的概念

### 一、电子商务的定义

电子商务是一个不断发展的概念，这一概念自产生起，就没有一个统一的定义。电子商务的先驱IBM公司于1996年提出了Electronic Commerce(E-Commerce)的概念，到了1997年，该公司又提出了Electronic Business(E-Business)的概念。但我国在引进这两个概念时，把它们都翻译为“电子商务”，因而忽视了两者的区别。事实上，E-Commerce应翻译为“电子商业”，即狭义的电子商务，是指实现整个贸易过程中各阶段贸易活动的电子化。而E-Business是广义的电子商务，是指利用网络实现所有商务活动业务流程的电子化。

电子商务的概念主要由两部分构成：一是电子，二是商务。从狭义上理解，电子就是指通过计算机和网络手段所完成的信息传输与处理过程。从广义上理解，电子应包括所有电子通讯技术和电子工具。商务主要是指企业的经营活动(也包括参与企业经营活动的个人消费者的活动)。企业的经营活动范围很广，具体包括采购、生产、营销、财务、人力资源管理等。电子商务实际上是电子与商务的结合，即电子商务是商务活动主体在法律允许的范围内利用电子手段（主要是 Internet）和其他客体要素所进行的商务活动过程。

从目前来看，电子商务还没有一个较为确切、全面的定义。不同研究者、不同组织从各自的角度提出了对于电子商务的认识。下面介绍国际组织、政府、企业和学者分别对电子商务作出的较有代表性的定义，从而可以对电子商务有较为全面的认识。

### （一）国际组织对电子商务的定义

欧洲议会在《欧洲电子商务发展倡议》中给出的定义是，电子商务是通过电子方式进行的商务活动。它通过电子方式处理和传递数据，包括文本、声音和图像。电子商务涉及许多方面的活动，包括货物电子贸易和服务、在线数据传递、电子资金划拨、电子证券交易、电子货运单证、商业拍卖、合作设计和工程、在线资料、公共产品获得等。

世界贸易组织认为，电子商务就是通过电信网络进行的生产、营销、销售和流通活动。它不仅指基于 Internet 的交易，还指所有利用电子信息技术解决问题、降低成本、增加价值和创造商机的商务活动，包括通过网络实现从原材料查询、采购、产品展示、订购到出品、储存运输以及电子支付等一系列的贸易活动。

国际商会于 1997 年 11 月在巴黎举行了世界电子商务会议（The World Business Agenda for Electronic Commerce）。大会对电子商务的定义是：电子商务是指实现整个贸易过程中各阶段的贸易活动的电子化。

加拿大电子商务协会对电子商务的定义较为严格：电子商务是指通过数字通信进行商品和服务买卖以及资金转账，还包括公司间和公司内利用 E-mail、电子数据交换（EDI）、文件传输、传真、电视会议、远程计算机联网所能实现的全部功能（如市场营销、金融结算、销售、商务谈判等）。

### （二）各国政府对电子商务的定义

美国政府在其《全球电子商务纲要》中提出了电子商务的定义：电子商务是指通过 Internet 进行的各项商务活动，包括广告、交易、支付、服务等活动，全球电子商务将会涉及全球各国。

中国政府认为，电子商务是网络化的新型经济活动，即基于互联网、广播电视网和电信网络等电子信息网络的生产、流通和消费活动，而不仅仅是基于 Internet 的交易或流通方式。

### （三）企业对电子商务的定义

HP 公司认为，电子商务是指在从售前服务到售后支持的各个环节实现电子化、自动化。它能够使我们以电子交易手段完成物品和服务等价值交换。

IBM 提出了一个电子商务的定义公式，即电子商务 = Web + IT（Information Technology,信息技术)。IBM公司认为,电子商务是指采用数字化电子方式进行商务数据交换和开展商务业务的活动,是在Internet的广阔联系与传统信息技术系统的丰富资源相互结合的背景下应运而生的一种相互关联的动态商务活动。它强调的是在计算机网络环境下的商业化应用,是把企业与其供应商、客户及其他合作伙伴在互联网(Internet)、企业内部网(Intranet)、企业外部网(Extranet)结合起来的应用。

联想公司认为,电子商务不仅仅是一种管理手段,而且触及企业组织架构、工作流程的重组乃至社会管理思想的变革。企业电子商务的发展道路是一个循序渐进、从基础到高端的过程,具体包括:(1) 构建企业的信息基础设施;(2) 实现办公自动化(OA);(3) 建设企业核心的业务管理和应用系统,包括企业资源计划(ERP)、外部网站,以及针对企业经营的三个直接增值环节设计和实施客户关系管理(CRM)、供应链管理(SCM)和产品生命周期管理(PLM)。

(四) 学者对电子商务的定义

美国学者瑞维·卡拉克塔(Ravi Kalakota)和安德鲁·B. 惠斯顿(Andrew B. Winston)在《电子商务的前沿》一书中提出:"广义地讲,电子商务是一种现代商业方法。这种方法通过改善产品和服务质量,提高服务传递速度,满足政府组织、厂商和消费者的降低成本的需求。这一概念也用于通过计算机网络寻找信息以支持决策。一般地讲,今天的电子商务通过计算机网络将买方和卖方的信息、产品和服务联系起来,而未来的电子商务则通过构成信息高速公路的无数计算机网络中的一条通道将买方和卖方联系起来。"①

陕西财经学院电子商务研究所李琪教授在其专著《中国电子商务》一书中指出:"客观上存在着两类对电子商务的定义。第一,广义的电子商务定义:电子工具在商务活动中的应用。电子工具包括从初级的电报、电话到国家信息基础设施NII(National Information Infrastructure)、GII(Global Information Infrastructure)和Internet等。商务活动泛指商品的需求活动和商品的消费活动。第二,狭义的电子商务定义:在技术、经济高度发达的现代化社会里,掌握信息技术和商务规则的人,系统化运用电子工具,高效率、低成本地从事以商品交换为中心的各种活动的全过程。第一个定义可以简称为'商务电子化',第二个定义可以简称为'电子化商务系统'。第一个定义是基本范畴,第二个定义则是具有现代特征、现实意义的电子商务系统定义。"②

(五) 对电子商务概念的总结

从上述不同定义可以看出,电子商务不但是一种新型的市场商务运作模式,

① Ravi Kalakota, Andrew B. Winston, Frontiers of Electronic Commerce, Addison Wesley Longman, 1996.

② 李琪:《中国电子商务》,西南财经大学出版社1997年版。

同时还将影响到企业内部组织结构和管理模式。综上所述，可以为电子商务作出如下定义：电子商务是在利用现代电子工具（包括现代通讯工具和计算机网络）的基础上进行企业的经营管理和市场贸易等现代商务活动。这一定义，将电子商务的内涵由原来局限于市场贸易方面的商务活动扩展到包括企业内部的经营管理活动。

对电子商务概念的理解通常分为狭义和广义两种：狭义的电子商务是指互联网环境下的商品交易以及与商品交易相关的商务活动；广义的电子商务是指一切利用电子手段进行的商业活动，包括电话购物、电视购物、电子收款机系统（POS）联机销售等活动。本书采用广义的电子商务概念。电子商务所采用的电子工具包括电话、电报、传真、电视、电子数据交换、Internet 等。电子商务中所指的商务活动不仅包括企业间的商务活动，还包括企业内部的商务活动，涵盖了企业的采购、生产、营销、财务、人力资源管理等活动。通过网络化的过程，实现企业内部的信息共享，并且通过供应链对企业的上下游合作伙伴进行整合，促进企业的业务流程重组，形成协同化的作业，提高经营效率，降低运营成本，从而增强企业的竞争力。

## 二、电子商务的功能

电子商务可提供网上交易和管理等全过程服务。从企业的角度看，电子商务的功能可分为企业对外的商务活动功能和企业对内的商务活动功能。

### （一）企业对外的商务活动功能

1. 广告宣传

电子商务使企业可以通过企业的 Web 服务器、网络主页和电子邮件等在全球范围内作广告宣传。企业可在互联网上宣传企业形象和发布各种商品信息，企业客户、供应商和广大消费者都可借助搜索工具找到所需的商品信息。在网络环境下，信息发布的实时性、方便性和广泛性是传统媒体无法比拟的。与其他各类广告相比，网络广告具有成本低、双向互动、传播广泛、可控性较强等优势。

2. 咨询洽谈

电子商务使企业可通过各种电子工具进行咨询洽谈活动。企业不仅可以使用电话、传真等传统的电子手段，还可以运用互联网的新型方式，如电子邮件、电子公告板（BBS）、在线客服和即时通信工具（如 QQ、MSN、阿里旺旺）等。互联网所提供的新型方式给咨询洽谈带来了更多便利，人们可以方便地进行异地交流，而且其成本较低廉。

3. 商品订购

早期的电子商务是采用电话订购方式，随着互联网的广泛应用，越来越多的人开始采用网络订购方式。在电子商务网站上，商品订购的界面友好且清晰，通常有完整的产品介绍和产品的图片，界面上通常有“立即购买”和“加入购物车”按钮，方便客户在线订购。网上订购通常要求客户填写完整的订单，具体包括所订购商品的数量、型号和颜色，送货时间要求，送货地址，支付方式以及是否需要发票等信息。客户填好订单之后，直接在线提交订单，并且可以随时查询订单状态、查看订单明细等。

4. 电子支付

电子支付是电子商务中的一个重要环节。电子商务活动离不开资金的流动，而电子支付可以保证电子商务活动的完整性。虽然电子商务也可以通过传统的支付方式(如货到付款)来完成资金的结算，但电子支付方式具有更大的优势，为买卖双方提供了更为便利的结算方式，也可以保证卖方及时地收取货款。随着第三方支付方式的推广使用，这种新型的电子支付得到了广大消费者的青睐，因为这种支付可以保证消费者在收到货物后，再把货款支付给卖方，而卖方也不必担心收不到货款。电子支付的关键是保证支付的安全性，现在已有一些实用的技术来保证电子支付的安全性。

5. 网上金融服务

一般而言，电子支付离不开网上金融服务。网上金融服务通常由银行、证券公司和保险公司等金融单位提供，包括网上银行、投资理财、网上证券交易、网上保险等。网上金融服务尤其要注重安全性，目前可通过数字证书、数字签名、加密、动态密码、移动数字证书等安全工具来提高操作的安全性。

6. 服务传递

电子商务通过服务传递系统将客户订购的商品送达客户指定的送货地点。提供个性化订购的企业应先根据客户的订单生产客户定制的产品，然后把产品送至配送中心，配送中心再通过物流服务部门完成商品的传递，把商品送至订单所指定的送货地点。以上服务传递是针对有形商品，对于无形商品而言，商品的递送更为方便，软件、电子读物、充值卡的卡号和密码、信息服务等无形商品可通过网络直接传递到用户端。

7. 意见征询

企业的电子商务系统可以采用网页上的选择、填空等形式及时收集客户对商品和销售服务的反馈意见。客户的反馈意见不仅能提高企业售前和售后的服务水平，而且使企业获得改进产品、发现市场的商业机会。

(二) 企业对内的商务活动功能

1. 交易管理

电子商务的交易管理系统可以借助网络快速、准确地收集大量数据信息，并且可利用计算机系统强大的处理能力，针对与网上交易活动相关的人、财、物、客户及本企业内部事务等方面进行及时、科学、合理的协调和管理。

2. 供应链管理

供应链电子商务是指借助互联网服务平台，实现供应链交易过程的全程电子化，彻底变革传统的上下游商业协同模式。供应链电子商务以企业级内部ERP管理系统为基础，在统一了人、财、物、产、供、销各个环节的管理，规范了企业的基础信息及业务流程的基础上，建立经销商的电子商务协同平台，并实现外部电子商务与企业内部ERP系统的无缝集成，实现商务过程的全程贯通。电子商务能促进上下游关联企业的合作，通过实施供应链管理，企业可以提高原材料采购、生产、包装、配送等环节的运行效率。

3. 客户关系管理

客户关系管理(Customer Relationship Management，简称CRM)是指选择和管理有价值客户及其关系的一种商业策略。CRM要求以客户为中心的商业哲学和企业文化来支持有效的市场营销、销售与服务流程。在电子商务环境下，通过用户注册和网络数据库，企业可以方便地得到客户的个人信息。企业还可以根据客户的购物记录，分析了解客户的需求，并为客户推荐新产品，从而可以更好地为客户服务。

## 三、电子商务的特点

电子商务运用了多种电子工具，尤其是运用了Internet这种新型的电子工具，不仅改变了企业本身的生产、经营和管理活动，而且影响到了整个社会经济的运行。因此，与传统的商务活动相比，电子商务呈现出一些新的特点。

### (一) 商务流程电子化

电子商务将传统的商务流程电子化、数字化，交易双方从搜集信息、贸易谈判、签订合同、货款支付到货物传递等流程，均可通过网络运用电子化手段进行。以电子流替代实物流，可大量减少人力、物力，降低了成本，而且提高了效率。

### (二) 商务交易便利化

在电子商务环境中，客户足不出户就可以大范围地比较、选择和查询商品，不仅能比较商品的价格和质量，而且还能对不同商家的服务和信誉等进行对比。与传统商务活动相比，电子商务还具有无时间限制和地点限制的优势，客户可以随时上网查询商品信息。此外，电子支付和网上银行的全天候服务使客户可以随时存取资金和完成支付，为网上交易的达成提供了极大的便利。

### (三) 商务运作高效化

电子数据交换和电子邮件等电子手段的运用，使商业报文能在瞬间完成传递，而且计算机可以自动处理一些商业文件，这就克服了传统商务活动费用高、易出错、处理速度慢等缺点，极大地缩短了交易时间，提高了商务活动的运作效率。电子商务也提高了网络营销的效率，企业与客户之间的信息沟通更加方便快捷，企业可以对市场需求作出快速反应，甚至可以按客户的订单要求来生产产品。

（四）市场竞争全球化

电子商务环境下，信息的流通更为高速快捷，商务主体之间的距离也被缩短。网络突破了空间的限制，商务交易的范围也从区域性的小市场走向全球化的大市场。虽然传统商务活动已经突破了国界，但互联网又进一步促使市场竞争全球化。在互联网上，任何一家企业都可以面向全世界销售自己的产品，可以在全球范围寻找合作伙伴。从买方的角度看，选择产品的范围也扩大到了全球，因而产品竞争更为激烈。

（五）部门协作化

商务活动包括企业在订货、销售和存储等环节中与生产商、消费者发生的交易与服务行为以及其间的信息传递，它本身就是一个各部门协作的过程。除了传统商务所需要的与供应商、客户及其他商业伙伴间的协调之外，电子商务更需要企业内部各部门、生产商、批发商、零售商、银行、配送中心、通信、技术服务等多个部门的协作，这样才能保证电子商务各个环节的通畅运作，从整体上体现出电子商务的高效率。

（六）产品和服务的个性化

在电子商务环境中，商务信息可以实现双向沟通，因此卖方完全可以根据买方的要求提供产品和服务。通过卖方所提供的友好定制界面，买方可以自由定制个性化的产品和服务，如定制个性化的相册、个性化的杯子、个性化的 T 恤衫、个性化的简历等。个性化定制也对卖方提出了更高的要求，要求卖方及时收集客户的个性化需求信息，并要实现柔性化生产。

## 四、电子商务的应用层次

电子商务是从企业全局角度出发，根据市场需求对企业业务进行系统规范的重新设计和构造，以适应网络知识经济时代的数字化管理和数字化经营需要。根据国际数据公司 IDC 的系统研究分析，电子商务的应用可以分为三个层次，如图 1-1 所示：

（一）市场电子商务

电子商务的第一个层次是面向市场的以市场交易为中心的活动，它包括促成交易实现的各种商务活动，如网上展示、网上洽谈等活动，其中网络营销是最重要的网上商务活动；还包括实现交易的电子贸易活动，主要是利用 EDI、Internet 实现交易前的信息沟通、交易中的网上支付和交易后的售后服务等。

（二）企业电子商务

电子商务的第二个层次是指如何利用 Internet 来重组企业内部经营管理活

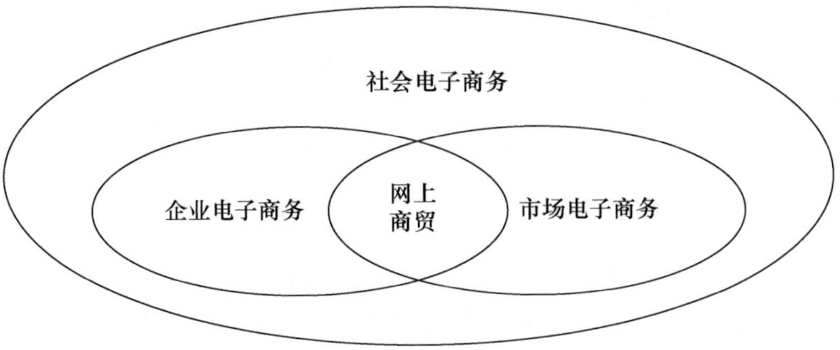


图 1-1　电子商务的应用层次

动，与企业开展的电子商贸活动保持协调一致。最典型的是供应链管理，它从市场需求出发，利用网络将企业的销、产、供、研等活动串在一起，实现企业网络化、数字化管理，最大限度适应网络时代市场需求的变化，也就是企业内部的电子商务实现。

（三）社会电子商务

电子商务的第三个层次是指整个社会经济活动都以互联网为基础。如电子政务是指政府活动的电子化，它包括政府通过互联网处理政府事务，利用互联网进行招投标、实现政府采购，利用互联网收缴税费等。

第三个层次的电子商务是第一个层次和第二个层次电子商务的支撑环境。只有三个层次的电子商务共同协调发展，才可能推动电子商务朝着良性循环的方向发展。

## 第二节　电子商务的发展历程

从广义上理解，电子商务是采用电子化的方式进行的商务活动，因此电子商务的起源可以追溯到 1839 年电报的出现。随着电话、传真等工具的应用，现代的商务活动更为紧密地与电子技术联系在一起。20 世纪 60 年代末计算机开始普及以后，随着商务活动与计算机技术、网络技术的互动发展，电子商务更加迅速地发展起来。电子商务提出了一种全新的商业机会、需求、规则和挑战，它代表了未来信息产业的发展方向，已经并将继续对全球经济和社会的发展产生深刻的影响。

### 一、电子商务的产生

根据所运用的电子手段的不同，电子商务可分为三种：基于电子通信工具的初期电子商务、基于电子数据交换的电子商务和基于互联网的电子商务。

（一）基于电子通信工具的初期电子商务的产生

早在1839年，人们就开始运用电报进行商务活动，当买卖双方交易过程中的交易条件的谈判以电报码形式在电线中传输时，就有了电子商务的萌芽。随着电话、传真、电视等电子工具的诞生，商务活动中可应用的电子工具进一步扩充。

1. 电报

电报是一种最早的、可靠的即时远距离通信方式，它是19世纪30年代在英国和美国发展起来的。电报是最早的电子商务工具，主要用于传递文字讯息。电报大大加快了消息的流通，是工业社会的一项重要发明。电报信息通过专用的交换线路以电信号的方式发送出去，该信号用编码代替文字和数字，通常使用的编码是莫尔斯编码。随着社会的进步发展，传统的电报在速率和效率上不能满足日益增长的文件往来的需要。当电话、传真、计算机和网络技术出现并日渐普及以后，电报逐渐被取代。

2. 电话

电话是一种广泛使用的电子工具。电话用途广泛，设备较便宜，所需的带宽很窄。人们可以通过电话直接订购产品和服务，也可以与电视订购、网络订购相结合来订购产品和服务。但由于电话只能传播声音，如要订购多种产品和服务，不如网络订购方便。因此，在许多情况下，电话仅用于交易前的准备和售后服务。长期以来，电话的通信一直局限于两人之间的声音交流，但现在，用可视电话进行可视商务对话已成为现实。

3. 传真

传真是将文字、图表、相片等记录在纸面上的静止图像，通过扫描和光电变换，变成电信号，经各类信道传送到目的地，在接收端通过一系列逆变换过程，获得与发送原稿相似记录副本的通信方式。传真提供了一种快速进行商务通讯和文件传输的方式。与传统的信函服务相比，传真主要的优势在于传输文件的速度更快。但传真在传送文件时要求对方也有传真机，这使传真在个体的消费者中使用较少，在商务活动中用得较多。20世纪末出现了网络传真业务，它是宽带网和传统电话传真业务的良好结合。只要能接入宽带网，便可使用电脑直接收发传真，就像收发Email一样简单。通过网上传真系统，用户可以使用IE浏览器直接发送传真，传真群发瞬间便可完成。使用网络传真系统后，可简化工作环节，提高工作效率，节省设备的购置费用和维护费用，实现无纸化管理，使信息沟通更加及时、通畅。

4. 电视

随着电视在家庭中的普及，电视广告和电视直销在商务活动中越来越重要。电视购物于20世纪80年代末从美国崛起，而在中国大陆，20世纪90年代初才出现电视购物节目。1992年,广东省的珠江频道播出了中国大陆第一个购物节目。1996年,大陆第一个专业的购物频道北京BTV开播。现在全球电视购物以每年超过20%的速度在增长。在美国,以HSN和QVC为代表的电视购物行业年收入已达千亿美元,占全国零售总额的8%。在日本和韩国,电视销售更是占了12%。而在中国,2014年的数据显示,电视购物只占到零售市场销售总额的0.3%。专业人士预测,十年后电视购物至少将占到整个零售业3%的份额。[①] 电视购物为消费者提供了便捷、高效的采购模式,由于电视频道在中国的权威性较高,其品牌的美誉度远远高于任何一家商业网站。另外,电视频道可以开办网站从事电子商务,并通过电视+电话(短信)+直邮目录等多种方式满足用户的购买需求。电视购物频道卖场直播的巨大感染力也是网上购物所不具有的。广告是塑造品牌和传递产品信息的一个重要手段,但广告时间较短,费用相对高昂,在短时间内难以完全、准确地传播产品的独特信息。长版本的电视购物节目能够清晰地表达产品的"卖点",产生更加令人信服的传播效果,更有利于品牌的塑造。目前我国应加强对电视购物的监管,以解决电视购物中存在的信誉危机。

电报、电话、传真和电视都曾在电子商务的发展历史中起到过重要作用,为商务活动提供了便利。虽然有的电子工具已被新的电子工具所替代,但也有一些电子工具仍可以在现代商务活动中起到补充作用。目前,电话、传真、电视这些传统的电子通讯工具仍然在商务活动中发挥着重要作用。

### (二) 基于电子数据交换的电子商务的产生

电子数据交换(Electronic Data Interchange,简称EDI)于20世纪60年代末产生于美国。美国首先在航运业使用EDI。1968年,美国许多运输公司联合成立了一个运输业数据协调委员会(TDCC),研究开发电子通信标准的可行性。人们在使用计算机处理各类商务文件的时候发现,由人工输入到一台计算机中的数据中,有70%是来源于另一台计算机输出的文件。为了提高数据的准确性和工作效率,人们开始尝试在贸易伙伴之间的计算机上完成数据的自动交换。EDI是一种电子传输方法,使用这种方法,首先将商业或行政事务处理中的报文数据按照一个公认的标准,形成结构化的事务处理的报文数据格式,进而将这些结构化的报文数据经由网络,从计算机传输到计算机。

20世纪70年代,数字通信网的出现加快了EDI技术的成熟和应用范围的扩大,出现了一些行业性数据传输标准,并建立行业性EDI。例如,银行业发展的电子资金汇兑系统(SWIFT);美国运输业数据协调委员会发展了一整套有关数据元目录、语法规则和报文格式,这就是ANSIX.12的前身;英国简化贸易程

---

① 参见吉颖新:《东方购物:SMG基因变异图》,载《中国企业家》2010年第8期。

序委员会(SIMPRO)出版了第一部用于国际贸易的数据元目录(UN/TDED)和应用语法规则(UN/EDIFACT),即EDIFACT标准体系。20世纪70年代,EDI应用集中在银行业、运输业和零售业。

20世纪80年代,EDI应用迅速发展,美国ANSIX.12委员会与欧洲一些国家联合研究国际标准。1986年,欧洲和北美二十多个国家代表开发了用于行政管理、商业及运输业的EDI国际标准(EDIFACT)。增值网的出现和行业性标准逐步发展成通用标准,加快了EDI的应用和跨行业EDI的发展。后来,在联合国的协调和主持下,制定了联合国EDI标准,即UN/EDIFACT,作为国际通用标准。1990年3月正式推出的UN/EDIFACT标准被国际标准化组织正式接受为国际标准ISO 9735。自此,EDI终于在标准上实现了全球化的统一。此后,EDI在国际贸易、海关等相关领域迅速普及和推广,是无纸化贸易最早的模式。

20世纪90年代出现Internet EDI,使EDI从专用网扩大到互联网,降低了成本,满足了中小企业对EDI的需求。20世纪90年代初,全球已有2.5万家大型企业采用EDI,美国100家最大企业中有97家采用EDI。20世纪90年代中期,美国有三万多家公司采用EDI,西欧有约四万家EDI企业用户,包括化工、电子、汽车、零售业和银行。

我国于1990年引入EDI,国家计委、科委将EDI列入"八五"国家科技攻关项目。1991年9月,由国务院电子信息系统推广应用办公室牵头,会同国家计委、科委、外经贸部等16个部委、局发起成立"中国促进EDI应用协调小组"。同年10月,成立"中国EDIFACT委员会",并参加亚洲EDIFACT理事会。1992年5月,我国拟定了《中国EDI发展战略与总体规划建议》(草案)。

1995年1月,中国海关完成了EDI海关系统的全部开发工作,制定了EDI海关系统所需的15个EDIFACT标准报文子集,开通了北京、天津、上海、广州等EDI海关系统。1996年2月,我国外经贸部成立了国际贸易EDI服务中心。同年12月18日,联合国贸易网络组织中国发展中心(CNTPDC)在北京成立,同年北京海关与中国银行北京分行在我国首次开通EDI通关电子划款业务。与此同时,各省、市、自治区及中央部委也几乎都设立了专门职能部门来负责协调EDI的应用推广工作。经过各级政府部门的努力推广,EDI从应用最多的进出口贸易行业逐渐扩展到了商检、税务、邮电、铁路、银行等领域,开始在我国逐步得到推广。

对于大型企业来说,EDI这种从企业应用系统到企业应用系统、没有人为干涉、采用标准格式的交易方式,对企业减少库存、减少错误、实现高效率管理是十分有效的。传统的基于专用增值网络VAN(Value Added Network)的EDI技术使大型企业的业务发展取得了很大的成功,但由于费用太高,中小企业使用该技术有一定困难。互联网的出现使得传统的 EDI 从专用网络扩大到了互联网，互联网与 EDI 技术的结合为企业提供了较为廉价的服务环境，可以满足中小企业对 EDI 的需求。

（三）基于互联网的电子商务的产生

20 世纪 90 年代初，随着基于万维网（World Wide Web，简称 WWW）的互联网（Internet）技术的飞速发展，Internet 网络开始真正应用于商业交易。这时电子商务才日益蓬勃起来，并成为 90 年代初期美国、加拿大等发达国家的一种崭新的企业经营方式。互联网是一个连接无数个遍及全球范围的广域网和局域网的互联网络。互联网的兴起将分布于世界各地的信息网络、网络站点、数据资源和用户有机地连为一个整体，在全球范围内实现了信息资源共享、通信方便快捷，因而它已经成为目前人们工作、学习、休闲、娱乐，以及从事商业活动的主要工具。

1991 年，美国政府宣布互联网向社会开放，商业贸易活动开始进入互联网。1994 年，美国加利福尼亚州组成商用实验室，用以加速发展互联网上的电子商务，确保网上交易与电子支付等的安全。同时，美国网景公司（Netscape）成立，该公司开发并推出了安全套接层（SSL）协议，用于弥补互联网上的 TCP/IP 协议在安全性能上的缺陷，支持 B2B 模式的电子商务。从 1997 年 1 月 1 日起，美国联邦政府所有对外采购均采用电子商务方式，这一举措被认为是“将美国电子商务推上了高速列车”。

互联网的出现为电子商务的发展提供了技术基础，尤其是多媒体技术和虚拟技术的发展，使企业可以通过互联网迅速、高效地传递商品信息和进行业务处理。互联网的商用发展有力地推动了电子商务的发展。目前，电子商务活动发展较快的是网上销售、网上促销、网上服务等。

## 二、基于互联网的电子商务的发展阶段

由于电子商务的迅速发展始于互联网的运用，人们更关注基于互联网的电子商务。从 20 世纪 90 年代到现在，基于互联网的电子商务可分为四个阶段。

（一）起步阶段（20 世纪 90 年代初至 1999 年底）

基于互联网的电子商务起步于 20 世纪 90 年代初，随着计算机技术与通信技术相结合的网络环境的出现，通过互联网从事商务活动，成为经济活动中的热点，呈现出电子商务的爆炸式发展。当时有大量的风险投资涌入电子商务领域，不断有企业宣布拓展电子商务领域，新的电子商务网站不断大量涌现。根据著名咨询公司 CMP Research 在 1998 年初作的一项调查，大约有 1/3 的美国企业会在一年内实施电子商务；而在已经实施了电子商务的企业当中，64%期望能在一年内收回投资。另一项调查显示，美国 1997 年 1 月到 6 月间申请商业域名

(.com)的公司从17万多家增加到近42万家，到1997年底，这一数据又翻了一番。电子商务的热度可见一斑。[①]

在当年电子商务的爆炸式发展中，资本市场的投资起到了推波助澜的作用。从20世纪90年代开始，在IT业快速发展的推动下，美国股市连续上涨了10年，创造了经济奇迹。20世纪90年代中期以后，网络概念股在美国股市受到青睐。网上图书销售商亚马逊的营业收入从1996年的1580万美元猛增到1998年的4亿美元。面对Internet良好的应用前景，网络概念股节节走高。以高新技术类上市公司为主的美国纳斯达克（NASDAQ）股票市场，1996年年初的指数点位还只有1000点，而2000年年初该点位已经超过4000点。在财富效应的驱动下，各种资金蜂拥进入以网络为核心的IT领域，电子商务经历了其发展初期的爆炸式发展阶段。

在此阶段，我国基于互联网的电子商务也开始起步。1998年3月，我国第一笔互联网网上交易成功。1998年7月，网上“中国商品交易市场”正式宣告成立，被称为“永不落幕的商品交易会”。中国商品交易市场是我国第一家现货电子交易市场，1999年电子交易额达到2000亿元人民币。中国银行与电信数据信局合作在湖南进行中国银行电子商务试点，推出我国第一套基于SET的电子商务系统。1998年10月，国家经贸委与信息产业部联合宣布启动以电子贸易为主要内容的“金贸工程”，它是一项推广网络化应用，开发电子商务在经贸流通领域的大型应用试点工程。1998年，北京、上海等城市启动电子商务工程，开展电子商场、电子商厦及电子商城的试点，开展网上购物与网上交易，建立金融与非金融认证中心和有关标准、法规，为今后开展电子商务打下基础。1999年3月，8848等B2C网站正式开通，网上购物进入实际应用阶段。1999年兴起企业上网，电子政务（政府上网工程）、网上纳税、网上教育（湖南大学、浙江大学网上大学）、远程诊断（北京、上海的大医院）等广义电子商务开始启动，并进入实际试用阶段。在此阶段，以网站为主要特征的电子商务服务商，在风险资本的介入下，成为我国电子商务最早的应用者，成为这一阶段我国电子商务的主体。此阶段互联网用户数量较少，网民尚未成熟，电子商务市场也未成熟。

（二）调整阶段（2000年初至2002年底）

2000年3月，以技术股为主的NASDAQ综合指数攀升到5048，网络经济泡沫达到最高点。网络经济泡沫于3月10日开始破裂，该日NASDAQ综合指数达到了5048.62（当天曾达到过5132.52），比一年前的数字翻了一番还多。然而就在这个时候，IT业在十多年的高速发展中积累的问题开始暴露，电子商务也未能例外。尽管一些电子商务网站的营业收入已经很高，但支出更大，一直不

---

① 参见赵亮主编：《电子商务概论》，河南人民出版社2007年版。

能实现赢利。此外，随着规模的扩大，物流、管理等方面的问题开始突出，如何继续保持高速发展成为了问题。于是，网络泡沫开始破灭，进而出现了网站倒闭潮，著名的8848网站也倒闭了。据不完全统计，当时超过1/3的网站销声匿迹了。而此时传统企业却开始大规模进入电子商务领域，企业电子商务成为我国电子商务新的主体。在这一阶段，买家和卖家开始尝试在没有中介的情况下开展交易。成功的先行者把它们的网站当作主要的销售渠道（如思科和戴尔），它们通常是技术公司，面向懂技术的顾客，没有或只有很少的渠道冲突。对其他大多数公司而言，它们仍然只把网站当作展示产品目录和市场推广材料的地方。此阶段出现了一些中介型电子商务平台，此平台可以提供企业信息和商品信息，进而促进买卖双方的交易。中介型电子商务平台的典型代表是马云创办的阿里巴巴，通过吸引企业会员，把各个企业的信息都搬到网上，从而让买家和卖家互相了解需求信息。刚开始建立的电子商务平台只是简单的信息门户网站，以提供信息为主，网上交易的功能相对较弱。

（三）复苏阶段（2003年初至2006年底）

从2003年初开始，基于互联网的电子商务步入了复苏阶段。经历了网站倒闭潮之后，很多网站逐渐找到了新盈利模式，如网络广告、网络游戏、搜索引擎、增值服务等，为网络企业带来了新的盈利点，从而扭转了长期亏损的局面。于是，很多电子商务企业开始宣布实现赢利。此阶段呈现出电子商务模式的多样化，除了传统的B2B模式和B2C模式之外，又出现了新型的C2C模式。B2B的阿里巴巴，B2C的亚马逊，C2C的淘宝，网上超市、即时通信、网络金融、网络教育、网络信息服务、网络出版、招聘网站、旅游网站等均步入了良好的发展阶段。电子商务也出现了新的发展趋势，如与政府的管理和采购行为相结合的电子政务，与个人手机通信相结合的移动电子商务，基于个人交往的社交网站（Social Network Sites，简称SNS），视频网站等都开始起步，并得到了很好的发展。据联合国贸易与发展会议公布的《电子商务与发展报告》，到2004年底，全球互联网用户数达到了8.75亿，比2005年增长了22.7%。2004年，社交网站Facebook诞生；2005年，视频网站YouTube诞生；2006年，全球网民数量超过10亿。2006年，中国互联网用户数为1.37亿，比2005年增长了23%。2005年，中国网上购物用户数量达2200万，截至2006年12月，网上购物用户数量达4310万。[①] 在此阶段，互联网用户数稳步增长，网上购物的人群也逐渐增加，基于互联网的电子商务步入了全面复苏阶段。

这个阶段对电子商务来说，最大的变化有三个：

① 参见中华人民共和国商务部编著：《中国电子商务报告（2004—2005年）》，经济科学出版社2006年版。

(1) 大批的网民逐步接受了网络购物的生活方式，而且这个规模还在高速扩张。

(2) 大型企业从B2C电子商务中获取的订单数稳步上升，交易额逐年增长；而众多的中小型企业也从B2B电子商务中获得了订单，获得了销售机会，“网商”的概念已深入人心。无论是网络企业，还是传统企业，都普遍看好基于互联网的电子商务。

(3) 电子商务基础环境不断成熟，物流、支付、诚信瓶颈得到基本解决，在B2B/B2C/C2C领域里，都有不少的网络商家迅速成长，积累了大量的电子商务运营管理经验和资金。

（四）快速发展阶段(2007年初至今)

经历前一阶段的复苏培育，从2007年初开始，基于互联网的电子商务进入了快速发展阶段。这个阶段最明显的特征是，电子商务已经不仅仅是互联网企业的天下，很多传统企业进入电子商务领域，使得电子商务世界变得异彩纷呈。首先，阿里巴巴、网盛上市标志着B2B领域的发展步入了规范化、稳步发展的阶段；淘宝的战略调整、百度的试水意味着C2C市场将在高速发展的同时不断优化和细分市场；天猫、京东商城、卓越亚马逊的火爆，不仅引爆了整个B2C领域，更让众多传统商家按捺不住，纷纷跟进。各种形式的电商服务纷纷强势出击，一步步占领市场。团购网站的兴起和迅速发展就是其中之一。

在此阶段，我国的电子商务快速发展，交易额连创新高，电子商务在各领域的应用不断拓展和深化，相关服务业蓬勃发展，支撑体系不断健全完善，创新的动力和能力不断增强。2008年，网购市场年交易额达到1200亿元，首次突破千亿元，比上年同期增长128.5%，增幅上涨40%。其中，淘宝网总交易额达999.6亿元，占总额的80%。2009年10月，我国通过网上购物的人数已超过1.2亿，个人网上购物销售额达到1320亿元，约占社会商品零售额的1%。[①] 通过网络购物平台销售的产品范围不断扩大，种类从手机、电脑等高端产品，延伸到低端的服装、化妆品、居家用品等，销售规模迅速扩大。目前我国网络购物已经进入了高速增长期。

根据中国电子商务研究中心发布的《2015年度中国电子商务市场数据监测报告》，2015年，中国电子商务交易额达18.3万亿元，同比增长36.5%，增幅上升5.1个百分点。其中，B2B电商交易额13.9万亿元，同比增长39%。当年网络零售市场规模3.8万亿元，同比增长35.7%。

在大型企业中，应用电子商务开展网上信息发布、采购、销售等网络化生产经营活动已相当普遍。部分大型骨干企业电子商务正在从网上信息发布、采购、

① 参见艾瑞咨询、淘宝网：《2008年度网购市场发展报告》。

销售等基础性电子商务应用向上下游供应链企业间网上设计、制造、计划管理等全方位业务协同的纵深方向发展。统计显示，第三方电子商务平台从 2005 年的 2200 多家增加到 2007 年的 4500 多家，年均增长约 43%，呈快速发展势头。中小型企业借助第三方电子商务交易与服务平台开展信息发布、网上采购、销售等业务。开展电子商务应用的中小企业数量占中小企业总数比由 2005 年的约 5%增加到 2007 年的约 9%，年均增长约 35%。①

在此阶段，社交网站、视频网站得到进一步的发展。即时通信出现新的发展趋势，由 PC 即时通信向手机即时通信转移（以微信为代表）。微博得到了快速发展。2006 年，Twitter 推出微博，我国则在 2007 年引入微博，2009 年进入快速发展期。2010 年，国内微博迎来了春天，短时间内迅速崛起。四大门户网站均开设微博。据 CNNIC 报告，截至 2016 年 6 月，微博的用户规模为 2.42 亿，网民使用率为 34%，与 2015 年底相比略有上涨。

## 三、电子商务的发展现状

### （一）全球电子商务的发展现状

随着世界各国对电子商务关注程度的增加，加之良好的政策环境、自然环境的影响，全球电子商务发展迅速。纵观全球电子商务市场，各地区发展并不平衡，呈现出美国、欧盟、亚洲“三足鼎立”的局面。美国是世界最早发展电子商务的国家，同时也是电子商务发展最为成熟的国家，一直引领全球电子商务的发展，是全球电子商务的成熟发达地区。欧盟电子商务的发展起步较美国晚，但发展速度快，成为全球电子商务较为领先的地区。亚洲作为电子商务发展的新秀，市场潜力较大。

全球网民数量逐年增长。据统计，2008 年全球网民数量就超过了 15 亿；2009 年全球互联网用户总数为 18.6 亿；截至 2010 年底，全球互联网用户总数达到了 20.8 亿；截至 2012 年底，这一数据达到 24 亿。根据国际电信联盟(ITU)的最新统计数据，2015 年全球网民数量达到 31.74 亿，比 2014 年底的 29.37 亿增长了 8%多。

根据欧洲电子商务协会对外公布的数据，2013 年，全球网上零售总交易额为 13630 亿美元，同比增长 18.8%，约占全球社会零售总额的 4.2%。中国仅以 1453 亿美元的交易规模排名全球第三。到了 2015 年，中国网络零售总额达 3.88 万亿元，网络零售交易额规模跃居全球第一。

根据联合国贸易和发展会议(UNCTAD)的数据，2015 年全球电子商务市

---

① 参见柴跃进：《倡议发起成立中国电子商务服务联盟》，http://www.szsmb.gov.cn/content.asp?id=47262，2013 年 12 月 1 日访问。

场规模达 22.1 万亿美元，其中 B2B 电商规模为 19.9 万亿美元，B2C 电商规模为 2.2 万亿美元，前者约为后者的 9 倍。按网购人数排名，前十的国家为中国、美国、日本、德国、英国、巴西、俄罗斯、法国、韩国、印度。这十个国家的电商总规模为 16.5 万亿美元，约占全球总规模的 75%，其中美国的电商总规模全球第 1，约占全球的 30%，中国占 12.2%，电商规模最小的是印度，不足全球的 1.5%。

网络团购是近年来电子商务发展的新趋势，其盈利模式清晰，具有较大的市场应用潜力。目前全球电子支付产业正处于高速发展期。2015 年，全球电子支付年交易量达 3.11 万亿美元，同比增长 18%。

2004 年至 2009 年，全球各种类型电子支付交易复合增长率达到 12.9%，同期 79 个国家平均 GDP 增长率为 3.2%。同时，全球电子支付也并不是均衡发展的，其中发展速度最快的是西欧和亚太地区，增长率分别高达 21.6% 与 19.2%，而北美这样的电子支付发达地区，即使基础设施水平较高，其增长率却只有 12.3%。调查显示，2010 年欧洲电子支付方式主要以信用卡、借记卡、预付、支票、货到付款等为主。其中，信用卡用户占 82%，为最大份额；通过借记卡完成支付的为 12%。就主要国家而言，英国信用卡用户比例最高，占到 95%，剩下的 5%是通过一个叫 Maestro 借记卡的方式完成支付。尼尔森在线公布的统计数据显示，在 2006 年—2007 年两年中，全球在线购物的网民比例已经从 10% 增加到 85%。其中，中国、巴西和印度电子商务的蓬勃发展是推动全球在线购物网民比例迅速增长的主要动力。

全球电子商务的发展现状呈现以下几个特点：

1. 北美市场快速平稳增长

北美市场以美国为代表，在电子商务方面一直处于全球领先地位。美国电子商务的应用领域和规模都领先于其他国家。美国零售联合会的分支机构 Shop.org 发布年度报告称，2006 年美国电子商务销售额（不包括旅游业务）达 146.5 亿美元，年增长率为 29%。到 2007 年底，超过 6000 万个美国家庭通过宽带连接互联网，约占美国家庭数量的 55%。美国的 B2C 销售量呈现稳步上升的趋势，B2B 的交易量也逐年上升。根据美国制造者协会的调查结果，80%的美国制造商已经拥有自己的网站。据美国统计局公布的数据，美国 2015 年电子商务总销售额突破 3000 亿美元，达到 3417 亿美元，同比增长 14.6%。电子商务占总零售额比重 7.3%。2014 年，该比重是 6.4%，2005 年为 3%左右。

艾瑞咨询分析认为，2010 年推动美国电子商务零售交易快速增长的主要原因在于移动电子商务和团购网站的迅速崛起。一方面，移动电子商务从交易类型、营销方式以及支付方式等方面进行了创新，为商家创造了更有价值的商务模式和营销渠道，为消费者提供了更便捷和经济的网购方式。另一方面，以美国 Groupon 为代表的团购网站的蓬勃发展，拉动了大批潜在的消费行为，并培养起

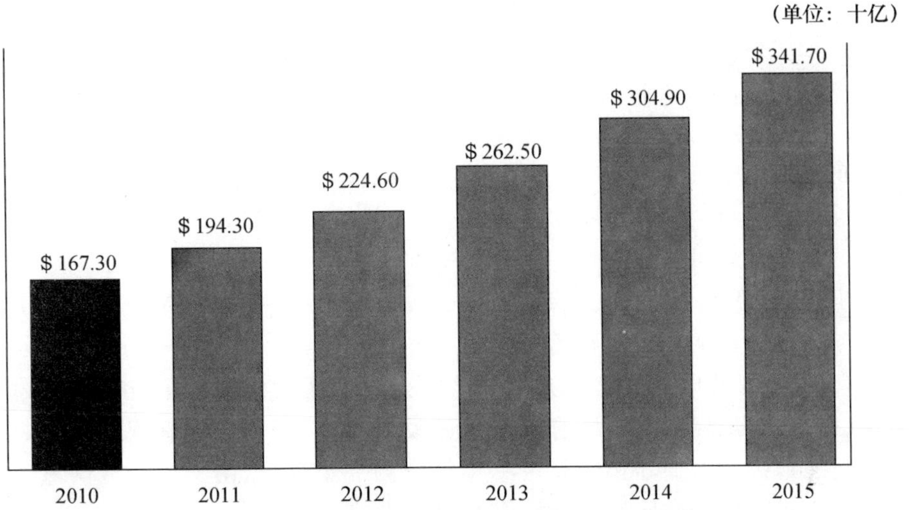


**图 1-2　2010 年—2015 年美国电子商务销售额**

一种可持续的消费意识，从而促进电子商务零售交易的持续增长。

据全球市场研究公司 eMarketer 提供的数据，2014 年加拿大电子商务销售总额为 253.7 亿加元，占零售业销售总额的 4.5%。据专业电子营销研究机构预测，这一比例到 2018 年将升至 8.2%，到时电子商务销售总额将高达 439.5 亿美元。另外，加拿大电子商务中占比较大的当属跨境电商业务。数据显示，2014 年 7 月，加拿大跨境网购消费占比为 51%，而美国为 34%，亚太地区为 10%，欧洲地区为 3%。

2. 欧洲电子商务市场发展平缓

在欧洲，英国电子商务的发展处于领先地位，其次是德国。eMarketer 统计数据显示，2006 年西欧 B2C 电子商务销售额较 2005 年增长 36%。其中，英国 B2C 电子商务销售额位居西欧各国之首，为 479 亿美元，占据近 50%的市场份额。德国以 239 亿美元位居第二。在西欧五国中，意大利和西班牙 2006 年 B2C 电子商务销售额相对较低。

英国 B2C 电商销售额增长稳定，2015 年英国电商市场零售额增长 11%，达 1570 亿欧元。2016 年英国电商销售额增长放缓，但这只能表明，英国电商市场越来越成熟了。预计 2016 年英国网上零售额将增长 10.5%，达 1737 亿欧元。

欧洲电子商务协会的数据显示，2013 年欧洲的电子商务交易总额达到 4969 亿美元（约合 3630 亿欧元），同比增长 19%。目前欧洲共有超过 5000 家网上零售(B2C)企业以及不少于 15 个全国性的电子商务协会。每年欧洲电子商务业会产生约 37 亿个包裹，直接或间接创造 200 万个就业机会。

3. 亚太地区电子商务市场高速增长

亚太地区作为国际电子商务市场发展的重要推动力量,是全球市场增长最快的地区。2011年,日本B2B市场规模增长了100.6%,B2C市场规模增长了108.6%。韩国电子商务基础设施在国际社会公认最好,电商也一直在高速增长。中东地区电子商务起步较晚,但发展前景受瞩目,沙特的电商市场正逐步成为新的投资增长点。2012年印度电子商务交易规模达到82.8亿美元,其中网络零售7.2亿美元,占全部社会零售总额的0.15%。另外,越南电子商务交易量在2012年达到近20亿美元,约占GDP的2.5%。中国市场是亚太地区B2C电子商务市场增长的主要推动力。

2016年中国的电商零售额达8990.9亿美元,为全球贡献了近一半的电商零售额(47%)。虽然亚太地区有着充足的发展机遇,但是仍面临很多挑战。特别是东南亚地区的电商零售额仅占总零售额的一小部分,由于该地区的电子支付发展不完善,物流基础设施薄弱,电商仍处于萌芽阶段。

(二) 我国电子商务的发展现状

我国电子商务虽然起步较晚,但发展很快。由于我国互联网用户人数众多,电子商务在我国具有较好的发展基础。我国电子商务发展呈现典型的块状经济特征,东南沿海属于较为发达地区,北部和中部属于快速发展地区,西部则相对落后。我国互联网发展状况如表1-1所示:

**表1-1 我国互联网发展状况**

| 年份 | 网民总数(亿) | 手机网民总数(亿) | 网购用户(亿) | 互联网普及率(%) |
|---|---|---|---|---|
| 2008 | 2.98 | 1.176 | 0.74 | 12.6 |
| 2009 | 3.84 | 2.33 | 1.08 | 28.9 |
| 2010 | 4.57 | 3.03 | 1.48 | 33.9 |
| 2011 | 5.13 | 3.56 | 1.94 | 38.3 |
| 2012 | 5.64 | 4.20 | 2.42 | 42.1 |
| 2013 | 6.18 | 5.00 | 3.02 | 45.8 |
| 2014 | 6.49 | 5.57 | 3.61 | 47.9 |
| 2015 | 6.88 | 6.20 | 4.13 | 50.3 |

资料来源:根据中国互联网络信息中心历年发布的数据整理而成。

自2005年以来,我国电子商务市场交易额稳定增长,2007年我国电子商务市场规模突破17000亿元。2007年我国B2B电子商务交易额约为12500亿元,比2006年增长25.5%。2008年,我国网络购物市场的增长趋势明显,网络交易总额达到了1200多亿元,网络购物用户人数已经达到7400万人,年增长率达到60%。《2010年度中国电子商务市场数据监测报告》显示,2010年中国电子商务市场交易额达到4.5万亿元人民币,同比增长22%。其中,B2B电子商务交易额达到3.8万亿,网上零售市场交易规模达5131亿元。艾瑞咨询发布的2010年B2C在线零售商30强排名,30家B2C网站交易额突破568.3亿元,淘宝商城以年交易额300亿列第一位。据排名显示,淘宝商城、京东商城和卓越亚马逊分列前三位。艾瑞咨询方面统计称,2010年中国B2C交易规模达630亿元,占中国整体网络购物市场交易规模的比重为12.7%,较2009年增长3%。根据淘宝商城官方的最终数据,2011年11月11日"光棍节"期间,该公司的订单数突破2000万单,支付宝交易额突破了33.6亿——是2010年同日交易量(销售额达9.36亿元)的近4倍,是前年这一天的67.2倍。而淘宝网、淘宝商城支付宝交易的总额更是突破52亿——这个数字几乎相当于"购物天堂"香港6天的零售总额。2012年11月11日,天猫"双十一"购物狂欢节再度刷新国内零售额纪录,达191亿元。这个数字大幅超越了2011年美国电子商务行业的最高纪录。数据显示,美国"网络星期一"(感恩节后的第一个星期一,是美国在线销售市场中一年里销售额最高的一天)2011年的交易额是12.5亿美元,约合78亿元人民币。另外,这一数据也远超2012年中秋、国庆黄金周8天内上海395家大中型商业企业、5000多个网点的总营业收入——64.3亿元。

《2010年度中国电子商务市场数据监测报告》显示,B2B电子商务交易额占电子商务总交易额的84.4%。B2B行业的稳步增长得益于国家对中小企业进入电子商务扶持力度的加大、中小企业自身意识的提高以及各电子商务运营商对新进企业实行低门槛等。B2B电子商务的服务商的营收同样不容小觑,达到95.5亿元,同比增长35%。阿里巴巴、环球资源、中国制造网、网盛生意宝等占据了整个行业大部分的市场份额。在2010年,各大B2B服务商也是动作频频,纷纷"跑马圈地"。阿里巴巴先后收购了美国公司Vendio Services、Auctiva,推进全球扩张战略,又把B2B外贸出口服务商一达通收入囊中,整合电子商务产业链。而网盛生意宝旗下生意宝平台在经历了前期的培育后,为付费用户开发出更多的增值服务,从而促进普通会员向付费会员的转化,为公司的业绩带来惊喜。

就在B2B一路高歌猛进之际,2010年中国网络零售市场同样呈现出了巨大的发展潜力。报告显示,随着互联网的普及,以及网上零售的政策环境的成熟、基础设施建设的完备、技术水平应用范围的拓宽、服务产业链的完善等,越来越多的企业主转战网上零售。中国电子商务研究中心监测数据显示,2015年我国网络零售市场交易规模达38285亿元,相比2014年的28211亿元,同比增长35.7%,占到社会消费品零售总额的12.7%,较2014年的10.6%,增幅提高了2.1%。预计2016年全年我国网络零售市场交易规模有望达53261亿元。

万事达卡于2011年3月1日公布的网络购物习惯调查结果显示,我国内地消费者的网络购物热情持续高涨,有84%的受访者将网络购物作为其上网的主要目的，远高于我国台湾地区的67%和香港地区的50%。所有网购人群中，25—34岁年龄段消费者和女性消费者均表现得十分踊跃，是网购的主力军。就大中华区而言，调查显示，网络购物日益成为消费者最为青睐的购物方式之一。从2010年6月到9月，我国内地消费者平均网购了5.6件商品，略高于我国台湾地区(4.1)和我国香港地区(4.3)消费者；而我国内地消费者网上购物的频率也从2009年调查的4.4次激增到此次调查的5.3次。

所有网购网站中，书籍、光盘、DVD、家电及电子产品、服装零售商和音乐下载类网站最受欢迎。餐厅、快递、超市、服装零售商和旅行社网站的优惠活动则是消费者最关注的信息。调查显示，我国内地和香港地区的消费者偏爱网络购买家用电器和电子产品。我国台湾地区和香港地区消费者很喜欢上网查阅信息和预订文艺演出票、机票、酒店等。

随着企业服务与产品品质的提升，消费者对网购的信任与依赖程度增强，网购客户群从年轻主力消费群体逐渐扩张至高年龄层，该行业呈现出从低消费、低频率到高消费、多频率演变的发展趋势。

## 第三节　电子商务的分类

根据参与交易的主体、交易过程、应用平台及交易对象等不同的分类标准，可以把电子商务分为不同的类型，每种类型都有其不同的特点。

### 一、按参与交易的主体划分

#### （一）企业与企业之间的电子商务

企业与企业之间的电子商务(Business to Business，简称B2B)，是指企业与企业之间通过专用网或互联网，进行数据信息的交换与传递，进而完成从订购到结算的全部交易活动。B2B的交易额较大，企业间商务活动的贸易金额通常是消费者直接购买的10倍，所以B2B是电子商务的重头。B2B可以通过电子商务将有业务联系的企业关键的商务处理过程连接起来，形成在网上的虚拟企业圈。采购商与供应商之间的谈判、订货、接受发票和付款以及索赔处理、商品发送管理和运输跟踪等所有活动都可以通过网络来完成。电子商务系统具有很强的实时商务处理能力，使企业能以一种可靠、安全、快捷的方式进行企业间的商务联系活动和达成交易。

#### （二）企业与消费者之间的电子商务

企业与消费者之间的电子商务(Business to Consumer，简称B2C)，是指企业通过互联网开展在线销售活动，以网络手段向消费者提供商品与服务。这是大众最为熟悉的一类电子商务类型，如亚马逊书店、当当网等都属于此类型。

B2C实际上是将现实生活中的实体零售商店搬到了互联网上，使消费者能够在虚拟的网上商店里实现购物。这种模式可节省企业与消费者的时间，从而可以大大地提高交易效率，因而得到了人们的认可，获得了迅速的发展。

（三）消费者与消费者之间的电子商务

消费者与消费者之间的电子商务（Customer to Consumer，简称C2C），是指消费者与消费者之间借助网络交易平台进行个人交易活动。实践中较多的是进行网上拍卖，还有以物换物等形式。网上拍卖是卖方借助拍卖网站，通过一定的拍卖规则向购买者销售产品的行为。国外做得最成功的是“电子港湾”（eBay），国内有易趣、淘宝等网站属于此模式。这种模式为消费者提供了便利与实惠，可以让买卖双方以更快捷、更透明的方式，清楚地了解价格和商品质量等。

（四）企业与政府之间的电子商务

企业与政府之间的电子商务（Business to Government，简称B2G），是指借助互联网完成政府与企业之间的各项事务，包括政府采购、税收、商检、管理条例发布和法规、政策颁布等。一方面，政府作为消费者，可以通过互联网发布自己的采购清单，公开、透明、高效、廉洁地完成所需物品的采购；另一方面，政府可通过互联网发挥对企业宏观调控、指导规范、监督管理的职能。借助于网络及其他信息技术，政府职能部门能更及时、全面地获取所需信息，作出正确决策，能迅速、直接地将政策法规及调控信息传达于企业，起到管理与服务的作用。此外，政府在电子商务的推动、管理和规范等方面发挥着重要作用。

总之，在电子商务中政府有着两重角色：既是电子商务的使用者，进行购买活动，属商业行为；又是电子商务的宏观管理者，对电子商务起着扶持和规范的作用。

## 二、按电子商务交易过程划分

按电子商务交易过程，可以划分为交易前、交易中、交易后三类电子商务。

（一）交易前电子商务

交易前电子商务主要是指买卖双方在签订贸易合同前的准备活动。具体包括以下内容：

1. 买方根据自己要购买的产品（或服务），准备购货款，制订购货计划，进行货源市场调查和市场分析。买方可通过互联网进行市场查询，了解各个购物网站同类产品（或服务）的价格、质量、送货速度、运费、支付方式和售后服务等，反复修改购货计划和进货计划，确定和审批购货计划。再按计划确定购买产品（或服务）的种类、数量、规格、价格、购货地点和交易方式等，尤其要利用互联网寻找自己满意的产品（或服务）。

2. 卖方根据自己所销售的产品（或服务）发布信息，进行广告宣传，并全面进行市场调查和市场分析，制定各种销售策略和销售方式。卖方应注重产品（或服务）的介绍，充分利用网络营销手段，利用互联网和各种电子商务网络发布商品广告，寻找贸易伙伴和交易机会，扩大贸易范围和产品所占市场的份额。其他参与交易的各方也应作好相应的准备，如撮合交易的第三方平台、支持电子支付的银行金融机构、负责配送的快递企业等。

3. 买卖双方就所有交易细节进行谈判，将双方磋商的结果以书面文件或电子文件形式签订合同。在这一阶段，交易双方可以利用现代电子通信设备和通信方法，将双方在交易中的权利、所承担的义务，所购买产品的种类、数量、价格，交货地点、交货期、交易方式和运输方式，违约和索赔等合同条款，全部以电子交易合同作出全面详细的规定。合同双方可以利用 EDI 进行签约，通过数字签名等方式签名确认合同并生效。

### （二）交易中电子商务

交易中电子商务主要是指买卖双方为履行合同所进行的商务活动。买方可采用电子支付或传统支付方式完成货款的支付；卖方要备货、组货，同时进行报关、保险、取证、发信用证等，将所售商品交付给运输公司包装、起运、发货。买卖双方可以通过电子商务服务器跟踪这一过程，银行和金融机构也按照合同，处理双方收付款、进行结算，出具相应的银行单据等，直到买方收到自己所购商品，完成了整个交易过程。

### （三）交易后电子商务

交易后电子商务主要涉及售后服务、退换货及索赔等。售后服务是指卖方把产品（或服务）销售给买方之后，为买方提供的一系列服务，包括产品使用和维护介绍、送货、安装、调试、维修、技术培训、上门服务等。如果买方对所购产品不满意，有的卖方可提供退换货服务。索赔是在买卖双方交易过程中出现违约时，需要进行违约处理的工作，受损方要向违约方索赔。

## 三、按电子商务应用平台划分

### （一）基于 EDI 的电子商务

EDI（Electronic Data Interchange），即电子数据交换，是一种起源于 20 世纪 60 年代末的信息交换及商品交易方式。国际标准化组织（ISO）对 EDI 的定义是，为商务或行政事务处理，按照一个公认的标准，形成结构化的事务处理或消息报文格式，从计算机到计算机的数据传输。由于使用 EDI 能有效地减少直到最终消除贸易过程中的纸面单证，因而 EDI 也俗称“无纸贸易”。EDI 主要运用于企业与企业之间。由于 EDI 的使用费用较高，操作较复杂，加上互联网电子商务蓬勃发展，因而 EDI 的普及性受到影响，使用 EDI 的企业较少。通常实力雄厚的大型企业和对数据传输的安全性要求较高的企业才使用 EDI。

随着互联网迅速普及，其便捷、廉价和庞大的用户群使得以互联网为平台的电子商务模式迅速普及和发展。基于互联网的电子商务逐渐被大多数企业尤其是中小企业接受，而且它如EDI一样便捷，这对EDI造成了很大的冲击。

（二）基于互联网的电子商务

基于互联网的电子商务是指利用连通全球的互联网开展的电子商务活动，它以计算机、通信、多媒体、数据库技术为基础，通过互联网实现企业、政府和消费者之间的商务活动。基于互联网的电子商务所涉及的范围很广，包括网络销售、网络金融服务、网络教育、网络旅游、网络信息服务、网络出版、电子政务等。基于互联网的电子商务给企业、政府和消费者带来了极大的便利。企业可利用互联网进行营销活动，促进产品（或服务）的销售；政府可利用互联网进行采购活动，也可以通过互联网为大众提供服务，发布政策法规等；消费者可利用互联网扩大购物范围，充分进行价格比较，从而获得最满意的产品（或服务）。基于互联网的电子商务正以飞快的速度发展，是目前电子商务的主要形式。

（三）基于内联网的电子商务

基于内联网的电子商务是指通过企业内部各单位和部门的联系网络所进行的电子商务活动。内联网是利用互联网技术组建的企业内部信息网络，它可以使大型企业分布在各地的分支机构以及企业内部有关部门联通起来，使企业各级管理人员能够通过网络读取自己需要的信息，利用在线业务的申请和注册代替纸质文件的内部信息流通，从而大大提高工作效率和降低业务的成本。企业也可以将其内网有限度地向已有的或潜在的商业供应链伙伴开放，以实现电子商务的协调。客户也可在线填写需求表格，与制造商、经销商交流交易信息。

（四）基于电话网络的电子商务

基于电话网络的电子商务是指通过电话网络进行的电子商务活动。电话网络可分为固定电话网络和移动电话网络。固定电话网络的功能较单一，买方仅能通过打电话的方式与卖方联系，并完成谈判、订货等商务活动。而移动电话网络则具有较多的功能，除了打电话之外，还可利用移动网络上网浏览并促成买卖双方的交易。基于移动电话网络的电子商务被称为“移动电子商务”，也是电子商务的一个新的分支。移动电子商务可利用手机、平板电脑、掌上电脑等无线终端进行商务活动。它结合了互联网技术、移动通信技术、短距离通信技术及其他信息处理技术，使人们可以在任何时间、任何地点进行各种商贸活动，实现随时随地、线上线下的购物与交易、在线电子支付以及各种交易活动、商务活动、金融活动和相关的综合服务活动等。与传统通过电脑平台开展的电子商务相比，移动电子商务拥有更为广泛的用户基础，而且用户可随时随地获取所需的服务、信息和娱乐等，给用户带来了更多的便利。目前，移动电子商务已成为电子商务的新亮点。

## 四、按电子商务交易对象划分

### （一）有形商品电子商务

有形商品指的是占有三维空间的实体类商品，这类商品的交易过程中所包含的信息流和资金流可以完全实现网上传输，卖方通过网络发布商品广告、供货信息及咨询信息，买方通过网络选择商品并向卖方发送订单，买卖双方在网上签订购货合同后又可以在网上完成货款支付。有形商品电子商务比较容易操作，盈利模式更容易控制。同时，有形商品电子商务模式也比较容易复制，而且交易的有形商品必须由卖方通过某种运输方式送达买方指定地点。电子商务中的商品配送特点有：范围大、送货点分散、批量小、送货及时等。对商家来说，这些特点引起销售成本大大增加。由于有形商品电子商务不能完全依靠电子方式完成整个交易过程（如有形商品的配送），因此被称为“不完全电子商务”。

### （二）无形商品电子商务

无形商品电子商务是指通过网络等电子工具完成包括软件、电影、音乐、电子读物、网络服务等商品的交易。无形商品电子商务可分为两类，一类是数字化商品电子商务，另一类是服务商品电子商务。

#### 1. 数字化商品电子商务

数字化商品是指软件、电影、音乐、电子读物、虚拟物品（如充值卡、游戏点卡等）等可以数字化的商品。数字化商品的网上交易可以通过网络将商品直接送到购买者手中，因而属于“完全电子商务”。目前我国数字化商品的知识产权保护较差，而且很多网站提供免费的数字化商品，因此，数字化商品电子商务比有形商品电子商务更难控制。

#### 2. 服务商品电子商务

服务商品电子商务包括网络金融服务、网络教育、网络招聘、网络旅游、网络信息服务、网络出版、电子政务、网络订票、网络订餐、网络订酒店、网络租赁、网络物流服务、网络房地产中介服务、网络医疗服务等。在互联网市场中，很多服务型商品是免费的，很多用户也习惯了免费。但是，一些大型企业和复制难度高的服务就形成了特殊的电子商务模式。如阿里巴巴诚信通、腾讯会员、艾瑞行业研究报告与解决方案等。前几年兴起的威客也属于服务商品电子商务。威客是指将自己的知识、智慧、经验、技能通过互联网换取实际收益的人。威客能提供的服务越来越多，包括发帖推广、劳务帮助、文案写作、平面设计、程序开发、网店装修等。经过几年的发展，威客已经逐渐步入“黄金期”。有的服务商品交易属于完全电子商务（如网络金融服务、网络教育等），而有的服务商品交易则属于不完全电子商务（如网络物流服务、网络房地产中介服务等），因为交易过程不能完全通过网络来完成。

数字化商品电子商务和服务商品电子商务，虽然操作模式较难，但达到一定规模之后，由于其边际成本几乎为零，网站的收益会呈指数增长。

## 第四节　电子商务对社会的影响

随着互联网在全球的迅猛发展和广泛应用，电子商务受到人们越来越多的关注，并渗透到人们生活的各个角落，改变着社会经济的各个方面。电子商务对社会的影响具体体现在社会经济、政府、企业和个人四个方面。

### 一、电子商务对社会经济的影响

电子商务对社会经济的影响体现在以下几个方面。

（一）促进全球经济一体化

互联网具有全球性的特点，因此，基于互联网的电子商务以其特有的优势正逐渐成为促进全球经济一体化的首要驱动力。电子商务依托国际互联网、企业内部网和企业外部网，包含了生产商、供应商、承销商、消费者以及贸易过程的各环节的信息，国际贸易领域的信息流动得以充分实现。首先，电子商务为世界范围内的贸易企业提供全球贸易信息，使商家们能充分收集和分享全球经济一体化带来的信息资源，并能够借助电子网络平台及时了解世界经济和政策的动态。其次，电子商务有利于形成统一有序的国际贸易市场。依靠全球互联网提供的现货生意场地和规范化的交易方式，形成了统一有序的国际化大市场。最后，世界各国的企业以新的电子商务方式进行交易、结算和管理，有利于商品在全球范围内流通，从而促进全球经济一体化。

（二）给传统商务活动带来冲击

在电子商务蓬勃发展的大环境下，越来越多的传统企业将销售渠道向电子商务领域拓展。电子商务的迅速发展为传统企业提供了前所未有的发展机遇，开展电子商务是企业能够在日益激烈的全球化市场竞争中得以生存和发展的必由之路。电子商务不仅可以使传统企业提高效率，降低成本，开拓全球市场，同时还可以通过为顾客提供个性化的增值服务而创造新的价值。目前，世界上一些比较著名的传统企业，例如通用、福特、宝洁、联合利华、波音公司等已经开展了电子商务，国内的联想、海尔、美的、科龙等传统企业也都投入了巨资来实施电子商务转型。实践证明，这些企业通过开展电子商务大大增强了市场竞争力。

随着电子商务的迅速发展，电子商务营销渠道与传统营销渠道也产生了冲突，甚至直接导致一些传统门店倒闭。例如，电子商务对百货企业的冲击非常巨大。由于电子商务企业尚处在与传统渠道争夺市场的时期，在没有门店租金成本重压的电子商务企业，会以更低的价格让利给消费者。事实上，电子商务企业的冲击已经促使众多传统百货企业作出调整。在港上市的银泰百货等一些百货公司，也在传统业务上嫁接了网络电子商务的服务，以应对不断增强的电子商务消费趋势。

**案例 1-1**

### 互联网吞噬传统书店：中国上万家民营书店倒闭①

新一轮的传统书店倒闭潮正以一种令人沮丧的速度在全球蔓延。从2011年7月22日开始，美国连锁书店Borders开始关闭旗下的399家店面。Borders曾是美国第二大传统图书零售商，有着40年的历史，一度被认为是全美最佳书店，巅峰时期销售额更是达到40亿美元。著名的英国水石书店曾宣布2009年至2010财年利润同比下滑了70%，在这一财年中该书店还经历了图书集中订货系统出现故障、削减650名员工等一系列问题，备受打击。

我国书店的境遇也不容乐观。2011年7月，上海季风书园面临第三家门店的关门，北京人文学术书店风入松已宣布停业，杭州的"光合作用"倒闭。越来越多的传统书店都没能逃得过相同的结局，仅2007年到2009年，中国民营书店就减少了10000家。实体书店的版图逐步被网上书店和数字出版物吞噬。

传统书店倒闭的原因是多方面的，主要包括以下几个方面：

1. 传统书店的成本上涨。书店的房租在涨，人工成本在涨，但就是销售额没涨。

2. 当当网、亚马逊等网上书店的兴起对传统书店造成了很大的冲击。网上书店具有价格优势，而且网上书店的物流配送和服务越来越完善。网上购书的便利性让越来越多的人倾向于网上购书。

3. 电子出版物的携带方便、更新迅速以及环保的理念也侵蚀了原有传统书店的市场。

4. 人们的阅读习惯和生活方式发生的变化。现在读纸质图书的人群比例骤减，人们转变了旧的阅读方式，选择电子阅读的人越来越多。有的年轻人不读图书，转而去读网上短篇的博客或者参与互动性的社区等。

#### （三）促进新兴行业产生

电子商务也催生了一些新兴的行业，如全新的金融业、新型的网络中介业等。

电子商务带来了一个全新的金融业。由于在线电子支付是电子商务的关键环节，也是电子商务得以顺利发展的基础条件，随着电子商务在电子交易环节上

① 参见郑爽：《互联网吞噬传统书店：中国上万家民营书店倒闭》，载《出版视野》2011年第4期。

的突破，网上银行、银行卡支付网络、银行电子支付系统以及电子支票、电子现金等服务，将传统的金融业带入一个全新的领域。

电子商务促进新兴产业的发展，最直接的表现是电子商务服务业的兴起。随着企业、个人和政府越来越多地应用电子商务，在电子商务交易服务、业务流程外包服务和信息技术外包服务等领域，涌现出大量的电子商务服务商，通过提供丰富的产品和服务，满足企业、个人和政府的电子商务应用需求。

同时，电子商务也促进地方产业升级，带动区域经济效益显现。随着越来越多的企业开始应用电子商务，特别是一些产业集群、专业市场中的中小企业大规模"集体上网"，电子商务为产业集群、专业市场的发展注入了新的活力，有助于促进产业的升级，进而带动区域经济的发展。

电子商务成为创造就业机会的新动力。电子商务的发展直接创造就业机会，企业应用电子商务和电子商务服务业的发展，都创造出了大量新的就业机会。电子商务催生的新兴职业有：网店模特、网店摄影师、网店装修师、优化网店售后、网络经纪人、网络砍价师、网络推销、网络推广、网拍团长、淘宝客等。

## 二、电子商务对政府的影响

以电子商务为特点的网络时代的到来，推动了社会信息化和经济信息化，也给国家政府部门的工作提出了快捷、高效的要求。政府承担着大量的社会、经济、文化的管理和服务职能。在电子商务时代，当企业应用电子商务进行生产经营，消费者实现网上消费时，对政府管理行为也提出了新的要求。互联网对于政府来说，不仅是一种有效的通讯手段，更是一座沟通政府与社会各界的桥梁。从全球范围看，推动政府部门管理工作的信息化，实现信息共享，已是大势所趋。

电子商务对政府的影响体现在以下几个方面：

### （一）电子商务加速政府信息化建设，促进了政府行政运作改革

电子商务使信息技术在政府管理中得到充分的应用，推动政府管理现代化，变革了政府组织决策方式。首先，提高了行政人员分析和解决问题的能力和工作效率，激励行政人员全面发展和素质的提高；其次，通过远程视频会议系统、行业性专业性数据分析处理软件、无纸化办公系统等，极大地简化了行政运作环节和程序，降低了行政运作成本。最后，信息的传递和资源的共享得到了优化，增加了信息管理的广度和深度，提高了行政运作效率，提高了政府决策水平，使政府决策向民主化和科学化转变。

### （二）电子商务促进组织结构与运作机制的改革，实现政府由管理型向管理服务型的转变

电子商务使政府摆脱了传统的自上而下的科层制金字塔型组织结构，促使政府组织结构向扁平化发展，提高了公共管理的民主性，以更好地适应当代环境

的多样化和复杂化，使政府管理和服务更加多元化和个性化。电子商务的发展需要政府部门介入到企业的商务交易活动中，政府部门在这个加入过程中存在着相应的业务转型。电子政务对政府管理改革的根本目标是实现由传统政府职能向现代政府的管理服务职能转变。

（三）电子商务加强公民个人、企事业单位与政府部门的交流联系，营造和谐社会

政府部门通过电子政务平台公开公共事务的处理流程，进一步增加了政府执政的透明度，树立起政府的良好形象，大幅增强公民个人和企事业单位对政府工作的信心。

（四）电子商务降低了政府管理成本，提高对内外资源的利用效率

电子商务促使政府实现无纸化办公，使信息资源得到充分利用，避免重复建设，节约了办公经费，降低了机构与人员的费用。此外，计算机网络能够把全国的行政机关连接在一起，从而达到信息、人力、知识、管理制度等众多资源的共享，提高了对内外资源的利用效率。

## 三、电子商务对企业的影响

电子商务对企业的影响体现在以下几个方面。

（一）电子商务改变了企业的生产方式

电子商务通过使企业实现生产过程现代化、低库存生产和数字化定制生产，改变了企业的生产方式。

1. 企业生产过程现代化

电子商务在企业生产过程中的应用，可以在管理信息系统（Management Information System，简称 MIS）的基础上采用计算机辅助设计与制造（Computer Aided Design/Computer Aided Manufacturing，简称 CAD/CAM），建立计算机集成制造系统（Computer Integrated Manufacturing System，简称 CIMS）；可以在开发决策支持系统（Decision Support System，简称 DSS）的基础上，通过人机对话实施计划与控制，从物料资源规划（Material Requirement Planning，简称 MRP）发展到制造资源规划和企业资源规划（Enterprise Resource Planning，简称 ERP）。这些新的生产方式把信息技术和生产技术紧密地融为一体，使传统的生产方式升级换代。

2. 低库存生产

传统商务活动是由多个中间环节组成的供应链完成的，这些中间环节必然要耗费大量的物质资源，而且增加了企业的库存。在实施电子商务后，各个生产阶段可以通过网络相互联系、同时进行，因而使传统的直线串行式生产变成网络经济下的并行式生产。在减少了许多不必要的等待时间的同时，也使即时式生

产(Just In Time,简称JIT)成为可能,使库存降低到最低限度。电子商务可以缩短供应链的长度,减少中间环节与周转时间,节省物质资源的损耗。以传统的商业企业为例,电子商务可以优化企业供应链,实行直销,可以减少库存和营业面积,降低周转与管理成本。IBM个人系统集团从1996年开始就应用电子商务高级计划系统,通过该系统,生产商可以准确地依据销售商的需求来生产,这样就提高了库存周转率,使库存总量保持在很低的水平,从而把库存成本降到最低限度。

3. 数字化定制生产

电子商务的发展使数字化定制生产不仅变得必要,而且也成为可能。进入电子商务时代后,消费者的需求变得越来越多样化、个性化。市场细分要求企业必须针对每位顾客的需求进行一对一的“微营销”,从而更好地满足不同顾客的需求。同时,电子商务使数字化定制生产变得简单可行。企业通过构建各种数据库,记录全部客户的各种数据,并可通过网络与顾客进行实时信息交流,掌握顾客的最新需求动向。企业在得到用户的需求信息后,即可准确、快速地把信息送到企业的设计、供应、生产、配送等各环节,各环节可及时、准确地对信息作出反应。数字化定制生产成功的典型是戴尔电脑公司。戴尔公司每年生产数百万台个人计算机,每台都是根据客户的具体要求组装的。尽管客户的需求千差万别,但戴尔公司通过网络与客户建立了直接的联系,只生产客户签下了订单的计算机,不仅显著降低了生产经营成本,而且让客户更加满意。

（二）电子商务改变了企业的管理模式

在以往的企业组织结构中,上情下达、下情上呈是由中层管理者负责的。而在实施电子商务的企业中,上下级之间信息的传递则由网络来承担。电子商务减少了经济活动的中间层,缩短了相互作用和影响的时间差,加快了经济主体对市场的反应速度,使信息传递效率明显提高,市场竞争力显著增强。在企业的内部管理上,由于使用了企业内部网、管理信息系统、企业资源计划系统等企业内部管理软件,企业内耗减少,效率提高;在企业的外部管理上,由于电子商务相关软件的引入,企业与业务伙伴之间的通信效率明显提高,同一商务活动所花费的时间明显缩短。电子商务的应用带来企业内外业务效率的提高,必然能给企业创造更大的效益。

（三）电子商务改变了企业的经营方式

以往企业采用较多的是批零模式,产品的销售依赖于推销员的推销和广告宣传,这种经营方式不仅费时费力,而且成本高。电子商务重新定义了传统的流通模式,减少了中间环节,使得生产者和消费者的直接交易成为可能,从而改变了企业的经营方式。电子商务应用的一个重要领域是通过互联网进行广告宣传及市场调查,构筑遍及全球的营销网络,建立起无中介的销售渠道。互联网销售渠道可以减少传统销售渠道中批发、零售等中间环节，使生产商与消费者直接接触，生产商可以不通过零售商而最终完成商品流通过程，既降低了流通费用和交易费用，又加快了信息流动速度。企业可以利用 Internet 资源，建立个性化的电子商务网站，在网上进行企业宣传，展示自己的产品，树立企业形象，扩大企业的影响，并进行促销活动，从而大大地降低企业的促销成本。在营销方式上，越来越多的企业开始运用网络营销与传统营销的组合方式，效果显著，营销的费用大大降低，营销预算也更加方便、准确。

（四）电子商务改变了企业的支付结算方式

随着社会经济与信息网络技术的不断发展，人们对支付系统的运行效率和服务质量的要求也越来越高，促使支付系统不断从手工操作走向电子化、网络化。企业传统的结算支付方式包括现金结算、票据转让和转账结算。在讲求速度的电子商务环境中，如果依赖传统的支付方式，付款及清偿的流程将成为交易的瓶颈。在线网络支付是电子商务的关键环节，也是电子商务得以顺利发展的基础条件。电子商务的一个极重要的观念，是在进行付款、信用借贷及债务清偿过程中，能获得即时、方便且安全的服务，将商品销售与客户的付款行为整合在电子销售网快速进行。电子商务发展的需求直接导致了网络支付结算的兴起。

网络支付与结算是以电子商务为商业基础，以商业银行为主体，使用安全的主要基于 Internet 的运作平台，通过网络进行的，为交易的客户间提供货币支付或资金流转等的现代化支付结算手段。在电子商务环境下，企业可以通过网上银行系统实现电子付款，进行资金结算、转账、信贷等活动。以电子支付为代表的网络支付方式大大地提高了支付的效率，给电子商务活动带来了极大的便利。

总之，现代企业唯有正视电子商务对企业生产方式、管理模式、经营方式和支付方式所造成的冲击和影响，并采取必要的应对策略，才能在充满机遇的市场竞争中立于不败之地。

## 四、电子商务对个人的影响

随着电子商务被越来越多的人接受，电子商务对个人也产生了越来越多的影响。电子商务对个人的影响主要体现在生活、工作和学习三个方面。

（一）电子商务对个人生活的影响

1. 电子商务增加了人们获取信息的渠道

在电子商务环境下，人们除了从电视、广播、书籍和报刊等传统媒体中获取信息以外，还可以从一种全新的媒体 Internet 上获取所需的信息。Internet 通过大量的、每天至少有千人乃至几十万人访问的网站，实现了真正的大众传媒的作用，它可以比任何一种方式都更快、更直观、更有效地把一条信息传播开来。同时，网络传播信息有双向性的特点，客户可以根据自己的需要获取信息，且没有时间、地域的限制。股票信息站点之所以火爆，是因为它可以进行股票交易和股票查询；体育站点吸引众多体育爱好者，是因为它不仅有实时的体育报道，还允许体育爱好者在上面发表自己的评论。通过网络还可以得到其他双向的信息服务，如通过黄页可以找到商业机会，通过招聘站点可以寻找工作等。

与传统的印刷出版物相比，网上出版物具有许多优点。首先，网上出版物（电子杂志、电子报纸等）的成本极为低廉，在当今纸张昂贵的情况下，这一优点尤为明显。其次，网上出版物读者面广。随着网络用户的增加，好的网页比好的书报传播得更广，网上信息量更大，获取更方便。由于网上出版物使用超文本文件，可以通过链接的方式指向 Internet 网中所有与该网页相关的内容，不管是进行理论研究，还是读新闻，或是寻找商业信息，都可以很方便地找到相关的资料。所以，越来越多的人利用网络获取信息服务，网上信息服务成为电子商务的一个重要方面。

2. 电子商务改变了人们的消费方式

进入电子商务时代后，消费者的消费行为和消费需求发生了根本性的变化。首先，电子商务扩大了消费者的购物范围。电子商务突破了时间和空间的限制，使得交易活动可以在任何时间、任何地点进行，从而大大提高了效率。其次，电子商务使购物比较变得更为方便。消费者可以在短时间内通过网络从大量的卖家中进行价格比较、质量比较、物流速度比较等，从而找到理想的产品或服务。最后，消费需求变得更加多样化、个性化。网络消费者的消费行为往往较为独立，对商品和服务的个性化要求越来越高，他们不再满足于被动地接受企业生产、销售的产品，对商品的质量、规格、式样、造型以及包装等会不断提出自己新的要求。

3. 电子商务改变了人们的娱乐、休闲方式

电子商务为人们的娱乐、休闲方式也带来了改变。人们可以足不出户在网络上购买观看各个国家制作的新、旧电影和电视节目，可以在互联网上听音乐，可以在网上聊天，可以在网上玩游戏。人们还可以在网络这个广阔天地中找到志趣相投的朋友，一起讨论感兴趣的问题。网络甚至可以成为红娘，帮助人们找到终身伴侣。在网络上，人们还可以做现实生活中无法做的事情。当然，这一切都是虚拟的，是网络给人们提供的新的休闲方式。可以预见，Internet 网上娱乐、休闲对人们会有越来越大的吸引力，因而提供这种新的娱乐、休闲方式是电子商务新兴的行业。

（二）电子商务对个人工作的影响

电子商务使得在家办公成为可能。电子商务保证了即时通信和业务处理，所以办公的方式、地点、时间可以是灵活的。特别是对于工作独立性较强的管理决策人员，在家办公节省了交通时间和交通费用。电子商务不仅提高了人们的

办公效率,还有助于缓解交通压力,减少城市污染。电子商务还创造了很多就业机会,出现了与电子商务相关的新兴的职业,如网店模特、网店摄影师、网店装修师、优化网店售后、网络经纪人、网络砍价师等。电子商务也使得兼职或在家创业成为可能。有的人除了本职工作之外,还兼一份网络职业。有的人利用互联网在家创业,如在网上开店等。在互联网时代,人们还可以通过网络寻找到理想的工作。

(三)电子商务对个人学习的影响

电子商务使学习变得更加方便。人们不仅可以通过互联网查阅到很多对自己学习有帮助的资料,而且在网上可以很方便地去寻找自己喜欢的书籍和有关的作者简介。还可以通过网络结识一些志同道合的"聊友",和他们一起畅谈读书的乐趣以及读书之后的心得与感想,互相分享和推荐好书。

电子商务也带来了人们接受教育的方式的改变。随着互联网的广泛应用、电子商务的推广,网络教育应运而生。网络教育属于现代远程教育的一种方式,它以计算机通信技术和网络技术为依托,采用远程实时多点、双向交互式的多媒体现代化教学手段,可以实时传送声音、图像、电子课件和教师板书,身处两地的师生能像现场教学一样进行双向视听问答,是一种实现跨越时间和空间的教育传送过程。与传统的学校比较,网络教育的优势在于:首先,它不需要服务学生生活的庞大后勤辅助机构,学校管理人员和机构大大减少。其次,可以排除地域差别,缩小先进地区与落后地区教学质量的差距。实时性、交互性远程教育还可使多种观念得以沟通和交流。最后,可以最好地发挥好教师、好教材的优势。传统学校和局部授课只能影响到一个教室、一个学校,至多一个地区。而网络教育覆盖面可以达到整个网络。与其他远程教育方式,如广播大学、电视大学等相比较,很好的交互性、实时性是网络教育突出的优点。总之,网络教育是一种成本低、效果好、覆盖面广、便于普及高质量教育的新型教育方式。

这种教育方式使人们又有了新的接受教育的方法,在现代社会有着重大意义。社会的进步和发展要求全社会各个领域和层次的人们需要不断学习、不断更新知识。这就给教育提出了新的任务。教育的对象已不仅仅是学校的学生,还包括各种年龄层次、知识结构、需求层次和行业的从业者。这种终身继续教育和培训的任务,从时间和空间上都不是现在的学校形式和结构能够胜任的,特别需要利用电子商务这种商业化手段及其相应的应用技术加以支持。

总而言之,作为一种商务活动过程,电子商务将带来一场史无前例的革命,其影响将远远超出商务本身。它对社会经济,政府工作,企业的生产和管理,个人的生活、工作和学习等,都会带来巨大的影响。

## 复习思考题

### 一、名词解释

1. 电子商务　2. B2B　3. B2C　4. C2C

### 二、简答题

1. 电子商务有哪些主要功能？
2. 电子商务具有哪些特点？
3. 按参与交易的主体划分，电子商务可分为哪些类型？
4. 按电子商务应用平台划分，电子商务可分为哪些类型？
5. 电子商务对社会经济产生了哪些影响？
6. 电子商务对企业的影响体现在哪些方面？
7. 举例说明电子商务改变了我们生活、工作和学习的哪些方面。

# 第二章　电子商务技术基础

**【本章学习目标】**

- 了解计算机网络的概念与功能；
- 了解计算机网络的组成和分类；
- 掌握计算机网络中的 TCP/IP 协议；
- 掌握互联网的 IP 地址及域名系统；
- 了解互联网的应用。

电子商务的基础是电子商务系统。当代电子商务系统是在计算机技术、数据库技术和网络技术基础上构筑的。电子商务系统中最基础的技术是互联网技术，可以说，电子商务是在互联网的发展和推动下产生和发展的。本章将介绍计算机网络技术、互联网技术和互联网的应用。

## 第一节　计算机网络技术

### 一、计算机技术

电子商务的开展离不开计算机技术的广泛应用。从 1946 年世界上第一台计算机 ENIAC 问世以来，经过短短 60 多年，计算机的发展突飞猛进。计算机的体积越来越小，功能越来越强，价格越来越低，应用越来越广泛。计算机技术包含计算机硬件技术与软件技术。

（一）计算机硬件

计算机硬件包括计算机主机和计算机外设。主机包括中央处理器（CPU）和内存储器，CPU 由运算器和控制器组成。构成计算机硬件系统的外设主要有外存储器（光盘、U 盘、移动硬盘）和输入/输出设备（如键盘、鼠标、光笔、扫描仪等输入设备，打印机、显示器等输出设备）。

（二）计算机软件

计算机软件可分为系统软件和应用软件。系统软件包括操作系统、服务软件、编译解释系统等。应用软件包括信息管理软件、辅助设计软件、文字处理软件、图形处理软件以及用户编制的各种程序等。

电子商务的发展离不开计算机技术的运用，特别是随着计算机网络技术的发展，电子商务对计算机硬件与软件技术提出了更高的要求。

## 二、计算机网络技术

电子商务必须依赖于计算机网络技术的发展。计算机网络是伴随着计算机技术与通信技术的发展而发展的，既是两者有机结合的产物，也是电子商务运作的基础平台，是电子商务有效实施的必要保障。计算机网络是通过互联通道进行相互通信，从而实现数据和服务共享的一些分布的、智能的计算机所组成的集合。

### （一）计算机网络的概念与功能

1. 计算机网络的概念

计算机网络是指利用通信设备和线路，将分布在不同地理位置的具有独立功能的多台计算机系统互联，遵照网络协议及网络操作系统进行数据通信，实现资源共享和信息传递的系统。

2. 计算机网络的功能

计算机网络具有如下几个方面的功能：

（1）资源共享

计算机网络实现了资源共享，使得处于不同地理位置的网络用户可以共享分布在网络任何位置的软件、硬件资源，并共享数据信息。网络设计者可以全面统一地考虑各工作站上的具体配置，从而达到用最低的投入获得最佳的效果。例如，只为个别工作站配置某些昂贵的软、硬件资源，其他工作站可以通过网络调用，从而使整个建网费用和网络功能的选择控制在最佳状态。例如，许多台计算机可以通过网络共用一台打印机。计算机网络不仅可以共享硬件资源，也可以共享软件资源和数据信息。网络上的用户可以远程访问各类大型数据库，也可以使用，从而避免软件研制上的重复劳动以及数据资源的重复存储，也便于集中管理。

（2）数据传输

网络的数据传输功能使得不同地理位置的用户之间可以及时、快速、高质量、低成本地交流信息，如可通过网络上的文件服务器交换信息和报文、发送电子邮件、相互协同工作等。网络中不仅能传输文字信息，而且可以传输图片、声音和视频等多媒体信息。

（3）提高系统可靠性

通过利用网络中多台计算机存放重要的信息资源或软件副本，实现多副本备份，可以提高计算机系统数据及软件的可靠性。此外，当某一台计算机出现故障时，可以立即由计算机网络中的另一台计算机来代替。同样，当网络中某一条通信线路出了故障，可以选用另一条，以确保系统的安全性和可靠性。

(4) 协同处理

计算机网络可以把网络中的任务分配给网络中不同的计算机,进行协同处理。当某台计算机负担过重,或该计算机正在处理某项工作时,网络可将新任务转交给空闲的计算机来完成,这样处理能均衡各计算机的负载,提高处理问题的实时性。对大型综合性问题,可将问题各部分交给不同的计算机分布处理,充分利用网络资源,扩大计算机的处理能力。就解决复杂问题而言,多台计算机联合使用并构成高性能的计算机体系,这种协同工作、并行处理要比单独购置高性能的大型计算机便宜得多。例如,在20世纪末,美国一些大学的科学家采取穷举法,运用了网络中上百台高性能计算机,花了三个月的时间,解开了一组长达57个字符的密码。

(5) 扩充服务

随着各种网络软件的日益丰富、完善,用户可以通过终端得到各种信息和良好的服务,把整个网络看做自己的系统。当需要扩充网络的规模时,只要把新的设备、站点挂上网络即可。

在上述功能中,资源共享和数据传输是计算机网络最主要的也是最基本的功能。随着计算机应用的不断发展,计算机网络的功能和提供的服务也将不断地增加。

(二) 计算机网络的产生和发展

计算机网络的产生可以追溯到20世纪60年代,第一代计算机网络是以单个计算机为中心的远程联机系统。其典型应用是由一台计算机和全美范围内两千多个终端组成的飞机订票系统。计算机网络从产生到发展,总体来说可以分成四个阶段。

1. 萌芽阶段

20世纪60年代初是计算机网络发展的萌芽阶段,出现了第一代计算机网络。第一代计算机网络是以单个计算机为中心的远程联机系统,其特点是由单个具有自主处理功能的计算机和多个没有自主处理功能的终端组成网络。在第一代计算机网络中,计算机是网络的控制中心,终端围绕着中心分布在各处,从而将单一计算机系统的各种资源分散到每个用户手中。如果计算机的负荷较重,会导致系统呼应时间过长,而且单机系统的可靠性一般较低,一旦计算机发生故障,将导致整个网络系统的瘫痪。

2. 形成阶段

20世纪60年代末,出现了以通信子网为中心的计算机网络,即第二代计算机网络。其特点是由具有自主处理功能的多个计算机组成独立的网络系统,分布在不同地点的多台计算机通过通信线路互联成为计算机网络,构成一个有机的整体。联网用户可以通过计算机使用本地计算机的软件、硬件与数据资源,也可以使用网络中其他计算机的软件、硬件与数据资源，以达到资源共享的目的。在这种系统中，即使单机出现故障，也不会导致整个网络系统的全面瘫痪。美国国防部于1969年建成的ARPANET即属于第二代计算机网络。这个计算机互联的网络系统是一种分组交换网。分组交换技术使计算机网络的概念、结构和网络设计方面都发生了根本性的变化，为后来的计算机网络打下了基础。

3. 互联互通阶段

20世纪70年代至80年代末，出现了第三代计算机网络，即开放式标准化网络。其特点是由多个计算机组成容易实现网络之间互相连接的开放式网络系统。ARPANET兴起后，计算机网络发展迅猛，各大计算机公司相继推出自己的网络体系结构及实现这些体系结构的软、硬件产品。这种自行发展的网络，由于在网络体系上差别很大，以至于它们之间互不相容，难以相互连接以构成更大的网络系统。为了使不同公司之间的网络能够互联互通，国际标准化组织(ISO)提出了一个使各种计算机能够互联的标准框架——开放式系统互联参考模型(Open System Interconnection/Reference Model，简称OSI/RM)。OSI参考模型的出现，意味着计算机网络发展到第三代。

4. 高速网络技术阶段

20世纪90年代初至现在是计算机网络飞速发展的阶段，以互联网的广泛应用与高速网络技术的发展为代表，其特点是互联、高速与智能，网络系统具备高度的可靠性与完善的管理机制，网络覆盖范围广泛。进入20世纪90年代，计算机技术、通信技术以及建立在计算机和网络技术基础上的计算机网络技术得到了迅猛的发展。特别是1993年美国宣布建立国家信息基础设施NII后，全世界许多国家纷纷制定和建立本国的NII，从而极大地推动了计算机网络技术的发展，使计算机网络进入了一个崭新的阶段。目前，计算机网络已经真正进入社会各行各业，为各行各业所采用。

(三) 计算机网络的组成

计算机网络是由多台计算机通过传输介质和软件物理(或逻辑)连接在一起组成的。计算机网络的组成主要包括计算机、网络操作系统、传输介质以及相应的应用软件四部分。计算机网络系统主体可分为网络硬件和网络软件两部分。在网络系统中，硬件的选择对网络起着决定的作用，而网络软件则是挖掘网络潜力的工具。

1. 网络硬件

网络硬件是计算机网络系统的物质基础。要构成一个计算机网络系统，首先要将计算机及其附属硬件设备与网络中的其他计算机系统连接起来，实现物理连接。不同的计算机网络系统，在硬件方面是有差别的。随着计算机技术和网络技术的发展，网络硬件日趋多样化，且功能更强，更复杂。网络硬件包括网络服务器、网络工作站、网络交换互联设备、终端、传输介质和外部设备等。

(1) 网络服务器

在计算机网络中,分散在不同地点担负一定数据处理任务和提供资源的计算机被称为网络服务器。服务器是网络运行、管理和提供服务的中枢,它影响着网络的整体性能。服务器可以是个人计算机,也可以是工作站或小型计算机。服务器是为网络上的所有用户服务的,在同一时刻可能有多个用户同时访问服务器,因此,充当服务器的计算机应具有较高的性能,即速度快、内存大、硬盘容量大等。按照提供的服务不同,可把服务器分为 Web 服务器、文件服务器、电子邮件服务器、数据库服务器和视频服务器等。

(2) 网络工作站

网络工作站是指能使用户在网络环境上进行工作的计算机。网络工作站通常被称为客户机。在计算机局域网中,网络工作站是通过网卡连接到网络上的一台个人计算机,它仍保持原有计算机的功能,作为独立的个人计算机为用户服务,同时它又可以按照被授予的一定权限访问服务器。工作站之间可以进行通信,可以共享网络的其他资源。

网络工作站的作用就是让用户在网络环境下工作,并运行由网络上文件服务器提供的各种应用软件。在网络中,服务器一般只存放共享数据或文件,而对这些信息或文件的运行和处理则由工作站来完成。

(3) 网络交换互联设备

网络交换互联设备较多,下面介绍常用的设备。

① 网络适配器(NIC)。网络适配器俗称"网卡",是计算机和网络线缆之间的物理接口。网卡一方面将发送给另一台计算机的数据转变成在网络线缆上传输的信号并发送到线缆上;另一方面又从网络线缆接收信号,并把信号转换成在计算机内传输的数据。每一台上网的服务器或工作站上都至少装有一个网卡,才能进行网络通信,实现网络信息存取。

② 调制解调器(Modem)。调制解调器俗称"猫",是调制器和解调器的简称,是实现计算机通信的外部设备。调制解调器是一种进行数字信号与模拟信号转换的设备。计算机处理的是数字信号,而电话线传输的是模拟信号。因此,在计算机和电话线之间需要一个连接设备,将计算机输出的数字信号变换为适合电话线传输的模拟信号,在接收端再将接收到的模拟信号变换为数字信号由计算机处理。因此,调制解调器成对使用。

③ 集线器(Hub)。集线器是星形拓扑局域网中用来连接计算机的设备,它包含了与网络组件连接的多个接口。集线器一般为有源器件,需要电源才能工作。集线器一般有 8 端口、12 端口和 24 端口之分,每个端口可以和计算机或其

他集线器连接,集线器之间也可以进行互连,以扩大网络规模。由于集线器的共享介质传输、单工数据操作和广播数据发送方式等都先天决定了它很难满足用户的速度和性能要求,在需要的推动下,一种更新、更实用的集线设备——交换机出现了。

④ 交换机(Switch)。交换机是集线器的升级换代产品。从外观上看,它与集线器基本上没有多大区别,都是带有多个端口的长方形盒状体。交换机是按照通信两端传输信息的需要,用人工或设备自动完成的方法把要传输的信息送到符合要求的相应路由上的技术统称。交换机拥有一条很高带宽的总路线和内部交换矩阵,交换机的所有端口都挂接在这条总线上。控制电路收到数据包以后,处理端口会查找内存中的网卡硬件地址对照表,以确定目的网卡硬件地址挂接在哪个端口上,通过内部交换矩阵直接将数据包迅速传送到目的节点。这样可以充分利用带宽,数据传输速率高。这也是交换机可以很快取代集线器的重要原因。

⑤ 网桥(Bridge)。网桥能对不同类型的局域网实行桥接,实现互相通信,但又能有效地防止各自网内的通信不会流到别的网络。网桥有时也用在同一网络内,可以隔离不同的网段,把不需要越出网段的通信限制在段内,避免网络传输的负担过重。

⑥ 路由器(Router)。路由器是一种多端口设备,可用于连接不同传输速度并运行于多种环境的局域网和广域网。路由器位于开放式系统互联参考模型七层协议的网络层,具有判断网络地址、选择路径和识别执行不同网络协议的功能,从而消除了网络层协议间的差别。网络与网络的连接,都是通过路由器实现的,路由器为通过它的数据包选择合适的路径以到达目的地。

⑦ 网关(Gateway)。网关是本地网络的标记,数据从本地网络跨过网关,就代表走出该本地网络。所以,网关也是不同体系结构(不同协议或者不同大小)的网络间的通信设备。它能将局域网分割成若干网段,连接相关的局域网以及将各广域网互联而形成了互联网。

(4) 终端

终端设备是用户进行网络操作所使用的设备。终端可以是简单的输入、输出终端,也可以是带有微处理器的智能终端。智能终端除具有输入、输出信息的功能外,本身具有存储与处理信息的能力。终端可以通过主机系统连入网内,也可以通过终端设备控制器、报文分组组装与拆卸装置或通信控制处理机连入网内。

(5) 传输介质

传输介质是传送信号的载体,在计算机网络中通常使用的传输介质有双绞线、同轴电缆、光纤、无线通信信道、微波与卫星通信信道等。它们可以支持不同的网络类型,具有不同的传输速率和传输距离。传输介质的选择要考虑网络的性能、价格、使用规则、安装的便利性、可扩展性和其他一些因素。

(6) 外部设备

外部设备属于可被网络用户共享的硬件资源。通常情况下是一些大型的、昂贵的外部设备,如大型激光打印机、绘图设备、大容量存储系统等。

2. 网络软件

在网络系统中,网络中的每个用户都可享用系统中的各种资源,所以系统必须对用户进行控制,否则就会造成系统混乱,造成信息数据的破坏和丢失。为了协调系统资源,系统需要通过软件工具对网络资源进行全面的管理,进行合理的调度和分配,并采取一系列的保密安全措施,防止用户不合理的对数据和信息的访问,防止数据和信息的破坏与丢失。网络软件是一种在网络环境下运行的控制和管理网络工作的软件系统。通常网络软件包括网络协议软件、网络通信软件和网络操作系统。

(四) 计算机网络的分类

可以从网络的覆盖范围、网络的应用层次、网络的交换功能、网络的拓扑结构等不同的角度,对计算机网络进行分类。

1. 按网络的覆盖范围分类

最常用的分类是按网络的覆盖范围来划分,可将计算机网络分为局域网、城域网和广域网。

(1) 局域网(Local Area Network,简称 LAN)

局域网的覆盖范围一般不大于 10 千米,而且通常只使用一种传输介质。从地域上看,局域网通常是用在一座建筑物或一个工厂内,通常是某一单位或某一部门使用。计算机局域网被广泛用于连接校园、工厂以及机关的个人计算机或工作站,以利于个人计算机或工作站之间共享资源和数据通信,如打印机和数据通信。

(2) 城域网(Metropolitan Area Network,简称 MAN)

城域网是一种比局域网更大的网,通常覆盖一个城市,从 10 千米到 100 千米不等。城域网为多个局域网提供高速的连接途径,实现大量用户间的数据、语音、图像、视频等多种信息的传输,也可作为公共设施运作。

(3) 广域网(Wide Area Network,简称 WAN)

一切大于城域网的网都可称为广域网。广域网的地理分布距离大,一般在数百千米以上,其通信线路一般由通信部门提供。广域网可以是一个国家或一个洲际网络,规模庞大而复杂,它可以将多个局域网和城域网连接起来,甚至可以把世界各地的局域网连接起来，实现远距离资源共享和低价高速的数据通信。

2. 按网络的应用层次分类

按网络的应用层次分类，可将网络分为内联网(Intranet)、外联网(Extranet)和国际互联网(Internet)。从纯技术角度讲，这三种类型的网络都建在同样的基础设施上，但是它们的应用层次是不同的。

(1) 内联网

内联网也叫企业内部网，是指利用互联网技术构建的一个企业、组织或者部门内部的提供综合性服务的计算机网络。在内联网中，除了提供 FTP、E-mail 等功能外，还提供 Web 服务。在内联网中采用 Web 技术后，可以使企业定时和按需发布信息，使员工得到最新、最急需的信息，从而提高工作效率。内联网可以实现公司内部的信息交换，库存信息、财务信息、销售信息、人事信息都可以通过内联网从一个部门传到另一个部门，从而减少了纸上作业，也缩短了信息周转周期，大大提高了公司内部的效率。其主要特点是采用 TCP/IP 通讯协议和跨平台的 Web 信息交换技术，同时通过防火墙技术来保护内部敏感信息。内联网上的绝大部分资源仅供企业内部使用，不对外开放。为了防止外界的非法侵入，通常采用防火墙或者其他安全技术，将内联网和互联网隔离开来。

(2) 外联网

外联网是一种使用互联网技术(如 WWW 和 TCP/IP)建立的支持企业或机构之间进行业务往来和信息交流的综合信息系统。外联网是内联网的一种延伸，它不仅仅局限于一个企业内部，而是把相互合作的上下游企业的网络连在了一起。同时，外联网又隔离了外部的非法访问，从而保护了外联网内部各企业数据的安全性。外联网使指定并通过认证的用户可以分享公司内部网络部分信息和部分应用。外联网可以利用公共网络、安全(专用)网络或虚拟专用网(VPN)等网络类型中的任何一种，实现企业间的信息共享。外联网的信息是安全的，可以防止信息泄露给未经授权的用户。授权用户可以公开地通过外联网连入其他企业的网络。为保证外联网的安全性，需要运用防火墙服务器管理、数字认证、用户确认、对消息的加密和在公共网络上使用虚拟专用网等技术。

外联网的典型例子是联邦快递(FedEx)。在应用外联网之前，客户跟踪联邦快递的包裹的方法是，拨打联邦快递的免费电话，告诉接线员自己的包裹号码。接线员输入包裹号码后，包裹跟踪信息就会显示在接线员的控制台上，由接线员再告诉客户。随着业务的迅速发展，数据处理量日益庞大，原先的方式显然已不能满足业务发展的需求。为了保持自身在速递运输领域的全球领先地位，联邦快递公司决定更新包裹发货和跟踪系统，推出一套全新的“网上包裹跟踪系统”，以求大幅提高其业务系统的服务质量和生产效率。联邦快递在网上提供了包裹跟踪服务、在线生成空运单据、运输货物登记等服务。客户可以输入自己的账号和空运单据号，然后进入联邦快递的作业系统跟踪货物的运输流程。重要的信息都保存在联邦快递的外联网中。这个系统将客户的订单及仓库数据管理系统与公司的收货、开具发票和包裹跟踪软件集成了起来。

(3) 互联网

互联网是一个由网络和计算机组成的，将企业、教育机构、政府机构和个人连接在一起的互联网络。互联网是起源于美国而又覆盖全球的一个计算机网络。互联网通过 TCP/IP 协议将独立的网络互联在一起，其实质是由"无数"个独立的网络互联而成的网络，因此，有时也被称为"网络的网络"。目前，互联网正在向全世界的亿万用户提供诸如电子邮件、网上购物、信息检索、即时通信、音乐、视频和新闻发布等各种服务。

(五) 网络协议

在计算机网络的基本概念中，分层次的体系结构是最基本的。计算机网络的各层及其协议的集合，称为网络的体系结构。为了实现不同主机间的信息交换和资源共享，在基本的物理连接的基础上，必须有一整套的准则来规定通信双方信息交换的格式、信息传递的顺序、传送过程中的差错控制等问题，通信双方都必须遵守协议规则才能进行数据交换。

网络协议是网络上所有设备(网络服务器、计算机及交换机、路由器、防火墙等)之间通信规则的集合，它规定了通信时信息必须采用的格式和这些格式的意义。网络协议使网络上各种设备能够相互交换信息。目前，计算机网络存在两个协议标准，即 OSI/RM 和 TCP/IP 协议。

1. OSI/RM 参考模型

为了减少网络协议软件设计的复杂性，大多数网络都按层的方式来组织协议集，每一层完成其独立的功能，并为上一层提供一定的服务，通过这种层与层的结构，将必须完成的功能由各层来分担。不同的网络，其层的数量及各层名称、内容和功能等都不同。由于各层要完成规定的功能，每一层都有着其独自的协议。人们将网络的层和协议的集合称为网络体系结构。

为了使不同计算机厂家生产的计算机能够相互通信，以便在更大的范围内建立计算机网络，国际标准化组织(ISO)在 1978 年提出了"开放系统互联参考模型"，即著名的 OSI/RM 模型。它将计算机网络体系结构的通信协议划分为七层，自下而上依次为：物理层(Physics Layer)、数据链路层(Data Link Layer)、网络层(Network Layer)、传输层(Transport Layer)、会话层(Session Layer)、表示层(Presentation Layer)、应用层(Application Layer)。模型的一到四层完成数据传送服务，上面三层是面向用户的应用。OSI/RM 参考模型如图 2-1 所示。

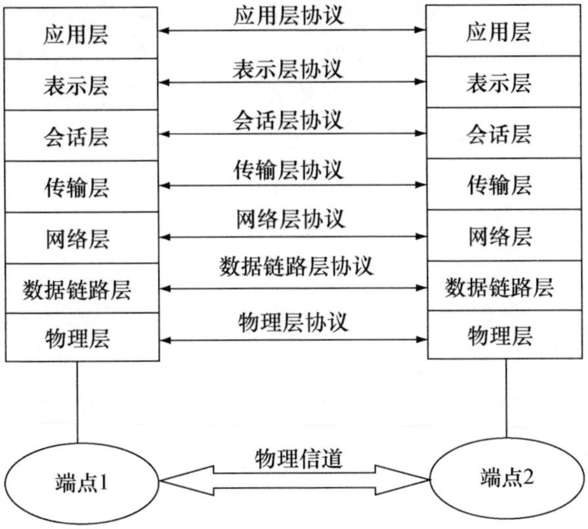


**图 2-1　OSI/RM 参考模型**

OSI/RM 参考模型对每一层的功能和每一层向上一层提供的服务都有明确的定义。但是,由于协议的模型比较复杂,实现比较困难,OSI/RM 参考模型并未真正流行开来。不过,它是学习网络理论知识的一个理想模型。

2. TCP/IP 协议

TCP/IP 协议是 Transmission Control Protocol/Internet Protocol 的简写,中译名为传输控制协议/互联网互联协议,又名网络通讯协议,是 Internet 最基本的协议,也是 Internet 国际互联网络的基础。协议是一套用技术术语描述某些事应该如何做的规则。Internet 协议是指在 Internet 的网络之间以及各成员网内部交换信息时要求遵循的协议,而 TCP/IP 协议是 Internet 网络上使用的通用协议。TCP/IP 协议包括 TCP 协议和 IP 协议,TCP 协议对应于 OSI/RM 参考模型的传输层协议,IP 协议则对应于 OSI/RM 参考模型的网络层协议。

TCP/IP 协议定义了电子设备如何连入互联网,以及数据如何在它们之间传输的标准。TCP/IP 协议所采用的通信方式是分组交换方式,就是数据在传输时分成若干段,每个数据段称为一个数据包。TCP/IP 协议的基本传输单位是数据包。TCP 协议和 IP 协议可以联合使用,也可以与其他协议联合使用。它们在数据传输过程中主要完成以下功能:

(1) 由 TCP 协议把数据分成若干数据包,给每个数据包写上序号,以便接收端把数据还原成原来的格式。

(2) IP 协议给每个数据包写上发送主机和接收主机的地址,一旦写上源地址和目的地址,数据包就可以在网上传送数据了。IP 协议负责数据的传输。

(3) 这些数据包可以通过不同的传输途径(路由)进行传输,由于路径不同,加上其他的原因,可能出现顺序颠倒、数据丢失、数据失真甚至重复的现象。这些问题都由 TCP 协议来处理,它具有检查和处理错误的功能,必要时还可以请求发送端重发。

例如,你要发一封很长的电子邮件给一位朋友,TCP 协议就将该信息分成很多个数据包,每一个数据包用一序号和接收地址来标记。此外,TCP 协议还插入一些纠错信息。接着数据包被传过网络,这就是 IP 协议的工作,即把它们传送给远程的主机。在另一端,TCP 协议接收数据并检查错误。如果有错误发生,TCP 协议就可以要求重发信息。换句话说,IP 协议的工作是把原始数据(数据包)从一端传送到另一端;TCP 协议的工作就是管理这种流动并确保其数据是正确的。

## 第二节　互联网技术

### 一、互联网概述

互联网是全球性的、最具影响力的、分布于世界各地的、基于"全球统一"规则(协议)的计算机互联网络,它既是世界上规模最大的互联网络,也是世界范围内的信息资源库。互联网已经深入到政治、经济、科学、技术、文化、卫生乃至人们的现实生活等各领域,利用互联网进行市场调查、产品介绍、信息咨询、洽谈商务、合同签订、网上购物、货币支付、售后服务、网络金融活动等,已成为人们推崇的工作和生活方式。

(一) 互联网的起源与发展

互联网不属于哪个国家、单位或个人所独有,它更像是一个世界性的公益事业,是一个世界性的资源共享库,许多组织和个人都是以奉献的精神参与其发展。从 20 世纪 60 年代末至今,互联网经历了形成、实用及商业化三个阶段。

1. 形成阶段

20 世纪 60 年代,美国军方最早开发了作为保障战时通信的互联网技术,把单个计算机连接起来应用,计算机开始了网络化的进程。1969 年,由美国国防部投资,通过高级研究计划署(ARPA)具体实施研究网间互联技术。到 20 世纪 70 年代,ARPA 已建立起军用计算机网络 ARPANET,它也是世界上第一个远程分组交换网。但当时的计算机厂商们生产的计算机,无论硬件还是软件都是不一样的,要组成这样的网络,就必须把很多不同的计算机硬件和软件通过某种方式连接起来。于是,在 20 世纪 70 年代初出现了一个关于计算机网络互联的共同协议——TCP/IP 协议。这个协议达成之后,ARPANET 取得比较大的扩展:从美国本土连到了其在欧洲的军事基地。

2. 实用阶段

互联网的快速发展始于1986年。美国国家科学基金会(National Science Foundation,简称NSF)认识到计算机网络对科学研究的重要性,但由于ARPANET是美国国防部所管辖的网络,不可避免地限制了一些大学和研究机构的使用。因此,NSF从1986年开始,围绕六个大型计算机中心建设计算机网络NSFnet。它是个三级网络,分主干网、地区网、校园网。它代替ARPANET成为Internet的主要部分。随后,NSF和美国政府认识到互联网不会限于大学和研究机构,于是支持地方网络接入。1986年至1991年间,接入NSFnet的计算机网络由一百多个发展到三千多个,有力地推动了互联网的发展。

3. 商业化阶段

美国政府建设互联网的初衷是用来支持教育与研究,而非商业活动。但随着互联网规模的迅速扩大,期中蕴藏的无限商机也逐渐显露出来。许多公司的纷纷加入使网络的信息量急剧增加,美国政府决定将互联网的主干网转交给私人公司经营,并开始对接入互联网的单位收费。从1993年开始,美国政府资助的NSFnet就逐渐被若干个商用的互联网主干网替代,这种主干网也叫互联网服务提供商(Internet Service Provider,简称ISP)。考虑到互联网商用化后可能出现很多的ISP,为了使不同ISP经营的网络能够互通,美国在1994年创建了四个网络接入点(Network Access Point,简称NAP),分别由四家电信公司经营。21世纪初,美国的NAP达到了十几个。NAP是最高级的接入点,它主要是向不同的ISP提供交换设备,使它们相互通信。现在的互联网已经很难对其网络结构给出很精细的描述,但大致可分为五个接入级:① NAP,② 多个公司经营的国家主干网,③ 地区ISP,④ 本地ISP,⑤ 校园网、企业或家庭PC机上网用户。

20世纪80年代中期以后,在世界其他地区,也先后建成了各自的互联网骨干网,如北欧网(NORDUnet)、加拿大网(CSnet)、欧洲网(EARN)、前苏联及东欧国家网(E-EUROPEnet)等。这些骨干网又通过各种途径与美国的Internet骨干网相连,形成了规模庞大的互联网。人们将这些互联在一起的网络看做一个互联网络,后来就以Internet来称呼它。

随着网络应用的迅速发展,多媒体、高带宽、超容量的数据信息库的广泛使用(如远程教学、远程医疗、金融业、高性能实验室等),使得原有的网络已不能满足用户的需求。因此,美国于1994年提出并于1996年开始实施Internet II计划和新一代Internet(Next Generation Internet,简称NGI)的网络发展规划。

中国的互联网发展也相当迅速,20世纪90年代以来,已建成四个遍布全国的骨干网:中国公用计算机网(ChinaNet)、中国科学技术网(CSTNET)、中国教育与科研计算机网(CERNET)和中国金桥信息网(GBNET)。它们都有独立的网间接口,可与美国或其他国家和地区的互联网骨干网相连,形成了当今既可与中国内部的网络互联,同时又与世界相通的几大骨干网。后来又相继建立了中国联通公用互联网、中国网通公用互联网、中国移动互联网、中国长城网和中国国际贸易互联网等。

互联网是20世纪的重大科技发明,深刻影响着世界经济、政治、文化和社会的发展,促进了社会生产、生活和信息传播的变革。互联网未来的发展趋势是:互联网的用户数量将进一步增加;互联网在全球的分布状况将日趋分散;互联网将逐渐走向无线化;互联网将出现更多基于云技术的服务项目;互联网将更为节能环保;互联网的网络管理将更加自动化;互联网技术对网络信号质量的要求将降低。

(二) 互联网的结构

Internet采用了目前最流行的客户机/服务器工作模式,凡是使用TCP/IP协议,并能与Internet的任意主机进行通信的计算机,无论是何种类型、采用何种操作系统,均可被看成是Internet的一部分。

严格地说,用户并不是将自己的计算机直接连接到Internet上,而是连接到其中的某个网络上,再由该网络通过网络干线与其他网络相连。网络干线之间通过路由器互联,使得各个网络上的计算机都能相互进行数据和信息传输。例如,用户的计算机通过拨号上网,连接到本地的某个Internet服务提供商(ISP)的主机上。而ISP的主机又通过高速干线与本国及世界各国、各地区的无数主机相连。这样,用户仅通过一家ISP的主机,便可遍访Internet。Internet是分布在全球的ISP通过高速通信干线连接而成的网络。

(三) 互联网的特点

互联网之所以发展如此迅速,被称为“20世纪末最伟大的发明”,是因为互联网从一开始就具有开放、自由、平等、合作和免费的特性。

1. 开放性

互联网是世界上最开放的计算机网络。任何一台计算机,只要支持TCP/IP协议,就可以连接到互联网上,实现信息等资源的共享。Internet是开放的,可以自由连接,而且没有时间和空间的限制,没有地理上的距离概念。

2. 共享性

互联网实现了信息共享。信息共享指不同层次、不同部门信息系统间,信息和信息产品的交流与共用,也就是把信息资源与其他人共同分享,以便更加合理地进行资源配置,节约社会成本,创造更多的财富。信息共享是提高信息资源利用率,避免在信息采集、存储和管理上重复浪费的一个重要手段。互联网向用户提供了极其丰富的共享信息资源,互联网用户在网络上可以随意浏览别人的网页或访问他人的博客，从中寻找自己需要的信息和资料。有的网页连接共享型数据库，可供查询的资料更多。

3. 低廉性

Internet 是从学术信息交流开始的，所以很多信息的获得是免费的。进入商业化之后，虽然有一些付费服务，但绝大多数的互联网服务都是免费提供的，而且在互联网上有许多信息和资源也是免费的。从看新闻、收发邮件、QQ 聊天，到发微博、开网店、看电影，几乎都是免费的。

4. 交互性

互联网作为平等自由的信息沟通平台，信息的流动和交互是双向式的。互联网为用户提供了很多交互方式。网络的交互性是通过两个方面实现的：其一是通过网页实现实时的对话，如运用 QQ、MSN、阿里旺旺等即时通信工具可进行实时交互；其二是通过电子公告牌、论坛或电子邮件实现异步的对话。通过互联网，消费者与生产者、买方与卖方、政府、企业与个人之间都可以方便地实现双向交流。

5. 虚拟性

虚拟性是指互联网的存在状态是无形的，它以图像、声音、信息等电子文本作为自己的存在形式。在互联网中，人们可以匿名或用虚拟身份，因此不必考虑自己发表言论而造成的实际后果。通过互联网，人们的实践活动转移到了以网络为基础的虚拟的电子空间。网络信息传播技术把真实世界和虚拟世界变得界限模糊了，它把实体的现实和创造的现实连接起来，这就从根本上改变了人们的认识方式。互联网通过对信息的数字化处理，通过信息的流动来代替传统实物的流动，使得互联网通过虚拟技术具有了许多传统实体才具有的一些功能。

6. 个性化

个性化与大众化相对，常用来指具有个体特性的需求和服务。一方面，互联网作为一个新的沟通虚拟社区，它可以突出个人鲜明的特色。只有有特色的信息和服务，才可能在互联网上不被信息的海洋所淹没，互联网引导的是个性化的时代。另一方面，互联网使得用户有了更多个性化的选择，互联网用户可以在网络中定制个性化的产品和服务，企业也可以通过互联网为用户提供个性化的产品和服务。

7. 全球性

互联网从一诞生就是全球性的产物，世界各国首先建成各自的互联网骨干网，然后再互相联通，从而形成了 Internet。互联网从一开始商业化运作，就表现出无国界性。互联网上的信息流动是无国界的；互联网上各种信息资源是全球共享的；互联网用户可以浏览世界各国的网站；互联网上的商品交易覆盖全球范围。

（四）互联网的接入方式

用户接入互联网主要是通过互联网服务提供商（ISP），即提供互联网接入服务及相关技术支持的公司，它们是用户进入互联网的入口和桥梁。ISP一般都具有和互联网快速连接的计算机系统和良好的服务配套系统。目前我国最大的ISP是中国电信，此外还有联通、网通、铁通、广电等。

互联网服务提供商包括互联网内容提供商（Internet Content Provider，简称ICP）和互联网接入服务商（Internet Access Provider，简称IAP）。ICP提供内容服务，如网页制作、门户网站等；IAP提供互联网接入。互联网的接入技术有很多，从用户的角度出发，可以分为以下几种接入方式。

1. 普通电话拨号接入

这是早期最普遍的上网方式，用户只要有一部普通电话，再加上一个调制解调器，就可以实现拨号上网。其基本原理是将数字信号通过调制解调器转为模拟信号，然后通过电话线传输，接收方再通过调制解调器将模拟信号转为数字信号，从而完成数据通信的过程。上网速度理论上可以达到上传为36.6KB/s，下载为56KB/s。但由于互联网服务商采用共享方式上网，实际上达不到这个速度。该上网方式具有设备简单、覆盖面广的特点；其缺点是速度慢，而且易受电话线路通信质量的影响。

2. ADSL接入

ADSL（Asymmetric Digital Subscriber Line）是非对称数字用户环路的简称，是目前电信系统普遍采用的宽带接入方式。它是利用现有的市话铜线进行数据信号传输的一种技术，下行速率在2MB/s—9MB/s之间，上行速率在640KB/s—1MB/s之间，终端设备主要是一个ADSL调制解调器。因为上行和下行带宽不对称，因此称为非对称数字用户线环路。它采用频分复用技术，把普通的电话线分成了电话、上行和下行三个相对独立的信道，从而避免了相互之间的干扰。即使边打电话边上网，也不会发生上网速率和通话质量下降的情况。

ADSL的基本原理是将传统电话线没有充分利用的带宽利用起来（传统电话线仅使用4KB/s的带宽）。利用该方式上网，可以同时实现网络连接与语音通信，即使ADSL出现设备故障，也不影响普通电话业务。ADSL适用于人口密度大、高层建筑多、网络节点密集的地段，具有系统结构简单、使用维护方便、性价比高的特点。

3. DDN接入

DDN（Digital Data Network，数字数据网）是利用数字信道传输数据信号的数据传输网，即平时所说的专线上网方式。DDN利用数字信道提供半永久性连接线路以连入互联网，它利用一种全透明、全数字、优质的传输介质，传输速率范围为64KB/s—2MB/s。DDN方式的主要优点是：① 采用数字电路，传输质量高，延时小；② 电路采用全透明传输，并可自动迂回，可靠性高；③ 一线可以多用，可开展传真、接入互联网、会议电视等多种多媒体业务；④ 可以方便地组建虚拟专用网(VPN)，建立自己的网管中心，自己管理自己的网络。

DDN 的主要缺点是：使用 DDN 专线上网，需要租用一条专用通信线路，租用费用昂贵。除了基本费用之外，还要根据上网流量计费。所以，目前 DDN 主要在一些特殊单位使用。DDN 适用于气象、公安、铁路、医院、证券、银行等对实时性要求较高的行业。

4. 有线电视电缆接入

传统的有线电视网只能实现单向传输，经过改造后可以实现双向传输。终端设备是一个电缆调制解调器，它利用有线电视网作为接入互联网的设备。有线电视电缆传输速率下行最高可达 36MB/s，上行最高可达 10MB/s。目前我国许多地区的有线电视网开通了这项服务。有线电视电缆上网在我国具有广阔的前景，因为我国有线电视网十分普及，而且上网可以不占用电话线路，可以和数字式家电紧密集成。

5. 光纤接入

光纤是一种直径为 50—100$\mu$m 的特殊传输介质，一般由石英玻璃或塑料制成，外裹一层折射率较低的材料，多根光纤连在一起，就组成了光缆。光纤通信网才是真正意义上的宽带网，传输速度最快，单根光纤的传输速度可以达到 100MB/s—10GB/s，而且相当稳定。其唯一缺点就是价格较高。

6. 无线接入

无线接入技术分为以下两种：

(1) 固定接入方式

固定接入方式包括微波、卫星和短波接入等。微波接入的典型方式是建立卫星地面站，租用通信卫星的信道与上级 ISP 通信，其单路最高速率为 27KB/s，可多路复用，其优点是不受地域的限制。卫星通信传输技术是利用卫星通信的多址传输方式，为全球用户提供大跨度、大范围、远距离的数据通信。与微波接入技术类似，利用专用的短波设备也可以接入互联网，且接入速率和距离都较理想。由于短波有绕射力，这种技术适用于在城市及市郊做中远距离联网。

(2) 移动接入方式

移动接入方式即移动上网。移动上网方法有以下两种：

① 利用手机上网。手机上网除了可进行网页浏览、收发电子邮件等常规互联网服务外，还可发送短信息、下载铃声、下载屏保等，传输速率为 9.6KB/s (GSM)—160KB/s(CDMA 或 GPRS)。目前移动通信技术发展很快，从最早的 GSM 发展到 GPRS 和 CDMA，并且向 3G 方向发展，3G 网络的理论传输速率可以达到上行 0.72MB/s，下行 1.8MB/s。

② 利用手提电脑通过无线网卡上网。将无线网卡安装在手提电脑中,通过接收无线信号上网。无线信号的来源有两个:无线交换机和手机。目前中国联通和中国移动通信公司都推出“电脑+手机”无线上网业务,使移动办公成为现实。

7. 局域网共享接入

通过局域网连入互联网的方式非常普遍,基本原理是通过局域网上的代理服务器共享上网。也就是说,局域网上的任何一台计算机经过授权后,都可以经由服务器共享上网,服务器需要安装相应的代理服务器软件或进行相关设置。如校园网通过光纤接入互联网,而学校内部的计算机可以共享这根光纤上网。光纤局域网内的传输速率范围为 10MB/s—100MB/s。

共享上网的速度取决于服务器的带宽和局域网内同时上网计算机的数据流量大小等诸多因素。共享上网是一种间接上网方式,它对于服务器的上网方式并没有严格的限制,如 ADSL、DDN 专线、光纤上网等都可以。共享上网最大的优越性是充分利用了服务器的网络带宽,并且容易管理,此外还可以节省宝贵的 IP 地址资源,特别适合企事业单位、政府部门、高校等使用。

## 二、Internet 的地址与域名

### (一) IP 地址

1. IP 地址的概念

在互联网中,IP 地址是一个极为重要的概念。为确保互联网上每台主机在通信时都能互相识别,每台主机都必须有一个唯一的地址来标识,即用 IP 地址表示该主机在网络上的位置。IP 地址也称为主机网际协议地址,这犹如电话系统中每台接入电话网络的具有标识效用的电话号码。一般用户在拨号上网时,由互联网服务提供商(ISP)自动随机分配一个 IP 地址,而且每次拨号时 IP 地址都不固定,这就叫做动态 IP 地址。一般大型网站都向它们的域名服务商申请一个固定不变的 IP 地址,称为固定 IP 地址。

IP(IPv4)地址的层次结构组织包含两部分:网络地址与主机地址。前者用以区分在互联网上互联的各个网络;后者用来表示同一网络上的不同计算机(或主机)。IP 地址由 32 位二进制数构成,分为 4 段(4 个字节),每段 8 位(1 个字节),可以用小于 256 的十进制数来表示,段间用圆点隔开。例如 ChinaNet 成都节点的 IP 地址是 202.98.99.34,那么它的网络地址是 202.98,而在 Internet 上主机地址是 99.34。

IP 地址具有如下两个重要特点:

(1) 每台主机的 IP 地址在整个互联网中是唯一的。

(2) 网络地址在互联网范围内统一分配,主机地址则由该网络本地分配。

即当一个网络获得一个网络地址后，可以自行对本网络中的每台主机分配主机地址，主机地址只需在本网络中唯一即可。

2．IPv6

IPv4 版本为整个互联网提供了基本的通信机制。但随着应用的拓展，基于 IPv4 的互联网的网址空间的余量已很少，预计 2012 年将用完(IPv4 理论上有 20 亿左右个地址)，网络安全和多媒体应用支撑欠缺等问题逐渐显露出来。为克服 IPv4 的不足，互联网的工程小组(Internet Engineering Task Force，简称 IETF)从 20 世纪 90 年代开始制定下一代 IP 协议——IPv6，并对其不断完善。2012 年 6 月 6 日，全世界的互联网 IP 地址进行了升级。升级之前，全世界人均能够分配到的 IP 地址不到一个，升级之后世界人均 IP 地址飙升到了 10 亿。

IPv6 旨在拓展 IPv4 已有的长处，解决存在的问题，并取代 IPv4 成为下一代互联网的主导协议。IPv6 基于 IPv4 而产生，在 IPv4 的基础上增加了一些更为优良的性能，具体如下：

(1) IPv6 具有更大的地址空间。IPv6 将 IP 地址长度由 32 位增加到 128 位，使地址数量大大增加，将完全能满足未来发展需要。

(2) IPv6 使用更小的路由表。IPv6 的地址分配一开始就遵循聚类(Aggregation)的原则，这使得路由器能在路由表中用一条记录(Entry)表示一片子网，大大缩短了路由器中路由表的长度，提高了路由器转发数据包的速度。

(3) IPv6 加入了对自动配置的支持。IPv6 支持多种形式的自动配置，支持采用无状态或 IPv4 下动态主机设置协议(Dynamic Host Configuration Protocol，简称 DHCP)功能的自动配置服务，可无需手动干预就能改变网络中所有主机的地址。IPv4 向 IPv6 的转换是平滑渐进的，且升级简便，随时使用，启动费用低廉。这是对 DHCP 协议的改进和扩展，使得网络(尤其是局域网)的管理更加方便和快捷。

(4) IPv6 具有更高的安全性。在使用 IPv6 网络中，用户可以对网络层的数据进行加密并对 IP 报文进行校验，在 IPv6 中的加密与鉴别选项提供了分组的保密性与完整性，极大地增强了网络的安全性。

(5) 有效的组播功能。组播(Multicast)是一种将信息传递给所有已登记并欲接收该消息的主机的功能。IPv6 增加了增强的组播支持以及对流的支持，这使得网络上的多媒体应用有了长足发展的机会，为服务质量控制提供了良好的网络平台。IPv6 还包含了一些限制组播消息范围的特性，从而减少了带宽的占用。

(6) 允许扩充。如果新的技术或应用需要时，IPv6 允许协议进行扩充，增加新的功能，使之适应未来技术的发展。

(7) 更好的头部格式。IPv6 简化了报文头部格式，字段只有 8 个，加快报文转发,提高了吞吐量。IPv6 使用新的头部格式,其选项与基本头部分开,如果需要,可将选项插入到基本头部与上层数据之间。这就简化和加速了路由选择过程,因为大多数的选项不需要由路由选择。

据统计,截至 2016 年 6 月底,我国 IPv4 地址数量为 3.37 亿,拥有 IPv6 地址 20781 块/32。IPv6 的地址长度为 128 位,/32 就意味着前 32 位为网络号,由国际互联网相关管理公司分配给各个国家或企业整体使用,每个企业获得一个/32 的 IPv6 地址,由于还剩余 96(128－32)位长度,这个长度意味着可再分配给约 2 的 96 次方个接口。也就是说,每一块 IPv6 地址可提供大约 2 的 96 次方个有效地址,这个数据量比现在总共申请到的 IPv4 地址量要大得多。

(二) 域名系统

就计算机而言,采用 IP 地址来标识互联网是十分有效的,但对用户来说,其使用和记忆都很不方便。因此,Internet 引进了字符形式的 IP 地址,即域名。域名是 Internet 上用来寻找网站所用的名字,是 Internet 上的重要标识,相当于主机的门牌号码。每一台主机都对应一个 IP 地址,每一个 IP 地址由一连串的数字组成,如 101.25.11.34。人们为了方便记忆,就用域名代替这些数字来寻找主机,如 mydomain.com。域名与 IP 地址之间是一对一或多对一的关系,因为一个企业网站只有一个 IP 地址,但是可以有多个域名。人们输入域名,再由域名系统(Domain Name System,简称 DNS)解析成 IP 地址,从而找到相应的网站。因此,人们只需记住域名,不需要记住 IP 地址,就可以访问网站了。

互联网的域名系统是一种分布型层次式的命名机制。域名由若干子域构成,子域间以“.”分隔,最右边的子域是顶级域名,从右向左层次逐级降低,最左边的子域是主机名。域名的一般形式如图 2-2 所示。

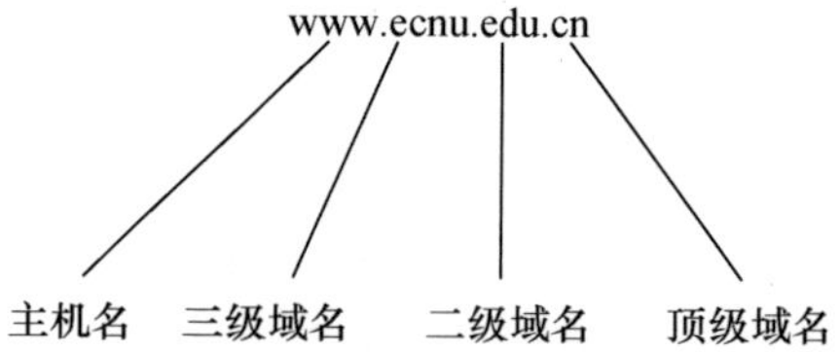


图 2-2 域名的组成

如华东师范大学的域名为:www.ecnu.edu.cn,其顶级域名是 cn,表示这台主机在中国域;二级域名 edu 表明该主机属于教育机构;ecnu 则是华东师范大学的网名;最左边是主机名,www 表示为主站点,如果是其他名字则表示是分站点。如果要登录华东师范大学网的 Web 服务器,用它的域名或 IP 地址均可以,但用域名更直观,便于记忆。域名无大小写之分。

常见的域名可分为国际顶级域名、中国的二级域名和中文域名三类。

1. 国际顶级域名

国际顶级域名可分为两大类：一类表示机构类别（见表 2-1），另一类表示国家或行政区（见表 2-2）。由于 Internet 最初是在美国发源的，因此最早的域名并无国家标识，人们按用途把它们分为几个大类，它们分别以不同的后缀结尾：. com（用于商业机构）；. edu（用于教育机构）；. gov（用于政府部门）；. mil（用于军事部门）；. net（用于网络服务机构）；. org（用于非营利性组织）；. int（用于国际组织）。最初的域名体系也主要供美国使用，因此美国的企业、机构、政府部门等所用的都是“国际顶级域名”。随着 Internet 向全世界的发展，除. edu、. gov、. mil 一般只被美国专用外，另外 3 类常用的域名. com、. org、. net 则成为全世界通用的顶级域名。

**表 2-1 机构类别的顶级域名**

| 域名 | 类别 | 域名 | 类别 |
|---|---|---|---|
| com | 商业机构 | biz | 商业机构 |
| edu | 教育机构(美国) | pro | 医生、律师、会计专用 |
| gov | 政府部门(美国) | coop | 合作组织 |
| mil | 军事部门(美国) | info | 信息服务机构 |
| net | 网络服务机构 | name | 个人网站 |
| org | 非营利性组织 | aero | 航空 |
| int | 国际组织 | museum | 博物馆 |

互联网名称与数字地址分配机构（ICANN）根据互联网发展需要，在 2000 年 11 月作出决议，从 2001 年开始使用 7 个新国际顶级域名：biz，info，name，pro，aero，coop，museum。其中前 4 个是非限制性域，后 3 个是限制性域，如 aero 须是航空业公司注册，museum 须是博物馆注册，coop 须是集体企业（非投资人控制，无须利润最大化）注册。

需要说明的是，tv、cc、ws、bz 原本是一些国家的顶级域名，但由于这些小国的电子商务水平低，这些资源不能得到有效利用，而其又能引申出一些含义，如 tv——电视，cc——commercial company 等，一些精明的公司便买断了这些国家的域名经营权，然后在国际上出售这些域名。

2008 年 6 月，国际域名管理机构 ICANN 批准了一项建立无限多顶级域名的提案。按照该提案，企业可以使用如 ibm、ebay 等品牌作为顶级域名，团体则可以使用 news、sports、bank、bet 等作为顶级域名，城市可以使用 paris（巴黎）、berlin（柏林）等作为顶级域名。ICANN 的提案描绘出了一个令人期待的新域名时代，但要真正实施，仍需要解决一些具体的问题。首先，它降低了注册的门槛，因此一些技术和管理能力不足的公司也有机会获得顶级域名的管理和运营权，这会给某些顶级域名的安全性带来隐患；其次，顶级域名的预注册流程稍有不慎就会引发恶意注册，导致真正的品牌拥有者或域名所代表意义的权利人，不得不花费巨额资金将被抢注的顶级域名收回。这些问题都比较棘手，而且是必须解决的。因此，该预案的通过过程将会比较曲折，但无论如何，这一结果是值得期待的。

**表 2-2 国家或行政区的顶级域名(部分)**

| 域名 | 国家或行政区 | 域名 | 国家或行政区 |
|---|---|---|---|
| cn | 中国 | hk | 中国香港 |
| uk | 英国 | mo | 中国澳门 |
| ca | 加拿大 | tw | 中国台湾 |
| de | 德国 | sg | 新加坡 |
| it | 意大利 | ch | 瑞士 |
| mx | 墨西哥 | us | 美国 |
| au | 澳大利亚 | in | 印度 |
| fr | 法国 | ru | 俄罗斯 |
| jp | 日本 | tv | 图瓦卢 |
| kr | 韩国 | ws | 西萨摩亚 |
| cc | Cocos 群岛 | bz | 伯利兹 |

2. 中国的二级域名

中国的域名管理机构是中国互联网络信息中心(CNNIC)。中国互联网络的二级域名分为“类别域名”和“行政区域名”两类。“类别域名”有 6 个(见表 2-3)，“行政区域名”有 34 个(见表 2-4)。中国互联网络域名体系中各级域名可以由字母(A—Z，a—z，大小写等价)、数字(0—9)、连接符(-)或汉字组成，各级域名之间用实点(.)连接，中文域名的各级域名之间用实点或中文句号(。)连接。

**表 2-3 中国按类别分类的二级域名**

| 域名 | 类别 | 域名 | 类别 |
|---|---|---|---|
| ac | 科研机构 | gov | 政府部门 |
| edu | 教育机构 | org | 非营利性组织 |
| com | 工、商、金融等企业 | net | 互联网络服务机构 |

中国互联网络按行政分配的二级域名设定了 34 个，每个省、自治区、直辖市和特别行政区有一个二级域名。2003 年 3 月 17 日，国家信息产业部宣布 cn 二级域名已经全面开放注册，即用户在顶级域名 cn 下可以直接申请注册二级域名，如 www. XXX. cn，其中 XXX 为用户自行决定的二级域名。如时代营销所注册的国内域名为：emarketer. cn。

3. 中文域名

中文域名是能用汉字命名的新一代域名，它是中国人自己的域名，使用、记忆非常方便。在CNNIC的中文域名系统中，在顶级域名“cn”之外暂设“中国”“公司”“网络”三个中文顶级域名。其中注册“中国”的用户将自动获得“cn”的中文域名。目前可提供注册的有类似于以下几种中文域名：电脑报.com、电脑报.net、电脑报.cn、电脑报.中国、电脑报.公司和电脑报.网络。中文通用域名的长度限制在20个汉字以内，首尾不能有非法字符，如+、@、&等，不得含有危害国家及政府的文字，允许使用中文、英文、阿拉伯数字及“-”号等字符。汉字中文通用域名兼容简体与繁体，无需重复注册。中文通用域名具有很鲜明的中国特色，但目前中文通用域名使用率偏低。

**表2-4　中国按行政区分类的二级域名**

| 域名 | 行政区 | 域名 | 行政区 |
|---|---|---|---|
| bj | 北京市 | hb | 湖北省 |
| sh | 上海市 | hn | 湖南省 |
| tj | 天津市 | gd | 广东省 |
| cq | 重庆市 | gx | 广西壮族自治区 |
| he | 河北省 | hi | 海南省 |
| sx | 山西省 | sc | 四川省 |
| nm | 内蒙古自治区 | gz | 贵州省 |
| ln | 辽宁省 | yn | 云南省 |
| jl | 吉林省 | xz | 西藏自治区 |
| hl | 黑龙江省 | sn | 陕西省 |
| js | 江苏省 | gs | 甘肃省 |
| zj | 浙江省 | qh | 青海省 |
| ah | 安徽省 | nx | 宁夏回族自治区 |
| fj | 福建省 | xj | 新疆维吾尔自治区 |
| jx | 江西省 | hk | 香港 |
| sd | 山东省 | mo | 澳门 |
| ha | 河南省 | tw | 台湾 |

以上介绍了国际顶级域名、中国二级域名及中文域名，从中可以发现，有很多域名资源可以利用。不过对于商业性公司来说，到目前为止，最为通用的仍然是.com域名，国内企业或者在国内有经营机构的外国企业则一般同时注册.com.cn域名。自从.cn二级域名开发注册以来，国内网站似乎更青睐用.cn域名。据统计，截至2016年6月，我国域名总数增至3698万个，半年增长19.2%，其中.cn域名总数为1950万，半年增长19.2%，占我国域名总数比例为52.7%；.com域名数量为1094万，占比为29.6%；.net的域名数量为128万，占比3.5%；.中国域名总数达到50万。截至2016年6月，我国网站总数为454万个，半年增长7.4%；.cn下网站数为212万个。

# 第三节 互联网的应用

互联网的应用非常广泛，具体包括即时通信、搜索引擎、网络新闻、网络音乐、博客/个人空间、网络视频、网络游戏、微博、社交网站、网络购物、网络文学、电子邮件、网上银行、网上支付、论坛/BBS等。表2-5是2014年12月至2015年6月中国网民对各类网络应用的使用率，由此表可以看出，即时通信、网络新闻和搜索引擎的使用率排在前三位。本教材把互联网的应用分为信息获取、商务交易、社交网络和网络娱乐四类，下面分别介绍此四类互联网的应用。

**表2-5 2014年12月—2015年6月中国网民对各类网络应用的使用率**

| 互联网的各类应用 | 2015年6月 | | 2014年12月 | | |
|---|---|---|---|---|---|
| | 网民规模(万) | 使用率(%) | 网民规模(万) | 使用率(%) | 半年增长率(%) |
| 即时通信 | 60626 | 90.8 | 58776 | 90.6 | 3.1 |
| 网络新闻 | 55467 | 83.1 | 51894 | 80.0 | 6.9 |
| 搜索引擎 | 53615 | 80.3 | 52223 | 80.5 | 2.7 |
| 网络音乐 | 48046 | 72.0 | 47807 | 73.7 | 0.5 |
| 博客/个人空间 | 47457 | 71.1 | 46679 | 72.0 | 1.7 |
| 网络视频 | 46121 | 69.1 | 43298 | 66.7 | 6.5 |
| 网络游戏 | 38021 | 56.9 | 36585 | 56.4 | 3.9 |
| 网络购物 | 37391 | 56.0 | 36142 | 55.7 | 3.5 |
| 微博客 | 20432 | 30.6 | 24884 | 38.4 | −17.9 |
| 网络文学 | 28467 | 42.6 | 29385 | 45.3 | −3.1 |
| 网上支付 | 35886 | 53.7 | 30431 | 46.9 | 17.9 |
| 电子邮件 | 24511 | 36.7 | 25178 | 38.8 | −2.6 |
| 网上银行 | 30696 | 46.0 | 28214 | 43.5 | 8.8 |
| 旅行预订 | 22903 | 34.3 | 22173 | 34.2 | 3.3 |
| 团购 | 17639 | 26.4 | 17267 | 26.6 | 2.2 |
| 论坛/BBS | 12007 | 18.0 | 12908 | 19.9 | −7.0 |
| 网上炒股或炒基金 | 5628 | 8.4 | 3819 | 5.9 | 47.4 |
| 互联网理财 | 7849 | 11.8 | 7849 | 12.1 | 0.0 |

资料来源：第36次中国互联网络发展状况统计报告

## 一、信息获取

信息获取指围绕一定目标，在一定范围内，通过一定的技术手段和方式方法获得所需信息的活动和过程。互联网上的信息获取主要包括搜索引擎和网络新闻。

（一）搜索引擎

搜索引擎作为互联网的基础应用，是网民获取信息的重要工具，其使用率自2010年后始终保持在80%左右，使用率在所有应用中稳居第二。搜索引擎可以是一个Web站点本身，如Google和百度；也可以是网站内帮助用户查找不同主题信息的一项服务。搜索引擎查找与用户输入的关键字相匹配的Web页，并提供最匹配的结果列表。整体上，搜索引擎网民增长已进入平稳发展期，但更加多元化，主要表现在以下几个方面：(1) 搜索网站的多元化。除了传统综合搜索外，还有微博搜索、社交网站搜索、电商网站搜索以及其他垂直搜索，这些搜索分流了部分原本在传统综合搜索网站上的搜索行为。(2) 搜索引擎的流量来源也呈现多元化的态势。除了直接键入网址进入搜索引擎外，还有网站和浏览器默认进入某个搜索引擎，以及即时通信工具、输入法等应用引导使用某个搜索引擎等方式，上述搜索入口也是搜索企业争夺的重点。(3) 搜索过程多元化发展。搜索关键字不仅通过键盘输入，还通过语音、拍照、扫描等方式输入，搜索结果不仅以传统图文展示，还以地图、短信、语音等方式呈现。搜索引擎多元化发展满足了不同人在不同场景的搜索需求，使得人们搜索更方便，寻找信息的成本更低。

此外，随着移动互联网快速发展，网民的部分搜索行为转向了移动搜索，移动搜索成为搜索企业未来新的增长点。各搜索引擎企业也把目光投向了移动搜索领域——加大技术研发投入，加强市场营销，力求在移动搜索领域占有一席之地。截至2016年6月，我国搜索引擎用户规模达5.93亿，使用率为83.5%，用户规模较2015年底增加2635万，增长率为4.7%。其中，手机搜索用户数达5.24亿，使用率为79.8%，用户规模较2015年底增加4625万，增长率为9.7%。

当前随着智能手机性能不断提升、价格进一步降低，加上移动流量资费的下调，网民手机上网的比例逐渐提升，手机搜索是仅次于即时通信的第二大手机应用，在网民日常生活中占据着重要地位。手机搜索一方面来自于电脑搜索需求的延伸，另一方面来自于人们碎片化时间里在各种场景的信息搜寻需求。由于移动性等特点，手机搜索形式更加多元化，不仅有传统的综合搜索和垂直搜索，还有各种应用的搜索功能。同时手机搜索输入也变得多元化，不仅有文字图片输入，还有语音、拍照、扫描等输入方式。

在手机上，网民不仅通过浏览器输入网址进行搜索，还通过搜索App、浏览器默认搜索引擎、浏览器首页推荐搜索引擎、手机内置搜索引擎以及输入法和即时通信等工具导流进入搜索引擎进行搜索活动。正因为手机搜索的迅速发展，各搜索企业更加重视移动搜索技术的研发和推广，同时重视各种手机搜索入口，力求在手机搜索领域占据一席之地。

根据搜索引擎的原理，可将搜索引擎分为以下几种：

1. 目录式搜索引擎

目录式搜索引擎是以人工方式或半自动方式搜集信息，由编辑员查看信息之后，人工形成信息摘要，并将信息置于事先确定的分类框架中。信息大多面向网站，提供目录浏览服务和直接检索服务。该类搜索引擎因为加入了人的智能，信息准确，导航质量高。其缺点是需要人工介入、维护量大、信息量少、信息更新不及时。这类搜索引擎的代表是：百度、Yahoo、搜狐和新浪等。

2. 机器人搜索引擎

机器人搜索引擎是由一个称为蜘蛛（Spider）的机器人程序，以某种策略自动地在互联网中搜集和发现信息，由索引器为搜集到的信息建立索引，由检索器根据用户的查询输入检索索引库，并将查询结果返回给用户。其服务方式是面向网页的全文检索服务。该类搜索引擎的优点是信息量大、更新及时、不需要人工干预。其缺点是返回信息过多，有很多无关信息，用户必须从结果中进行筛选。这类搜索引擎的代表是 AltaVista、Northern Light、Excite、Infoseek、Inktomi、FAST、Lycos；国内代表有“天网”、悠游、OpenFind 等。

3. 元搜索引擎

元搜索引擎没有自己的数据，而是将用户的查询请求同时向多个搜索引擎递交，将返回的结果进行重复排除、重新排序等处理后，作为自己的结果返回给用户。其服务方式为面向网页的全文检索。这类搜索引擎的优点是返回结果的信息量更大、更全，缺点是不能够充分使用所使用搜索引擎的功能，用户需要作更多的筛选。这类搜索引擎的代表是 WebCrawler、InfoMarket 等。

4. 智能搜索引擎

智能搜索引擎采用全新的搜索方式，通过一种复杂的数学分析，估计出一次搜索查询后反馈的网页的质量或重要性及相关主题。智能搜索引擎是结合了人工智能技术的新一代搜索引擎，除了能提供传统的快速检索、相关度排序等功能，还能提供用户角色登记、用户兴趣自动识别、内容的语义理解、智能信息化过滤和推送等功能。智能搜索引擎设计追求的目标是：根据用户的请求，从可以获得的网络资源中检索出对用户最有价值的信息。智能搜索引擎具有信息服务的智能化、人性化特征，允许网民采用自然语言进行信息的检索，为他们提供更方便、更确切的搜索服务。智能搜索引擎的代表是 Google。

（二）网络新闻

网络新闻是以网络为载体的新闻，具有快速、多面化、多渠道、多媒体、互动等特点。突破了传统的新闻传播概念，在视、听、感方面给受众全新的体验。网络新闻将无序化的新闻进行有序的整合，并且大大压缩了信息的厚度，让人们在最短的时间内获得最有效的新闻信息。不仅如此，未来的网络新闻将不再受传统新闻发布者的限制，受众可以发布自己的新闻，并在短时间内获得更快的传播，而且新闻将成为人们互动交流的平台。网络新闻将随着人们认识的提高向着更深的层次发展，这将完全颠覆网络新闻的传统概念。

网络新闻作为网民的基础应用，已成为网民获取新闻的主要渠道之一，使用率一直保持在较高水平，其使用率增长主要得益于以下几个因素：首先，在移动互联网时代，碎片化时间阅读新闻成为网民的主要活动之一。其次，随着微博、微信等应用的兴起，网民接触新闻的渠道增多。例如，微博对主要新闻事件的快速传播，形成热点话题，并联动主流新闻媒体进行传播，极大地促进了网民对网络新闻的接触度。再次，各类新闻媒体纷纷发力移动互联网，制作了大量用户体验较好的新闻 App，极大地提高了手机网民对网络新闻的阅读频率。最后，新闻类手机客户端的推送效果远高于传统 PC 客户端，使更多的手机网民被动阅读了大量新闻。截至 2016 年 6 月，我国网络新闻用户规模为 5.79 亿，网民使用比例为 81.6%。与 2015 年底相比，用户规模增加 1487 万，半年增长率为 2.6%。其中，手机网络新闻用户规模为 5.18 亿，占移动网民的 78.9%，较 2015 年底用户规模增加 3635 万，增长率为 7.5%。

## 二、商务交易

互联网上的商务交易是指用户利用互联网或移动通信网络等网络通信手段进行的商品或服务交易活动。互联网上的商务交易活动包括网络购物（主要指有形商品的购买）和网络服务。表 2-5 所列出的互联网的应用中，团购属于一种特殊的网络商务交易，交易的商品包括有形商品和无形商品；旅行预订和网络炒股属于网络服务；网上支付是为网上商务交易提供支持的。

### （一）网络购物

网络购物也称网上购物，是指用户通过互联网或移动通信网络检索商品信息，并通过电子订购单发出购物请求，买方通过网上支付或传统支付方式完成付款，卖方通过快递公司、邮局或自建物流配送系统完成送货。网络购物给用户提供了方便的购买途径，只要通过简单的网络操作，足不出户，即可送货上门，并且有些网站能提供完善的售后服务。我国最早的网络购物发生在 1996 年的 11 月，购物人是加拿大驻中国大使贝详，他通过实华开公司的网点，购进了一只景泰蓝“龙凤牡丹”。1998 年 3 月 6 日，国内第一笔互联网上的电子商务交易成功。中央电视台的王轲平先生通过中国银行的网上银行服务，从世纪互联公司购买了 10 小时的上网机时。总体而言，我国网络购物的发展大致可以分为三个阶段。

1. 网络购物的第一个发展阶段：购物网民的培育阶段

从 1998 年到 2005 年是我国网络购物的第一个发展阶段。在此发展阶段中，互联网的网民数量很少，销售额很少，多数人没有网购意识，这个时候出现了C2C平台。对这个平台的经营者来说，不需要自己管理商品，管理这个平台比较简单。

2. 网络购物的第二个发展阶段：购物网民的快速成长阶段

从2006年到2008年是我国网络购物的第二个发展阶段。在此发展阶段中，网民数量有了一定的积累，网购用户数也开始快速增长，截至2008年底，我国网民数量为2.98亿，网购用户数为7400万。在此发展阶段中也出现了一些问题，如假货问题、交易诚信问题、交易方便度问题、售后问题等。这时C2C平台已经培养了一大批有网购习惯的顾客，而B2C平台的出现则解决了假货、交易方便度、诚信等问题。因此，此阶段迎来了B2C平台的发展机遇。淘宝在2008年成立了淘宝商城。

3. 网络购物的第三个发展阶段：网购模式创新阶段

从2009年至今是我国网络购物的第三个发展阶段。在此发展阶段中，网民数量和网购用户数继续增长。截至2016年6月，我国网络购物用户规模达到4.48亿，较2015年底增加3448万，增长率为8.3%。其中，我国手机网络购物用户规模达到4.01亿，增长率为18.0%，手机网络购物的使用比例由54.8%提升至61.0%。在此发展阶段，C2C和B2C平台培养了大量的网购消费者，网购者对网购提出更高的要求，因而出现了各种网购创新模式。如团购模式、O2O模式、移动购物模式、微信购物模式等。

网络购物网民增长的驱动力量主要来自以下四个方面：首先，网民数量的持续增长，网民购买力的提升，消费者线上消费习惯的养成，为网络购物奠定了良好的用户基础，成为促进网络购物市场繁荣的重要基础。其次，传统企业纷纷向电子商务转型，拓展了网络购物的品类和渠道。线上产品的丰富、线上和线下的互动，提升了用户的购买体验。再次，网络促销的常态化，激发消费者的购买欲望。网购市场的激烈竞争导致电商之间频繁的价格战。店庆促销、节假日促销、特卖会、1元秒杀等营销手段的使用频率越来越高，极大地刺激了消费者的购买欲望。最后，移动互联网的发展和智能手机的普及，促使移动支付、移动购物快速增长，手机端和PC端的应用互补，促进了网络购物市场的发展。

（二）网络服务

网络服务是指服务型企业利用互联网或移动通信网络为用户提供服务类交易活动。网络服务具体包括旅游电子商务、网上证券、网上保险、网络信息服务、网上房地产、网络教育、网上招聘、网络出版、电子政务等。本教材第五章将详细介绍旅游电子商务、网上证券和网上保险。

在网络服务中，网民使用率较高的是旅行预订和互联网理财。截至2016年6月，在网上预订过机票、酒店、火车票或旅游度假产品的网民规模达到2.64

亿，较 2015 年底增长 406 万人，增长率为 1.6%。在网上预订火车票、机票、酒店和旅游度假产品的网民分别占比 28.9%、14.4%、15.5%和 6.1%。其中，在网上预订机票和酒店的网民规模较 2015 年底有明显增长。继 2015 年 6 月初，南航、厦航、国航、东航先后将国内机票业务代理佣金下调至 0%之后，2016 年，海航、国航、东航等 5 家航空公司又陆续宣布国际及地区客票代理手续费降为零。至此，航空公司机票代理费用进入“零佣金”时代。

截至 2016 年 6 月，我国购买互联网理财产品的网民规模达到 1.01 亿，较 2015 年底增加用户 1113 万人，网民使用率为 14.3%，较 2015 年底增加 1.3 个百分点。互联网理财市场历经几年的快速发展，理财产品日益增多，用户体验持续提升，网民在线上理财的习惯初步养成。

### 三、社交网络

社交网络即社交网络服务，源自英文 SNS(Social Network Service)的翻译。社交网络服务包括硬件、软件、服务及应用，由于四字构成的词组更符合中国人的构词习惯，因此中国人习惯上用社交网络来代指 SNS。社交网络的本质是交流沟通，体现在人与人之间的交流。人与人之间的关系可以是强关系(如微信、QQ 和社交网站)，也可以是弱关系(如微博)。社交网络源自网络社交，网络社交的起点是电子邮件。互联网本质上就是计算机之间的联网，早期的 E-mail 解决了远程的邮件传输的问题。论坛/BBS 则更进了一步，把“群发”和“转发”常态化，理论上实现了向所有人发布信息并讨论话题的功能。论坛/BBS 把网络社交推进了一步，从单纯的点对点交流成本的降低，推进到了点对面交流成本的降低。即时通信和博客更像是前面两个社交工具的升级版本，前者提高了即时效果(传输速度)和同时交流能力(并行处理)；后者则开始体现信息发布者的个性。

如今社交网络的形式越来越多样，除了论坛/BBS、博客、社交网站外，网络电话、微博、手机即时通信(以微信为代表)等，都属于社交网络，利用社交网络盈利的方式也越来越多样化。广告营销是目前企业对社交网络最主要的需求。社交网络的最大优点在于门槛低、参与度高、互动性强，可以有效地进行信息传递，许多企业看重这一点，纷纷利用社交网络进行营销从而为自己创造价值。除广告分享外，还有社交购物、分成模式、微博抢注等都是社交网络新兴的盈利方式。如果说在网络社交的起点——电子邮件时代，网络仅仅可以满足人们 5%的社交需求，那么今天丰富的社交网络已经可以把这个数字至少提升了 10 倍。网络社交对传统世界必然会带来巨大的影响。

下面分别介绍电子邮件、论坛/BBS、即时通信、博客、社交网站、网络电话、微博和手机即时通信。

（一）电子邮件

电子邮件(E-mail)是 Internet 上使用最广泛的一种服务。电子邮件是一种用电子手段提供信息交换的通信方式，通过全球互联网实现文本、声音、图像、影视等信息的传送、接收及存储，从而将邮件发往全球各个区域。截至 2016 年 6 月，我国电子邮件的网民规模为 26143 亿，网民使用率为 36.8%，比 2015 年底下降 9.1 个百分点。

用户只要能与互联网连接，具有能收发电子邮件的程序及个人的 E-mail 地址，就可以与互联网上拥有 E-mail 的所有用户方便、快速、经济地交换电子邮件。E-mail 地址是一个类似于用户家门牌号码的邮箱地址，或者更准确地说，相当于你在邮局租用了一个信箱。电子邮件地址的典型格式是 abc@xyz，这里@之前是用户名，即用户自己选择的字符组合或代码，@之后是提供电子邮件服务的服务商名称，如 zr@163.com。

1. 电子邮件的优点

电子邮件与普通信件相比具有以下优点：

(1) 快速。发送电子邮件后，只需几秒钟就可通过网络传送到邮件接收人的电子邮箱中。

(2) 方便。通过键盘输入，可以快速书写，也可以编辑和储存。双方接收邮件都无时间和地点的限制，而且可以同时向多个有关人员发送同一内容的邮件。

(3) 成本低。平均发送一封电子邮件只需几分钱，比普通信件便宜。而且实现无纸化，节约纸张，有利于环保。

(4) 可靠。每个电子邮箱地址都是全球唯一的，确保邮件按发件人输入的地址准确无误地发送到收件人的邮箱中。

(5) 内容丰富。电子邮件不仅可以传送文本，还可以传送声音、视频等多种类型的文件。图片、音乐、程序文件也可以嵌入到 E-mail 中发送。

2. 电子邮件的功能

(1) 可同时向多个收信人发送同一邮件，传递包括文本、声音、影像和图像在内的多种类型信息。

(2) 可同时自动接收几个邮箱中的信件，伴有转发、自动回复等辅助功能。

(3) 可向互联网以外的网络用户发送信件。

3. 电子邮件的结构

电子邮件主要由两部分组成，即信头和信件的正文。在电子邮件中，所有的地址信息和主题称为信头，而邮件的内容称为正文。在邮件的末尾还有一个可选的部分，就是发件人的签名。

信头包含下列几行内容：

(1) 收件人(To)。即收信人的电子邮件地址。

(2) 抄送(Cc)。即抄送者的电子邮件地址。

(3) 主题(Subject)。即邮件的主题。主题可填可不填,但填写是一种礼貌,有了这个主题行,收件人可知道这封信的主要内容。

许多电子邮件程序在安装时都需要定义用户的姓名、单位、电子邮件地址等信息,因此,在信头里没有发信人的电子邮件地址等信息,它由程序自动填写。

4. 电子邮件的工作原理

电子邮件的工作过程遵循客户—服务器模式。每份电子邮件的发送都要涉及发送方与接收方,发送方构成客户端,而接收方构成服务器,服务器含有众多用户的电子信箱。发送方通过邮件客户程序,将编辑好的电子邮件向邮局服务器(SMTP 服务器,Simple Mail Transfer Protocol,简单邮件传输协议)发送。邮局服务器识别接收者的地址,并向管理该地址的邮件服务器(POP3 服务器,Post Office Protocol 3,邮局协议 3)发送消息。邮件服务器将消息存放在接收者的电子信箱内,并告知接收者有新邮件到来。接收者通过邮件客户程序连接到服务器后,就会看到服务器的通知,进而打开自己的电子信箱来查收邮件。

通常 Internet 上的个人用户不能直接接收电子邮件,而是通过申请 ISP(网络服务供应商)主机的一个电子信箱,由 ISP 主机负责电子邮件的接收。一旦有用户的电子邮件到来,ISP 主机就将邮件移到用户的电子信箱内,并通知用户有新邮件。因此,当发送一封电子邮件给另一个客户时,电子邮件首先从用户计算机发送到 ISP 主机,再到 Internet,再到收件人的 ISP 主机,最后到收件人的个人计算机。

ISP 主机起着“邮局”的作用,管理着众多用户的电子信箱。每个用户的电子信箱实际上就是用户所申请的账号名。每个用户的电子邮件信箱都要占用 ISP 主机一定容量的硬盘空间,由于这一空间是有限的,因此用户要定期查收和阅读电子信箱中的邮件,以便腾出空间来接收新的邮件。

电子邮件在发送与接收过程中都要遵循 SMTP、POP3 等协议,这些协议确保了电子邮件在各种不同系统之间的传输。其中,SMTP 负责电子邮件的发送,而 POP3 则用于接收 Internet 上的电子邮件。

(二) 论坛/BBS

论坛又称 BBS,BBS 是 Bulletin Board System 的缩写,即电子公告板。它是以文字为主的界面,为广大网友提供了一个彼此交流的空间。论坛/BBS 的每个用户都可以在上面书写,可发布信息或提出看法。早期的论坛/BBS 由教育机构或研究机构管理,现在多数网站上都建立了自己的论坛/BBS 系统,供网民通过网络来结交更多的朋友,表达更多的想法。各个论坛/BBS 站点涉及的主题和专业范围各有侧重,用户可选择自己感兴趣的站点进入论坛/BBS,参与讨论、发表意见、征询建议、结识朋友。系统允许用户之间分享软件、文件,进行实时网络对话、信件传输等。从电子商务的角度出发，论坛/BBS是企业与客户交流的最好渠道之一。企业通过论坛/BBS，可以在网上与客户加强交流，解决问题，吸引客户。截至2016年6月，我国论坛/BBS的网民规模为10812万，网民使用率为15.2%，比2015年底增长1.1个百分点。

目前各类论坛/BBS的主要功能有：

(1) 供用户自我选择阅读若干感兴趣的专业组和讨论组内的信息；

(2) 定期检查是否有新消息发布并选择阅读；

(3) 用户可在站点内发布消息或文章供他人查询；

(4) 用户可就站点内其他人的消息或文章进行评论；

(5) 免费软件的获取，文件传输。

(三) 即时通信

即时通信(Instant Messenger，简称IM)，是指能够即时发送和接收互联网消息的业务。自1998年面世以来，即时通信的功能日益丰富，逐渐集成了电子邮件、博客、音乐、电视、游戏和搜索等多种功能。即时通信不再是一个单纯的聊天工具，它已经发展成集交流、资讯、娱乐、搜索、电子商务、办公协作和企业客户服务等为一体的综合化信息平台。即时通信是一种终端服务，允许两人或多人使用网路即时地传递文字信息、档案、语音与视频交流。与电子邮件相比，即时通信的优势在于它的交谈是即时的。大部分的即时通信服务提供了状态信息的特性——显示联络人名单、联络人是否在线与能否与联络人交谈。常用的即时通信工具有QQ、MSN、阿里旺旺等。

截至2016年6月，网民中即时通信用户规模达到6.42亿，较2015年底增长1769万，占网民总体的90.4%。其中手机即时通信用户6.03亿，较2015年底增长4267万，占手机网民的91.9%。从使用率来看，2011年底至2016年6月，即时通信保持着互联网使用率第一，且使用率持续攀升。总结原因主要有以下两点：首先，聊天是即时通信产品最基础的功能，满足的是人类最基本的交流沟通需求，在用户间完成了信息的传递工作。因此，较其他互联网应用，即时通信更具有大众化的特点，这为其奠定了庞大的用户基础。其次，随着即时通信产品功能不断地拓展，产品已不再仅仅起到交流沟通的作用，而是正在从聊天工具向综合平台转变。平台中除了基础的聊天功能外，购物、支付、游戏等服务的引入，为即时通信产品搭建一个良好的生态圈。即时通信功能的不断创新，提升了用户体验，带来新用户，也增强了用户黏性。

(四) 博客

博客(Blog)，又译为网络日志，是一种通常由个人管理、不定期张贴新的文章的网站。许多博客专注在特定的课题上提供评论或新闻，有的则是以个人日记的形式呈现。一个典型的博客结合了文字、图像、其他博客或网站的链接及其他与主题相关的媒体。能够让读者以互动的方式留下意见，是许多博客的重要功能。大部分的博客内容以文字为主，仍有一些博客专注在艺术、摄影、视频、音乐、播客等各种主题。博客是社会媒体网络的一部分。

1997年，Blog这个词汇被美国人约翰·巴杰(John Barger)创造出来，1999年6月之后它得到了迅速发展。2000年博客开始进入中国，并迅速发展，但都业绩平平；2005年，国内各门户网站，如新浪、搜狐，加入博客阵营。起初，Bloggers将其每天浏览网站的心得和意见记录下来，并予以公开，来给其他人参考和遵循。但随着Blogging快速扩张，它的目的与最初已相去甚远。目前网络上数以千计的Bloggers发表和张贴Blog的目的有很大的差异。不过，由于沟通方式比电子邮件、讨论群组更简单和容易，博客已成为家庭、公司、部门和团队之间越来越盛行的沟通工具，因为它也逐渐被应用在企业内部网络(Intranet)。目前，国内优秀的中文博客网有新浪博客、搜狐博客、中国博客网、腾讯博客、博客中国等。

博客是以网络作为载体，简易、迅速、便捷地发布自己的心得，及时、有效、轻松地与他人进行交流，再集丰富多彩的个性化展示于一体的综合性平台。博客是继电子邮件、论坛/BBS、即时通信之后出现的第四种网络交流方式。

博客具有以下功能：(1) 作为网络个人日记；(2) 个人展示自己某个方面的空间，让更多人了解你；(3) 网络交友的地方，能认识各行各业的形形色色的人；(4) 学习交流的地方；(5) 抒发个人感情的地方，把自己所想写在日志里，不受局限，言论自由；(6) 通过博客展示自己的企业形象或企业商务活动信息；(7) 话语权。

据统计，截至2014年6月底，我国博客和个人空间网民数量为4.44亿，较上年底增长772万。网民中博客和个人空间的使用率为70.3%，较上年底略低。近几年，博客活跃群体已由早期的草根化向精英化转变，博客内容也由通俗化向专业化转变。由于经营此类博客成本较高，专业知识要求也很高，导致普通网民主动发布博客的积极性下降，自身的互动转移到了微博、社交网站上，利用碎片时间进行交流沟通和自我展示，因此博客网民数近年来增长乏力。截至2014年6月底，网民中仍在使用博客的占比仅为19.3%，网民规模约为1.22亿人。部分个人空间网站完成了向社交网站的转型，满足了用户的社交需求，因此用户数量一直保持增长之势。

(五) 社交网站

社交网站(Social Network Site)是指基于社会网络关系系统思想，服务于个人之间的关系网络的网站。社交网站的典型代表是Facebook、人人网(校内网)和开心网等。

早期社交网络的服务网站呈现为在线社区的形式，用户多通过聊天室进行交流。随着博客等新的网上交际工具的出现,用户可以通过网站上建立的个人主页来分享喜爱的信息。2002 年至 2004 年间,世界上三大最受欢迎的社交网络服务类网站是 Friendster、MySpace 和 Bebo。在 2005 年,MySpace 成为世上最大的社交网络服务类网站。传闻当时其页面访问量超越了作为著名搜索引擎的 Google。2006 年,第三方被允许开发基于 Facebook 的网站 API 的应用,使得 Facebook 随后一跃成为全球用户量增长最快的网站。众多网站随后开始仿效开发自己网站的 API。

我国知名的社交网站人人网由校内网更名而来。校内网成立于 2005 年,其主要用户是在校大学生。2009 年 8 月 4 日,校内网更名为人人网,社会上所有人都可以在此网站注册,从而跨出了校园内部这个范围。人人网是为整个中国互联网用户提供服务的社交网站,给不同身份的人提供了一个互动交流平台,提高用户之间的交流效率,通过提供发布日志、保存相册、音乐视频等站内外资源分享等功能,搭建了一个功能丰富的用户交流互动平台。2011 年 5 月 4 日,人人网在美国纽交所上市。2011 年 9 月 27 日,人人网宣布以 8000 万美元全资收购视频网站 56 网。

社交服务网站的发展验证了"六度分隔理论"(Six Degrees of Separation),即"人际关系脉络方面,你必然可以通过不超出六位中间人间接与世上任意先生、女士相识"。个体的社交圈会不断地扩大和重叠,并在最终形成大的社交网络。在此类通过对"朋友的朋友是朋友"原则的实现而得到发展的线上社交网络中,Friendster 具备一定的代表性。

社交网站的优势是,通过社交服务网站人们可与朋友保持更加直接的联系,建立大交际圈,其提供的寻找用户的工具帮助用户寻到失去了联络的朋友们。网站上通常有很多志趣相投并互相熟悉的用户群组。相对于网络上其他广告而言,商家在社交服务网站上针对特定用户群组打广告更有针对性。但社交网站也存在着缺陷。有的社交服务类网站并不获得利润,因而其商业模式一直未得到业界的认可。人们也无法通过增加在网络上所进行的社交活动来实现真实生活中社会交往技巧的增长。此外,个人信息安全保障措施还需要改善。

据统计,截至 2014 年 6 月底,我国社交网站网民规模为 2.57 亿,较上年底减少 2047 万人。网民中社交网站使用比率为 40.7%,比上年年底下降 4.3 个百分点。社交网站为网民建立了一张强关系网,与自己的同事、同学等进行自我展示或者交流沟通,但随着弱关系社交模式及其他交流沟通类应用的兴起,原先频繁登录社交网站的一部分用户,逐渐被分流到其他应用上。当前社交网站面临的压力除了行业内竞争对手外,更多的来自于替代应用,如微博、新型即时通讯工具(微信)等。

社交网站为迎接新挑战,不断优化内容,与其他类型的网站开展合作,拓展分享和转发范围，以达到双赢局面。但未来人们的社交形式会更加多元化，这意味着一成不变的单一社交形式很难满足个人的需求，如何在变化过程中保持用户黏性，将是社交网站今后的一个重要课题。

（六）网络电话

网络电话（Voice over Internet Protocol，简称 VoIP）是通过互联网直接拨打对方的固定电话和手机，包括国内长途和国际长途，而且资费是传统电话费用的 10%到 20%。网络电话的原理是，采用计算机通讯的分组化、数字化传输技术，先对语音数据进行压缩编码处理，然后把数据按 IP 等相关协议打包，数据包通过 IP 网络传输到接收地之后再重新串起来，经过解码解压恢复成原来的语音信号，从而让对方听到通话。网络电话可以分为软件电话和硬件电话。软件电话就是在电脑上下载软件，并购买网络电话卡，然后通过耳麦实现和对方（固话或手机）进行通话；硬件电话比较适合公司、话吧等使用，首先要一个语音网关，网关一边接到路由器上，另一边接到普通的话机上，然后普通话机即可直接通过网络自由呼出了。

与传统的语音业务相比，网络电话能在同样带宽条件下使通话数量成倍增加，因此可以实现低成本的语音传送、传真等传统电信业务。另外，由于网络电话有效地利用了互联网的基础设施和全球 IP 互联的环境，所以能对诸如统一消息、虚拟电话、虚拟语音/传真邮箱、查号业务、Internet 呼叫中心、Internet 呼叫管理、电视会议、电子商务、信息存储转发等新兴的数据业务提供有力的支持。但是，网络电话本身也有先天缺陷。首先，通话质量受到网络好坏的影响，通话时的网络环境越好，通话的质量也就越高。其次，网络电话还存在被偷听偷录的风险。

Skype（中文名：讯佳普）就是一款国际知名的网络电话，可以进行网络即时语音沟通，具备 IM 所需的功能，比如视频聊天、多人语音会议、多人聊天、传送文件、文字聊天等功能。通过它可以免费高清晰地与其他用户语音对话，也可以拨打国内、国际电话，无论固定电话、手机、小灵通均可直接拨打，并且可以实现呼叫转移、短信发送等功能。Skype 目前已成为全球最受欢迎、最普及好用的网络通讯工具。

**案例 2-1**

**Skype 的故事**[①]

2003 年 8 月 29 日，Skype 网络电话上线。根据统计，2012 年 Skype 网络电话用户一共拨打了视频、语音通话 1670 亿分钟，比 2011 年增长了 44%。这一

① 参见《Skype 改变世界的故事》，http://news.cnfol.com/131006/101,1587,16086240,00.shtml，2015 年 10 月 6 日访问。

数字比当年全球电话用户拨打跨国电话的分钟数量多一倍。也就是说,Skype已经成为地球上电话运营商的重要竞争对手。Skype拥有超过6.63亿的注册用户,最高同时在线超过3000万。

Skype的故事从2000年开始。在2000年,互联网创业风潮席卷美国,大西洋另一侧的欧洲出现了一个由6人团队创立的新闻娱乐门户网站Everyday.com。但Everyday.com在互联网泡沫之后关闭了。2003年,他们又创办了Skype,在卢森堡注册成立。Skype具有很大的优势。不同于其他网络服务,Skype的语音通话可以轻易地穿过防火墙,而且不会在互联网上留下痕迹,通话质量也越来越高。2003年9月29日,Skype正式上线。当日,Skype下载量为10000。一个月之后,Skype用户超过100万。2005年,eBay以26亿美元收购Skype。但由于两家企业存在企业文化冲突,最终Skype和eBay分家了。2011年,微软以85亿美元买下Skype。

(七) 微博

微博,即微博客(MicroBlog)的简称,是一个基于用户关系的信息分享、传播及获取平台,用户可以通过WEB、WAP(无线应用协议)以及各种客户端组建个人社区,以140字左右的文字更新信息,并实现即时分享。

国内知名新媒体领域研究学者陈永东在国内率先给出了微博的定义:微博是一种通过关注机制分享简短实时信息的广播式的社交网络平台。其中有五方面的理解:(1) 关注机制,可以单向,也可以双向;(2) 内容简短,通常为140字;(3) 发布最新的实时信息;(4) 广播式,公开的信息,谁都可以浏览;(5) 社交网络平台,把微博归为社交网络。

Twitter是2006年3月由Blogger的创始人伊万·威廉姆斯(Evan Williams)推出的,英文原意为"小鸟的叽叽喳喳声",用户可以经由SMS、即时通信、电邮、Twitter网站或Twitter客户端软件输入最多140字的文字更新。2009年8月,我国最大的门户网站新浪网推出"新浪微博"内测版,成为门户网站中第一家提供微博服务的网站,微博正式进入中文上网主流人群视野。2010年国内微博迎来春天,微博像雨后春笋般崛起。腾讯、搜狐、网易等网站均开设了微博。根据相关公开数据,截至2010年1月份,该产品在全球已经拥有7500万注册用户。2011年上半年,我国微博用户从6331万增至1.95亿,半年增幅高达208.9%。微博在网民中的普及率从13.8%增至40.2%。2012年1月,中国互联网络信息中心(CNNIC)报告显示,截至2011年12月底,我国微博用户数达到2.5亿,较上一年底增长了296.0%,网民使用率为48.7%。微博用一年时间发展成为近一半中国网民使用的重要互联网应用。

中国微博活跃用户数经历了2010—2011年爆发式增长后,从2012年开始进入了一个相对平稳的增长期。截至 2016 年 6 月，我国微博用户规模为 2.42 亿，使用率为 34%，与 2015 年底相比略有上涨。

微博已经成为网民获取信息的重要途径之一，微博从满足人们弱关系的社交需求上逐渐演变成为大众化的舆论平台，越来越多机构及公众人物都通过微博来发布或传播信息。微博集娱乐、休闲、社交、营销于一身，满足了人们在碎片化时间里弱关系、低强度的上网沟通需求，吸引了大批重度用户。但是，各种网络应用如雨后春笋般兴起，分流了部分微博流量。

近年来，微博平台与一些互联网资源和平台联通，微博扮演的角色将会扩展。微博作为一个重要的移动应用入口，与其他行业合作互通，是微博扩大影响和实现盈利的重要方式之一。

（八）手机即时通信——微信

手机即时通信是指用户使用手机发送或接收网络上的消息，以满足用户随时随地聊天的需求。截至 2016 年 6 月，我国网民中即时通信用户规模达到 6.42 亿，较 2015 年底增长 1769 万，占网民总体的 90.4%。其中手机即时通信用户 6.03 亿，较 2015 年底增长 4267 万，占手机网民的 91.9%。

手机即时通信产品已不只是单纯的聊天工具，而发展成为手机综合平台，融入了交流沟通、信息获取、商务交易、网络娱乐等各类互联网服务。对于企业来说，在这个平台上，利用社交元素，企业产品可以得到快速、广泛传播，营销作用巨大。对于手机即时通信产品来说，产品集交流沟通、信息获取、社交、游戏、电子商务、支付于一身，更是在手机即时通信产品中形成一个闭环生态，一切服务都可在其中完成，使其具有巨大的潜在商业价值。

目前，手机即时通信用户使用最多的是微信，因此本教材重点介绍微信。微信是腾讯公司于 2011 年 1 月 21 日推出的一款通过网络快速发送语音短信、视频、图片和文字，支持多人群聊的手机聊天软件。用户可以通过微信与好友进行形式上更加丰富的类似于短信、彩信等方式的联系。微信软件本身完全免费，使用任何功能都不会收取费用，使用微信时产生的上网流量费由网络运营商收取。截至 2016 年第一季度末，微信每月活跃用户已达到 5.49 亿，用户覆盖 200 多个国家、超过 20 种语言。此外，各品牌的微信公众账号总数已经超过 800 万个，移动应用对接数量超过 85000 个，微信支付用户则达到了 4 亿左右。

微信有着精心设计过的通信协议，在后台运行时仅消耗极少流量，一个月消耗约 1.7M 流量。微信自身带有流量统计的功能，可以在设置里随时查看微信的流量动态。微信是一种更快速的即时通信工具，具有零资费、跨平台沟通、显示实时输入状态等功能，与传统的短信沟通方式相比，更灵活、智能，且节省资费。微信支持智能手机中 iOS、Android、Windows Phone 和塞班平台。具体特点如下：

(1) 支持发送语音短信、视频、图片(包括表情)和文字;

(2) 支持多人群聊(最多100人,部分微信用户拥有150、200、300、400、500人的权限);

(3) 支持查看所在位置附近使用微信的人(Location Based Services,简称LBS功能);

(4) 支持腾讯微博、QQ邮箱、漂流瓶、语音记事本、QQ同步助手等插件功能;

(5) 支持视频聊天。

微信与微博不同。微博走的是一点对多点的路线,而微信走的是多点互动的路线。微博是一个媒体式的应用,很多人只是用它来看新闻、围观名人名企;而微信则是一款社交化工具,有很强的社交功能。因此,两者的竞争关系并不强。微信的用户由很强的关系维系在一起,大家可以自由自在地进行交流分享,因为大家都是一个圈子的人。因此,微信的用户黏性会更强。

## 四、网络娱乐

网络娱乐是指用户利用互联网或移动通信网络进行各种娱乐活动,具体包括网络游戏、网络音乐、网络视频和网络文学。

### (一) 网络游戏

网络游戏指以互联网为传输媒介,以游戏运营商服务器和用户计算机为处理终端,以游戏客户端软件为信息交互窗口的,旨在实现娱乐、休闲、交流和取得虚拟成就的,具有可持续性的个体性多人在线游戏。截至2016年6月,我国网络游戏用户规模达到3.91亿,与2015年12月基本保持一致;网络游戏用户使用率为55.1%,较去年底略有下降。手机端网络游戏用户规模达到3.02亿,规模增长率为2014年12月以来最高,达到8.3%;手机网络游戏使用率达到46.1%。

中国游戏产业正在逐步改变。第一,用户规模方面,伴随着游戏行业发展时间的加长,用户规模增长也逐步放缓。第二,游戏产品方面,正在从重游戏向轻游戏发展。需要花费大量时间以及大量金钱的MMORPG(Massive Multiplayer Online Role-Playing Game,大型多人在线角色扮演游戏)用户正在流失,ACG(Animation、Comic、Game的缩写,也就是动画、漫画、游戏的总称)以及更为轻度的手机游戏仍保持增长态势。第三,多端化趋势明显。随着移动互联网的发展,游戏设备也在逐步丰富,除了台式电脑和笔记本电脑以外,平板电脑、智能手机,甚至电视等,均可以成为游戏终端,并提供了新的玩法和体验,进而形成了对于传统网络游戏的竞争。

总之,随着游戏行业的成熟,大型多人在线游戏一支独大的状况将逐步改变。作为动漫产业的重要组成部分,中国游戏市场将呈现更为健康的发展趋势,即网络游戏与单机游戏协调发展,PC与其他端设备游戏百花齐放。

（二）网络音乐

网络音乐是指用数字化方式通过互联网、移动通信网、固定通信网等信息网络,以在线播放和网络下载等形式进行传播的音乐产品,包括歌曲、乐曲以及有画面作为音乐产品辅助手段的MV等。网络的共享,科技的发展,使网络音乐的传播达到了极致,其最大的特点是音乐可以不受限制地被重复、再现。由于互联网的交互性、开放性、远程性特点,决定了一首乐曲从它诞生之日起,只要经过互联网传播,就可能被无限量传递,无限量下载,不受空间、时间的制约和限制,在任何时候任何地点上网就可以完成,使这首乐曲被反复下载和再现,不受限制地被反复欣赏,使更多的人享受到音乐重复和再现的快乐。

在我国,大约有7200个网站提供音乐下载,大部分网站为用户提供免费的音乐下载。免费的网络音乐冲击了传统的唱片市场,传统唱片公司收入的逐年递减,预示着全球音像产业的重大转型期已经到来。截至2016年6月,网络音乐用户规模达到5.02亿,较2015年底变化不大,使用率为70.8%。手机网络音乐用户规模达到4.43亿,较去年底增加2707万,占手机网民的67.6%。手机端网络音乐用户规模自2014年12月起半年增长率均保持在5%以上。

（三）网络视频

网络视频是指由网络视频服务商提供的、以流媒体为播放格式的、可以在线直播或点播的声像文件。网络视频一般需要独立的播放器,文件格式主要是基于P2P技术、占用客户端资源较少的FLV流媒体格式。网络视频服务由视频网站提供。视频网站是指在完善的技术平台支持下,让互联网用户在线流畅发布、浏览和分享视频作品的网站。知名的视频网站有YouTube、优酷、酷6网、乐视网、爱奇艺、网易视频、腾讯视频、搜狐视频、PPTV等。麦肯锡一项新的研究表明,未来4年,我国将有超过7亿人观看网络视频。尽管潜力巨大,但很多观察人士对该产业的前景仍持谨慎态度。他们认为,尽管中国网络视频市场正在飞速发展,但很少有企业实现盈利。2011年优酷亏损1.72亿元,土豆亏损5亿元。2013年,优酷、土豆合并,当年净亏损仍超5亿万。我国的视频网站所面临的困境是,内容同质化,无法盈利。

视频网站自身的原创和内容整合能力导向越来越强,差异化竞争愈发凸显,其广告价值正以各种出口逐渐回归。视频广告正以相当于传统互联网广告三倍的年复合增长率成长。原有的互联网广告主越来越多地因视频而增加广告预算,电视广告的份额也逐步向互联网渗入。随着视频广告盘子的不断扩大,视频网站正慢慢提升自己作为媒体的品牌影响力。视频行业加大营销及推广的同时,广告主对视频行业的认可度和对质量的重视程度正在逐年增加。相比较电视而言，互联网具备天然的补位作用，在用户的观看行为悄然发生着变化的同时，未来视频网站将在交互效应上持续发力。

从行业总体环境来看，宽带视频网络的技术进一步发展，互联网编码技术也在不断进步，可以向互联网传送高清码流，用户可以看到高清甚至超清的视频，大环境和技术决定目前这个服务有很好的用户价值。视频行业的竞争也从以往的拼融资、拼概念、拼流量，进入了内容为王的时代。影视点播已经成为各类网络视频运营商的兵家必争之地。

截至2016年6月，我国网络视频用户规模达5.14亿，较2015年底增加1000万，在网民中的使用率为72.4%。2015年12月，网络视频用户规模首次超过网络音乐，成为娱乐类第一大应用。近几年电视热播剧和热播综艺节目较多，带动了网络视频的点播。视频网站仍然通过购买热播剧来吸引用户点播，部分网站在购买热播剧上有所侧重，逐渐形成了自己的特色，有的网站偏向美剧或革命剧，有的网站重点购买大剧，以吸引不同的用户群。同时，为了减轻外购热播剧带来的成本压力，各网站加强了自制节目的投入，不少网站取得了一定的成功，部分自制节目点播率较高。此外，一些网站还通过直播体育赛事或者大型活动来吸引用户，取得了一定成果。

公司战略层面上，视频行业的并购活动进入纵深阶段，视频行业加速合并与洗牌，竞争更加激烈。一些视频网站背靠互联网巨头，利用母公司财力雄厚的优势，并购其他视频网站，通过强强联合来拓展用户，实现资源共享，分摊热播剧购买成本。部分网站为了扩大用户覆盖范围，还与社交网站、微博等联合，提供视频分享资源，实现用户共通，力图在用户覆盖提升上实现双赢。视频网站为了增强竞争力，还纷纷进军硬件领域，推出机顶盒或智能电视，在控制播放入口的同时，通过出售硬件产品或内容盈利。

（四）网络文学

网络文学是指以网络为载体而发表的文学作品。借助强大的网络媒介，网络文学具有多样性、互动性和知识产权保护困难的特点。其形式可以类似传统文学，也可以是博文、帖子等非传统文体。实时回复、实时评论和投票是网络文学的重要特征。由于网络文学传播的便捷，导致文学作品的知识产权不易受到保护。网络文学具有更新快速，传播广，阅读群体庞大，不受传统限制等优势。较有影响的文学网站有“文学城”“榕树下”“中文网络文学精粹”“黄金书屋”“碧海银沙”“莽昆仑”等网站。

网络文学分为三类样态：一类是已经存在的文学作品经过电子扫描技术或人工输入等方式进入互联网络；一类是直接在互联网络上“发表”的文学作品；还有一类是通过计算机创作或通过有关计算机软件生成的文学作品进入互联网络。

网络文学发展至今已成为文学市场的一股重要力量，网络文学的出现改变了作品的写作方式和传播方式，也影响了人们对于文学的传统观念。从网络文学行业整体格局来看，随着互联网知名企业、创业者们纷纷加入到网络文学市场中，行业竞争将愈发激烈。从网络文学的内容来看，网络文学与传统文学相比更简单易懂，且更具娱乐性，尤其受到年轻群体的喜爱。然而由于对市场的过分迎合，网络文学出现了过度娱乐化和过度商业化的倾向，网络文学"轻内容"现象严重。

近年来，网络文学用户规模稳定增长，移动端增速较高。截至 2016 年 6 月，网络文学用户规模达到 3.08 亿，较 2015 年底增加 1085 万，自 2015 年 6 月以来连续两个半年增长率保持在 3.5%以上。手机网络文学用户规模为 2.81 亿，较去年底增加 2209 万，增长率达到 8.5%。

## 复习思考题

### 一、名词解释

1. 计算机网络　2. 网络服务器　3. TCP/IP 协议　4. 电子邮件　5. 手机即时通信

### 二、简答题

1. 简述计算机网络的功能。
2. 计算机网络的发展经历了哪几个阶段？
3. 按网络的覆盖范围来划分，可将计算机网络分为哪几种类型？
4. 互联网的发展经历了哪几个阶段？
5. 简述互联网的特点。
6. 列举 6 个常用的国际顶级域名。
7. 简述电子邮件的优点。
8. 互联网有哪几类应用？

# 第三章　电子支付与网上银行

**【本章学习目标】**

- 了解电子支付的概念、特点与分类；
- 了解电子支付存在的问题；
- 掌握各种网上支付方式，包括电子现金、电子支票、网上银行卡支付、智能卡和第三方支付；
- 了解移动支付的概念与分类；
- 了解我国移动支付存在的问题及对策；
- 了解网上银行的概念及网上银行所提供的服务；
- 掌握网上银行的优势、网上银行发展中所面临的问题及对策；
- 了解网上银行的欺诈与防范。

电子商务的成功实现需要信息流、物流和资金流的畅通，在互联网快速发展和物流基础设施不断完善的情况下，资金流的解决就成了电子商务发展的一个重点。本章将介绍电子商务过程中的支付问题，主要介绍电子支付的概念、电子支付的特点、网上支付方式、第三方支付、网上银行等内容。

## 第一节　电子支付概述

电子商务较之传统商务的优越性，成为吸引越来越多的商家和个人进行网上交易的原动力。然而，如何通过电子支付安全地完成整个交易过程，又是人们在选择网上交易时所必须面对而且是首先要考虑的问题。电子支付是电子商务活动中一个极为重要的关键性的组成部分。在传统的商务活动中，人们主要采用传统的支付方式。传统的支付方式主要有三种：现金、票据和信用卡。但传统的支付方式存在着一些缺陷，如现金的支付受时间与空间的限制，票据易于伪造与丢失，信用卡也有丢失风险，而且传统的支付方式已无法满足电子商务的发展需求，因而催生了电子支付方式。电子支付方式是计算机技术应用于金融领域的一项重要成果，已经被越来越多的人所接受。电子支付方式能快速完成资金的结算，比传统的支付方式更加快捷，成本也更加低廉。

## 一、电子支付的概念

支付是指货币债权从付款人向受付人的转移，而电子支付(Electronic Payment)特指通过电子化方式所完成的支付。目前对电子支付的理解有广义与狭义之分，广义的电子支付包括卡类支付、网上支付和移动支付等，而狭义的电子支付仅指网上支付，即通过互联网完成的资金转移偿付方式。本教材采用广义的概念，即包括线上和线下各种使用电子货币完成的支付方式。因此，本教材把电子支付定义为：政府、企业或个人通过电子终端或电子卡片，直接或间接向银行业金融机构发出支付指令，以实现货币支付或资金转移。电子支付系统包括计算机网络系统、电子支付方法和机制，还要保证参与贸易各方资金的安全性和可靠性。电子支付系统主要用来解决电子商务中的各交易实体间资金流和信息流的即时传递及其安全性问题，交易实体包括政府、企业和个人等。

与电子支付密切相关的是电子货币(Electronic Money)，很多电子支付是通过电子货币来完成的。电子货币是计算机介入货币流通领域后产生的，是现代商品经济高速发展，要求资金快速流通的产物。电子货币的使用原理是，用一定金额的现金或存款从发行者处兑换并获得代表相同金额的数据，通过使用某些电子化方法将该数据直接转移给支付对象，从而能够完成支付。因此，电子货币可定义为：以金融电子化网络为基础，以商用电子化工具和各类交易卡为媒介，以电子计算机技术和通信技术为手段，以电子数据形式存储在计算机系统中，并通过计算机网络系统以电子信息传递形式实现流通和支付功能的货币。电子货币是随着电子交易的发展而产生的，是比各种金属货币、纸币以及各种票据更为方便、快捷的一种支付工具。电子货币的形式主要有银行卡、电子支票和电子现金等。

## 二、电子支付的发展历程

电子支付是计算机介入货币流通领域后产生的，是现代商品经济高速发展的产物。而电子商务的发展又推动了电子支付的迅速发展，电子支付也成为电子商务发展的必要基础。电子支付是利用银行的电子存款系统和各种电子清算系统来记录和转移资金的，它使纸币和金属货币在整个货币供应量中所占的比例越来越小。电子支付的使用和流通较方便，而且成本较低，尤其适用于大笔资金的流动。

目前，电子支付已与人们的生活密切相关，如代发工资、代缴水电费、银行卡、电子钱包等都是电子支付的具体形式。电子支付的出现彻底改变了银行的传统操作方式，电子货币的使用也给普通消费者在购物、旅游、娱乐等方面的付款带来了极大的便利。

电子支付的发展经历了五个阶段(如图 3-1 所示)。

第一阶段:银行利用计算机处理银行之间的业务,办理结算。

第二阶段:银行计算机与其他机构计算机之间进行资金结算,如代发工资,代缴水电费、煤气费、电话费等业务。

第三阶段:银行利用网络终端向消费者提供各项银行业务,如消费者在自动柜员机(ATM)上进行存取款、转账、查询银行卡余额、修改存取款密码等操作。有的 ATM 机还有跨行还房贷、领取失业保险金等功能。

第四阶段:利用银行销售终端向用户提供自动扣款服务,这是现阶段电子支付的主要方式。

第五阶段:这是最新发展阶段,电子支付可随时随地通过互联网络进行直接转账结算,形成电子商务环境。这是正在发展的形式,也将是 21 世纪的主要电子支付方式。我们称这一阶段的电子支付为网上支付。网上支付的形式称为网上支付工具,主要有信用卡、电子现金、电子支票等。

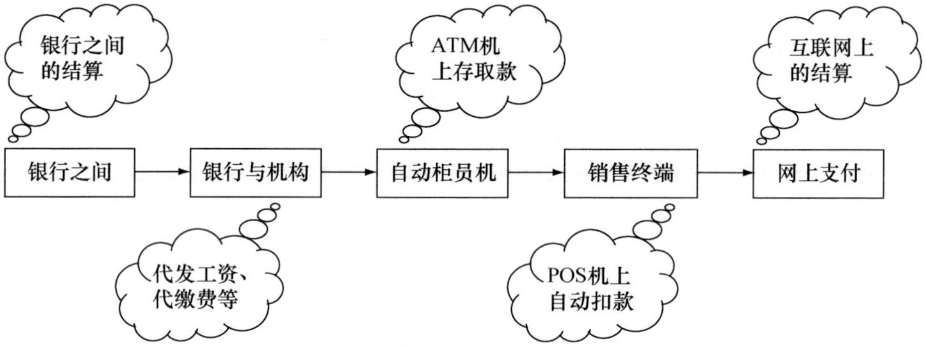


**图 3-1 电子支付的发展历程**

## 三、电子支付的特点

与传统的支付方式相比,电子支付具有以下特点:

(1) 电子支付是采用先进的信息技术,通过数字流转来完成支付信息的传输,是采用数字化的方式来进行款项支付的;而传统的支付方式则是通过现金的流转、票据的转让以及银行的汇兑等物理实体的流转来完成款项支付的。

(2) 电子支付使用的是最先进的通信手段,如互联网、外联网等;传统支付使用的则是传统的通信媒介。电子支付对软、硬件设施的要求很高,如联网的计算机、相关的软件及其他一些配套设施;而传统支付则没有这么高的要求。

(3) 电子支付突破了时间和空间的限制,可以随时随地完成支付。电子支付具有方便、快捷、高效、经济的优势。用户只要拥有一台联网的计算机,足不出户便可在很短的时间内完成整个支付过程。而传统的支付方式通常受时空的限制，支付效率也不如电子支付高。

## 四、电子支付的分类

### （一）按支付指令发起方式分类

按电子支付指令发起方式划分，电子支付的业务类型包括网上支付、电话支付、移动支付、销售终端支付、自动柜员机支付、其他电子支付等。

1. 网上支付

网上支付是基于 Internet 并且适合电子商务发展的一种电子支付方式，也是互联网时代最常用的一种电子支付方式。网上支付也称网络支付与结算，英文全称为 Net Payment 或 Internet Payment，它是指以金融电子化网络为基础，以商用电子化工具和各类交易卡为媒介，采用现代计算机技术和通信技术，通过计算机网络特别是互联网，以电子信息传递形式来实现流通和支付。网上支付可以实现从买家到卖家的在线货币支付过程，由此为电子商务企业提供金融支持。

2. 电话支付

电话支付是电子支付的一种线下实现形式，是指消费者使用电话（固定电话或手机）或其他类似电话的终端设备，通过拨打电话或使用终端设备进入银行系统，进而从个人银行账户里直接完成付款的方式。例如，中国银联和中国电信合作推出了一种面向家庭及行业用户的电话支付系统，通过增加安全加密功能，使普通电话机变成多功能、自助式的金融终端。用户只要拥有一台具有刷卡功能的固定电话机，就可以在自家的电话机上随时进行自助银行服务，信用卡还款，网上刷卡购物，缴纳水、电、煤气等公共事业费，预订酒店、机票、火车票等。电话支付终端使用了先进的金融交易加密技术，所有个人信息在交易中均是加密传输，信息传递也仅限于专用网络，支付链各方的交易安全得到了可靠保证。电话支付具有安全性高、使用方便等优势。

3. 移动支付

移动支付（Mobile Payment，简称 M-Payment）泛指用户使用智能移动终端（如手机、笔记本电脑、平板电脑、智能卡等），通过移动互联网络或者近距离无线通信，向支付服务商发出支付指令，对所消费的商品或服务进行账务结算的一种支付方式。整个移动支付价值链包括移动运营商、支付服务商（如银行）、应用提供商（公交、学校、公共事业等）、设备提供商（终端厂商、卡供应商、芯片提供商等）、系统集成商、商家和终端用户等。本章第三节将详细介绍移动支付。

4. 销售终端支付

销售终端（Point Of Sale，简称 POS）是一种多功能终端，把它安装在信用卡的特约商户和受理网点中，与计算机联成网络，就能实现电子资金的转账。它具有支持消费、预授权、余额查询和转账等功能，使用起来安全、快捷、可靠。销售终端支付是指通过POS机完成支付的方式。

5. 自动柜员机支付

自动柜员机(Automatic Teller Machine，简称ATM)，是由计算机控制的持卡人自我服务型的金融专用设备。ATM可以向持卡人提供取款、存款、转账、查询余额、更改密码等服务。ATM不仅能接受本行本地卡，还可以通过网络功能接受异地卡、他行卡，同时为持卡人提供每日24小时服务。ATM具有操作安全、方便快捷等优点。自动柜员机支付是指通过自动柜员机完成支付的方式，主要是指通过转账的方式完成支付。

6. 其他电子支付

其他电子支付，是指除了网上支付、电话支付、移动支付、销售终端支付和自动柜员机支付之外的其他采用电子方式完成支付的方式。例如，通过储值卡完成的电子支付方式，较常见的有电话充值卡和各类预付卡等。

(二) 按运营主体分类

如不考虑一些区域性的小范围电子支付(公交一卡通、校园卡等)，按运营主体划分的电子支付主要可以归纳为银行电子支付、第三方支付平台支付、以电信运营商为主体的电子支付。

1. 银行电子支付

银行电子支付是指在银行账户与银行卡的基础上，利用电子技术建立银行平台，完成在线银行支付，具体包括信用卡或储蓄卡远程支付、通过网上银行完成支付等。银行电子支付是由银行直接提供电子支付服务，银行自己承担电子商务的资金支付、结算和保管功能。

2. 第三方支付平台支付

第三方支付是具备一定实力和信誉保障的独立机构，采用与各大银行签约的方式，提供与银行支付结算系统接口的交易支持平台的网络支付模式。在“第三方支付”模式中，买方选购商品后，使用第三方平台提供的账户进行货款支付，并由第三方通知卖家货款到账、要求发货；买方收到货物，并检验商品进行确认后，就可以通知第三方付款给卖家，第三方再将款项转至卖家账户上。第三方支付作为目前主要的网络交易手段和信用中介，最重要的是起到了在网上商家和银行之间建立起连接，实现第三方监管和技术保障的作用。本章第二节将详细介绍第三方支付。

3. 以电信运营商为主体的电子支付

以电信运营商为主体的电子支付主要包括各种公共事业缴费、网上购物支付、刷手机支付公交费和超市购物费等。此类电子支付包括以电信运营商为主体的电话支付、移动支付和第三方支付。2011年底，中国电信、中国移动和中国联通的子公司均获得了第三方支付牌照。三家子公司分别为：天翼电子商务有限公司、联通沃易付网络技术有限公司、中移电子商务有限公司。电信和联通的第三方牌照业务类型为移动电话支付、固定电话支付、银行卡收单，中国移动为移动电话支付、银行卡收单，有效期均为 5 年。以电信运营商为主体的电子支付主要是手机支付，而手机支付业务可分为以下两种：

(1) 用户通过短信、登录手机支付网站、营业厅现场等方式开通手机支付账户，实现远程支付，如通过发送短信缴水电费、上网购物进行支付，其功能类似于支付宝。

(2) 用户到营业厅开通手机钱包。手机钱包既具有近场支付功能，又具有远程支付功能。其近场支付功能包括坐公交刷手机、超市购物刷手机等，其功能类似于城市一卡通。

在电信运营商市场，用户通过网上营业厅、无线营业厅等电子渠道来承载交费、终端选购等业务已日渐成熟，但其发展仍受到限制，这就要求电信运营商与银行、第三方支付等企业进行合作。2012 年 7 月，中国联通与快钱达成合作协议，之后，又有中国移动与财付通达成合作协议。有专家认为，随着电信运营商在电子商务渠道上的竞争，利用第三方支付公司的资源，加强终端渠道上的支持，在一定程度上可满足消费者日益增长的多元化支付需求，提高自身的服务能力。首先，通过合作，电信运营商可以借助支付平台增加新用户；其次，第三方支付平台拥有庞大的银行、商家以及用户资源，将为电信运营商的互联网业务带来更多的增量市场。

总体而言，借助第三方支付平台，运营商不仅能有效拓展网上营业厅电子支付功能，提升用户服务感知，同时还可以实现 B2C 业务运营，进而向 B2B、C2C 的支付领域拓展，最终引领电子渠道向电子商务化转型。而第三方支付公司，也可能借助与电信运营商的合作，为客户提供更多的增值服务，从而增加客户黏度，此种合作可谓是多赢之举。

### 五、电子支付存在的问题

虽然电子支付方式比传统支付方式更具有优势，但由于电子支付的最新发展是基于互联网的网上支付，而互联网是一个开放的公共网络，由此也带来了很多问题，具体可归纳为以下几个方面：

1. 电子支付的安全问题

安全问题一直是困扰电子支付发展的关键性问题。由于资金以电子化的方式在网上传输，因此黑客就有机可乘，资金易被黑客截取。调查数据显示，网民不使用网上支付的原因中，有 61.2%是担心交易的安全性。有些不法分子在网民网上购物交易时，利用与银行网站相似的网页，盗取银行账号和密码等信息，然后通过网上转账的方式将资金转走，导致网民在支付的过程中遭受损失。另外，如果计算机感染了木马病毒，那么用户的电子支付账号和密码易于被他人盗取，从而造成资金的损失。黑客还会利用系统漏洞入侵用户的计算机，盗取用户相关账号和密码，进而盗取账户中的资金。电子支付的安全问题至今仍无法解决。目前主要采用行政管理和计算机安全技术双管齐下的方法进行防范，如防止内部作案，建立安全的认证体系，设立防火墙，采用第三方支付等。

2. 用户对电子支付方式缺乏信任

由于电子支付存在着安全问题，用户对电子支付方式缺乏信任。有些用户担心个人信息泄露、资金的安全性没有保障；有些用户觉得使用电子支付的程序过于麻烦，需要注册、下载控件和电子数字证书等；而且用户仍受传统的支付习惯制约，这些都会影响用户接受电子支付方式。

3. 电子支付的金融监管问题

电子支付给网民带来便利的同时，也带来了一些金融监管问题，主要包括以下几个方面：

（1）缺乏对吸储行为的监管

在基于互联网的电子商务活动中，第三方支付平台的使用已越来越普遍。第三方支付平台在整个电子商务活动中，特别是在B2C和C2C市场中扮演着越来越重要的角色。艾瑞咨询的数据显示，2016年第一季度，中国第三方网上支付的交易规模达到40584.3亿元，同比上涨67.0%。其中，2016年第一季度支付宝的市场份额占比达到43.3%。

第三方支付平台利用资金短暂停留，在交易过程中约束和监督了买家和卖家，保护了买卖双方的利益。然而，在用户进行支付的过程中，资金在第三方支付平台会有一段时间的滞留，而随着用户数量的增加，滞留的资金量会非常大。根据目前的交易规则，支付资金可以在第三方支付平台中停留两天至十多天不等。据相关调研机构估计，支付平台每天有数千万资金的停留。如果第三方支付平台出现经营风险，甚至把沉淀的资金挪作他用，必将危及吸储资金的安全，从而损害交易双方的利益。假如第三方支付服务商的服务领域扩大到一定程度，交易客户和沉淀资金达到一定规模，那么很有可能引发系统性支付风险，并引发社会问题。

在国内，法律规定只有金融机构才有权利吸纳代理用户的资金，其他企业和机构不得从事类似的活动。在第三方支付平台出现的初期，国家缺乏对其吸储行为的监管，因此带来了很多问题。当然，国家也意识到了这些问题。2010年6月，央行正式对外公布《非金融机构支付服务管理办法》，对国内第三方支付行业实施正式的监管。根据相关规定，非金融机构提供支付服务需要按规定取得“支付业务许可证”，成为支付机构，而2011年9月1日成为第三方支付机构获得许可证的最后期限，逾期未取得的企业将不得继续从事支付业务。

(2) 电子货币发行合法性有待确定

目前许多电子支付平台实际上发行了某种形式的电子货币，客户以法定货币购买电子货币后，即能以该电子货币购买相应的电子商务企业所提供的产品或服务，从而使该电子货币具有广泛的支付能力。尽管从国际电子支付业务的发展趋势来看，基于网络发行的电子货币将成为今后电子商务中的重要支付工具，但由于目前国内缺乏对电子货币的性质、发行主体、使用范围等方面的法律规定，其合法性仍有待明确。

(3) 资金非法转移难以监管

由于对网上交易的真实背景难以查证，电子支付平台有可能成为不法分子非法转移资金、套现资金的便利工具。例如，买卖双方可以通过制造虚假交易，利用电子支付平台完成资金转移，从而达到非法交易的目的(如洗钱、贿赂、非法回扣、非法套现、诈骗、变相占有国家资产等)。利用电子支付平台进行信用卡套现是较常用的方法。信用卡套现具有较大风险，国内商业银行对信用卡取现有严格的金额限制并收取较高的费用，而电子支付平台为不法分子提供了便利的套现平台，利用虚假的交易就可以顺利完成信用卡套现。

4. 缺乏与电子支付相关的法律法规

我国电子支付的发展已有多年，但与电子支付相关的法律法规仍不够完善，不能给电子支付业务的发展提供充分的保障。传统的支付结算规则在电子支付业务规范中有一定的作用，但局限性很大。传统的《商业银行法》和《中国人民银行法》均未涉及网上银行的业务，目前除了《安全法》和《保密法》之外，涉及电子支付的规章有中国银监会制定的《电子银行业务管理办法》和中国人民银行制定的《电子支付指引》，而涉及电子支付的法律仅有《电子签名法》(认可电子签名的合法性)。由于法律法规的缺失，导致电子支付存在着一系列的问题，如安全问题、金融监管问题、消费者权益保护问题等。

以立法的方式填补电子支付法律体系中的空白，是解决我国传统支付法制度不适应的根本途径，这不仅需要制定与电子支付相关的规范，而且对交易主体资格、信用、合同规范在内的多方面法律问题，都需要明确的规范来调整和制约。具体来讲：关于电子支付方面的法律规范，需要明确电子支付的当事人之间，包括付款人、收款人和银行之间的法律关系，制定相关的电子支付制度。同时，还应出台对于电子支付数据的伪造、变造、更改、涂销问题的规则。

## 第二节 网上支付方式

网上支付曾经是电子商务发展的瓶颈环节，只有进行网上支付，才能使电子商务的优势得到充分体现，从而促进电子商务的进一步发展。从广义上理解，网上支付方式是指在互联网上进行交易时所采用的支付方式，那么网上支付方式既包括线上的各种电子支付方式，也包括线下的货到付款、银行汇款、邮局汇款等方式。从狭义上理解，网上支付方式仅指互联网上的各种电子支付方式。目前大多数人对网上支付方式的理解是狭义上的，而且电子支付方式在网上支付中占主导地位，对电子商务的发展起着举足轻重的作用，因此，本教材采用狭义上的概念来讨论网上支付方式。网上支付方式主要有电子现金、电子支票、网上银行卡支付、智能卡和第三方支付。

### 一、电子现金

#### （一）电子现金的概念

电子现金（Electronic Cash，简称 E-Cash）又称为数字现金（Digital Cash），是纸币现金的电子化，是一种表示现金的加密序列数，它可以用来表示现实中各种金额的币值，并通过计算机网络系统以电子信息传递的形式实现流通和支付功能。

电子现金是一种以数据形式流通的、能被消费者和商家所接受的、通过互联网购买商品或服务时使用的数字化货币。用户在开展电子现金业务的银行开设账户，并在账户内存钱后，就可以在接受电子现金的商店购物了。用户可以随时通过互联网从银行账户下载电子现金，从而保证了电子现金使用的便捷性。电子现金一般用于小额支付。

#### （二）电子现金的属性

电子现金是纸币现金的电子化，它具有以下四个属性。

1. 有货币价值

电子现金必须具备货币价值，所以电子现金必须有传统的货币、银行认可的信用或银行证明的现金支票的支持，以代表电子现金所具有的实际货币价值。当电子现金被一家银行产生，并被另一家银行所接受时，不能存在任何不兼容问题。如果失去了银行的支持，电子现金就会有风险。

2. 可交换性

电子现金作为一种支付方式，必须能够交换成其他的电子现金、纸币现金、商品或服务、银行账户的存款、银行票据等。电子现金的发行商倾向于在一家银行使用电子现金，但实际上，不是所有的买方都会使用同一家银行的电子现金，他们甚至不使用同一个国家银行的电子现金。因而,电子现金就面临多银行的广泛使用问题。

3. 可存储性

可存储性将允许用户在家庭、办公室或途中,把电子现金存储在远程计算机、智能卡或者专用设备中。在计算机中创建和存储伪造的电子现金很容易,因此最好把电子现金存储在一个不可变更的专用设备中。这种设备应该有一个友好的用户界面,可以通过口令或其他方式来鉴别使用者的身份,并且能显示电子现金的信息内容。

4. 不可重复性

为了维护交易的公平性及安全性,电子现金必须具有不易被复制或被窜改的特性,防止电子现金被复制或重复使用。买方可能用同一个电子现金在不同国家、地区的网上商店同时购物,这就会造成电子现金的重复使用。通常电子现金系统会建立事后检测和惩罚机制。

(三) 电子现金支付方式的特点

电子现金支付方式具有以下六个特点:

1. 协议性

电子现金的应用要求银行和商家之间有协议和授权关系,电子现金银行负责消费者和商家之间资金的转移。

2. 对软件的依赖性

消费者、商家和电子现金银行都需使用电子现金软件。

3. 支付的灵活方便性

电子现金具有现金的某些特点,可以存、取、转让;它可以申请到非常小的面额,适用于小额交易。

4. 可鉴别性

身份验证是由电子现金本身来完成的。电子现金银行在发放电子现金时使用了数字签名,卖方在每次交易中,将电子现金传送给电子现金银行,由银行验证买方支付的电子现金是否有效(伪造或使用过等)。

5. 匿名性

电子现金的使用与银行账户间不存在任何关联性,具备较高的匿名性。买方用电子现金向卖方付款,除了卖方以外,没有人知道买方的身份或交易细节。如果买方使用了一个很复杂的匿名系统,甚至连卖方也不知道买方的身份。因此,使用者不必担心个人的消费行为会被泄露,可以自由地利用电子现金来进行任何消费。

6. 不可跟踪性

电子现金不能提供用于跟踪持有者的信息,不可跟踪性可以保证交易的保密性，也就维护了交易双方的隐私权。除了双方的个人记录之外，没有其他关于交易已经发生的记录。因为没有正式的业务记录，连银行也无法分析和识别资金流向，如果电子现金丢失了，就会同纸币现金一样无法追回。

（四）电子现金的支付过程

1. 购买电子现金

电子现金系统要求用户在电子现金发布银行开立电子现金账户，并将足够的资金存入该账户，以支持今后的支付。在需要时，用户使用现金或存款申请兑换一定数额的电子现金，电子现金的面额通常小于100美元。

2. 存储电子现金

用户可通过计算机上的电子现金终端软件把电子现金取出，并存储在计算机硬盘上。根据电子现金的模式不同，也可以存放在卡或其他介质上。

3. 用电子现金购买商品或服务

当用户到支持该种电子现金支付的网站进行消费时，就可以把电子现金发送给商家，以支付所选商品或服务的费用。在这一过程中，商家要验证电子现金是否伪造，是否属于该消费者，是否是重复消费。经验证无误后，双方达成交易。

4. 资金清算

接收电子现金的卖方与电子现金发放银行之间进行清算。此时，卖方把电子现金交给银行，银行收回电子现金，并保留其序列号备查，再将等值的货币存入卖方的银行账户，同时收取少量的手续费。

（五）电子现金支付方式存在的问题

电子现金在使用中存在以下一些主要问题：

1. 目前的使用量小

只有少数商家接受电子现金，而且也只有少数几家银行提供电子现金开户服务。

2. 成本较高

电子现金对于硬件和软件的技术要求都较高，需要一个大型的数据库存储用户完成的交易和电子现金序列号，以防止重复消费。因此，尚需开发硬软件成本低廉的电子现金。

3. 有较大的丢失风险

与纸币现金一样，电子现金有丢失风险。如果某个用户的硬盘出现故障并且没有备份的话，电子现金就会丢失。就像丢失纸币现金一样，丢失的电子现金无法恢复。许多消费者都不愿承担这个风险，因此阻碍了电子现金的使用。

4. 不排除出现电子伪钞的可能性

由于电子现金是一种加密序列数，其安全性和可靠性主要是依靠密码技术，因此不法分子有可能对电子现金进行解密并制造电子伪钞。一旦电子伪钞获得成功，那么发行人及其客户所要付出的代价是巨大的。

## 二、电子支票

支票一直是银行大量采用的支付工具，是由出票人签发并委托办理支票存款业务的银行或者其他金融机构在见票时无条件支付确定的金额给持票人的票据。电子支票(Electronic Check，简称 E-Check)是一种借鉴纸张支票转移支付的优点，利用数字传递将钱款从一个账户转移到另一个账户的电子付款形式。电子支票是客户向收款人签发的无条件的数字化支付指令，它可以通过因特网或无线接入设备来完成传统支票的所有功能。电子支票几乎与纸质支票有着同样的功能，电子支票也同样绑定了一个合法的支付承诺。在纸质支票手写签名的地方，电子支票则使用能够自动审核和确认的数字签名来保证其真实性。电子支票嵌在一个安全电子文件中，其内容包括有关支票的用户自定义数据以及在纸质支票上可以见到的信息，如受付方姓名、支付方账户信息、支付金额和日期等。电子支票既适合个人付款，也适合企业之间的大额资金转账，是一种高效率的电子支付手段。

### (一) 电子支票的优势

1. 处理速度快

电子支票的支付是在与商户及银行相联的网络上高速传递的，它将支票的整个处理过程自动化和数字化，这一支付过程通常在数秒内即可实现。电子支票为客户提供了快捷的服务，大大缩短了支票的在途时间，从而降低了客户的在途资金损失。尤其在支票使用数量很大时，这一优势特别明显。

2. 安全性能好

电子支票是以加密方式传递的，使用了数字签名或个人身份证号码(Personal Identification Number，简称 PIN)代替手写签名，还运用了数字证书，这三者成为安全可靠的防欺诈手段。加密的电子支票更易于流通，买卖双方的银行只要用公开密钥认证确认支票即可，数字签名也可以被自动验证。因此，电子支票具有较高的安全性。

3. 处理成本低

电子支票是用电子文档取代纸质文档，用数字签名替代手写签名，所以电子支票的使用不需要创建一个全新的支付手段，可以充分利用现有的支票处理基础设施。电子支票与传统支票的工作方式相同，易于理解和接受。另外，使用电子支票可以节省大量的人力，从而降低了电子支票的处理费用。与传统的支票相比，电子支票的处理成本较低。

4. 给金融机构带来了效益

第三方金融服务者不仅可以向交易双方收取固定的交易费用或按一定比例

抽取费用,它还能够以银行身份提供存款账目。电子支票存款账户很可能是无利率的,因此给第三方金融机构带来了收益。

(二) 电子支票的使用过程

电子支票与纸质支票的使用方法是相同的。用户首先要在银行开户并申请电子支票,然后用户用电子邮件或其他方式向卖方寄去一定金额的电子支票。卖方在兑付前,要用数字签名对电子支票进行背书,金融机构就可以根据签过名和认证过的电子支票,把支票金额转入卖方的银行账户。

1. 申请电子支票

用户首先必须在提供电子支票服务的银行注册,申请电子支票。注册时需要输入银行账户信息以支持开具支票。电子支票应具有银行的数字签名,用户还需要下载被称做“电子支票簿”的软件用于生成电子支票。

2. 电子支票付款

(1) 用户和商家达成购销协议,并选择使用电子支票进行支付。

(2) 用户在计算机上填写电子支票,电子支票上包含支付人姓名、支付人账户名、接收人姓名、支票金额等。用户还需用自己的私钥在电子支票上进行数字签名,用卖方的公钥加密电子支票,形成电子支票文档。

(3) 用户通过网络向商家发出电子支票,同时向银行发出付款通知单。

(4) 商家收到电子支票后进行解密,验证付款方的数字签名,背书电子支票,填写进账单,并对进账单进行数字签名。

(5) 商家将经过背书的电子支票及签名过的进账单通过网络发给收款方开户银行。

(6) 收款方开户银行验证付款方和收款方的数字签名后,通过金融网络发给付款方开户银行。

(7) 付款方开户银行验证收款方开户银行和付款方的数字签名后,从付款方账户划出款项,收款方开户银行在收款方账户存入款项。

尽管电子支票可以大大节省交易处理的费用,但对于公共网络上电子支票的兑现,人们仍持谨慎的态度。目前,电子支票的支付一般是通过专用网络、设备、软件及一套完整的用户识别、标准报文、数据验证等规范化协议完成数据传输的,以此来控制其安全性。

## 三、网上银行卡支付系统

银行卡(Bank Card)是由商业银行发行的具有取款、消费和转账等功能的塑料卡片。银行卡分为借记卡和信用卡两种。借记卡是一种储蓄卡,可以通过网络或 POS 机进行消费,也可以通过 ATM 转账和取款,借记卡不能透支,卡内的金额按活期存款计付利息。借记卡在使用时一般需要密码,消费或取款时资金直接从储蓄账户划出。信用卡也称为贷记卡，是指发卡银行给予持卡人一定的信用额度，持卡人可在信用额度内先消费，后还款，享有 20—56 天的免息期，并设有最低还款额，其余透支的资金可由客户自主决定分期还款，银行收取相应的利息。使用信用卡的客户还需向银行支付一定金额的年费，各银行收取的年费不同，免年费的标准也不同。

信用卡和借记卡都是比较成熟的支付方式，均可用于网上支付，并在世界范围内得到了广泛的应用。银行卡的最大优点是持卡人可以不用现金，凭卡购买商品和享受服务，其支付款项由发卡银行支付。银行卡支付通常涉及三方，即持卡人、商家和银行。在所有传统的支付方式中，银行卡最早适应了电子支付的形式。使用银行卡进行网上支付的流程如下：

1. 开通网上银行与网上支付功能

用户携带本人身份证和银行卡到开户行柜台开通网上银行，并开通网上支付功能。如果用户需要开通转账、汇款和网上支付功能，通常银行要求用户使用动态口令卡，到银行网站下载数字证书，或者购买网上个人银行移动数字证书(不同银行的叫法不同，网盾、U 盾、优 KEY、K 宝、USB KEY 都属于此类证书)。

2. 选购商品或服务

用户可到提供银行卡支付的各类购物网站上选购商品或服务，当选购好商品或服务并确认后，可进入支付结算页面。

3. 网上支付

在支付结算页面，用户可选择银行卡付款，选择用户自己所申办的银行，然后会跳转到银行卡的支付页面。如果用户使用的是动态口令卡，那么就直接输入动态密码；如果用户使用的是移动数字证书，那么就需要插入移动数字证书(U 盘)。用户进行网上支付时，通常需要输入银行卡卡号、密码和验证码，这样就可以完成支付了。完成支付后，通常会跳出“成功付款”页面。

## 四、智能卡

### (一) 智能卡的概念

智能卡(Smart Card)也称集成电路卡(Integrated Circuit Card，简称 IC 卡)，是一种将具有微处理器及大容量存储器的集成电路芯片嵌装于塑料基片上而制成的卡片。智能卡可以用来进行电子支付和存储信息。芯片里可以存储大量信息，如财务数据、私有加密密钥、账户信息、结算卡号码及健康保险信息等。

智能卡最早是在法国问世的。1974 年，法国人罗兰德·莫瑞诺(Roland Moreno)采取在一张信用卡大小的塑料卡片上安装嵌入式存储器芯片的方法，率先开发成功 IC 存储卡。经过 20 多年的发展，真正意义上的智能卡，即在塑料卡上安装嵌入式微型控制器芯片的IC卡，已由摩托罗拉和Bull HN公司共同于1997年研制成功。此后，智能卡在欧洲、澳大利亚和日本都很流行。我国于1993年起在全国范围内开展了“金卡工程”。随着金卡工程建设的不断深入发展，IC卡已在众多领域获得广泛应用，并取得了初步的社会效益和经济效益。我国的IC卡首先在电信领域得到了较好的发展，公用电话卡和移动电话SIM卡的发行量较高。其他的应用领域包括公交IC卡、社保卡和校园卡。从全球范围看，现在IC卡的应用范围已不再局限于早期的通信领域，而广泛地应用于金融财务、社会保险、交通旅游、医疗卫生、政府行政、商品零售、休闲娱乐、学校管理及其他领域。

（二）智能卡的优点

1. 使交易变得简便易行

智能卡的体积小，重量轻，便于携带。智能卡只需读卡设备将存储在智能卡上的信息读出即可，因此节省了用户对终端操作时大量复杂的输入劳动。智能卡能为用户“记忆”某些信息，并以用户的名义提供这种信息。

2. 具有很好的安全性和保密性

智能卡能够大量、安全地存储数据，它非常适合金融方面的应用，有可能取代磁条卡而成为下一代的银行卡。智能卡具有唯一性，保密性强，复制难度极高，即使密码泄露，只要卡没有被偷走，也不会发生盗刷，安全性比目前的磁条卡要高很多。由于智能卡上数据的保密安全度很高，它已被国际大金融组织（如VISA和MASTER）启用为电子货币。它比纸币更可靠，因为要攻破它的安全系统比制造伪币困难得多。智能卡可以进行加密运算，对其输入、输出的数据进行保护。

3. 可靠性高

智能卡具有防磁、防静电、防机械损坏和防化学破坏等能力，信息可保存100年以上，读写次数在10万次以上，至少可用10年。

4. 加快信息流通

由于智能卡与读取设备之间是采用电子信息传送，速度比人的手动输入要快得多，而且可以极大地减少人为的差错。

5. 成本低

智能卡的集成电路芯片成本随着技术的进步在不断下降，而集成度却不断上升。集成电路的运算能力、存储能力已经不是智能卡发展的障碍。而价格的低廉将极大地促进智能卡的商业应用。

6. 可一卡多用

智能卡的适用范围广，可以一卡多用。一张智能卡可以作为多种服务的接入手段，从而进一步增加其方便性。例如，有的智能卡既能满足传统的支付应用，也能实现身份标识、信息记录等公共服务功能。智能卡能广泛应用于不同的系统，用户可以根据不同的应用设置不同的密码和访问条件，真正做到“一卡通”。

（三）智能卡的分类

1. 根据其镶嵌的芯片的不同划分

（1）非加密存储器卡。非加密存储器卡（Memory Card）内的芯片是一种可擦除、可编程的只读存储器，有些芯片还增加了特定区域的保护功能。这种卡片存储方便、使用简单、价格便宜，在很多场合可以替代磁条卡。但该类 IC 卡不具备保密功能，因而一般用于保密性要求不高的场合。

（2）加密存储器卡。加密存储器卡（Security Card）内嵌芯片在存储区外增加了控制逻辑，每次读/写卡之前要先进行密码验证。如果连续几次密码验证错误，卡片将会自锁。这类卡具有信息保密性较好的优点，其使用与普通存储器卡类似。该类卡片存储量相对较小，价格相对便宜，适用于有一定保密要求的场合，如食堂就餐卡、电话卡、公共事业收费卡。

（3）CPU 卡。CPU 卡的芯片内部包含微处理器单元、存储单元和输入/输出接口单元。CPU 卡具有存储容量大、处理能力强、信息存储安全等优点，因此，CPU 卡广泛用于保密性要求特别高的场合，如金融卡、军事密令传递卡等。

（4）超级智能卡。超级智能卡是在 CPU 卡的基础上增加键盘、液晶显示器和电源，有的卡上还具有指纹识别装置。有的超级智能卡还有“自爆”装置，如果犯罪分子想打开智能卡，非法获取信息，卡内软件上的内容将立即自动消失。VISA 国际信用卡组织试验的一种超级卡即带有 20 个键，可显示 16 个字符，除有计时、计算机汇率换算功能外，还存储有个人信息、医疗、旅行用数据和电话号码等。

2. 根据卡与外界数据交换的界面不同划分

（1）接触式智能卡。接触式智能卡的读卡器必须有插卡槽和触点，以供卡片插入，通过智能卡读写设备的触点与智能卡的触点接触后进行数据的读写。这类卡具有使用寿命短、系统难以维护、基础设施投入大等缺点，但发展较早。国际标准 ISO7816 系列对此类卡的机械特性、电器特性等进行了严格的规定。

（2）非接触式智能卡。非接触式智能卡又称为射频卡，是近年发展起来的新技术。该类卡与智能卡读写设备无电路接触，而是通过非接触式的读写技术进行读写（如光或无线技术）。其内嵌芯片除了 CPU、逻辑单元、存储单元外，增加了射频收发电路。这类卡的优点是使用寿命长，应用范围广，操作方便、快捷，但也存在成本高、读写设备复杂、易受电磁干扰等缺点。目前，非接触式卡片的有效读取距离一般为 100—200mm，最远读取距离可达数米（应用在停车场管理系统）。国际标准 ISO10536 系列阐述了对非接触式智能卡的规定。该类卡一般用在使用频繁、信息量相对较少、可靠性要求较高的场合。

（四）智能卡的应用与发展

1. 金融领域

早期的金融卡只有磁条卡，只提供给使用者账户查询、存取款、转账及刷卡消费功能，而且有些功能仅适用于各家银行的自动柜员机。而用智能卡替代现有的磁条卡，既提高了安全性，又能在一张智能卡上追加其他功能，如社保、医疗、交通及金融支付等。2011 年 3 月，央行发布《中国人民银行关于推进金融 IC 卡应用工作的意见》，标志着国内银行磁条卡向金融 IC 卡的正式大规模迁移。该意见就金融 IC 卡的受理环境改造及发行提出了时间表，并提出“十二五”期间推进金融 IC 卡应用的总体目标：加快银行卡芯片化进程，形成增量发行银行卡以金融 IC 卡为主的应用局面。推动金融 IC 卡与公共服务应用的结合，促进金融 IC 卡应用与国际支付体系的融合，实现金融 IC 卡应用与互联网支付、移动支付等创新型应用的整合。

2. 通信领域

智能卡在通信领域的主要应用是公用电话和移动电话。电话 IC 卡可记录卡的余额数据，曾广泛地用于公用电话亭。但随着手机的普遍使用，电话 IC 卡的使用频率已越来越低。智能卡在移动电话中的应用是 SIM 卡（Subscriber Identity Module，客户识别模块），SIM 卡作为用户识别卡，用以标识单个的用户，每次通信均对应于该用户的 SIM 卡，SIM 卡可对客户通话时的语音信息进行加密。智能卡在通信领域的发展方向是手机支付，从而使手机不仅可用于公交，而且可用于商场购物，使手机成为可随身携带、随时随地提供金融服务的“移动银行”。当然，手机支付的推广使用需要电信运营商与金融机构的合作。2012 年 6 月，中国移动与银联达成合作框架协议，将以手机 SIM 卡等为银行卡账户载体，借助移动通信网络，在贴有中国银联“闪付（Quick Pass）”标识或中国移动“手机钱包”标识的场所，通过手机非接触实现快捷支付。

3. 公共事业领域

智能卡在公共事业领域的应用主要包括社保卡、医疗卡和身份识别卡。社保卡的全称是“中华人民共和国社会保障卡”，是由劳动和社会保障部统一规划，由各地劳动保障部门面向社会发行，用于劳动和社会保障各项业务领域的 IC 卡。社会保障卡卡面和卡内均记载持卡人姓名、性别、公民身份证号码等基本信息，卡内标识了持卡人的个人状态（就业、失业、退休等），可以记录持卡人社会保险缴费情况、养老保险个人账户信息、医疗保险个人账户信息、职业资格和技能、就业经历、工伤及职业病伤残程度等。社会保障卡是劳动者在劳动保障领域办事的电子凭证。持卡人可以凭卡就医，进行医疗保险个人账户结算；可以凭卡办理养老保险事务；可以凭卡到相关部门办理求职登记和失业登记手续，申领失业保险金，申请参加就业培训；可以凭卡申请劳动能力鉴定和申领享受工伤保险待遇等。此外，社会保障卡的持卡人可以上网查询信息，将来还可以在网上办理有关劳动和社会保障事务。

医疗卡区别于具有医疗功能的社保卡，它是由某指定医院专门发放给就医者，且仅限于在该医院使用的，方便患者就医的医疗专用卡。

身份识别卡的主要应用是第二代居民身份证。中华人民共和国第二代居民身份证是由多层聚酯材料复合而成的单页卡式证件，采用非接触式 IC 卡技术制作。2011 年 10 月 24 日，全国人大常委会第二十三次会议审议《居民身份证法修正案（草案）》。草案要求，公民申请领取、换领、补领居民身份证，应当登记指纹信息。这样，国家机关以及金融、电信、交通、教育、医疗等单位可以通过机读快速、准确地进行人证同一性认定，有助于维护国家安全和社会稳定，有利于提高工作效率，有效防范冒用他人居民身份证以及伪造、变更居民身份证等违法犯罪行为的发生，并在金融机构清理问题账户、落实存款实名制等方面发挥重要作用。

公共事业领域的智能卡的未来发展方向是，社保卡与金融卡的融合，集社保、医疗、养老金及金融支付等应用于一体，为持卡人带来便利，并有效节约社会总成本。2011 年 7 月，人力资源与社会保障部和央行联合发布了《关于社会保障卡加载金融功能的通知》，对推动金融 IC 卡加载行业合作及金融 IC 卡迁移提出了具体的指导意见和工作要求。确定 2011 年至 2012 年为试点阶段，人力资源与社会保障部和人民银行共同制定社会保障卡加载金融功能的总体方案、标准规范，确定应用模式和管理机制，并在具备条件的地区进行单芯片卡应用试点。2013 年起开始全面推广，所有地区新发卡均采用单一芯片卡。例如，自 2012 年 6 月 20 日起，宁波开始面向全市职工医保参保人员大规模发行单芯片金融社保卡（兼具金融功能和社保功能单一芯片卡）。参保人员可自主选择工行、中行和建行三家银行中的任一家，作为本人金融社保卡金融借记账户的对应银行，可通过金融社保卡的金融借记账户，领取各类社保待遇，缴纳社保费，并可作为银行卡使用。今后，各类社保资金将逐步通过该金融账户发放，以个人身份参加社保人员将逐步通过该账户进行缴费。同目前参保人员在用的医保卡比较，金融社保卡能让参保人员享受到更多便利：一是就医更方便，参保人员可以在浙江省内异地就医结算定点医疗机构直接刷卡结算，不用再自己付现金后再申请报销。二是性能更稳定，金融社保卡采用集成电路芯片，比采用磁条介质的医保卡性能更加稳定，更加安全，且不易损坏。三是用途更广泛，金融社保卡广泛应用于人力社保各项业务，并可作为银行卡进行购物消费使用。另外，广州、天津、重庆等地也已开始发行加载金融功能的社会保障卡。

4. 交通领域

智能卡在交通领域的应用主要有公共交通、路桥收费、铁路、加油等。目前国内很多城市发行了公共交通卡，公交卡可以在公共交通领域使用，省去了乘客准备零钱的麻烦。而且很多城市在推广公交卡时，推出了一些打折优惠措施，以鼓励市民使用公交卡。目前发行的公交卡有专门的公交卡，也有与银行合作发行的联名卡，此类联名卡既有银行卡的功能，又具有公交卡的功能。以上海公共交通卡为例，其使用范围覆盖了全上海的各类交通系统，具体包括公交、轨道交通、出租、轮渡以及磁悬浮列车等。除了公共交通行业外，上海公共交通卡又拓展到了货运出租、停车场、高速公路收费、小区门禁、公用事业收费、汽车加油等领域，并正在开发其他系统。2012 年 9 月 28 日开通的上海金山铁路也可以使用公共交通卡刷卡进站。除了拓展公交卡的使用领域之外，也拓展公交卡异地互通的领域。2002 年 10 月 1 日，上海公共交通卡与无锡太湖交通卡正式联网，从而使上海、无锡成为我国第一个公共交通卡城际互联的城市。2003 年 4 月，上海公共交通卡可以在杭州出租车上使用；2003 年 10 月，上海公共交通卡和无锡太湖交通卡可以在苏州使用；2009 年 11 月，上海公共交通卡双向互通城市包括无锡、常熟、阜阳、昆山、大丰和太仓，同时可在苏州、杭州和南宁使用。从 2012 年 7 月 27 日开始，全国 8 个城市的交通卡实现互联互通，首批互通城市为上海、宁波、绍兴、湖州、台州、常熟、兰州和白银。

智能卡除了在公共交通系统有较广泛的应用之外，还在路桥收费、铁路、加油等系统有了初步的应用。例如，2012 年 7 月铁道部推出中铁银通卡，可在京津城际乘车使用。旅客可使用中铁银通卡在铁路安装有 POS 机的售票窗口、支持银行卡支付的自动售票机、中国铁路客户服务中心网站等渠道购买火车票，也可通过自动检票机（闸机）直接刷卡乘坐京津城际列车。加油卡是用来为汽车加油的储值卡，有极高的便利性，并且针对不同品牌的加油卡有不同的优惠措施。

5、教育领域

智能卡在教育领域的应用主要是校园卡。校园卡采用实名制，由学校免费发放给教职工和学生，校园内的所有消费使用都可通过校园卡进行交易。校园卡集工作证、图书证、乘车证、就餐卡、门禁卡、钱包、存折等功能于一卡，真正实现“一卡在手，走遍校园”。不同的学校根据自身的不同情况规定了其使用范围，但都必须在该学校内使用。目前，校园一卡通从技术上已完成与后勤管理处（食堂售饭、开水、乘车、商业消费等系统）、图书馆（图书馆自动化管理系统）、实验中心（机房上机管理系统）、教育技术中心（宿舍区上网认证计费系统）、教务处（数字教务系统）、学工处（学生心理咨询等系统）等对接。

智能卡的今后发展将是从专用走向通用，用户可以在一张卡上得到金融、医疗、交通、保险、身份识别、购物等服务。具体来说，从打开你的家门所用的钥匙，到走出国门所用的护照,将来都可以用同一张智能卡来代替。

## 五、第三方支付

### (一) 第三方支付概述

第三方支付是指一些与国内外各大银行签约,并具备一定实力和信誉保障的第三方独立机构提供的交易支持平台。在通过第三方支付平台的交易中,买方选购商品后,使用第三方平台提供的账户进行货款支付,由第三方通知卖家货款已到达,并提醒卖家可安排发货;买方在收到货物后,可对货物进行检验,并通知第三方货已收到,可以把货款支付给卖家,然后第三方再将货款转至卖家账户。

在电子商务环境中,交易双方互不认识且不见面,因此买卖双方缺乏信任,卖家不愿先发货,怕货发出后不能收回货款;买家不愿先支付,担心支付后拿不到商品或商品质量得不到保障。博弈的结果是双方都不愿意先冒险,网上购物无法进行。支付问题曾经成为电子商务发展的瓶颈之一。为了满足电子商务市场的需求,第三方支付应运而生。第三方支付平台是马云在2005年瑞士达沃斯世界经济论坛上首先提出来的。支付宝(alipay)是国内领先的第三方支付平台,由阿里巴巴集团CEO马云先生创立。马云进入C2C领域后,发现支付是C2C中需要解决的核心问题,因此就想出了支付宝这个工具。支付宝最初仅作为淘宝网公司为了解决网络交易安全所设的一个功能,该功能为首先使用的“第三方担保交易模式”,由买家将货款打到支付宝账户,由支付宝向卖家通知发货,买家收到商品确认后指令支付宝将货款支付给卖家,至此完成一笔网络交易。

第三方支付是买卖双方在缺乏信用保障或法律支持的情况下的资金支付“中间平台”,买方将货款付给买卖双方之外的第三方,第三方提供安全交易服务。其运作实质是在收、付款人之间设立中间过渡账户,使汇转款项实现可控性停顿,只有双方意见达成一致才能决定资金去向。第三方担当中介保管及监督的职能,并不承担什么风险,所以确切地说,这是一种支付托管行为,通过支付托管实现支付保证。

### (二) 第三方支付的交易流程

第三方支付的交易流程主要有三步:一是将买方货款转拨到第三方支付平台所在账户;二是转账成功后,第三方通知卖方发货;三是接收买方确认到货的信息后,第三方将货款拨到卖方的账户。第三方支付的交易流程具体如下:

1. 买方在提供第三方支付的电子商务网站上选购商品,并达成交易意向,买方在支付时选择第三方支付方式。

2. 买方使用自己的第三方支付账号和密码登录第三方支付平台,并用账户余额或关联的银行卡完成货款的支付。

3. 第三方支付平台将买方已经付款的消息通知卖方，并通知卖方发货。

4. 卖方收到通知后按照订单发货。

5. 买方收到货物并验货后，通知第三方支付平台货已收到，同意付款。

6. 第三方支付平台收到买方的确认到货信息后，将其临时保存的货款转拨给卖方，从而完成了一次完整的支付。

需要说明的是，有的第三方支付平台有即时支付功能，即交易双方可以不经过确认收货和发货的流程，买家通过第三方支付平台立即发起付款给卖家。这种即时支付服务不仅限于网上交易平台，还适用于买卖双方达成的其他的线下交易。从某种意义上说，如果实际上没有交易发生（即双方不是交易的买卖方），也可以通过第三方支付平台向任何一个人进行支付。

（三）第三方支付方式的优点

在缺乏有效信用体系的网络交易环境中，第三方支付模式的推出，在一定程度上解决了其他电子支付方式不能对交易双方进行约束和监督，货物质量、交易诚信、退换要求等方面无法得到可靠的保证等问题。其优势体现在以下几个方面：

1. 降低卖方的发货风险。对卖方而言，通过第三方支付平台可以规避无法收到买方货款的风险，同时能够为买方提供多样化的支付工具。尤其为无法与银行网关建立接口的中小企业提供了便捷的支付平台。

2. 降低买方的支付风险。对买方而言，不但可以规避无法收到货物的风险，而且货物质量在一定程度上也有了保障，增强买方网上交易的信心。

3. 提高交易者之间的信任度。在第三方支付平台参与交易的情况下，买方与卖方之间的支付问题由第三方支付平台全权代理，这样就消除了交易者之间的不信任感，提高了交易的成功率。解决了交易者之间的信任问题，有利于推动电子商务快速、稳定发展。

4. 支付更为便捷，降低买卖双方的成本。第三方支付平台提供一系列的应用接口程序，将多种银行卡和消费卡支付方式整合到一个界面上，负责交易结算中与银行的对接，使网上购物更加快捷、便利。消费者和商家不需要在不同的银行开设不同的账户，可以帮助消费者降低网上购物的成本，帮助商家降低运营成本。

5. 有助于银行节省网关开发费用，并为银行带来一定的潜在利润。对银行而言，通过第三方平台可以扩展业务范畴，同时也节省了为大量中小企业提供网关接口的开发和维护费用。

6. 提高了支付账户的安全性。第三方支付运营商通常会采用数字证书、绑定手机等方式来提高使用的安全性。此外，用户在使用第三方支付平台时，不需要把自己的银行卡信息或第三方支付账户信息告知收款方，这样就大大减少了银行卡信息和第三方支付账户信息失密的风险。

由此可见，第三方支付模式有效地保障了交易各方的利益，为整个交易的顺利进行提供支持。

（四）第三方支付平台的类型

目前，我国的第三方支付平台可以分为宿主型和独立型两类。

1. 宿主型

宿主型第三方支付平台依托于某个电子商务网站，由电子商务网站自行开发，并为自己及其他电子商务网站交易提供支付服务。例如淘宝的支付宝、腾讯的财付通及易趣的安付通等，其业务覆盖了 B2B、B2C 与 C2C。此类型第三方支付平台可依托自身电子商务网站的信誉，具有良好的品牌支撑，其用户数量较多。

2. 独立型

独立型第三方支付平台独立于任何一个电子商务网站，只专注于提供第三方支付平台服务。例如，中国银联网上支付、快钱、首信的易支付等即属于此类型第三方支付平台的代表。有些独立型第三方支付平台与多家银行形成了战略联盟关系，为多家电子商务网站提供支付服务。

（五）第三方支付存在的问题

在第三方支付行业发展期间，逐渐暴露出以下几个方面的问题：

1. 安全技术风险问题

第三方产业面临的技术风险主要涉及第三方平台、各个银行的网上银行系统以及商家处理具体业务的系统的安全可靠性及稳定性。它是在支付的过程当中因为计算机应用系统、软硬件系统、网络运行问题以及安全技术等造成的系统和数据完整性、数据保密、数据窜改、客户身份认证及其他的网络安全、数据库安全等风险，主要表现为客户的个人支付资料被偷盗、系统崩溃、病毒及木马入侵等。

2. 资金沉淀风险问题

在电子支付流程中，资金都会在第三方支付服务商处滞留，即出现所谓的资金沉淀。买方向卖方支付的货款的保存至少要两到三天的时间，在这个阶段里面，第三方支付平台掌握着资金的支配权，如缺乏有效的流动性管理，则可能存在资金安全和支付的风险。如果第三方支付平台的交易量很大，那么第三方支付企业势必会积累稳定的、数额庞大的沉淀资金。这些资金并不是第三方支付企业自有的资金，它仅仅属于待偿债务的专项资金这一范畴。因此这一范畴的资金很容易面临越权调用、不受监管甚至是滥用的风险，运用资金的过程中一旦发生风险，就会造成支付风险的产生。

3. 洗钱、套现风险问题

网上洗钱是第三方支付产业面临的重要风险之一。第三方支付产业的支付模式是非监管型账户，并提供非交易性质的平台实现账户资金的划转，支付平台账户资金划转很可能成为资金非法转移套现以及洗钱等违法犯罪活动的工具。因此，如何强化对洗钱风险的监管、有效打击网上洗钱等严重的犯罪行为，是第三方支付产业必须要应对的风险。另外，信用卡套现风险也是第三方支付产业面临的重要风险之一。在网上实现信用卡套现具体是指通过不存在的虚假交易使用信用卡进行支付，当资金被转入支付平台的账户之后再转移到银行，最后从银行套现。第三方支付产业提供的交易平台是隐蔽的、匿名的，其信息很不完善，几乎无法辨别资金真实的来源、去向。正是因为这样，信用卡套现就在第三方支付这里找到了可乘之机，并大大增加了网上银行的伪冒、欺诈风险，严重影响银行资金的安全。

4. 恶性竞争问题

自 2011 年 5 月 27 日以来，截至 2015 年 3 月，央行已先后颁布第三方支付牌照共计 270 家。随着第三方支付牌照数量逐渐增多，支付企业之间的同质化竞争也将越激烈。多数支付公司与银行之间采用纯技术网关接入服务，这种支付网关模式容易造成市场严重同质化，也挑起了支付公司之间激烈的价格战，还有很多企业采用免费策略，由此直接导致了这一行业“利润削减快过市场增长”，恶性竞争较为严重。

5. 法律、法规支持问题

在保护电子商务交易的同时，从支付认证、支付标准和交易公开性的角度看，我国必须考虑建立一些标准，为工商管理、税收管理和政府的行业管理作技术上和政策上的准备。如何规范电子支付业务、防范支付风险、保证资金安全、维护广大商户和用户在电子支付活动中的合法权益，已成为影响我国电子支付产业健康发展的关键问题。2005 年 10 月 26 日，中国人民银行发布了《电子支付指引(第一号)》，对银行从事电子支付活动提出了指导性要求。2010 年 6 月，中国人民银行发布了《非金融机构支付服务管理办法》，自 2010 年 9 月 1 日起施行。办法规定，非金融机构如果要提供支付服务，应当依据本办法规定进行申请，取得《支付业务许可证》，成为支付机构。此办法的出台有利于加强对第三方支付的监管，打击各种违法行为。此外，央行还在研究制定《电子支付指引(第二号)》等配套制度，明确网上支付的责任划分，完善对电子支付用户的法律保护，加大对网上支付违法犯罪行为的惩罚力度。

(六) 我国第三方支付的发展现状

随着电子商务快速发展，第三方支付行业从无到有，不断壮大。数据显示，2008 年第三方支付的市场规模为 2700 多亿元，2010 年达 10105 亿元，2011 年超过 2.1 万亿元。为了促进行业规范发展，2010 年 6 月，央行出台《非金融机构支付服务管理办法》，首次对非金融机构从事网络支付、预付卡发行与管理、银行卡收单等支付服务的市场准入、行政许可、监督管理等作出明确规定。同年 12 月，央行又公布了《非金融机构支付服务管理办法实施细则》。

2011 年 5 月 18 日，央行颁发首批业务许可证，支付宝、拉卡拉、快钱、汇付天下等 27 家企业顺利获得支付牌照。2011 年 8 月 31 日，央行颁发了第二批 13 张第三方支付牌照；2011 年 12 月 31 日，央行再次颁发了 61 张第三方支付牌照。第一批获牌的 27 家第三方支付企业主要从事全国性业务，第二批和第三批主要从事区域性业务，获准预付费卡发行与受理业务的企业占比较多。在第三批获牌的 61 家企业中，业务类型覆盖了移动电话支付、固定电话支付、银行卡支付、预付卡发行受理、互联网支付等 5 项业务。截至 2015 年 3 月底，获得央行颁发牌照的第三方支付企业已达 270 家。

我国第三方支付的发展呈现以下几个特点：

1. 整体规模增速较快，市场集中度较高

第三方支付的整体规模增速较快。2010 年中国第三方网上支付交易规模达到 10105 亿元，比 2009 年增长 100.1%，实现全年翻番。2011 年第三方支付的市场规模超过 2.1 万亿元，年增长率达 108%。2008—2011 年，第三方网上支付交易规模翻了近八番，增速较快。此外，第三方支付的市场集中度较高。2015

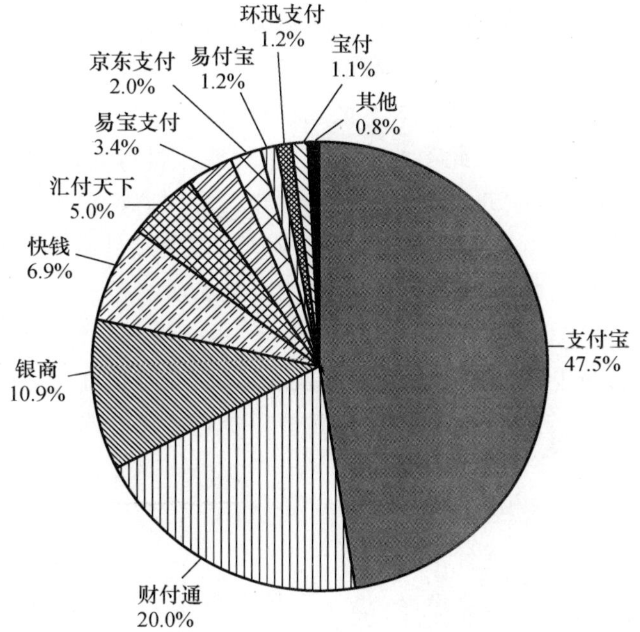


图3-2　2015 年我国第三方互联网支付交易规模的市场份额

年我国第三方互联网支付交易规模的市场份额如图 3-2 所示。

2015 年,支付宝用户移动端支付占比已超过半数,达到 65%,PC 端的用户黏性不断下降,互联网交易规模增速有所放缓;财付通金融战略升级,将移动支付与互联网支付相结合,为用户进行全方位的支付理财服务,并取得不错的成绩,2015 年市场份额占 20%。

2. 监管政策的落地使第三方支付行业发展环境大大改善

2010 年 12 月 3 日,中国人民银行颁布《非金融机构支付服务管理办法实施细则》,此细则是 2010 年 9 月 1 日开始施行的《非金融机构支付服务管理办法》的配套政策,旨在规范以支付宝为代表的第三方支付行业,并明确了第三方支付服务的法定地位。随着该细则的出台,在政策层面对支付机构从事支付业务的最基本规则、申请人资质条件等进行了细化,非金融机构支付服务业务也将走向规范化。而监管的更加细化和完善,也将促进支付行业实现健康、稳定和快速的发展。

3. 第三方支付机构加速洗牌,市场面临优胜劣汰

早在 2010 年 6 月,央行便出台了旨在规范非金融机构的支付业务、结束目前第三方支付行业监管缺位状态的《非金融机构支付服务管理办法》。该办法规定,未经中国人民银行批准,任何非金融机构和个人不得从事或变相从事支付业务。若非金融机构需要提供支付服务,则必须申请并取得《支付业务许可证》,成为支付机构。而且该办法对于支付行业提出了相对较高的准入门槛,业务范围在全国的支付机构,最低注册资本 1 亿元;业务范围在省内的支付机构,注册资本则不能少于 3000 万元。此项监管政策,预示着支付行业即将迎来大洗牌,一些规模较小、不符合资质的支付机构将会退市。同时,牌照的发放,将促使具备一定实力的潜在竞争者进入第三方支付市场(其中包括外资背景的相关企业),支付行业或将面临新的市场竞争格局,支付行业加速洗牌。

4. 第三方支付发展多元化

第三方支付行业正呈现出多元化的发展趋势,各类支付企业根据自身优势,呈现出不同的发展模式,未来将朝着全面型和专业型两个方向发展,专业化分工会越来越明确。

差异化竞争是提高核心竞争力水平的最有效策略之一,有益于促进第三方支付企业间的竞争,提升整个行业的发展水平。所以,目前许多第三方支付企业都已在尝试通过业务多元化策略,进一步拓展市场空间。例如,2011 年,支付宝、财付通等第三方支付企业先后推出了快捷支付、开放支付等新功能,并开始将业务范围从网络购物等领域延伸到了基金、保险领域。2012 年,支付宝又更

斥资5亿元推出物流POS支付方案，以发展货到付款业务。对于这一趋势，政府机构除了在新业务的审批、监管等方面给予便利和支持外，也可直接为第三方支付企业提供拓展业务的条件和资源——第三方支付平台在行政事业单位和公共服务等领域的推广(尤其是在我国众多中小城市)，就是一个良好的契机。

（七）第三方支付发展新趋势——无卡支付

无卡支付是指不需要刷卡或登录网上银行，只需提供卡号和相关认证信息即可完成的一种新型支付方式。简而言之，只要用户手中持有加入“无卡支付”业务的银行卡，不需要注册、开通网银、购买网银盾等一系列繁复的手续，就可以实现支付，这是一种不同于之前使用银行卡程序的支付方式。支付宝的“快捷支付”和中国银联的“在线支付”都属于无卡支付方式。

2011年4月18日，支付宝公司联手中国银行、工商银行、建设银行、农业银行等10家银行推出“快捷支付”，通过这个快捷支付平台，用户无需开通网银，可以直接通过输入卡面信息快速地完成支付。也就是说，支付宝绕开了网银的交易额度限制。支付宝的快捷支付(含卡通)，可绑定储蓄卡和信用卡两种卡别。之所以叫快捷支付，是因其付款时的手续相对简化，只要在第一次使用时，按要求提示将银行卡与支付宝账号绑定，以后付款时只需通过支付宝付款密码即可付款，不需要再通过网银系统。

2011年6月8日，中国银联宣布推出“在线支付”新的服务项目。跟支付宝此前推出的快捷支付一样，银联在线支付的用户只要输入银行卡信息和手机校验码即可进行支付。银联在线支付主要分为“认证支付”和“快捷支付”两方面。其中，“认证支付”需要在中国银联的支付页面输入具有银联标识的银行卡信息和手机号码，不需要注册，但每次使用时都要输入银行卡信息。“快捷支付”需要在中国银联网站注册，将具有银联标识的银行卡信息与账户关联，然后在银联的支付页面输入“银联账户信息和手机号码”进行支付，不需要每次都输入银行卡信息。利用手机进行网上支付时，需要下载客户端。

银联和支付宝的这两种支付方式，均是简化支付手续，其核心是不需要开通网上银行，也就是所谓“无卡支付”。无卡支付具有统一、快速、便捷等优点，是第三方支付行业未来的发展趋势。

## 第三节　移动支付

### 一、移动支付的概念

从本质上讲，移动支付就是将移动网络与金融系统结合，把移动通信网络和近场通信技术作为实现移动支付的工具和手段，为用户提供商品交易、缴费、银行账号管理等支付服务。移动支付可以通过手机短信息、移动互联网、近距离非接触等多种方式进行银行转账、缴费和购物等商业交易活动。因此，移动支付泛指用户使用智能移动终端(如手机、笔记本电脑、平板电脑、智能卡等)，通过移动互联网络或者近距离无线通信，向支付服务商发出支付指令，对所消费的商品或服务进行账务结算的一种支付方式。有人把移动支付概念等同于手机支付，本书认为这是两种不同的概念，手机支付只是移动支付的其中一种方式，移动支付概念的范围更广，移动支付包括手机支付。但手机支付确实是移动支付中的一个主要发展方向，也是目前的研究热点。

从2002年开始，手机支付就已经成为移动增值业务中的一个亮点。2002年5月，中国移动通信公司开始在浙江、上海、广东、福建等地进行小额支付试点。2003年起，各地移动通信公司纷纷推出相应的手机支付业务，从年初湖南移动通信公司与中国银联长沙分公司推出的银行账号捆绑的手机支付业务，到9月份北京移动通信公司推出名为"手机钱包"的手机支付业务，直至12月中旬上海推出出租车上的银行移动POS机。中国联通在大力推动CDMA业务的同时，也对手机支付业务寄予了厚望，与中国银联签订了战略伙伴协议。2002年5月，中国联通在江苏无锡正式推出"小额支付移动解决方案"试验系统。这种支付模式是用手机话费来消费或缴费，这种方式方便、简单，容易为用户所接受。但这一新兴支付模式由于各种条件的限制只风光了一下，此后很长时间内，无论是联通还是移动都没有大力发展手机支付业务，市场也因此沉寂下来。2004年下半年以来，若干主要的第三方移动支付运营商的业务有一定的发展，使得手机支付业务的地域覆盖范围越来越广。2005年，我国手机支付用户数达到1560万人，同比增长134%，占移动通信用户总数的4%，产业规模达到3.4亿元。随后的几年，我国的手机支付一直处于快速增长的态势。国内互联网咨询机构艾瑞咨询研究发现，2010年我国手机支付用户规模首次突破1亿人，同比增长77.4%，市场规模突破100亿元，同比增长312.0%，我国手机支付市场进入高速增长期。2015年手机网上支付增长尤为迅速，用户规模达到3.58亿，增长率为64.5%，是整体网上支付市场用户规模增长速度的1.8倍，网民手机网上支付的使用比例由39.0%提升至57.7%。

## 二、移动支付的分类

移动支付存在着多种类型，不同类型的技术实现方式也不相同。不同类型的移动电子支付对安全性、可操作性、实现技术等各方面都有着不同的要求，适用于各类不同的场合和业务。按照不同的标准划分，移动支付可以分为以下几种类型。

（一）按照支付的实现方式划分

1. 近场支付

近场支付也称现场支付，是指用户通过手机、智能卡等智能移动终端与非接触 POS 终端通过近距离非接触技术进行交互，实现对商品或服务的现场支付。此种支付的处理在现场进行，支付行为的发生地点须与购买的地点在一起，并且在线下进行，不需要使用移动网络。手机的近场支付是使用手机射频 NFC（Near Field Communication）、红外、蓝牙等通道，实现与自动售货机以及 POS 机的本地通讯。例如，用手机或智能卡刷卡的方式坐车，通过销售终端 POS 或读卡设备刷手机或智能卡完成支付等，都属于近场支付。

2. 远程支付

远程支付是指通过互联网或移动通信网络，以短信、移动互联网、手机客户端应用程序等方式完成支付，支付行为的发生地点与购买的地点可不在一起。远程支付是通过向远端发送支付或转账指令所进行的支付方式，区别于近场支付。用户可以使用手机、笔记本电脑、平板电脑等智能移动终端，通过短信、互联网或移动通信网络、手机 SIM 卡等来完成支付。例如，用户可通过手机进入互联网，在网上购物并进行支付。

（二）按照运营主体划分

1. 以移动运营商为主体的移动支付

以移动运营商为主体的移动支付是指由移动运营商为主导，对移动支付平台进行管理、建设和维护。移动运营商是连接用户、金融机构和服务提供商的重要桥梁，在推动移动支付业务的发展中起着关键性的作用。以中国移动为例，2003 年中国移动与中国银联共同出资成立了“北京联动优势科技有限公司”。作为移动支付平台的运营商，其主导的支付方式有话费账户和手机钱包支付两种方式，主要服务于现有的移动客户。移动运营商提供话费账户和手机钱包账户给消费者，进行相关商品和服务的购买和支付。“联动优势”负责提供相应的产品和服务。在涉及手机钱包支付时，银行账户充当了手机钱包的充值工具，银行的角色仅仅是发卡行。移动运营商负责平台的建设及运营维护，并且承担相应的平台建设费和运营维护费，相应的收益由移动运营商和移动平台运营商进行分成。这种模式的特点是，移动运营商主要为移动支付提供安全的通信渠道，移动平台运营商是代理结算单位，银行是最终结算单位和账户管理者，并且要承担一部分平台维护工作；移动运营商控制交易与信息流，无需银行参与，但是支付金额较小，须要承担金融责任风险。

在移动支付业务中，移动运营商主要从以下四个方面获得收益：服务提供商的佣金；基于语音、短消息服务（Short Messaging Service，简称 SMS）、无线应用协议（Wireless Application Protocol，简称 WAP）及手机客户端应用的移动支付业务可以给运营商带来数据流量收益;移动支付业务可以刺激用户产生更多的数据业务需求,从而促进其他移动互联网业务的发展;移动运营商稳定现有客户并吸纳新的客户,提高企业竞争力。

2. 以金融机构为主体的移动支付

以金融机构为主体的移动支付是指支付平台的设立方为银行类金融单位,支付账号属于银行等金融类机构。在此类移动支付中,移动运营商只为银行和用户提供信息通道,不参与支付过程。目前,不管是银行主导还是银联主导的模式,都是通过远程方式实现,主要服务于银行现有的客户。银行主导的手机银行的业务主要定位在银行自身的金融业务上,手机仅仅作为银行提供服务的一种工具和渠道。如工商银行的手机银行的业务功能主要是办理账户管理、转账汇款、投资理财(基金、证券、黄金、外汇)、缴费业务、信息查询等金融服务等。银行自己建立一套支付平台,独立运营,支撑在手机上实现的各种业务功能,不受其他方面的限制和控制。银行提供相应的银行账户给手机银行客户,平台建设费用和相关的收益全部归银行。这种模式的特点是运营商仅作为通道收取通信费,不参与交易过程,银行向商家收取平台使用费和利润分成,还可能向消费者收取金融信息定制费(包月形式),不同银行之间无法实现互联互通,终端设备安全要求较高,无政策壁垒,拓展空间较大。但是,此类移动支付需要运营商的支持,否则存在推广障碍,因为终端成本银行难以承受。

3. 以第三方支付提供商为主体的移动支付

以第三方支付提供商为主体的移动支付是指由第三方支付提供商为主导,对移动支付平台进行管理、建设和维护。目前以第三方支付提供商为主体的移动支付的代表是支付宝,主要服务于有互联网支付需求的消费者。支付宝目前的支付类业务主要是服务于现有支付宝网购用户,提供的业务已经从单纯的网络购物拓展到即时到账交易(也称 AA 收款)、信用卡还款、转账付款、水电煤缴费、有线电视缴费、医院挂号、手机充值、爱心捐赠等多个涉及支付的领域。以第三方支付提供商为主体的移动支付的盈利模式是向企业商家提供支付接口,收取会员费或服务费实现利润,这与银行信用卡向使用 POS 终端的商家收取服务费用的模式相同。这种模式的特点是运营商仅作为信息通道或者代理结算单位,银行是最终结算的账户管理者,第三方支付机构进行平台运营,产业链关系清晰,环节简单,利益分配明确。但是受制于银行与运营商的博弈,合作方投入不稳定,对整合能力要求高。

以第三方支付提供商为主体的移动支付的典型例子是支付宝的手机条码支付。2011 年 7 月 1 日,支付宝推出了手机条码支付(Barcode Pay)服务。这是支付宝为线下实体商户提供的一种现场支付解决方案,为小卖店、便利店等微型商户提供低价的收银服务。手机条码支付使用十分简单,商户只需要四步就可以完成付款:第一步,商家用支付宝账号登录在线收银台(sjzf. alipay. com),输入收银金额;第二步,消费者打开支付宝客户端,选择条码支付;第三步,商家使用条码枪扫描或输入消费者手机上的条形码向对方发起收款;第四步,消费者在手机上确认付款。更灵活的移动收款方式,则是直接启动手机客户端中的"我要收款"扫描对方条码来完成。也就是说,手机既能付款也能收款,既是收银机又是钱包,两个手机之间可以直接完成交易,商家不需安装专用收款设备,用户也无需携带现金或银行卡。由于支付过程中,双方只有扫描条码的接触,避免了银行卡被盗刷甚至复制等危险。手机条码支付的费率仅为传统 POS 机收单方案的1/2 到 1/6。

与之前运营商推出的"手机钱包"不同,条码支付不需要终端设备。凡是使用 iPhone、Android 以及大部分诺基亚塞班系统手机的用户都可以通过软件实现条码支付。支付宝未来还将与非智能机、电脑摄像头、NFC 等方式结合开发一系列产品。未来的支付技术将覆盖更多的消费场景,成本更低,摆脱对专用物理设备的依赖,并提供更强大的后台服务。

(三)按照支付账户划分

1. 银行卡账户支付

此类移动支付是指用户在使用移动支付前,先把手机号码与银行卡绑定,然后用户再操作银行卡账户进行移动支付。此类移动支付的费用是从用户绑定的银行卡账户中扣除,在该种方式中,手机只是一个简单的信息通道,将用户的银行卡账户与其手机号连接起来。

2. 手机独立账户支付

此类移动支付是指用户在使用移动支付前,先要开立手机支付账户并预存资金(充值)后,可通过短信、互联网等通信手段,使用手机支付账户完成话费缴纳、互联网购物、水电燃气账单支付等远程消费支付。手机支付账户是区别于手机话费账户的独立资金账户,手机支付账户充值不等同于缴话费。其典型代表是中国移动集团向用户提供的手机支付服务。用户只需开通手机支付业务,系统将为用户开设一个手机支付账户,用户可通过该账户进行远程购物(如互联网购物,缴话费、水费、电费、燃气费及有线电视费等)。开通手机支付业务后,若用户在中国移动营业厅更换一张手机钱包(支持射频识别功能的专用 SIM 卡),则还可以使用手机在布放有中国移动专用 POS 机的商家(如便利店、商场、超市、公交)进行现场刷卡消费。

3. 第三方账户支付

此类移动支付是指用户在使用移动支付前,先把手机号码与用户在第三方支付提供商开通的自有账户绑定,然后用户再操作自有账户进行移动支付。如用户使用支付宝账户进行移动支付。

除了以上几种分类之外，移动支付还可以按照所使用的具体技术来划分，具体可以分为基于NFC的移动支付、基于WIFI的移动支付、基于图像识别的移动支付、基于读卡设备的移动支付、基于超声波技术的移动支付、基于条形码和二维码的移动支付、基于人脸识别的移动支付等。

## 三、我国移动支付面临的问题

与传统支付手段相比，移动支付具有方便、快捷的优势。以手机支付为例，手机携带方便，人们能够在任何时间、任何地点进行支付。但从我国移动支付的发展现状来看，仍存在着较多问题，主要包括以下几个方面。

### （一）安全问题

移动支付的安全性是业务得以发展的根基。移动支付涉及的参与者包括：用户、移动运营商、第三方服务提供商和银行。消费用户和商户用户是支付系统服务的主要对象，移动运营商提供网络服务，银行提供相关金融服务，第三方服务提供商提供支付平台服务。移动支付须要考虑以下安全问题：一是移动终端接入支付平台的安全，包括用户注册签约信息的安全传递，以及用户传递数据（如签约用户名、签约密码等）的安全；二是支付平台内部各模块之间数据传输的安全；三是支付平台数据存储的安全，涉及签约用户的银行卡账户、用户名、签约密码等安全。目前用户对使用移动支付方式的安全性仍心存疑虑，担心资金账号和密码有可能被他人截获或窃听，资金安全得不到保障。此外，如果具有刷卡功能的手机不慎丢失，那么也会带来资金的安全问题。

### （二）消费者的传统消费习惯难以改变的问题

中国人在交易中有使用现金的消费习惯。随着银行卡的推广使用，目前很多人习惯了刷银行卡消费。如果想把消费者原先的现金支付或刷银行卡支付的习惯改为刷手机支付，这不是一朝一夕所能实现的。同时，与刷银行卡支付手段相比，刷手机支付方式并没有比较优势。改变消费者目前的支付习惯是推广手机支付业务的最大障碍之一。

### （三）法律问题

手机支付是一种新型的支付形式。我国目前还未就手机支付出台相关法律法规，这就使得手机消费类增值服务费的征收没有法律保障，市场管理较为混乱。同时，由于手机支付业务由多个部门共同完成，须要有关法律法规来明确各方的权利和义务；另外，由于产业链涉及方面比较多，可能存在不正当竞争情况，这也需要有关法律法规事先进行规范。由于法律法规不完善，当产业链各方产生纠纷或侵权时，很难在法律上有明确的定义和判断，用户合法权益难以得到保障。

（四）参与移动支付各方的协作管理问题

移动支付的顺利发展，需要移动运营商、金融机构、第三方服务供应商的相互配合、密切协作，不断完善移动支付的运营环境。合作式的运营模式给移动支付管理工作增加了不少难度，多方需提供技术及管理人员，建立移动支付管理中心，负责对整个支付系统的监控、管理和维护。移动支付是一种信息高度集中的支付方式，应考虑为客户提供意外事故补救措施：一是客户手机意外丢失或被盗，挂失后，快速冻结原有号码及与其绑定的相关信息。二是客户重复支付问题，由于客户端与服务端不能达到信息的实时交换，如遇支付超时或延误等特殊情况，应限制客户短时间内的发送次数。

## 四、我国移动支付的发展对策

（一）增强安全机制，加强安全保障

有关研究表明，目前用户最担心的手机支付问题是支付安全性，这足以说明用户对手机支付缺乏足够的信心，也说明现在关于手机支付的宣传力度还远远不够，人们对手机支付的了解太少。在我国，银行卡支付已经被很多用户接受，使用网上支付方式的用户也大有人在，但是对手机支付的接受程度却与前两者相差甚远。根据有关研究报告，其实在本质上，手机支付的安全性与银行卡支付的安全性是相当的，而且由于网络信号差异以及 SIM 卡与银行账户绑定等因素，手机支付的安全性甚至高于网上支付。所以，为了让用户放心使用手机支付，当务之急是加强手机支付安全，不仅要从技术层面对手机支付建立安全保障，而且要从安全管理的角度培养和提高各种管理和操作人员的素质和道德修养，使用户相信使用手机支付是安全可靠的，从而建立用户信任。

（二）科学引导，培养用户的使用习惯

影响用户接受手机支付业务的因素通常有期望收益、文化价值观等主观因素，以及支付成本、安全性、社会影响和便利条件等客观因素。运营商需要在宣传营销上多下功夫，科学引导用户使用移动支付方式。在业务发展的初期，可低成本、零利润地让用户使用或体验新业务，消除用户对支付成本的顾虑；同时提高手机支付系统的安全性和实时性，给用户创造一个安全的交易环境；各运营商、终端等要解决兼容性问题，让用户能够随时、随地、随身地使用移动支付。

（三）审时度势，制定完善的法律法规

手机支付是一种新的支付方式，目前我国对其进行管理的相应法律法规还不健全。在安全管理和信用认证等方面还没有规范的操作程序，如果出现了问题也没有专业的部门进行解决，消费者与商家的权益都还不能完全得到相应的保障。因此，必须加快手机支付领域相关法律法规的建设，加强手机支付市场管理，设立专门机构监督市场秩序，并对违规者进行合理处罚，以保障手机支付业务的顺利运行。

(四) 平衡各方利益,确立合理的商业模式

由于手机支付是一个涉及多领域、多部门的综合支付系统,产业链各方出于自己的利益考虑,都想在手机支付中占据主导地位,结果往往造成利润分配很难达成一个理想的模式,甚至出现各方各自为政、恶性竞争的局面。由电信运营商、金融机构、第三方支付平台等衍生出的商业模式,无论是哪一方占据主导地位,都会损害其他各方的利益。所以,为了促进手机支付的健康发展,产业链各方应该通过合作发挥各自优势,寻找一个各方都能接受的商业模式,争取达到共赢。

## 五、国内外移动支付的发展现状

(一) 国外移动支付发展现状

目前,全球移动支付发展主要划分为三大阵营,即日韩、欧洲和美洲。日韩商用规模最大,欧洲正在起步,美国由于原有互联网发达,电子支付在移动领域的应用还较少。

1. 日本

日本在移动支付的应用和移动支付发展方面处于全球领先地位,是移动支付业务发展最为成功的国家之一。三家移动运营商 NTT DoCoMo、KDDI 和软银分别于 2004 年 7 月、2005 年 7 月和 2005 年 11 月推出了移动支付业务,采用的都是索尼公司开发的 FeliCa[①] 技术。经过几年的发展,移动支付业务在日本已具备相当的规模。

日本移动支付市场发展的首要推动者是 NTT DoCoMo。2005 年 4 月,NTT DoCoMo 注资 1000 亿日元(9.45 亿美元),获得三井住友信用卡公司 34% 的股份,双方合作推出"Mobile ID"子品牌的移动支付业务。2006 年 3 月,NTT DoCoMo又注资 10 亿日元,获得瑞穗金融集团关联企业 UCCard 18% 的股权。2006 年 4 月,NTT DoCoMo 宣布推出 DCMX 子品牌的移动信用卡,可透支消费,将移动支付渗透到消费信贷领域。2006 年 9 月,NTT DoCoMo 同日本的另外三家非接触式支付品牌——东日本铁路公司"西瓜卡"(Suica),BitWallet 公司 Edy,JCB 的 QuiePay 达成协议,四家同意共享支付平台,各自的产品将使用统一的 POS 终端。这一举措进一步推动了日本移动/非接触式支付的发展。2009 年 8 月,NTT DoCoMo 的移动用户中,65% 为移动支付客户。

2. 韩国

韩国的移动支付业务实现方式主要采用的是红外技术。韩国三大移动运营

① FeliCa 是日本索尼公司推出的非接触式智能卡。

商 SKT、KTF、LGT 分别于 2004 年 3 月、2004 年 8 月、2003 年 9 月联合金融机构开通移动支付业务。目前，韩国 70%的电子支付（即超过 10 亿美元的交易额）都是由移动支付完成的。在韩国主要有 MONETA 和 K-merce 两大移动支付品牌，它们主导着韩国移动支付市场。

2001 年，韩国 SKT 通过与 VISA 等信用卡机构合作，推出了名为 MONETA 的移动支付业务品牌。并同友利银行（Woori Bank）和现代（Hyundai）信用卡公司一道，共同建立支持其配置 MONETA 芯片技术手机的系统。2004 年 8 月，SKT 将其移动支付业务整合为新的品牌"M-BANK"，通过在手机中内置智能型芯片，其结算信息可以实现密码化，用户可以用手机办理各种金融服务。2006 年 12 月，MONETA 共有 260 万使用者，联盟了 12 家信用卡公司和 18 家安全公司，并向市场投放了 512 万部内嵌智能 IC 卡支持移动支付的手机。K-merce 是韩国 KTF 推出的一个类似于 MONETA 的移动支付服务品牌，可以提供移动证券、移动银行、票据、彩票、购物、拍卖、赠券等服务。K-merce 手机不仅可以像遥控器一样发射红外线进行结账，还可以像交通卡一样靠近刷卡机结账。

3. 欧洲

德国科隆足球俱乐部于 2004 年推出 NFC 季票，采用 Philips MIFARE DESFire 芯片，可使用手机下载电子门票，系统由德国电信旗下的 T-Systems 运营，Axcess 提供识别设备与软件。2005 年 4 月，Philips、Nokia、德国公交网络运营商 Rhein-Main Verkehrsverbund（RMV）开始试运营 NFC 票务系统。所使用的手机是诺基亚 3220，手机套是一个名为"NFCShell"的专用手机套，NFC 芯片就嵌入在这个专用的手机套里，刷卡时只要将手机在读取设备上一划，不仅可以乘坐 RMV 运营的公交车，在获得 RMV 认定的 14 家公司经营的餐厅、商店、娱乐场所消费还可享受折扣。

2005 年 10 月，在法国戛纳针对 NFC 展开了一项测试。参加测试的 200 位戛纳居民在为期 6 个月的测试期间，在戛纳特定的零售店、停车场和著名的观光景点可以使用内嵌有飞利浦 NFC 芯片的移动电话进行付款。这是 NFC 技术在全球第一次大规模测试。在法国政府的推动下，法国尼斯项目成为欧洲手机支付的领先项目。2010 年 5 月 21 日，法国政府和企业共同宣布法国尼斯市成为欧洲第一个"非接触之城"和"NFC 之城"，当地运营商的网点开始发布业务销售的广告。另外，法国三家运营商联合成立了跨运营商的组织，推动标准和规范化工作，以及 POS 机终端资源的共建、共享。

（二）国内移动支付发展现状

1. 中国移动

中国移动的移动支付业务包括远程支付（移动支付）和现场支付（手机钱包）。中国移动在湖南建立了一个全网集中的处理移动支付的平台，专门从事移动支付业务，提供清结算服务。现场支付（手机钱包）用户持具有 RFID 功能的卡片，开通手机钱包，就可以进行刷卡乘公交、超市购物等现场支付。手机钱包主要面向湖南、广东、重庆、上海等 12 个省市的用户开放。2006 年，中国移动厦门公司、诺基亚、易通卡公司和飞利浦就曾在厦门启动中国首个近距离通信（NFC）手机支付商用试验。2006 年下半年，湖南移动与湖南银联合作，采用握奇数据公司的 SIMPass 双界面 SIM 卡，进行近场小额支付商场消费的试点。2007 年，中国移动又在重庆采用 eNFC 技术实现方案，进行近场小额支付试点。

2010 年，中国移动上海公司推出"世博通"应用。世博通应用基于 2.4GHz 的 RFID-SIM 卡，结合移动通信等技术推出手机钱包和世博手机票应用。2010 年 3 月 10 日，中国移动入股浦发银行，开创了运营商注资银行的先河，移动支付将准备从小额支付转向信用卡、转账、大额交易等业务。

2. 中国联通

中国联通从 2006 年开始积极研究各种近场支付技术，包括 NFC 以及国内企业推出的基于 SIM 卡的技术解决方案，并专门成立近场通信项目工作小组，联合众多企业积极研究近场通信相关技术与规范，如芯片、平台、终端和 IC 卡。IC 卡提供商包括武汉天喻、上海复旦微电子等，终端厂商如中兴、海信等。目前，中国联通近场通信项目已初步形成了大量的技术规范，包括近场通信对移动台的要求，（U）SIM 卡对个人数字证书和密钥的管理规范等。2009 年 9 月，中国联通上海分公司正式推出 13.56M 频段 NFC-SWP 手机公交卡业务，率先实现交通卡手机空中充值、余额查询、交易记录查询。随后，北京开通了基于公交的移动支付业务。中国联通在湖北、河北逐步推出 2.4G RFSIM 卡为核心的移动支付企业和校园一卡通产品；与银联、光大银行合作推出宁波市民卡，后期计划拓展到与多家银行合作。

3. 中国电信

中国电信在获得 3G 牌照后才开始发展移动支付业务，开展的支付业务品牌为"翼支付"，主要有三种类型：（1）面向校园和企业用户的"翼支付——行业版"；（2）面向城市公众用户的"翼支付——公众版"；（3）面向电话用户的"翼支付——电话版"。

中国电信目前已经建立了全网支付能力平台，已在 17 个省、每省两个本地网内做试点。2009 年 5 月 26 日，中国电信上海分公司召开新闻发布会，正式推出天翼 3G"移动支付"产品。2010 年 2 月 5 日，推出了"翼支付手机刷卡"，开启手机刷卡新业务试点。上海南京路实现天翼手机刷卡消费，推动从"中华第一街"到"移动支付中华第一街"的变革。

中国电信在上海与善德合作、在北京与资和信合作、在杭州与浙江商盟合作开展了面向城市公众用户的"翼支付"。中国电信在陕西校园区的范围内，推出

“翼机通”业务，学生和教职工用户持天翼手机即可在校内刷门禁、考勤，可在食堂吃饭、澡堂洗澡，还可享受随时随地的生活、学习、就业信息通知等。

只要移动支付在信用安全、手续费用、快捷程度以及和零售企业方的合作等方面的问题得到有效的解决，消费者在传统购物时使用手机支付这一新方式的可能性就会很大。通过国内、国外的手机实践，人们完全有理由相信手机支付将在未来大有作为，并成为传统支付手段的一种有效补充。无论如何，移动支付具备了现金支付和银行卡支付的各种优势，会随着手机用户稳步增长的速度而日益发展；手机支付必将成为人们生活购物方式的一种潮流。

## 第四节　网上银行

1995 年 10 月，全球第一家网上银行——“安全第一网上银行”(Security First Network Bank，简称 SFNB)在美国诞生，总部设在亚特兰大市。这家银行没有总部大楼，没有营业部，只有网址，员工也只有 10 人。营业厅就是电脑画面，所有交易都是通过网络进行的。随后，世界各国纷纷开展网上银行业务，网上银行借助国际互联网及现代信息技术遍布全球。网上银行具有 24 小时不间断、低成本、高效快捷等优势，能为用户提供全方位、全天候、便捷、实时的金融服务，显示出了其强大的生命力。网上银行是一种新型的银行服务手段，它的出现与发展是网络经济发展的必然结果，也是电子商务发展的需要。

### 一、网上银行的概念

网上银行包含两个层次的含义，一个是机构概念，指通过信息网络开办业务的银行；另一个是业务概念，指银行通过信息网络提供的金融服务，包括传统银行业务和因信息技术应用带来的新兴业务。通常人们提及网上银行，更多的是第二个层次的概念，即网上银行服务的概念。

网上银行(Internet Banking)又称“网络银行”“在线银行”，是指银行利用 Internet 技术，通过 Internet 向客户提供各种金融服务。网上银行提供的金融服务包括查询账户余额和交易明细、转账汇款、修改密码、缴费支付、信用卡、个人贷款、投资理财(证券、黄金、外汇等)、企业银行服务等服务项目，使客户可以足不出户就能够安全便捷地管理活期和定期存款、支票、信用卡及个人投资等。网上银行又被称为“3A 银行”，因为它不受时间、空间限制，能够在任何时间(Anytime)、任何地点(Anywhere)、以任何方式(Anyway)为客户提供金融服务。

### 二、网上银行提供的服务

各家网上银行所提供的服务种类有所不同，但总体来说，主要包括基本网上银行服务、网上投资、网上购物、个人理财、企业银行及其他金融服务。下面以招商银行为例，介绍一下网上银行所提供的服务。

（一）基本网上银行服务

网上银行提供的基本网上银行服务包括：(1) 借记卡的账户查询与转账汇款，包括余额查询、账户的交易明细查询、转账汇款及转账汇款记录查询等。(2) 信用卡的账户查询，包括信用额度、可用额度、预借现金可用额度、每月账单日、账单类型(电子账单或纸质账单)、到期还款日、本期应还金额、本期最低还款金额、已出账单查询和未出账单查询等。(3) 自助缴费。可开通自助缴纳水、电、天然气、有线电视等公共事业缴费项目。(4) 网上支付。(5) 其他功能，包括信用卡还款功能、卡折关联、客户联系资料修改、密码管理、银行卡挂失、到期换卡申请、卡内互转(包括定活互转、活期约定转存、通知存款转账、银证转账、理财专户转账等)、外汇管理、贷款管理等。

（二）信息服务

网上银行通常会通过网站发布各种金融信息，包括银行信息、储蓄利率、国际金融信息、外汇市场行情等，有的银行还为客户提供必要的软件与数据下载。招商银行提供实时金融信息，具体包括外汇实时汇率、黄金市场行情、国债柜台交易报价、理财产品净值、基金净值、存款利率、贷款利率等信息。

（三）网上投资

传统银行向客户提供各种投资服务，网上银行也同样可以提供投资服务。网上银行通常提供股票、基金、债券等多种投资服务。招商银行提供网上投资管理，包括基金、国债、外汇、证券、黄金、纸黄金白银、大宗商品、受托理财等。

（四）网上购物

由于网上银行可以向客户提供网上支付的服务，有些网上银行还同时提供了网上购物服务。网上银行可设立网上商城栏目，向客户提供各种商品，同时还可提供分期付款服务。招商银行提供了商旅预订服务，主要向客户提供机票和酒店的预订服务。

（五）个人理财助理

个人理财助理是国外网上银行重点发展的一个服务品种。各大银行将传统银行业务中的理财助理转移到网上进行，通过网络为客户提供理财的各种解决方案，提供咨询建议，或者提供金融服务技术的援助，从而极大地扩大了商业银行的服务范围，并降低了相关的服务成本。招商银行提供的理财助理服务有理财计划和财务分析：理财计划包括付款计划、理财记事簿、债权债务管理等；财务分析包括支出分配图、支出明细表、收入分配图、收入明细表、现金流量图、收支对比图等。

（六）企业银行服务

企业银行服务是网上银行服务中最重要的部分之一。其服务品种比个人客户的服务品种更多，也更为复杂，对相关技术的要求也更高，所以能够为企业提供网上银行服务是商业银行实力的象征之一。企业银行服务一般提供账户余额查询、交易记录查询、总账户与分账户管理、转账、在线支付各种费用、透支保护、储蓄账户与支票账户资金自动划拨、商业信用卡、投资、网上贷款等。招商银行提供的企业银行服务包括集团公司全国“网上结算中心”和“财务管理中心”、网上自助贷款、网上委托贷款、网上全国代理收付、个性化财务授权管理、网上安全账户管理、全流程透视与交易追踪服务、智能化操作向导、度身定制银行信息主动通知、商务信息海量传递、网上票据、网上信用证、网上外汇汇款业务、网上国际信用证业务、网上国际贸易融资业务、网上国际结算查询通知业务、电子商业汇票业务等。

（七）其他金融服务

除了传统的银行服务外，各大商业银行的网上银行均通过自身或与其他金融服务网站联合的方式，为客户提供多种金融服务产品，如保险、抵押和按揭等，以扩大网上银行的服务范围。招商银行与保险公司合作，在网上推出了一些保险产品，为客户提供丰富的险种。

## 三、网上银行的优势

网上银行是银行为适应网络时代的发展需要而推出的新型金融服务方式，特别是在电子商务的发展浪潮中，网上银行提供了先进的网络支付方式，以其高效率、低成本、简单方便等优势成为商业支付结算发展的趋势和方向。网上银行与传统银行相比，主要有以下几个方面的优势。

（一）网上银行具有低成本优势

首先，网上银行的创建成本低。一般而言，网上银行的创建费用只相当于传统银行开办一个小分支机构的费用。其次，网上银行的业务成本低。就银行一笔业务的成本来看，手工交易的成本约为 1 美元，ATM 和电话交易的成本约为 25 美分，而网上交易的成本仅需 1 美分，只有手工交易成本的 1%。最后，网上银行的运营成本低。网上银行的运营成本远远低于传统银行，网上银行不需要遍布各地的银行营业大厅和众多的员工，其运营成本得以大幅降低。正是因为网上银行具有低成本优势，网上银行可以通过低收费、部分服务免费等方式来提升自身竞争力。

（二）网上银行提高了服务的准确性和时效性

网上银行可以实现银行的各种业务的无纸化、电子化和自动化，这不仅大幅度提高了银行业务的操作速度和操作水平，而且提高了服务的准确性和时效性，从而提高了服务质量。与传统的银行服务相比，网上银行所提供服务的效率更高，可免去客户长时间的等候，客户的满意度更高。网上银行可为客户提供更好、更准确的资讯服务，可以让客户按日期和业务品种查询交易记录、支票支付、信用卡账单、转账汇款记录等，服务的准确性更高。网上银行的无纸化、电子化和自动化使得客户之间的票据与资金的传递能在瞬间完成，网上银行采用电子手段，可以在几秒钟内把大批量资金传送到世界各地。及时、准确、快捷、方便、可靠的高质量服务，是网上银行的突出优势。

（三）网上银行所提供的服务不受时空限制

传统的银行营业网点只能在固定的地点、固定的营业时间内为客户提供服务，而网上银行不受地理位置和网点营业时间的限制。客户只需拥有电脑、iPad或智能手机，并且可通过有线或无线的方式上网，就可以随时随地享受银行所提供的服务。网上银行所提供的服务不受时空限制，客户可以在任何地点享受每天24小时不间断的银行服务，这给客户带来了很大的便利。

（四）网上银行可提供互动、个性化的服务

一般而言，传统的银行营业网点难以为客户提供详细的、低成本的信息咨询服务。而网上银行具有更好的互动性，可以通过电子邮件或在线客服为客户提供详细的信息咨询服务，及时解答客户提出的问题，从而更好地为客户服务。由于网上银行提供了交互式的沟通渠道，客户可以在访问网上银行站点时提出具体的服务要求，从而网上银行可以为客户提供个性化、有针对性的服务，有利于银行赢得客户，提高客户的忠诚度。

（五）网上银行具有业务全球化的优势

传统银行是通过设立分支机构开拓国际市场的，不仅成本高，而且难度大。网上银行只需借助互联网，便可以将其金融业务和市场延伸到全球的每个角落。网上银行是一个开放的体系，是全球化的银行。网上银行打破了地域的限制，全球的任何一个客户均可享受其所提供的服务。网上银行有助于银行开拓全球客户，扩大了银行的客户群，也使得银行竞争突破了国界，成为全球性的竞争。

（六）网上银行提供了金融业务创新的平台

网上银行可借助其电子化和自动化的优势，对金融业务进行创新。网上银行可侧重于利用其成本低廉的优势和互联网丰富的信息资源，对企业资信评估、公司个人理财顾问、专家投资分析等业务进行创新和完善，提高信息的附加价值，强化银行信息中介的职能。

## 四、网上银行的发展状况

从全球范围看，银行利用电脑技术代替人工进行业务处理，最早是20世纪50年代开始的，当时主要是用于账务核算。1995年10月18日，全球首家以网上银行冠名的金融组织——“安全第一网上银行”在美国诞生，对传统金融业带来了前所未有的冲击。网上银行凭借实时、方便、快捷、成本低、功能多的24小时服务，获得了越来越多客户的喜爱。市场研究公司comScore的一项调研指出，2003年美国前10家银行的网上银行顾客达到了2200万，网上银行业务比上年增长了30%，自1996年以来增长了10倍以上。艾瑞咨询根据Novantas发布的2010年美国网上银行交易情况的调查发现，近年来，大量美国用户在处理银行日常交易时是选择网上银行渠道，而不再选择柜台交易。2010年，选择通过网上银行进行转账业务、查询账户结余、购买银行研究产品的用户比例分别从2005年的34%、44%、46%急剧增加到67%、76%、77%。

1996年2月，中国银行在互联网上建立和发布了自己的主页，成为我国第一家在互联网上发布信息的银行。1997年，招商银行率先推出网上银行“一网通”，成为国内第一家上网的银行，随后中国银行和建设银行也推出了自己的网上银行。1998年，中国银行、招商银行开通网上银行服务，此后工商银行、建设银行、交通银行、光大银行及农业银行等也陆续推出了网上银行业务。Analysys易观智库产业数据库发布的数据显示，2015年第3季度，中国网上银行客户交易规模达到433.6万亿元人民币，环比增长率为15.3%。2015年第3季度中国网上银行市场格局略有变动。工、建、农、交、中五大行凭借庞大的客户群体分别位列市场前五位，合计拥有70.7%的市场份额，其中交通银行增长迅速，凭借9.2%的市场交易份额成为第四名，中行则以8.4%的市场份额位居第五，其后分别为招商银行、兴业银行及民生银行，占据市场第六、七、八位。

目前，我国大部分商业银行都已推出了网上银行，网上银行已广泛应用到人们生活的方方面面。我国网上银行发展现状归纳起来主要表现在以下三个方面：

（一）网上银行用户数量和交易量增长迅速

2000年底，我国中资商业银行办理网上银行业务的客户数为41万，交易金额为6500亿元。2001年，我国网上银行用户已有200多万户。截止到2002年12月，我国中资商业银行办理网上银行业务的客户数为350万户，交易金额为5万亿元。到2004年12月，客户数已超过1000万户；2005年发展到3460万户。2008年，网银活跃用户数（单季度至少登录过一次网上银行的账户数）为5800万户；截至2010年底，我国网上银行注册用户数首次突破3亿，较2009年同比增长53.9%，其中，活跃用户数为17154万户，同比增长57.4%。2011年第3季度网上银行注册用户数超过4亿。至2011年底，注册用户数达到4.34亿。截至2014年底，我国网上银行的注册用户数达到9.09亿。

2007年我国商业银行的网上交易额实现爆发式增长，达245.8万亿元，比2006年增长163.1%。2008年网上银行交易规模达到320.9万亿元，比2007

年增长 30.6%。2010 年我国网上银行市场全年交易额达 553.75 万亿元，较 2009 年增长 36.77%。2014 年我国网上银行市场全年交易额达到 1248.93 万亿元，同比增长 17.05%。

（二）网上银行业务种类和服务品种不断丰富

网上银行刚刚起步时，只能提供一些简单的信息类业务。随着各银行对网上银行越来越看重，投入更多的人力和物力，使原来需要去柜台办理的业务，在网上就可以直接办理。人们可以随时随地进行账户查询、存贷利率查询、外汇牌价查询、投资理财、账户资料更新、挂失、转账、汇款、银证转账、基金等。随后，银行间竞争越来越激烈，为了抢占更多的市场份额，同时又要减少成本，使利润最大化，各银行不断推出新的网上银行功能，丰富网上银行业务品种。例如，交通银行于 2009 年 2 月推出境外人民币网上支付业务，并且免收货币转换费；2009 年初，工商银行在网上基金业务上增加了基金漫游和基金指定功能，在网上保险业务上增加了险种转换、追加部分赎回功能；东亚银行推出了 shopping 卡、支付宝充值卡等网上支付功能。

（三）日益看重在网上银行经营中发展自有品牌战略

很多银行日益重视在网上银行发展自有品牌。例如，招商银行于 1995 年 7 月推出了“一卡通”，它集定活期、多储种、多币种、多功能于一卡，多次被评为消费者喜爱的银行卡品牌，是国内银行卡中独具特色的知名银行卡品牌。尤其是在个人理财方面，迅速抢占了市场。之后，招商银行又推出了“一网通”“金葵花理财”“点金理财”“财富账户”等知名品牌，深受客户的欢迎，为其业绩带来了很大贡献。其他银行也纷纷推出了各自的品牌，如工商银行的“金融 e 家”、建设银行的“e 路通”等。根据艾瑞市场咨询网《2005 年中国网上银行用户研究报告》，工商银行的“金融 e 家”在网银用户中达到了 53.8%的知名度，招商银行的“一网通”达到了 51.1%的知名度，建设银行的“e 路通”达到了 30.4 %的知名度，都是比较成功的品牌战略。

## 五、我国网上银行发展中面临的问题

尽管网上银行呈现出生机勃勃的发展态势，但对银行而言，仍没有找到发展网上银行的良方，各家银行均在摸索中寻找经验，在探索中发现新的思路。这势必会带来问题，给网上业务的发展带来挑战。网上银行的主要问题表现在以下几个方面。

（一）网上银行的安全存在隐患

安全问题是网上银行发展过程中的核心问题。事实上，安全问题能否很好地解决，是网上银行能否快速健康发展的关键。虽然网上银行不受时间、空间的限制，给客户带来了方便，但网上银行是依靠计算机和网络运行，在这些开放的系统上运行，存在巨大的安全隐患。安全性是用户使用网上银行最为关心的问题，也是阻碍新用户使用网上银行的首要因素。根据中国金融认证中心发布的《2009 年中国网上银行调查报告》，76％的用户仍然存在对网上银行安全问题的担忧。随着网上银行的快速发展，网上银行的犯罪率也逐年上升，依靠互联网运行的网上银行容易出现信息泄露、非法使用、假冒、黑客的入侵，使用户的资金遭受损失。网上银行对非法侵入者的吸引力非常大，世界上第一家网上银行——SFNB 开业仅两个月，就有 1 万名黑客企图入侵。据报道，美国金融界每年由于计算机犯罪造成的损失近百亿美元，而近年来在我国金融系统发生的计算机犯罪也呈上升趋势。尽管目前网上银行已有了防火墙和网络检测技术等保障，但仍有很多商业银行被克隆。例如，在 2004 年 12 月 8 日，内蒙古呼和浩特市一位市民在登录中国银行的网站后，卡里的钱就不见了。经过调查发现，他登录的是一个假的中国银行网站，与真的中国银行网站相比，几乎可以以假乱真，行标、栏目、新闻、地址等全部都一样。犯罪分子通过克隆网页，以银行的名义向客户发送邮件，在邮件中载有一个可链接至诈骗网站的超链接，客户需要进入这个超链接才能输入账号和密码，由此来窃取客户的账号和密码等资料。这说明银行网站还有漏洞，给犯罪分子带来可乘之机，制约了网上银行的发展。

（二）网上银行的法律法规不健全

我国于 1996 年开通了网上银行，在这十几年中，一直保持着快速发展的态势。但网上银行的法律法规却未跟上步伐。针对网上金融制定的《网上银行业务管理暂行办法》直到 2001 年 6 月底才颁布施行，而且还只是基本的、粗线条的，与整个监管体系的健全和完善还相差甚远。另外，对于网络安全极其重要的《电子签名法》，我国也是直到 2005 年 4 月 1 日才正式实施。而美国于 2000 年就已经公布了《电子签名法》，新加坡和韩国 1999 年就已完成了立法，日本也早已制定了专门的法规。在我国的《商业银行法》和《中国人民银行法》中涉及网上银行的条文也是少之又少。我国网上银行的立法严重滞后。现在的法律法规已经不能满足客观的需要，如公平电子交易、电子结算、交易操作规则、网上交易权利与义务以及银行的责任都没有明确的法律界定，消费者权益受不到保护，容易引起纠纷，影响了网上银行的发展。

（三）网上银行的信用机制不完善

我国网上银行的信用环境还不够成熟，信用机制还不完善。例如，个人信用联合征信制度在西方国家已有 150 年历史，但我国信用体系还在起步阶段，信用体系建设较为薄弱。网上银行交易是在一个虚拟的环境里完成的，交易时双方互不见面，所以对信用有着较高的要求。同时，虚拟的网络环境加剧了信息的不对称，使有些企业不放心与客户采用网上结算方式交易。网上银行的发展需要一个健全、完善的信用机制做支撑。另外，各网上银行对客户资信评判标准不统一，又各自为政，彼此间互不承认客户的资质，使有关信用资源不能共享，对开展网上银行业务带来了不便，阻碍了网上银行发展的步伐。

（四）网上银行的业务创新有待加强

国外的网上银行有许多创新业务品种是传统银行所没有的或者是传统银行无法提供的。我国网上银行的服务品种大多数只是一些传统银行业务在网上的简单移植，如账户查询、转账汇款、代理交费、为企业销售网络办理结算、为集团客户进行内部资金调拨等，没有充分利用网络金融技术开发新的业务品种，在开拓网上新产品方面思维上有很大的限制。没有创新就不能为客户提供好的服务，难以吸引新客户，这也影响了我国网上银行的发展。

（五）网上银行缺乏专业人才

网上银行的发展需要大量既精通计算机网络知识，又熟悉金融业务的高素质人才。在目前的银行系统中，特别缺乏此类复合型高素质人才。此外，银行对电子银行的培训工作不到位，参与培训的人数偏少，培训方式以灌输式为主，培训者很难得到全面的提高。另外，部分员工缺乏计算机网络知识，实际培训效果很不理想。同时，专业人才队伍建设滞后，基层行业务和技术骨干严重不足，员工换岗现象频繁，队伍缺乏稳定性。有些银行让那些对网上银行业务不精通的员工做产品营销和推介，难免会影响到网上银行业务的发展。

（六）网上银行缺乏整体规划

我国网上银行的建设缺乏整体规划，缺乏具有承载性、扩展性、不间断性和高性能的平台，这也阻碍了我国网上银行的发展。网上银行的发展需要依靠银行业、软件开发商、硬件供应商、系统集成企业的相互配合，因此需有统一的标准以保证各方兼容。我国的网上银行均属于依附于实体银行的分支型网上银行，各家银行在建立自己的网上银行系统时，采取了不同的网站构架，处于各自为政状态。此外，各家银行采用的网上银行安全手段不同，安全技术标准不统一，使用的软、硬件缺乏统一的标准，更谈不上拥有完整、综合的网上信息系统。

## 六、我国网上银行的发展对策

（一）加强网上银行的安全

安全性在网上银行运营原则中处于第一位，只有保证了安全，网上银行才能吸引客户进行网上交易。网上银行应从以下几个方面提高安全性：(1) 建立严密的安全体系，保证网上银行的安全运行。为防止交易服务器受攻击，银行应采取隔离相关网络、高安全级的 Web 应用服务及实施全天候的安全监控等技术措施。银行应继续完善安全技术和硬件设施，把网络通信技术和现代密码技术结合起来。尽快建立客户终端浏览器编码处理技术、防火墙技术和保护交易中枢不被入侵的三重安全防护措施。在充分分析网络脆弱性的基础上，通过采取物理安全策略、访问控制策略，构筑防火墙、安全接口、数字签名等高新网络技术的拓展来实现网络系统的事前防护。加快网络加密技术的创新、开发和应用，包括乱码加密处理、系统自动签退技术、网络使用记录检查评定技术、人体特征识别技术等。(2) 加强客户的安全意识。客户的安全意识是影响网上银行安全性的重要因素。客户要防止自己的网上银行账号及密码流失，上网时应设置好电脑安全措施，不随便点击恶意网站。(3) 建立系统的认证中心。建立全国统一的认证中心，充分发挥第三方认证机构的中立、权威的作用。(4) 加快电子化应用环境风险防范，如加大对计算机物理安全设施的投入和严格中心机房的管理制度等。

(二) 建立健全网上银行的法律法规

网上银行的很多问题与传统银行相比更加复杂，网上银行的立法主要涉及规范银行与客户之间的权利义务关系的法律和对网上犯罪行为制裁的法律。首先，我国应加紧制定“网上银行法”，借鉴和参考有关国家的立法经验，以法律来规范网络金融参与者的行为，以法律形式明确银行及客户双方的权利和义务、交易规则、交易合同的有效成立与否、对意外事故的处理。我国可借鉴美国及其他国际组织的有关法律，建立我国的“电子资金划拨法”或“电子支付法”，以明确电子资金划拨或使用电子货币实现在线支付的风险责任负担。其次，修改现行的法律规范与规则，对计算机犯罪、计算机泄密、窃取商业和金融机密等都要有相应的法律制裁。目前迫切需要顺应网上银行业务的开展，针对新的网上银行犯罪问题进一步制定出更加具体细化、操作性强的法律规定，加大对网上银行犯罪的打击力度，以确保网上银行业务的稳健发展。此外，网上银行是无国界的，所以需要加强与国际组织以及世界各国金融司法部门和业务主管部门的合作，解决好对跨国、跨境金融数据流的监管问题，制定共同打击网络金融犯罪和调控网络金融业风险责任承担的国际条约，确保网络金融业的顺利发展。

(三) 加强社会信用体系建设

我国应加快社会信用体系建设，提高社会整体信用水平。社会整体信用水平的提高是推动网上银行发展的重要条件。要提高整个社会的信用水平，必须运用法律、道德等多种手段，进行综合治理。一要对全民加强信用教育，充分发挥多种媒体强大的舆论力量，逐步形成“守信光荣、违约可耻”的信用观念。二要建立完善的社会信用管理体系和法律制度，营造一个良好的信用环境。加快社会征信体系建设，将违约、违法的网络交易记入黑名单，减少其进一步的危害。三是利用现代科学技术取得违法、违约交易的证据，加大惩戒力度，形成强大的威慑力量。

(四) 加快网上银行金融产品创新

在日趋激烈的市场竞争中，只有不断创新，才能满足消费者的各种需求，在竞争中取得优势。网上银行服务除了要提供传统服务之外，还应与高校、科技产业公司携手，设计出寿命长、符合客户需求的新的金融产品，并同步开发网上客户关系管理系统，观察和分析客户交易行为，为客户提供一对一的个性化服务。由于网上银行客户对银行产品和服务的个性化需求和期望比较强烈，这就迫使商业银行必须打破传统的批量化和标准化经营理念，从客户需求出发，确立以质胜出和客户驱动的经营理念，为客户提供量身定做的个性化金融产品和金融服务，以争取达到与客户保持长期稳定合作的目的。此外，还要重视网上银行的售后服务。客户在申办网上银行服务时，往往会因为遇到技术障碍和服务障碍而导致放弃申办或使用。因此，加强网上银行售后服务体系建设十分必要。

（五）加强网上银行人才的培养

网上银行业务的顺利开展，不仅需要具有金融知识，更需要具有完备的网络知识。在网上银行网站的建设和维护方面，需要掌握计算机硬件知识的人才；在网上银行网页和网络金融新产品开发方面，需要掌握计算机软件开发知识和具备银行业务支持的人才。而人才缺乏是我国银行业发展网上银行业务的主要制约因素。各家银行可考虑在全国范围内对本系统的员工进行不同形式的专业培训，尤其加强对业务人员的培训。针对目前我国网上银行核心技术人才比例较低的特点，在网上银行业务开发和运营的过程中，可考虑与IT企业联手，培养一批既懂金融，又具备IT技术的人才，并且加大人才的引进力度，吸引高素质人才，逐步建立起一支专业管理和业务操作相结合的复合型人才队伍。

（六）做好网上银行的总体规划

网上银行是一个复杂的系统工程，为了保证网上银行的建设和扩展得以顺利进行，应由中央银行牵头组织，各商业银行之间进行广泛的技术和管理合作，统一制定一套网上银行业务结算、电子设备使用等规范标准，确保硬件和软件、客户应用技术和系统以及网络通讯协议的兼容性，以保证今后网络建设和扩展能与国际金融业接轨。同时，应有计划、有组织地加强对网上银行的设立、管理、具体业务功能的实现及硬件和软件系统的应用进行研究，选择安全标准，建立全国统一的安全认证体系。

## 七、网上银行的欺诈与防范

（一）网上银行的欺诈方式

网上银行面临的安全隐患除了来自数据传输风险、应用系统设计的缺陷和计算机病毒的攻击三个方面外，利用网络银行进行欺诈的行为是当前危害最大、影响最恶劣的一个安全问题。自各大银行开通网上银行业务以来，给广大客户带来了极大便利，但随之而来的木马病毒、假邮件、假网站、假短信等各类网上银行欺诈行为也层出不穷。网上银行的欺诈手段主要有以下几种：

1. 冒充银行名义发送诈骗短信

不法分子冒充银行名义向客户发送诈骗短信，声称客户中奖、账户被他人盗用或网上银行升级等，要求客户尽快登录到短信中指定的网站进行身份验证。而该网站是不法分子建立的用于套取客户信息的钓鱼网站，如客户登录该网站并进行操作，客户的卡号、密码、身份证件等信息将会被不法分子获悉。防范此类风险，需要牢记银行网站域名，不要听从他人指示录入域名访问银行网站。

**案例 3-1**

### "网银 U 盾升级"诈骗案[①]

很多网银客户使用 U 盾来保证网上银行的安全，但 U 盾也并非万无一失。有客户收到"网银 U 盾升级提示"短信，误入钓鱼网站，导致卡内余额被转走。2012 年初，事主陈先生收到一条短信："您的网银（U 盾）即将于今日到期，为了您的账户安全，请在 24 小时内登录某网站下载控件，以免失效！某某银行客服部。"收到短信后，陈先生根本未加怀疑，便立即根据短信内容，打开电脑，插入 U 盾，并登录所提示的网站，下载所谓的"升级控件"。根据提示，输入完身份证号码、网银密码等个人信息后，陈先生点击"软件升级"。随后便发现自己网银内的数万元余额被悉数转走。惊恐之余，陈先生连忙报警。

据介绍，不法分子正是通过诈骗短信群发的方式，诱使事主登录虚假钓鱼网站，并下载所谓"升级软件"，植入"木马"，同时要求事主使用网银盾（U 盾）以获取事主网银信息，并以电脑远程遥控的方式将事主的钱款转走。

2. 冒充银行邮箱，发送虚假信息引诱客户登录钓鱼网站

不法分子以垃圾邮件的形式大量发送欺诈性邮件，这些邮件多以中奖、顾问、对账等内容，或是以银行账号被冻结、银行系统升级等各种理由，要求收件人点击邮件上的链接地址，登录一个酷似银行网页的界面。用户一旦在这个指定的登录界面输入了自己的卡（账）号、密码等，这些信息就会被窃取，对于没有采用硬件证书和双渠道认证的客户较为危险。防范此类风险，需要牢记银行网站域名，不要通过不明链接访问银行网站。

3. 建立虚假电子商务网站，通过虚假支付页面窃取客户网上银行信息

不法分子首先建立一个虚假电子商务网站，然后在淘宝网、拍拍网等支付平台网站发布虚假商品信息，该信息中的商品价格往往比市场同类商品便宜很多。同时，不法分子还会留下自己的 QQ 号或者 MSN 等即时通信工具号码以及电

① 参见杨帆：《网银欺诈层出不穷，小心防范》，载《温州日报》2012 年 4 月 20 日。

子商务网站的网址。当客户对该网站销售的便宜商品动心,并通过该网站购物进行支付时,就会链接到一个假的银行支付页面,客户在此输入的卡号、密码等信息就会被不法分子获取。不法分子随即到真实支付平台购物,购买大量诸如游戏充值卡、Q币等虚拟商品,并使用客户的网上银行支付。防范此类风险,需要到正规支付平台购物,不要在陌生的网站上输入账号、密码等敏感信息,也不要用即时通信工具传输密码信息。

4. 假冒银行网站获取客户的网银信息

假冒银行网站具有很强的隐蔽性,其域名通常和真实银行的域名相差一个字母或数字,主页则与真实银行的主页非常相似。不法分子申请与银行网站极为相似的域名,同时复制银行门户网站。客户通过不明链接或者不明指引访问时,在外观上难以区分真假,按照平时登录网上银行系统的方式,输入用户名及口令,不法分子在得到用户名及口令后即到真实的银行网站进行转账或支付。防范此类风险,需要牢记银行网站域名,不要从他处链接或听从他人指示录入域名访问银行网站。

5. 以无抵押银行贷款套取客户的网银信息

不法分子以网络广告或群发短信方式发布"无需抵押、银行贷款"的小广告,并留下手机号码。例如,有受骗客户在报纸上看到"无需抵押、银行贷款"的小广告后,拨打了广告上的手机号码,向不法分子就无需抵押的银行贷款进行咨询。不法分子要求受骗客户到银行网点开立一个零余额账户并签约网上银行,提供网上银行签约信息、密码等。受骗客户按照不法分子的要求开立了账户,进行了网上银行签约,并将签约信息、密码等信息提供给不法分子。不法分子在得到这些签约信息后,立即登录网上银行下载客户证书。不法分子要求受骗客户再开立一个账户,并存入贷款金额30%的保证金,称此举为验资,验资合格后进行放款。不法分子还故意提醒受骗客户要保存好该账户密码,不要透露给任何人,以赢得客户信任,同时要求受骗客户将此账户签约网上银行。受骗客户以为持有账户介质,账户密码也未透露给他人,资金应该是安全的。在他将存有保证金的账户签约网上银行后,不法分子立即通过网上银行将该账户的资金转走。

6. 通过木马病毒窃取文件证书或盗取网上银行账号及密码

不法分子通过木马病毒,采取屏幕键盘钩子、报文截取等手段,获取网上银行的数字证书(目前各行已改为U盾类硬件证书)或客户账户信息,从而进行冒名转账、复制卡等非法活动,盗用客户资金。防范此类风险,须谨记不要在网吧等公共电脑上使用网银;定期升级病毒库,定期杀毒;网上银行交易密码和账户交易密码采用不同的密码;使用硬件证书或者双渠道认证的方式(如手机动态口令)进行转账或支付。

（二）防范欺诈的措施

1. 牢记银行网站域名，登录网上银行时认真核对网址

如果客户要开通网上银行功能，通常事先要与银行签订协议。客户在登录网银时应留意核对所登录的网址与协议书中的法定网址是否相符，谨防一些不法分子恶意模仿银行网站，骗取账户信息。

2. 妥善选择和保管密码

密码应避免与个人资料有关系，不要选用诸如身份证号码、出生日期、电话号码等作为密码，也不要选用过于简单的密码。建议选用字母、数字混合的方式，以提高密码破解难度。密码应妥善保管，避免将密码写在纸上。网上银行的登录密码和账户的交易密码最好采用不同的密码。尽量避免在不同的系统使用同一密码，否则密码一旦遗失，后果将不堪设想。

3. 采用硬件证书或双渠道认证的方式，并保管好数字证书

开通网上银行的用户可采用硬件证书或双渠道认证的方式。所谓硬件证书，即类似 U 盾的移动数字证书，外形酷似 U 盘。移动数字证书是用于网上银行电子签名和数字认证的工具，它内置微型智能卡处理器，采用非对称密钥算法对网上数据进行加密、解密和数字签名，确保网上交易的保密性、真实性、完整性和不可否认性。所谓双渠道认证，即客户如果要想对外支付一笔款项，除了要用证书、密码外，同时还要把从短信渠道（通过用户在银行预留的手机号码）发过来的短信认证码，两个组合使用，这样才能办理对外支付。这样就提高了网上银行的安全性。

网上银行用户应避免在公用的计算机上使用网上银行，以防数字证书等机密资料落入他人之手，从而使网上身份识别系统被攻破，网上账户遭盗用。用户在用完 U 盾后应及时拔下，避免给犯罪分子可乘之机。

4. 任何情况下都不能把银行账号、密码和身份资料等信息透露给他人

一般而言，银行的服务短信是通过特定的客服号码（例如：95533、95588 等）发送的，不会用普通的手机号或其他平台发送信息。在任何情况下，银行工作人员也不会要求客户口头或者书面提供密码，也绝对不要回复要求你确认密码的电子邮件。

5. 作好交易记录

消费者应对网上银行办理的转账和支付等业务作好记录，定期查看“历史交易明细”，定期查看网上银行的对账单，如发现异常交易或账务差错，立即与银行联系，避免遭受损失。

6. 对异常动态提高警惕

银行网站大多由专业部门管理，运行稳定，一般情况下不会出现“系统维护”的提示。若遇重大事件，系统必须暂停服务，则会提前公告客户。客户如不当心

在陌生的网址上输入了银行卡号和密码，并遇到类似“系统维护”之类的提示，应立即拨打银行客服热线进行确认。万一发现资料被盗，应立即修改相关交易密码或进行银行卡挂失。

7. 安装杀毒软件并及时升级

要为电脑安装杀毒软件，而且要及时升级。可启动“实时监控”和“个人防火墙”，以防止银行账户信息遭到黑客窃取。为防止他人利用软件漏洞进入计算机窃取资料，用户还应及时更新相关软件，下载补丁程序。

## 复习思考题

### 一、名词解释

1. 电子支付　2. 网上支付　3. 移动支付　4. 智能卡　5. 第三方支付　6. 网上银行

### 二、简答题

1. 简述电子支付的特点。
2. 简述电子支付存在的问题。
3. 智能卡的优点有哪些?
4. 第三方支付方式具有哪些优点?
5. 简述第三方支付所存在的问题。
6. 我国移动支付所面临的问题有哪些?
7. 简述互联网上常用的几种支付方式。
8. 网上银行具有哪些优势?
9. 我国网上银行发展中面临着哪些问题? 应采取哪些对策?
10. 你认为应如何防范网上银行欺诈?

# 第四章　电子商务安全

【本章学习目标】

- 了解电子商务安全的主要内容；
- 掌握电子商务的安全威胁；
- 了解电子商务的安全措施；
- 了解电子商务的主要安全技术。

## 案例导读

### 我国部分重要机构网站遭美黑客入侵[①]

来自国家互联网应急中心(CNCERT)的最新数据显示，我国遭受境外网络攻击的情况日趋严重。CNCERT抽样监测发现，2013年1月1日至2月28日不足60天的时间里，境外6747台木马或僵尸网络控制服务器控制了我国境内190万余台主机；其中位于美国的2194台控制服务器控制了我国境内128.7万台主机，无论是按照控制服务器数量还是按照控制我国主机数量排名，美国都名列第一。

**攻击源多数来自美国**

此次CNCERT公布的大量数据显示，我国境内遭受网络攻击的情况十分严重。仅今年前两个月，就有境外5324台主机通过植入后门对我国境内11421个网站实施远程控制。其中，位于美国的1959台主机控制着我国境内3579个网站，位于日本的132台主机控制着境内473个网站。按所控制的境内网站数量统计，美国位居第一。

此外，针对我国网上银行、支付平台、网上商城等的钓鱼网站有96%位于境外，其中位于美国的619台服务器承载了3673个针对境内网站的钓鱼页面，美国服务器承载的钓鱼页面数量占全部钓鱼页面数量的73.1%。

**网站频遭境外入侵窜改**

根据CNCERT提供的案例显示，我国网站被境外攻击十分频繁，主要表现在两个方面，一是网站被境外入侵窜改；二是网站被境外入侵并安插后门。我国

---

① 参见《国家互联网应急中心：中国遭境外黑客攻击严重》，载《电子技术与软件工程》2013年第6期。

遭受来自境外的分布式拒绝服务(DDoS)攻击也十分频繁。

最新数据显示,2013年2月24日中国西藏网的邮件系统分别被植入后门。2月22日,中国网英文版企业分站遭到源自美国地址的攻击,页面遭恶意窜改。1月28日,人民网IP地址遭受来自境外的DDoS攻击,18:30—20:20之间出现明显异常流量,峰值流量达100Mbps,约为正常流量的12倍。

国家信息安全漏洞共享平台(CNVD)作为我国的国家级漏洞库,受到来自境外的大量攻击,一些攻击还尝试渗透网站服务器以获取漏洞信息。2012年11月至2013年1月,在对CNVD网站的攻击事件监测中,来自境外国家和地区的攻击次数位列第一的是美国,达5792次。

事实上,我国遭受境外网络攻击的案例远不止于此。包括国家部委、企业、院校在内的一大批组织机构都曾遭到境外网络入侵。2012年9月至2013年2月,某重要政府部门、某省考试院、某财产保险股份有限公司、某科研院武汉病毒所等我国85个重要政府部门、重要信息系统、科研机构等单位网站,被境外入侵并植入网站后门,其中有39个单位网站是被源自美国的地址入侵。

## 第一节 电子商务安全概述

互联网的快速发展不但给电子商务提供了巨大的发展机遇,而且也带来了相应的安全问题。由于电子商务交易平台的虚拟性和匿名性,其安全问题也变得越来越突出,成为其进一步发展的瓶颈。本小节将介绍电子商务安全的主要内容、电子商务的安全威胁、电子商务的安全需求与电子商务安全的保障体系。

### 一、电子商务安全的主要内容

电子商务安全一直是电子商务的核心研究领域。电子商务的一个重要技术特征是,利用计算机网络来传输和处理商务信息。因此,电子商务安全从整体上可分为两大部分:计算机网络系统的安全和电子商务交易的安全。

#### (一)计算机网络系统的安全

根据国际标准化组织对“安全”的定义,安全就是最大程度地减少数据和资源被攻击的可能性。同时,国际标准化组织对“计算机安全”的定义是:“为数据处理系统所采取的技术的和管理的安全保护,保护计算机硬件、软件、数据不因偶然的或恶意的原因而遭到破坏、更改和泄露。”

计算机网络系统的安全包含以下五个方面的内容。

1. 计算机网络系统设备的安全

计算机网络系统的硬件设备是电子商务赖以存在的物理基础,它包括机房、机房内的各种设备和网络通信线路等，以及计算机网络系统的物理条件及设施的安全标准、硬件的安装及配置等。计算机网络系统设备的安全即电子商务实体安全，就是指保护这些计算机硬件设备和物理线路的安全，保证其自身的可靠性和为系统提供基本安全前提。

为了保证计算机网络系统设备的安全，在计算机网络系统的设计和施工中，要符合相关的国家和国际标准，设备选型要满足安全性要求。必须优先考虑保护人和网络设备不受电、火灾和雷击的侵害，并努力防止和减少人为操作失误或错误，防止设备被盗、被毁、非法使用、电磁干扰、线路截获等侵害机会。同时还要考虑可靠的系统和数据的恢复机制，对关键的设备和通信线路采用必要的冗余配置。常用的安全技术有系统备份、系统加密等。

2. 计算机网络结构的安全

电子商务系统中的计算机网络结构的不同决定了网络系统的结构安全。在设计计算机网络系统时，应将公开服务器（如 Web、域名系统、E-mail 等）和外网及内部其他业务网络进行必要的隔离，避免网络结构信息外泄。同时还要对外网的服务请求加以过滤，只允许正常通信的数据包到达相应主机，其他的请求服务在到达主机之前就应该遭到拒绝，从而确保计算机网络系统的保密性、完整性和可用性。常用的安全措施有防火墙、防病毒软件、入侵检测等。

3. 计算机网络系统平台的安全

计算机网络系统平台安全是指整个系统软件、应用软件和硬件平台防止意外和抵抗侵害的能力。系统软件是电子商务的核心驱动力，它指挥着电子商务的运作。系统软件主要包括操作系统、数据库系统和网络管理系统等。应用软件包括电子商务相关业务处理软件、服务软件等。用户不但要选用尽可能可靠的系统软件、应用软件和硬件平台，并对操作系统进行安全配置，保护系统软件和应用软件不被非法复制、不受病毒的侵害等，必须加强登录过程的认证和操作权限的限制。

4. 计算机网络数据库的安全

在电子商务系统资源中，最重要的资源是数据。数据安全是电子商务安全的核心，电子商务必须对数据的产生、处理、传输、管理和利用全过程实施保护，才有可能确保数据的保密性、完整性、不可修改性和不可否认性。数据安全包括网络信息的数据安全，数据库系统的安全，敏感数据的传输、存储和访问等。

数据安全也是电子商务安全中最重要的部分，其中网络数据备份是一项重要措施。网络备份是对整个网络系统的一整套备份体系，需要能够完成网络文件的备份和恢复、网络数据库的备份和恢复、网络系统的灾难性恢复、网络任务管理等功能。对于电子商务站点，要特别注意保证各种数据的备份。

5. 计算机网络系统管理的安全

计算机网络系统管理安全是网络安全中最重要的部分，是指从管理制度的设计和执行过程中，有效保护计算机网络系统的资源和信息不受侵害。为了提高系统的可控性与可审查性，当受到攻击或其他安全威胁时，系统应进行实时的检测、监控、报告与预警；当事故发生后，应能够提供攻击行为的追踪线索及破案依据。

因此，计算机网络系统必须完善管理制度，落实对系统中访问活动的多层次记录，以及时发现非法入侵行为。如果计算机网络系统中责权不明、安全制度不健全或者制度缺乏可操作性，都可能引起系统安全管理方面的问题。

（二）电子商务交易的安全

电子商务交易安全是指商务活动在公开网络上进行时的安全，其实质是在计算机系统安全的基础上，保障商务过程顺利进行。这就涉及防止和抵御机密信息泄露、未经授权的访问、破坏信息完整性、假冒、破坏系统的可用性等内容。

电子商务交易安全主要包括数据、交易和支付的安全。数据的安全是指保证经过网络传递的交易数据的完整性，这样才能可靠地进行商务交易。交易的安全是指买方的订货与收货、卖方的发货与收款等应具有不可否认性，可通过对各消息源的认证和签字技术来实现。支付的安全是指确保买方使用各种支付方式来完成支付时的安全性，能安全处理各种类型支付信息的传递。

计算机网络系统的安全与电子商务交易的安全实际上是密不可分的，两者相辅相成，缺一不可。没有计算机网络系统安全作为基础，电子商务交易安全就无从谈起；没有电子商务交易安全作为保障，即使计算机网络系统本身再安全，仍然无法达到电子商务的安全要求。

## 二、电子商务的安全威胁

电子商务并不是一个孤立的系统，它是建立在计算机和通信网络基础上的一个完整的商务交易系统。所以，计算机及通信网络的安全威胁同样会蔓延到电子商务系统中来。归结起来，电子商务中的安全威胁包含计算机网络系统与电子商务交易系统所能涉及的安全威胁的各个方面。

（一）计算机网络系统的安全威胁

1. 系统层安全性漏洞

电子商务系统的运作必须以计算机系统层的软硬件为基础，因此计算机系统层所使用的硬件设备、软件系统、数据库及网络整体结构中的安全性漏洞将直接造成电子商务中的安全性隐患。

计算机系统所采用的操作系统主要有 UNIX 和 Windows，而这些操作系统都存在着安全漏洞，易受到“黑客”的攻击而陷入瘫痪。Internet 的数据是基于

TCP/IP 协议进行传送的，而 TCP/IP 协议缺乏使传送过程中的数据不被窃取的安全措施。开放和共享的网络都是引发不安全因素的原因。

2. 数据安全性威胁

(1) 跨平台数据交换引起的数据丢失。Internet 的发展使电子商务由最初的基于专线和增值网的封闭式电子数据交换(EDI)系统，逐步向跨平台的多信源电子商务万维网转变。在同一个电子商务网络中，可能同时存在多个操作系统，有多种型号的电脑设备，使用多种数据传输介质，并要求同时支持多国语言。如果平台之间的兼容性存在问题，那么有可能导致计算机网络系统中数据的丢失。

(2) 意外情况造成的数据破坏。无论是多么稳定的系统，意外情况总是不可避免的。如果对意外情况造成的损失没有充分的估计和完备的补救措施，那么意外情况就会造成数据的破坏。而数据的破坏对整个电子商务系统的稳定性和安全性都会造成威胁。

(3) 传输过程中的数据截获。电子商务系统中的数据在传输过程中可能会被截获。攻击者可能通过互联网、公共电话网、搭线或在电磁波辐射范围内安装接收装置等方式，截获传输的机密信息，或通过对信息量和流向、通信频度和长度等参数的分析，获取有用的信息，如消费者的银行账号、密码等。

(4) 传输过程中的数据完整性被破坏。攻击者可能从中断、窜改、删除、插入和伪造等方面破坏信息的完整性。中断使系统不能正常工作；窜改，即改变信息流的次序，更改原始数据和信息的内容，如更改购买商品的收货地址；删除，即删除某个消息或消息的某部分；插入，即在消息中插入一些信息；伪造则是直接破坏数据的真实性，伪造虚假的数据。

3. 计算机病毒的危害

从理论上说，任何计算机系统和网络都有薄弱点，任何系统都不可能尽善尽美，因此可以针对这些薄弱点设计出各式各样的病毒，没有一种计算机系统能够幸免于病毒的攻击。计算机病毒的危害可以分为对计算机的危害和对计算机网络的危害两个方面。

(1) 病毒对计算机的危害。病毒对计算机的危害包括以下几个方面：破坏磁盘文件分配表，使用户在磁盘上的信息丢失；将非法数据输入操作系统或修改注册表，引起系统崩溃；删除硬盘或软盘上特定的可执行文件或数据文件；修改或破坏文件的数据；影响内存常驻程序的正常执行；在磁盘上产生虚假坏分区，从而破坏有关的程序或数据文件；更改或重新写入磁盘的卷标号；不断反复传染，造成存储空间减少，并影响系统运行效率；对整个磁盘或磁盘上的特定磁道进行格式化。此类病毒有引导区病毒、文件型病毒、宏病毒等。

(2) 病毒对网络的危害。病毒对网络的危害包括以下几个方面:病毒程序通过“自我复制”传染正在运行的其他程序,并与正常运行的程序争夺计算机资源;病毒程序可冲毁存储器中的大量数据,致使计算机其他用户的数据蒙受损失;病毒不仅侵害所使用的计算机系统,而且侵害与该系统联网的其他计算机系统;病毒程序可导致计算机为核心的网络失灵。此类病毒有脚本病毒、蠕虫等。

4. “黑客”的攻击

随着网络的飞速发展,黑客的攻击事件不断发生。黑客(Hacker)源于英语动词 Hack,意为“劈,砍”,引申为“辟出,开辟”,进一步的意思是“干了一件非常漂亮的工作”。在 21 世纪早期的麻省理工学院校园口语中,“黑客”则有“恶作剧”之意,尤其是指手法巧妙、技术高明的恶作剧。

黑客可以分为两类。一类是骇客,他们只想引人注目,证明自己的能力,在进入网络系统后,不会破坏系统,或者仅仅会做一些无伤大雅的恶作剧。他们追求的是从侵入行为本身获得巨大成功的满足感。另一类是窃客,他们的行为带有强烈的目的性。早期的这些黑客主要是窃取国家情报、科研情报,而现在的黑客的目标大部分瞄准了银行的资金和电子商务的整个交易过程。

有许多黑客工具(如 Back Orifice、NetBus)可以远程控制、检查、监控目标用户的所有信息。它们能够使用目标设备(PC)像合法用户一样向网络发送信息,因而有很大的欺骗性。有一些商业性的工具(如 CuCme、VNC Viewer)也具有这种功能。系统管理员使用这些工具远程控制众多的工作站,因而也成为系统管理员管理众多工作站的有力工具。但黑客会使用这些工具达到邪恶的目的,如欺骗、修改数据、窃听等。木马程序和一些具有与木马程序同样功能的商业工具是电子商务系统最大的威胁。木马程序能够使黑客伪装成合法的客户而难以对付。黑客可以假冒合法客户发送商品订单,而电子商务系统服务器并不能区分它的真假。黑客往往利用电子商务系统中的种种安全性漏洞,窃取和破坏系统数据,甚至修改系统,对整个系统的正常运作造成严重危害。

黑客攻击电子商务系统的手段大致有以下几种:

(1) 中断(攻击系统的可用性)。破坏系统中的硬件、硬盘、线路、文件系统等,使系统不能正常工作。

(2) 窃听(攻击系统的机密性)。通过搭线和电磁泄漏等手段造成泄密,或对业务流量进行分析,获取有用情报。

(3) 窜改(攻击系统的完整性)。窜改系统中数据内容,修改信息的次序、时间(延时和重放)。

(4) 伪造(攻击系统的真实性)。将伪造的假信息注入系统,假冒合法人接入系统,重放截获的合法信息实现非法目的,否认信息的接收或发送等。

(5) 轰炸(攻击系统的健壮性)。用数百条信息堵塞某人的电子邮件信箱,也是一种在线袭扰的方法。当用户收到这种叫做“电子邮件炸弹”的攻击后,就会在很短的时间内收到大量的电子邮件,这样使得用户系统的正常业务不能开展,系统功能丧失,严重时会使系统关机,甚至使整个网络瘫痪。

## 案例 4-1

### 外媒评 25 年来 10 大黑客攻击事件排行榜①

美国新闻网站 The Daily Beast 于 2010 年底评选出了过去 25 年中 10 大最具破坏性的黑客攻击事件。从互联网发展的初期,一些黑客就一直针对政府、企业和大型机构的网络进行残酷、破坏性的攻击。其中许多人因此被监禁,并被判处罚金;一些人转入“地下”;幸运的人则开始正常的职业生涯,成为网络安全领域的专家。

The Daily Beast 列出了在过去 25 年间 10 大最著名的黑客攻击、蠕虫攻击以及分布式拒绝服务攻击事件。

(1) 1988 年 11 月:“罗伯特·塔潘·莫里斯”对阵“全球”

罗伯特·塔潘·莫里斯(Robert Tappan Morris)1988 年成为康奈尔大学(Cornell University)的研究生,他研制出一种自我复制的蠕虫,并赋予它使命:确定互联网的规模(go out to determine the size of the internet)。事与愿违,蠕虫的复制无法控制,它感染了数千台电脑,造成了数百万美元的损失,并促使美国政府针对电脑创建了应急响应。

由于意外的失误,莫里斯最终被指控违反《计算机欺诈与滥用法案》(*Computer Fraud & Abuse Act*),被判处 1 万美元罚金及 400 小时社区服务。莫里斯的源代码存放于一个黑色的 3.5 英寸软盘中,在波士顿科学博物馆(Boston Museum of Science)中进行展示。

(2) 2009 年 7 月:“不知名”对阵“美国和韩国”

在 2009 年 7 月的 3 天中,韩国大量日报、大型在线拍卖厂商、银行和韩国总统的网站,以及白宫和五角大楼的网站受到分布式拒绝服务的多轮攻击,逾 16.6 万台电脑受到影响。部分人士认为,朝鲜无线通讯部门利用 Mydoom 蠕虫病毒的后门,进行了这次攻击。但这一消息并未得到证实。

① 参见王晶:《外媒评 25 年来 10 大黑客攻击事件排行榜》,http://it.people.com.cn/GB/42894/196086/13519805.html,2015 年 8 月 10 日访问。

(3) 1999 年 3 月："大卫·史密斯"对阵"微软 Word & Excel"

大卫·史密斯(David L. Smith)在 1999 年发布了一个计算机病毒。史密斯使用被盗的美国在线账号，向美国在线讨论组 Alt. Sex 发布了一个感染 Melissa 病毒的 Word 文档。史密斯的病毒通过电子邮件传播，使得被感染电脑的邮件过载，导致微软、英特尔、Lockheed Martin 和 Lucent Technologies 等公司关闭了电邮网络。这一事件造成 8000 万美元损失。由于释放病毒，史密斯面临 10 年监禁和 5000 美元罚金。史密斯最终仅服刑 20 个月，后来成为 FBI 特工，专门负责调查计算机病毒案件。

(4) 2009 年 8 月："俄罗斯"对阵"博客主 Cyxymu"

由于俄罗斯黑客进行的分布式拒绝服务攻击，拥有数亿用户的社交网站在 2009 年夏天经历了数小时的拥堵和中断服务。黑客声称其目的是让博客主 Cyxymu 禁声。Facebook 安全主管马克斯·凯利(Max Kelly)表示，这是针对 Cyxymu 通过多种方式同时进行攻击，以使别人不能跟他联系。

(5) 1999 年 8 月："乔纳森·詹姆斯"对阵"美国国防部"

乔纳森·詹姆斯(Jonathan James)是历史上最著名的电脑黑客，他在 1999 年入侵美国国防威胁降低局(Defense Threat Reduction Agency)的军用电脑，并获取了数千份机密信息、注册信息，以及控制国际空间站上生活环境的价值 170 万美元的软件。入侵被发现后，美国国家航空航天局关闭了网络，并花费数千美元进行安全升级。詹姆斯在 2007 年自杀。

(6) 2008 年 11 月："无名人士"对阵"微软 Windows"

2008 年末，Conficker 蠕虫病毒利用了微软操作系统中的大量漏洞进行传播。Conficker 蠕虫病毒一旦控制被感染机器，它将大量电脑连接成可由病毒创造者控制的一个大型僵尸网络。自从首次被发现，Conficker 蠕虫病毒已经感染了全球数百万电脑和商业网络。

(7) 2000 年 2 月："黑手党男孩"对阵"雅虎、CNN、eBay、戴尔和亚马逊"

"黑手党男孩"(Mafiaboy)是一位年仅 15 岁的少年黑客，其真名是迈克尔·凯尔(Michael Calce)。他在 2000 年 2 月利用分布式拒绝服务攻击了雅虎，并随后攻击了 CNN、eBay、戴尔和亚马逊等公司的服务器。凯尔被加拿大警方逮捕，面临 3 年监禁。凯尔最终被判处在青少年拘留中心进行 8 个月的监禁，并交纳 250 美元捐款。

(8) 2008 年 1 月："匿名"对阵"山达基教"

黑客利用分布式拒绝服务针对山达基教(Church of Scientology)的 scientology. org 站点进行了攻击。黑客攻击的目的是：通过反向洗脑，将民众从山达基教中解救出来。安全专家根据对分布式攻击所派生的流量监测认为，攻击为中等规模攻击。安全专家指出,攻击并非是一两个人所为。

(9) 2002 年 2 月:"艾德里安·拉莫"对阵"《纽约时报》"

在此之前,无家可归的黑客——艾德里安·拉莫(Adrian Lamo)因从 Kinko 连锁店和星巴克咖啡馆攻击《纽约时报》等公司的服务器而名声大振。2002 年 2 月,拉莫入侵 Grey Lady 数据库,在一列 Op-Ed 投稿人中添加了自己的名字,并在 Lexis-Nexis 中搜索自己。联邦调查局表示,Lexis-Nexis 搜索共造成《纽约时报》30 万美元损失,拉莫也面临 15 年监禁。拉莫最终被判缓刑两年,在家拘禁 6 个月,并处以 6.5 万美元罚金。

(10) 1990 年 6 月:"凯文·鲍尔森"对阵"洛杉矶 KIIS FM 电台"

凯文·鲍尔森(Kevin Poulsen)是一位青年电话黑客。为了成为洛杉矶 KIIS FM 电台《周五赢辆保时捷》(*Win a Porsche By Friday*)节目的第 102 位获胜呼入者,鲍尔森攻击了电话线路。在随后几个月中,鲍尔森还对一位好莱坞女明星的电话进行窃听,并攻击了军队及美国联邦调查局的电话。联邦调查局指控鲍尔森犯有系列诈骗及洗钱罪。鲍尔森被判入狱 51 个月,并为损坏的广播站支付 5.6 万美元罚金,同时被判 3 年禁止接触电脑。鲍尔森现在是《连线》杂志的记者,他还运营着 Threat Level 博客。Threat Level 博客在 2010 年 6 月 6 日首先报道了美国陆军情报分析员布拉德利·曼宁(Bradley Manning)是"维基解密"消息源的消息。

### (二) 电子商务交易的安全威胁

在传统交易过程中,买卖双方通常是面对面的,因此很容易保证交易过程的安全性和建立起信任关系。但在电子商务过程中,买卖双方是通过网络来联系的,彼此相隔千山万水,因而交易双方建立安全和信任关系相当困难。电子商务交易双方(卖家和买家)都面临不同的安全威胁。

1. 卖家面临的安全威胁

(1) 中央系统安全性被破坏。入侵者假冒成合法用户来改变用户数据(如商品送达地址)、解除用户订单或生成虚假订单。

(2) 客户资料被竞争者获悉。客户资料是卖家的重要资料,竞争对手有可能通过网络窃取企业的客户资料,进而争夺客户资源。

(3) 被他人假冒而损害卖家的信誉。360 安全中心发布的《2012 年中国网购安全报告》显示,2012 年国内新增假冒淘宝网站近 23 万家。假冒网站是利用类似的域名和类似的网页,假冒知名企业销售产品,但其产品的质量无法保障,从而损害了被假冒企业的信誉。

(4) 恶意差评师利用评价体系敲诈卖家。这是淘宝网上常见的一种现象。恶意差评师利用淘宝的评价体系,在购物后恶意给淘宝卖家中差评。中差评会影响卖家的信誉度,从而影响其潜在买家的购买意向,因此中差评成为买家勒索的砝码,要求卖家给予钱财。目前职业差评师还出现了团伙作案的动向。

(5) 恶意大量订货致使卖家不能及时发货。按照规则,淘宝网和天猫的商家必须在订单生成后的72小时内发货。如果卖家延迟发货,淘宝网商家须向买家支付实际成交金额的5%作为违约金,天猫的违约金比例是30%。如果卖家未在72小时内发货,那么买家就可发起退款,并同时选择索要违约金。申请提交后,淘宝系统会预留三天时间给卖家申诉。如果卖家未在三天内申诉提出异议,系统会将违约金直接从卖家的保证金中扣除给予买家。有人就利用此规则恶意大量订货,致使卖家不能及时发货,恶意订货者就可以向卖家索赔。

(6) 买家恶意退货。继职业差评师后,淘宝卖家又发现了另一种不受欢迎的职业——职业退货师。职业退货师利用"7天无理由退换货"政策和保险公司的退换货险,恶意退货,赚保险公司自动支付退货赔付的运费。"7天无理由退换货"政策和保险公司的退换货险为职业退货师的诞生提供了最重要的条件。有卖家表示,淘宝出台这个政策的初衷是好的。就卖家来说,会对自己出售的商品质量进行更加严格的把关,这样买家就更愿意来买,从而取得双赢的最好结果。但这种双赢的局面建立在没有职业退货师的前提下。卖家发货后,买家恶意退款,通常有三种方式。第一种方式是,买家说没收到货,从而骗取退款。有时卖家忘了关注退款状态,造成自动退款,从而损失货款。第二种方式是,买家选择退款,但又选择不退货。如果卖家不看仔细的话,就可能造成钱货两空。第三种方式是,买家申请退款退货,但录入一个无效的退货快递单号。如果卖家没有收到货就退款的话,买家就骗取了货物。

(7) 买家虚假付款骗取货物。买家虚假付款有下面三种方式:① 买家通过支付宝付款时,把伪造的支付宝确认页面发送给卖家,有的卖家还同时收到虚假的来自支付宝确认买家付款的邮件。② 买家以银行转账方式付款时,会发来一个虚假的转账成功的截图。但当卖家登录网银去查账时,却发现系统提示密码输入错误次数过多而无法正常登录。③ 买家发送虚假的"已付款"短信,有的还同时发送虚假的已付款的截图。例如,国际通用聊天软件Skype可以打电话和发短信,但显示的号码并非使用者的手机号,而是一串随机的号码,很像某些购物网站的推广信息或短信提示。有不法分子就利用该软件发短信欺骗淘宝卖家,在拍下商品后用Skype给对方发送"已付款"短信。识破此类骗局的关键是,应该通过查看前台的交易状态来确认买家是否已付款。

## 案例 4-2

### 小卖家不满提高收费，集体围攻大卖家[1]

2011年10月10日，淘宝商城出台新规，对保证金和服务费进行了大幅提升，导致众多中小卖家不满。10月12日零时左右，数千名中小卖家对淘宝商城几家大型商户进行攻击，导致多家商户停运。

2011年10月10日，淘宝商城宣布升级商家管理体系，特别建立"商家违约责任保证金"制度，商家进驻淘宝商城需要缴纳最低1万最高15万元的保证金。商家一旦有达到一定程度的违约行为，将扣除至少1万元的保证金。同时，淘宝商城将原有的每年6000元的技术服务年费提高至3万元和6万元两个档次，最高提升幅度达到原来的10倍。淘宝新规对消费者权益进行了更大程度的保护，然而对于中小卖家来说，运营成本的陡然上升也造成了一定的压力。

11日晚间，有网友爆料称数千名淘宝卖家通过YY语音聊天软件秘密集结，准备通过拍商品、给差评、拒付等手段，对淘宝商城的大店铺进行恶意攻击。晚上10点多，欧莎、韩都衣舍、七格格、优衣库等淘宝商城店铺多款商品下架，运营停滞。

知情人士透露，此次攻击活动参与人数多达7000人，且分工明确，有一两个人作为总监，负责策划和主持活动，整个群体分为30多个执行部，分别针对不同的淘宝商城大店发起攻击。据了解，攻击的一个方法是集中购买该商铺的商品，付款并给予0分或1分的评价（差评），然后马上申请退款。根据淘宝商城的规则，用户7天内可以无理由退款，如果卖家72小时内不发货，需要对用户进行赔偿，并交付大量保证金。而如果商家72小时内全部发货，买家全部确认收货，几千人共同给差评，会将店铺的评分大幅拉低。另一方面，如果几千人全部一起申请退款，又因为是7天包退必须退款，那么其退货率马上会大幅攀升，甚至升至100%。

据悉，第一家遭受恶意攻击的是欧莎品牌服饰旗舰店，在不到半小时的时间里，多件商品被拍下架。10点20分左右，欧莎首页的大部分商品都已下架，并立即补货。随后，欧莎方面已经开始修改部分商品规则，很多商品已经不支持货到付款。据了解，韩都衣舍随后也遭到了恶意的集体拍货。

2. 买家面临的安全威胁

（1）个人信息泄露。互联网上个人信息更容易泄露。有时是由于消费者没

---

① 参见顾晓波：《淘宝商城内乱：小卖家不满提高收费，集体围攻大卖家》，http://tech.ifeng.com/internet/detail_2011_10/12/9778087_0.shtml，2015年10月1日访问。

有注意上网方式、没留心钓鱼网站或安全警惕性差等因素造成的“主动泄漏”,有时则是由于黑客攻击、电脑中毒等造成的“被泄露”。互联网与金融相互渗透,在让消费者体会到方便、快捷的金融服务的同时,个人信息的泄漏问题也相伴而生。中国互联网协会发布的《2016年中国网民权益保护调查报告》显示,从2015年6月到2016年6月的一年间,我国网民因垃圾信息、诈骗信息、个人信息泄露等遭受的经济损失高达915亿元。报告显示,54%的网民认为个人信息泄露情况严重,84%的网民曾亲身感受到由于个人信息泄露带来的不良影响。这一年间,我国网民因垃圾信息、诈骗信息、个人信息泄露等遭受的经济损失为人均133元,同比增加9元,因此而消耗的时间人均达3.6小时。其中,9%的网民经济损失在1000元以上。

## 案例 4-3

### 1000万条公民个人信息泄露的背后①

2012年9月14日,北京市丰台区公安分局的警察收到线索,在一家写字楼里有人贩卖公民信息。表面上这家公司经营信函打印业务,但警察在公司的电脑里发现了一个庞大的数据库。侦查员在破解密码进入数据库后,发现里面密密麻麻全是个人信息。民警把自己的手机号输入数据库,居然马上就查到了自己的住址、机动车等相关信息。因为涉嫌非法获取公民个人信息罪,公司的经营者赵鹏和他的妻子成为了阶下囚。

赵鹏告诉记者,这些数据都来自互联网,他手中的个人信息有两大类。一种是纯粹的手机号。他大概花了800元钱买了一套数据,里面有1000多万个号码。还有一种则是一些网站的会员注册信息。赵鹏说:“会员注册时要留下手机号、身份信息,他们(‘上线’)有办法把这些弄出来。有时候我买到的个人信息就有标注,是哪些网站的用户。”

他告诉记者,“上线”的联系方式基本以QQ为主,交易也全部通过网络完成,双方不会有其他任何接触。在出售时,这些手机信息是按照话费的高低排列顺序的。赵鹏解释,话费高说明机主消费能力比较强,发广告的人愿意找这样的“客户”。

赵鹏说,有的客户在打印信函之外,提出要购买这些个人信息。而这些客户购买个人信息的主要目的是“发广告”,做房地产、培训、会议行业的人需要的多。

“这些信息在网上都能搜到。”记者根据赵鹏的指点,在搜索引擎中键入特定

---

① 参见卢国强、涂铭:《谁在偷窥我?1000万条公民个人信息泄露的背后》,http://news.xinhuanet.com/newmedia/2011-11/14/c_122276327.htm,2015年12月1日访问。

的关键词，果然找到了一些相关的信息。在一个名为“北京业主数据”的网站，公开销售“2006 年 50 万北京业主数据库”“2007 年 85 万上海高档楼盘业主数据库”“2007 年 2.4 万上海商务大厦业主数据库”等百余种信息。而在另一家网站，个人信息被细分成“白领名录”“股民信息”“车主名录”“电视购物名录”“高端名录”“老板手机号码”等 11 大类，其中更包括“手机高端用户”“高尔夫会员名单”“银行高管名录”“CEO 培训班名录”“北京各高档俱乐部会员资料”等，甚至还包括学生家长、学校名录等。

每条记录包括以下字段：姓名，手机号码，以及其他备注信息。如果是企业性质的，包括单位名称、负责人、联系人、职位、地址、区号、电话、传真、移动电话、邮编、e-mail 等字段。所收录的数据大部分具有非常高的准确率。

记者联系了其中一些卖家。在记者的要求下，一位卖家给记者发来了“北京移动全库”的截图。记者看到，数据库中清晰地显示了手机号码、机主姓名、身份证号码、地址、月消费额等信息。“北京移动电话的全库有 2560 万个号码，上海的有 780 万。”一位卖家对北京移动电话的“全库”开价 3500 元，并声称，这些数据“全是最新的”。在一位卖家发来的信息中，记者看到他出售的手机号码中包括十余个省市的移动、联通号码，根据不同的地区和数据数量，价钱也从 1000 元到几千元不等。

这些数据究竟从何而来？2012 年 8 月宣判的“北京最大非法获取公民信息案”让我们看到了贩卖公民信息产业链的冰山一角。这起案件的 23 名被告中，有 7 人分别来自移动、电信、联通公司内部，或其他公司派驻电信运营商的职员，他们是个人信息泄密的源头。

各种广告电话、垃圾短信泛滥，各种“调查公司”大量出现，表明公民个人信息交易存在巨大的市场。北京警方在调查“赵鹏案件”时发现，在网络论坛、社交群里都有大量求购不同类别和地区个人信息的需求。“个人信息的泄露源自多方面，许多行业的工作人员都有机会接触、掌握大量公民个人信息。有些从业人员的法律意识不强，道德沦丧，使得保密协议和条款如同一纸空文，形成了庞大的网络交易市场。”北京市公安局丰台分局侦查员说。

据办理“北京最大非法获取公民信息案”的检察官介绍，在互联网上存在众多以“侦探”等名义开设的 QQ 群等，这些聊天群组的成员通过互联网发布需求、互通有无，进行信息交易，使得泄露公民个人信息的途径延伸到多个行业、多个地域，“可以说在互联网上已经形成一定规模、覆盖全国、买卖便捷的个人信息交易市场”。

然而在对此类案件的审理中，依然存在对涉及公民个人信息犯罪的数量、情节法律规定模糊，公检法各部门、各地区的认识不统一等问题。特别是因为没有与出售、非法提供、非法获取公民个人信息三个罪名衔接的行政法律法规，意味着行为人的行为在不构成犯罪的情况下，不会被处罚。司法部门建议，对掌握大量公民信息的电信、医疗、教育等单位，应严格限制有权限查询公民个人信息人员的数量，通过建立分级查询制度、明确责任追究制度等，防止公民个人信息外泄。当然，保护公民个人信息安全，最终的解决办法还是制定个人信息保护法。

(2) 付款后未收到货物。如果买家采用“即时到账”形式支付货款，那么有可能在付款后收不到货物。有的网上商店诱骗买家通过“即时到账”付款，对第三方支付方式不熟悉的买家很可能上当受骗。另外，很多B2C网站和团购网站均采用“即时到账”付款方式。所以在采用“即时到账”形式支付货款时，买家一定要小心。有的网上商店采用欺骗的手段骗取买家的货款，也有的网上商店由于经营不善而倒闭，不能正常发货。例如，2011年8月，有网友在一个叫“拉拉网”的团购网站上买了一盒冰皮月饼，付款后却一直没有收到月饼。该网友根据“拉拉网”网站上留下的公司工商、税务信息，来到其所谓的公司地址，早已经人去楼空。此外，有一些新手买家不知道有第三方支付平台，于是卖家就以种种理由诱骗买家将货款直接打到自己的银行账户，或者通过邮政汇款的方式进行交易，等货款一到手，卖家就“人间消失”了。

(3) 卖家要求买家申请退款进行诈骗。这是利用支付宝进行诈骗的最常见手段之一。卖家以极低的价格来诱惑买家，买家确认购买物品，待款项从买家账户划拨到支付宝之后，卖家告诉买家货物不足，承诺给买家退部分款项，并要求买家申请退款。在买家申请退款的同时，骗子已经选择了“已经发货”，这时，买家一旦申请退款，支付宝就默认交易成功，除了已退款的部分，其余款项就已经给了骗子了。因此，如果买家申请退款，一定要申请全额退款。有的卖家利用买家贪图便宜的心理，告知“可以给买家更大的优惠”，让买家申请部分退款。买家见有机会“打折”，立即进行申请，卖家在“同意”之后，就可以拿到绝大部分的货款，实际上并没有发货，从此消失。

(4) 卖家利用支付宝确认期限到期进行诈骗。买家在购买商品后将货款存入支付宝，暂时由支付宝保管，在买家收到货物并确认后，支付宝才将货款存入卖家账户。但买家还需注意支付宝的自动付款时间。自卖家点击“发货”后(交易状态会改成已发货)，支付宝的自动付款时间分别是：平邮30天，快递10天，虚拟物品3天(按卖家选择的发货类型不同)，或自买家签收的3天后(卖家使用支付宝的推荐物流)。自卖家点击“发货”后，如果支付宝的自动付款时间到了，而买家没有确认收货或者申请退款，那么系统将自动打款给卖家。有的买家并不知悉或者忽略了这一时限，就给了犯罪分子可乘之机。买家需注意的是，如果快到自动打款时间却还没有收到货，那就要及时联系卖家，并申请退款，这样就可以停止自动打款。另外，卖家还可以延长交易时间，在“卖家已发货，等待买家确认”的状态下，卖家进入交易管理，找到这笔交易，并点击“延长超时时间”，可以延长买家确认收货的时间。买家购物后，需经常关注“订单详情”，在那里可以看到距离自动打款还有几天时间。

(5) 卖家诱骗买家点击“确认收货”。即便买家将货款支付到第三方支付平台账户，卖家还是可以种种理由诱骗买家在未收到货前就先确认收货，而一旦买家点击“确认收货”，卖家就不发货了。卖家常用的几种诈骗方式是，称：“你先确认收货，免得到时候忘记了，我得不到‘好评’。”或者称：“先确认收货，我们再发货，这是本店一贯采用的方式。”再不然就直接推托：“这是物流公司要求的，如果不先确认收货，货就发不出。”防范此类诈骗的要点是，买家一定要等收到商品，确认其配件等都齐全，质量也无问题后，才到后台“确认收货”。

(6) 卖家诱骗买家点击“代付”。骗子在买家拍下商品之后，发送给其一个请求代付的支付宝链接，诱骗买家在该链接中付款。而正常情况下，应当由买家在“已买到宝贝”页面中选择该笔订单进行付款。部分网购新手看到“代付”的链接是支付宝官网的，便操作付款，却不知代付者并不享受商品与服务，即使退款也是退到被代付人的支付宝账户。代付服务主要用于亲朋好友间的互相帮忙，不建议网友为陌生人代付。

(7) 卖方提供的商品与约定不符。网购纠纷大多是因为商品描述和实物不符，卖方以次充好，欺骗消费者。调查表明，网上买家认为卖家对销售商品的描述与商品实际情况(颜色、品牌、品质等)有偏差，占了网上购物投诉总量的15%。这类投诉主要有三种情况：一是卖家发错货，商品描述与收到货物不符；二是质量有问题，卖家承诺质量与到货质量不符；三是品质有问题，描述中卖家承诺是正品，但到货是仿品。此外，还有卖家诱骗买家采用“货到付款”方式，而递送的商品为假冒伪劣产品。例如，有位买家通过支付宝交易(非货到付款)购买了一个低价移动硬盘，骗子先操作发货，然后电话告知买家不小心错发成“货到付款”，要求买家在淘宝上将订单申请退款，直接付钱给快递。买家付款收货后，发现移动硬盘其实是“两个螺栓加个优盘”的假货，但钱未经支付宝而是直接给了快递，就没有直接凭证证实为骗子商家所发。

(8) 卖家虚假抬高信用度。支付宝交易流程的最后一个环节是买方在收到货以后，根据自己的满意度对商家进行评价，形成商家的信用等级。在网络交易这样一个虚拟平台上，信用等级是买家选择是否购买此商铺的商品的重要依据，信用等级高的商铺往往比较值得信赖。事实表明，买家对于这一信用等级也不能完全相信，因为许多商家会利用各种手段相互炒作，进行虚假交易，以提高信用度。甚至专门的公司应运而生，提供代为炒作、提高信用度的服务。有明显的信用炒作迹象的卖家就不值得信赖。

### 三、电子商务的安全需求

电子商务面临的威胁的出现导致了对电子商务安全的需求，也是真正实现一个安全电子商务系统所要求做到的各个方面，主要包括机密性、完整性、认证性、不可抵赖性和有效性。

1. 机密性

电子商务作为贸易的一种手段，其信息直接代表着个人、企业或国家的商业机密。传统的纸面贸易都是通过邮寄封装的信件或通过可靠的通信渠道发送商业报文来达到保守机密的目的。电子商务是建立在一个较为开放的网络环境上的（尤其 Internet 是更为开放的网络），维护商业机密是电子商务全面推广应用的重要保障。因此，要预防非法的信息存取和信息在传输过程中被非法窃取。机密性一般通过密码技术对传输的信息进行加密处理来实现。

2. 完整性

电子商务简化了贸易过程，减少了人为的干预，同时也带来维护贸易各方商业信息的完整、统一的问题。由于数据输入时的意外差错或欺诈行为，可能导致贸易各方信息的差异。此外，数据传输过程中信息的丢失、信息重复或信息传送的次序差异也会导致贸易各方信息的不同。贸易各方信息的完整性将影响到贸易各方的交易和经营策略，保持贸易各方信息的完整性是电子商务应用的基础。因此，要预防对信息的随意生成、修改和删除，同时要防止数据传送过程中信息的丢失和重复，并保证信息传送次序的统一。完整性一般可通过提取信息消息摘要的方式来实现。

3. 认证性

由于网络电子商务交易系统的特殊性，企业或个人的交易通常都是在虚拟的网络环境中进行，对个人或企业实体进行身份性确认成了电子商务中很重要的一环。对人或实体的身份进行鉴别，为身份的真实性提供保证，即交易双方能够在相互不见面的情况下确认对方的身份。这意味着当某人或实体声称具有某个特定的身份时，鉴别服务将提供一种方法来验证其声明的正确性，一般都通过证书机构 CA 和证书来实现。

4. 不可抵赖性

电子商务可能直接关系到贸易双方的商业交易，如何确定要进行交易的贸易方正是进行交易所期望的贸易方这一问题，则是保证电子商务顺利进行的关键。在传统的纸面贸易中，贸易双方通过在交易合同、契约或贸易单据等书面文件上手写签名或盖印章来鉴别贸易伙伴，确定合同、契约、单据的可靠性并预防抵赖行为的发生。这也就是人们常说的“白纸黑字”。在无纸化的电子商务方式下，通过手写签名和印章进行贸易方的鉴别已是不可能的。因此，要在交易信息的传输过程中为参与交易的个人、企业或国家提供可靠的标识。不可抵赖性可通过对发送的消息进行数字签名来实现。

5. 有效性

电子商务以电子形式取代了纸张，那么如何保证这种电子形式的贸易信息的有效性，则是开展电子商务的前提。电子商务作为贸易的一种形式，其信息的有效性将直接关系到个人、企业或国家的经济利益和声誉。因此，要对网络故障、操作错误、应用程序错误、硬件故障、系统软件错误及计算机病毒所产生的潜在威胁加以控制和预防，以保证贸易数据在确定的时刻、确定的地点是有效的。

## 四、电子商务的安全措施

解决电子商务安全问题需要从管理、技术和法律等方面综合考虑，三者缺一不可。下面分别从安全管理制度、安全技术和法律制度三个方面介绍电子商务安全管理的措施和方法。

### （一）电子商务安全管理制度

依据国家计算机应急响应中心发布的数据，在所有的计算机安全事件中，约有52%是人为因素造成的，25%由火灾、水灾等自然灾害引起，技术错误占10%，组织内部人员作案占10%，另有3%左右是由外部不法人员的攻击造成。简单归类，属于管理方面的原因比重高达70%以上。因此，企业在开始开展电子商务时，就应当形成一套完整的、适应网络环境的电子商务安全管理制度。健全的电子商务安全管理制度的成功制定和有效实施，是保证网上交易和商务活动安全顺利进行的重要基础。这些安全管理制度应当包括以下内容：

1. 人员管理制度

企业应从组织机制和管理上下功夫，加强组织机构建设、人员的安全意识教育和职业道德教育。重要业务不要安排一个人单独管理，实行两人或多人相互制约的机制。应执行任期有限原则，任何人不得长期担任与交易安全有关的职务。还要采用最小权限原则，明确规定只有网络管理员才可进行物理访问，只有网络管理员才可进行软件安装工作。总之，企业应建立一套行之有效的安全管理措施和方法。

2. 保密制度

网上交易时涉及企业的市场、生产、财务、供应等多方面的机密，必须实行严格的保密制度。信息的安全级别一般可分为三级：第一，绝密级。如公司战略计划、公司内部财务报表等。此部分网址、密码不在互联网上公开，只限于公司高层人员掌握。第二，机密级。如公司的日常管理情况、会议通知等。此部分网址、密码不在互联网上公开，只限于公司中层以上人员使用。第三，秘密级。如公司简介、新产品介绍及订货方式等。此部分网址、密码在互联网上公开，供消费者浏览,但必须有保护程序,防止黑客入侵。

保密工作的另一个重要问题是对密钥的管理。密钥是秘密信息的钥匙,掌握了密钥就可以获得保密的信息。具体来说,密钥是一组信息编码,它参与密码的"运算",并对密码的"运算"起特定的控制作用。密钥须严格保护,而且须定期更换,否则可能使黑客通过积累密文增加破译的机会。

3. 跟踪、审计制度

跟踪制度是要求企业建立网络交易系统日志机制,用来记录系统运行的全过程。系统日志文件是自动生成的,其内容包括操作日期、操作方式、登录次数、运行时间、交易内容等。它对系统的运行进行监督、维护分析、故障恢复,这对于防止案件的发生或在案件发生后,为侦破工作提供监督数据,起着非常重要的作用。审计制度包括经常对系统日志的检查、审核,及时发现对系统故意入侵行为的记录和对系统安全功能违反的记录,监控和捕捉各种安全事件,保存、维护和管理系统日志。

4. 网络系统的日常维护制度

对于企业的电子商务系统来说,企业网络系统的日常维护就是针对内部网的日常管理和维护。对网络系统的日常维护可以从以下几个方面进行:一是对于可管设备,通过安装网管软件进行系统故障诊断、显示及通告,网络流量与状态的监控、统计与分析,以及网络性能调优、负载平衡等。二是对于不可管设备,应通过手工操作来检查状态,做到定期检查与随机抽查相结合,以便及时准确地掌握网络的运行状况,一旦有故障发生能及时处理。三是定期进行数据备份。

5. 病毒防范制度

电子商务从业人员应具备较强的病毒防范意识,应给计算机系统安装防病毒软件并及时升级病毒库。不要打开陌生的电子邮件,不要打开陌生人发来的网址链接,对接收到的外来存储介质、程序和数据,要经过查杀病毒后才能使用,并且要建立病毒的定期清理制度。

6. 应急措施和制度

在紧急事故发生时,利用各种应急措施和制度来保障系统继续运行或紧急恢复,如采用远程磁盘镜像技术、数据库恢复技术等,使损失减至最小。

(二) 电子商务安全技术

电子商务安全技术涉及电子商务交易方自身网络的安全技术、电子商务信息传输安全技术、网上身份和交易信息认证技术以及电子商务安全支付技术等四个方面。

1. 电子商务交易方自身网络的安全技术

为了维护参与电子商务活动的交易者自身网络和系统的安全性,可以采取的技术包括:防火墙技术、病毒防治技术、入侵检测技术和虚拟专用网技术等。

2. 电子商务信息传输安全技术

要保证电子商务信息传输过程中信息的机密性和完整性，一般可采用数据加密技术和数字摘要技术。

3. 网上交易信息和身份认证技术

安全认证技术是保障电子商务安全交易的一项重要技术。安全认证包括交易信息认证和身份认证，前者用于保证通信双方的不可否认性和交易信息的完整性，后者用于鉴别用户身份，保证交易双方身份的真实性。交易信息认证和身份认证主要依赖数字签名技术、数字证书和认证技术等来完成。

4. 电子商务安全支付技术

保障电子商务在线支付的安全是网上交易者、商家和金融机构最为关注的问题之一。为了解决这一难题，一些 IT 公司和金融机构一起开发了安全在线支付协议，目前在电子商务活动中得以广泛采用的主要有安全套接层(SSL)协议和安全电子交易(SET)协议。

(三) 电子商务安全法律制度

电子商务安全法律制度是通过法律制度来规范和制约电子商务活动中人们的思想和行为，将电子商务安全纳入到规范化、法制化和科学化的轨道，是保障电子商务得到长远发展的根本。

## 第二节　电子商务的主要安全技术

### 一、防火墙技术

防火墙(Firewall)概念是从建筑学上引用过来的。建筑学中的防火墙是指古代人们在房屋之间修建的一道墙，以使火灾发生时火势不至于蔓延到别的房屋。后来，这种称呼延伸到计算机安全领域之中，特别是延伸到近年来飞速发展的互联网之中。所以，防火墙也被称为互联网防火墙。

防火墙是指设置在不同网络(如可信任的企业内部网和不可信的公共网)或网络安全域之间的一系列软件和硬件设备的组合。它是不同网络或网络安全域之间信息的唯一出入口，能根据组织的安全政策控制(允许、拒绝、监测)出入网络的信息流，且本身具有较强的抗攻击能力。防火墙可以防止非法入侵和非法使用系统资源，执行安全管理措施，记录所有可疑的事件。

(一) 防火墙的分类

根据防范的方式和侧重点的不同，防火墙可分为三大类：数据包过滤、应用级网关和代理服务。

1. 数据包过滤

数据包过滤(Packet Filtering)技术是在网络层对数据包进行选择,选择的依据是系统内设置的过滤逻辑,被称为访问控制表(Access Control List)。通过检查数据流中每个数据包的源地址、目的地址、所用的端口号、协议状态等因素,或通过检查它们的组合来确定是否允许该数据包通过。

数据包过滤防火墙具有逻辑简单、价格便宜、易于安装和使用、网络性能和透明性好的优点。它通常安装在路由器上。路由器是内部网络与 Internet 连接必不可少的连接设备,因此在原有网络上增加这样的防火墙几乎不需要任何额外的费用。数据包过滤防火墙的缺点有:一是非法访问,一旦突破防火墙,即可对主机上的软件和配置漏洞进行攻击;二是数据包的源地址、目的地址以及 IP 的端口号都在数据包的头部,很有可能被窃听或假冒。

2. 应用级网关

应用级网关(Application Level Gateways)是在网络应用层上建立协议过滤和转发功能。它针对特定的网络应用服务协议,使用指定的数据过滤逻辑,并在过滤的同时对数据包进行必要的分析、登记和统计,形成报告。应用级网关通常安装在专用工作站系统上。

数据包过滤和应用级网关防火墙有一个共同的特点,就是它们仅仅依靠特定的逻辑判定是否允许数据包通过。一旦满足逻辑,则防火墙内外的计算机系统建立直接联系,防火墙外部的用户便有可能直接了解防火墙内部的网络结构和运行状态,这有助于实施非法访问和攻击。

3. 代理服务

代理服务(Proxy Service)也称链路级网关或 TCP 通道(Circuit Level Gateways or TCP Tunnels),也有人将它归于应用级网关一类。它是针对数据包过滤和应用级网关技术所存在的缺点而引入的防火墙技术,其特点是将所有跨越防火墙的网络通信链路分为两段。外部计算机的网络链路只能到达代理服务器,从而起到了隔离防火墙内外计算机系统的作用。此外,代理服务器也对过往的数据包进行分析、注册登记,形成报告,当发现被攻击迹象时会向网络管理员发出警报,并保留攻击痕迹。

应用级网关和代理服务方式的防火墙大多是基于主机的,它们价格比较昂贵、性能好,安装和使用比数据包过滤的防火墙复杂。

(二) 防火墙的功能

1. 保护易受攻击的服务

防火墙能过滤那些不安全的服务。只有预先被允许的服务才能通过防火墙,这样就降低了受到非法攻击的风险,大大地提高了网络的安全性。

2. 控制对特殊站点的访问

防火墙能控制对特殊站点的访问。如有些主机能被外部网络访问,而有些则要被保护起来,防止不必要的访问。通常会有这样一种情况,在内部网中只有Mail 服务器、FTP 服务器和 Web 服务器能被外部网访问,其他访问则被主机禁止。

3. 集中化的安全管理

使用防火墙比不使用防火墙可能更加经济一些。这是因为如果使用了防火墙,就可以将所有修改过的软件和附加的安全软件都放在防火墙上集中管理;而不使用防火墙,就必须将所有软件分散到各个主机上。

4. 对网络访问进行记录和统计

如果所有对 Internet 的访问都经过防火墙,那么防火墙就能记录下这些访问,并能提供网络使用情况的统计数据。当发生可疑动作时,防火墙能够报警并提供网络是否受到监测和攻击的详细信息。

(三) 防火墙的不足之处

防火墙是保护 Internet 免受外部攻击的极有效的方式,它应是整体网络安全计划中的重要组成部分。但防火墙也有其不足之处,主要表现在以下几个方面:

1. 防火墙不能防范不经过防火墙的攻击

例如,如果允许从受保护的网络内部向外拨号,一些用户就可能形成与 Internet 的直接连接,从而绕过防火墙,造成一个潜在的后门攻击渠道。

2. 防火墙不能阻止来自于网络内部的攻击

只要简单地断开网络连接,防火墙便可以阻止系统的用户通过网络向外部发送信息。但如果攻击者已在防火墙内,那么防火墙实际上不起任何作用。

3. 防火墙无法完全防止新出现的网络威胁

防火墙是为防止已知威胁而设计的。虽然精心设计的防火墙也可以防止新的威胁,但没有一种防火墙会自动抵抗所出现的任何一种新的威胁。

4. 防火墙不能防止病毒

尽管许多防火墙检查所有外来通信以确定其是否可以通过内部网络,但这种检查大多数是对源目的地址及端口号进行的,而不是对其中所含数据进行的。即使可以对通信内容进行检查,但由于病毒的种类太多,病毒在数据中的隐藏方式太多,防火墙中的病毒防护也是不实用的。

## 二、入侵检测技术

### (一) 入侵检测的概念

入侵检测(Intrusion Detection)是防火墙的合理补充,帮助系统对付网络攻击，扩展了系统管理员的安全管理能力（包括安全审计、监视、进攻识别和响应），提高了信息安全基础结构的完整性。入侵检测是一种主动安全保护技术，它在不影响网络性能的前提下，对网络进行监控，从计算机网络系统中的若干关键点收集信息，并分析这些信息，检查网络中是否有违反安全策略的行为和遭到袭击的迹象。入侵检测被认为是防火墙之后的第二道安全闸门，提供对内部攻击、外部攻击和误操作的实时保护。入侵检测可执行以下任务：(1) 监视、分析用户及系统活动；(2) 系统构造和弱点的审计；(3) 识别反映已知进攻的活动模式并向相关人士报警；(4) 异常行为模式的统计分析；(5) 评估重要系统和数据文件的完整性；(6) 操作系统的审计跟踪管理，并识别用户违反安全策略的行为。

对一个成功的入侵检测系统来讲，它不但可使系统管理员时刻了解网络系统（包括程序、文件和硬件设备等）的任何变更，还能给网络安全策略的制定提供指南。更为重要的一点是，它的管理与配置简单，从而使非专业人员非常容易地获得网络安全。此外，入侵检测的规模还应根据网络威胁、系统构造和安全需求的改变而改变。入侵检测系统在发现入侵后，会及时作出响应，包括切断网络连接、记录事件和报警等。入侵检测作为一种积极主动的安全防护技术，在网络系统受到危害之前拦截和响应入侵。从网络安全立体纵深、多层次防御的角度出发，入侵检测理应受到人们的高度重视。

### （二）入侵检测的步骤

#### 1. 信息收集

入侵检测的第一步是信息收集，内容包括系统、网络、数据及用户活动的状态和行为。同时，需要在计算机网络系统中的若干不同关键点（不同网段和不同主机）收集信息，这除了尽可能扩大检测范围外，还有一个重要的因素就是，从一个信息源来的信息有可能看不出疑点，但从几个信息源来的信息的不一致性却是可疑行为或入侵的最好标识。

当然，入侵检测很大程度上依赖于所收集信息的可靠性和正确性，必须仅利用所知道的真正的和精确的软件来报告这些信息，因为黑客经常替换软件以混淆和移走这些信息，例如替换被程序调用的子程序、数据库和其他工具。黑客对系统的修改可能使系统功能失常并看起来跟正常的一样。例如，UNIX 系统的 PS 指令可以被替换为一个不显示侵入过程的指令，或者是编辑器被替换成一个读取不同于指定文件的文件（黑客隐藏了初始文件并用另一版本代替）。这需要保证用来检测网络系统的软件的完整性，特别是入侵检测系统软件本身应具有相当强的坚固性，防止被窜改而收集到错误的信息。

入侵检测利用的信息一般来自以下四个方面：

(1) 系统和网络日志文件

黑客经常在系统日志文件中留下他们的踪迹，因此，充分利用系统和网络日志文件信息是检测入侵的必要条件。日志中包含发生在系统和网络上的不寻常和不期望活动的证据，这些证据可以指出有人正在入侵或已成功入侵了系统。通过查看日志文件，能够发现成功的入侵或入侵企图，并很快地启动相应的应急响应程序。日志文件中记录了各种行为类型，每种类型又包含不同的信息，例如记录“用户活动”类型的日志，就包含登录、用户ID的改变、用户对文件的访问、授权和认证信息等内容。很显然地，对用户活动来讲，不正常的或不期望的行为就是重复登录失败、登录到不期望的位置以及非授权地企图访问重要文件等。

(2) 目录和文件中的不期望的改变

网络环境中的文件系统包含很多软件和数据文件，包含重要信息的文件和私有数据文件经常是黑客修改或破坏的目标。目录和文件中的不期望的改变（包括修改、创建和删除），特别是那些正常情况下限制访问的，很可能就是一种入侵产生的指示和信号。黑客经常替换、修改和破坏他们获得访问权的系统上的文件，同时为了隐藏系统中他们的表现及活动痕迹，都会尽力去替换系统程序或修改系统日志文件。

(3) 程序执行中的不期望行为

网络系统上的程序执行一般包括操作系统、网络服务、用户启动的程序和特定目的的应用。每个在系统上执行的程序由一到多个进程来实现。每个进程执行在具有不同权限的环境中，这种环境控制着进程可访问的系统资源、程序和数据文件等。一个进程的执行行为由它运行时执行的操作来表现，操作执行的方式不同，它利用的系统资源也就不同。操作包括计算、文件传输、设备和其他进程，以及与网络间其他进程的通讯。一个进程出现了不期望的行为，可能表明黑客正在入侵你的系统。黑客可能会将程序或服务的运行分解，从而导致它失败，或者是以非用户或管理员意图的方式操作。

(4) 物理形式的入侵信息

这包括两个方面的内容：一是未授权的对网络硬件连接；二是对物理资源的未授权访问。黑客会想方设法去突破网络的周边防卫，如果他们能够在物理上访问内部网，就能安装他们自己的设备和软件。因此，黑客就可以知道网上的由用户加上去的不安全（未授权）设备，然后利用这些设备访问网络。例如，用户在家里可能安装 Modem 以访问远程办公室，与此同时黑客正在利用自动工具识别在公共电话线上的 Modem，如果有一拨号访问流量经过了这些自动工具，那么这一拨号访问就成为了威胁网络安全的后门。黑客就会利用这个后门访问内部网，从而越过了内部网络原有的防护措施，然后捕获网络流量，进而攻击其他系统，并偷取敏感的私有信息等。

2. 信号分析

入侵检测的第二步是信号分析。对上述四类收集到的有关系统、网络、数据及用户活动的状态和行为等信息，一般通过三种技术手段进行分析：模式匹配、统计分析和完整性分析。其中前两种方法用于实时的入侵检测，而完整性分析则用于事后分析。

(1) 模式匹配

模式匹配就是将收集到的信息与已知的网络入侵和系统误用模式数据库进行比较，从而发现违背安全策略的行为。该过程可以很简单(如通过字符串匹配寻找一个简单的条目或指令)，也可以很复杂(如利用正规的数学表达式来表示安全状态的变化)。一般来讲，一种进攻模式可以用一个过程(如执行一条指令)或一个输出(如获得权限)来表示。该方法的一大优点是只需收集相关的数据集合，显著减少系统负担，且技术已相当成熟。它与病毒防火墙采用的方法一样，检测准确率和效率都相当高。但是，该方法存在的弱点是需要不断地升级，以对付不断出现的黑客攻击手法，不能检测到从未出现过的黑客攻击手段。

(2) 统计分析

统计分析方法首先给系统对象(如用户、文件、目录和设备等)创建一个统计描述，统计正常使用时的一些测量属性(如访问次数、操作失败次数和延时等)。测量属性的平均值将被用来与网络、系统的行为进行比较，任何观察值在正常值范围之外时，就认为有入侵发生。例如，统计分析可能标识一个不正常行为，因为它发现一个在晚八点至早六点不登录的账户却在凌晨两点试图登录。其优点是可检测到未知的入侵和更为复杂的入侵，缺点是误报、漏报率高，且不适应用户正常行为的突然改变。具体的统计分析方法如基于专家系统的、基于模型推理的和基于神经网络的分析方法。

(3) 完整性分析

完整性分析主要关注某个文件或对象是否被更改，这经常包括文件和目录的内容及属性。它在发现被更改的、被特洛伊化的应用程序方面特别有效。完整性分析利用强有力的加密机制(称为消息摘要函数，例如 MD5)，能识别微小的变化。完整性分析的优点是，不管模式匹配方法和统计分析方法能否发现入侵，只要是成功的攻击导致了文件或其他对象的任何改变，它都能够发现；其缺点是，一般以批处理方式实现，不用于实时响应。尽管如此，完整性检测方法还是网络安全产品的必要手段之一。例如，可以在每一天的某个特定时间内开启完整性分析模块，对网络系统进行全面的扫描检查。

入侵检测系统的典型代表是 ISS 公司(Internet Security Systems, Inc.，国际互联网安全系统公司)的 RealSecure。它是计算机网络上自动实时的入侵检测和响应系统。它无妨碍地监控网络传输并自动检测和响应可疑的行为，在系统受到危害之前截取和响应安全漏洞和内部误用，从而最大程度地为企业网络提供安全保障。

## 三、虚拟专用网技术

在传统的企业网络配置中，要进行异地局域网之间的互联，传统的方法是租用数字数据网（Digital Data Network，简称 DDN）专线或帧中继（Frame Relay）。这样的通讯方案必然导致高昂的网络通讯/维护费用。对于移动用户（移动办公人员）与远端个人用户而言，一般通过拨号线路（Internet）进入企业的局域网，而这样必然带来安全上的隐患。

虚拟专用网（Virtual Private Network，简称 VPN）是指在公用网络上建立专用网络的技术，即通过对网络数据的再封包和加密传输，在公用网络上传输私有数据，形成一个逻辑上的专用网络。之所以称其为虚拟网，主要是因为整个 VPN 网络的任意两个节点之间的连接并没有传统专网所需的端到端的物理链路，而是架构在公用网络服务商所提供的网络平台，如 Internet、ATM（异步传输模式）、Frame Relay 等之上的逻辑网络，用户数据在逻辑链路中传输。虚拟专用网具有专用网的功能，但本身并不是一个独立的物理网络。可以说，VPN 是一种建立在公用网之上的局域网。VPN 具备与内部局域网相同的安全性、易管理性和稳定性，可以被当作专用网来使用。

VPN 的基本处理过程如下：

1. 需要保护的计算机系统发送明文信息到相应的 VPN 设备。

2. VPN 设备根据网络管理员设置的规则，判定是对数据进行加密还是直接传送。

3. 对需要加密的数据，VPN 设备将其整个数据包（包括要传送的明文数据、源 IP 地址和目标 IP 地址）进行加密并附上数字签名，加上新的数据报头（包括目的地 VPN 设备需要的安全信息和一些初始化参数），重新进行封装。

4. 将封装后的数据包通过“隧道”在公用网上传送。

5. 数据包到达目的 VPN 设备后，将数据包解封，核对数据签名无误后，对数据包进行解密。

VPN 技术综合采用了隧道技术、加解密技术、身份认证技术和密钥管理技术等，在各 VPN 设备间形成了一些跨越公用网的虚拟通道——“隧道”，使敏感信息只有预定的接收者才能读懂，从而实现信息的安全传输。

## 四、数据加密技术

### （一）数据加密概述

数据加密技术是最基本的信息安全技术，是实现信息保密性的一种重要手段。在电子商务中，数据加密技术是其他安全技术的基础，也是最主要的安全措施。数据加密的目的是防止合法接收者以外的人获取敏感机密信息。数据加密技术就是用基于数学方法的程序和保密的密钥对原始信息进行重新编码，把计算机数据变成一堆杂乱无章、难以理解的字符串，从而隐藏信息的内容，也就是把明文变成密文的过程。这样，即使非法接收者得到密文，也无法辨认原文。而对于合法的接收者，因为其掌握正确的密钥，可以通过解密得到原始信息。

数据加密经常用到的术语有如下几个：

1. 明文。人或机器容易读懂和理解的信息称为明文。它可以是文本、数字化语音流或数字化视频信息等。

2. 密文。通过数据加密的手段，将明文变换成晦涩难懂的信息，此信息称为密文。

3. 加密过程。将明文转换成密文的过程。

4. 解密过程。加密的逆过程，即将密文转换成明文的过程。

5. 密钥。用于加密与解密的钥匙，它是控制明文与密文之间变换的关键。密钥可以分为加密密钥和解密密钥，分别使用于加密过程和解密过程。

6. 密码体制。实现加密和解密过程的特定算法。

目前，加密系统分为两类，即对称加密系统和非对称加密系统。对称加密系统也称为私有密钥加密系统，非对称加密系统也称为公开密钥加密系统。这两种加密系统各有不同的特点，分别采用不同的方式来提供安全服务。

（二）对称加密系统

1. 对称加密系统的概念与加解密过程

对称加密又称为私有密钥加密，其特点是，数据的发送方和接收方使用同一把私有密钥，即把明文加密成密文和把密文解密成明文使用的是同一把密钥。这就要求通信双方必须都要获得这把钥匙并保持它的秘密性。对于一个比较好的对称加密系统来说，除非在解密时能提供正确的密钥，否则是不可能利用解密功能来获得明文的。

利用私有密钥进行对称加密的过程是：

(1) 发送方用自己的私有密钥对要发送的信息进行加密；

(2) 发送方将加密后的信息通过网络传送给接收方；

(3) 接收方用发送方进行加密的私有密钥对接收到的加密信息进行解密，得到明文。

2. 典型的加密算法

(1) 数据加密标准(Data Encryption Standard，简称 DES)。对称加密技术中最具有代表性的算法是 IBM 公司提出的数据加密算法，该算法于 1976 年被美国国家标准局(NBS)接纳为美国联邦标准，又于 1981 年被采纳为金融业标准，是近几十年用于保护政府及商业部门的非机密数据的主要算法。DES 综合运用了置换、代替、代数等多种密码技术，把信息分成 64 位大小的块，使用 56 位密钥，迭代轮数为 16 轮的加密算法。它设计精巧，实现容易，使用方便。

(2) 国际数据加密算法(International Data Encryption Algorithm，简称 IDEA)。国际数据加密算法是 1991 年在瑞士由著名密码学家詹姆斯·梅西(James Massey)和来学嘉(Xuejia Lai)发明，于 1992 年正式公开。此算法使用长达 128 位的密钥，可有效地消除任何试图搜索密钥的可能性。IDEA 无论是采用软件还是硬件实现都比较容易，而且加解密的速度很快。

(3) 高级加密标准(Advanced Encryption Standard，简称 AES)。由于 DES 存在安全隐患，1997 年美国国家标准和技术研究所发起了征集高级加密标准算法的活动，并成立了专门的 AES 工作组，目的是要建立更强大的加密算法标准来替代 DES。经过多年的遴选，比利时密码专家约翰·德门(Joan Daemen)博士和文森特·瑞杰门(Vincent Rijmen)博士设计的 Rijndael 数据加密算法最终获得认可。AES 算法的密钥长度可以是 128 位、192 位或 256 位。高级加密标准已成为对称密钥加密中最流行的算法之一。

3. 对称加密系统的优缺点分析

(1) 对称加密系统的优点

使用对称加密系统对信息进行加密和解密具有计算量小、加密速度快、效率高的优点。

(2) 对称加密系统的缺点

① 密钥的安全分发过程比较复杂和困难。密钥是对称加密系统保密通信安全的关键，通信双方必须要持有同一把密钥，且不能让他人知道，一旦密钥泄露，信息就失去了保密性。所以，发送方必须安全、妥善地把密钥送到接收方。如何才能把密钥安全地送到接收方，是对称加密技术的主要问题。

② 密钥的管理工作量巨大，很难适应互联网这样的大环境。因为如果某交易方有 n 个贸易关系的话，他就要维持 n 把专用密钥；如果整个网络上有 n 个贸易方要求两两通信的话，总共需要的密钥数将达到 $n(n-1)/2$。

③ 不能保证互不认识的人第一次通信的安全保密需求。

(三) 非对称加密系统

1. 非对称加密系统的概念

非对称加密又称为公开密钥加密。公开密钥密码体制出现于 1976 年，在采用公开密钥加密系统进行数据的加解密时，需要使用一个密钥对，其中任选一个用于加密(予以公开，称为加密密钥或公开密钥 PK)，而另一个则用于解密(保密持有，称为解密密钥或私有密钥 SK)。加密算法和解密算法都是公开的，PK 与 SK 成对出现，它们在数学上彼此关联，但不能从公开密钥 PK 推断出私有密钥 SK。

2. 非对称加密系统加解密算法的特点

(1) 用加密算法和加密密钥对明文加密后,再用解密算法和解密密钥解密,即可恢复出明文。

(2) 加密算法和加密密钥不能用来解密。

(3) 在计算机上可以很容易地产生成对的加密密钥和解密密钥。

(4) 从已知的加密密钥不可能(或者说很难)推导出解密密钥。

3. 非对称加密系统对于信息的加密和解密过程

(1) 发送方用接收方的公开密钥对要发送的信息进行加密。

(2) 发送方将加密后的信息通过网络传送给接收方。

(3) 接收方用自己的私有密钥对接收到的加密信息进行解密,得到信息明文。

4. 非对称加密系统的典型算法

广泛应用的非对称加密算法有 RSA 算法。这个算法是在 1977 年由美国麻省理工学院的三位教授李维斯特(Rivest)、萨莫尔(Shamir)和阿德曼(Adleman)联合发明的,一般把三位教授姓名的首位字母结合起来,称其为 RSA 加密算法。RSA 是迄今为止第一个成熟的、理论上最为成功的公开密钥密码体制。它的安全性是建立在"大数分解和素性检测"这一已知的著名数论难题的基础上,即将两个大质数相乘在计算上很容易实现,但将该乘积分解为两个大质数因子的计算量是相当巨大的,以致在实际计算中是不能实现的。RSA 的加解密过程由密钥生成、加密过程和解密过程三部分组成。

5. 非对称加密系统的优缺点分析

(1) 非对称加密系统的优点

① 由于非对称加密系统必须要由两个密钥的配合使用才能完成加密和解密的全过程,因而有助于加强数据的安全性。

② 密钥少而便于管理。网络中的每个贸易方只需要妥善保存好自己的解密密钥,那么 n 个贸易方仅需要产生 n 对密钥。

③ 不需要采用秘密的通道和复杂的协议来传送、分发公开密钥。

④ 可以通过公开密钥加密技术实现数字签名。

(2) 非对称加密系统的缺点

非对称加密系统的缺点是:加解密速度很慢,不适用于对大量文件信息进行加解密,一般只适用于对少量数据进行加解密。

(四) 两种加密系统的结合使用

正因为对称加密系统和非对称加密系统各有所长,在实际应用中往往将它们结合起来使用,即对于要传输的数据使用对称加密系统加密,而对称加解密过程的密钥则使用非对称加密系统。这样既保证了数据的安全,又提高了加解密的速度，达到了扬长避短的目的。具体的加解密过程如下：

1. 发送方生成一个共享会话密钥，并对要发送的信息用该密钥进行对称加密。

2. 发送方用接收方的公开密钥对会话密钥进行加密。

3. 发送方把加密后的信息和加密后的私有密钥通过网络传送到接收方。

4. 接收方用自己的私有密钥对发送方传送的加密后的会话密钥进行解密，得到双方共享的会话密钥。

5. 接收方用会话密钥对接收到的加密信息进行解密，得到信息的明文。

## 五、认证技术

认证技术是保证电子商务交易安全的一项重要技术。采用认证技术可以直接满足身份认证、信息完整性、不可否认和不可修改等多项网上交易的安全需求，较好地避免网上交易面临的假冒、窜改、抵赖、伪造等种种威胁。

认证技术主要涉及身份认证和信息认证两个方面的内容。身份认证用于鉴别用户的身份，包括识别和验证两个环节，即明确并区分访问者的身份，以及对访问者声称的身份进行确认。信息认证用于保证通信双方的不可抵赖性和信息的完整性。在某些情况下，信息认证显得比信息保密更为重要。例如，买卖双方发生日用品交易时，可能交易的具体内容并不需要保密，但是交易双方应当能够确认是对方发送或接收了这些信息，同时接收方还能确认接收的信息是完整的，信息在通信过程中没有被修改或替换。

### （一）身份认证

身份认证是用户身份的确认技术，是网络安全的第一道防线，也是最重要的一道防线。网络中的各种应用和计算机系统都需要通过身份认证来确认一个用户的合法性，然后确定这个用户的个人数据和特定权限。

#### 1. 身份认证的内容

身份认证是指计算机及网络系统确认操作者身份的过程。一般涉及两个方面的内容：一个是识别，一个是验证。

所谓识别，是指要明确用户身份，这就要求对每个合法的用户都要有识别能力。为了保证识别的有效性，就需要保证任意两个不同的用户都具有不同的识别符。所谓验证，是指在用户声称自己的身份后，认证方还要对它所声称的身份进行验证，以防假冒。

#### 2. 电子商务环境对身份认证技术的基本要求

在网络世界中，用户的身份信息都是由一组特定的数据表示，即数字身份。计算机只能认证用户的数字身份，给用户的授权也是针对用户数字身份进行的。如何保证以数字身份进行操作的访问者就是这个数字身份的合法拥有者，就成为一个重要的安全问题。身份认证技术的诞生就是为了解决这个问题。

身份认证技术必须采用电子的方法数字化，以适合在网络环境中应用。认证过程要求在网络上进行，识别信息需转化为电子数字信号。

身份认证技术的基本要求如下：

(1) 身份识别方法要求安全、健康，对人的身体不会造成伤害。检测最好采用非接触方式，不会传染疾病，也不能伤害人的身体器官。

(2) 身份认证技术要满足实时检测的速度要求，操作简单，容易掌握和使用。

(3) 身份认证技术要求性能价格比高，检测和识别设备在满足性能要求的前提下，价格不能昂贵，适合普及推广应用。

3. 身份认证的基本方法

一般来说，用户身份认证可通过基于秘密信息、物理安全(智能卡)、生物学特征三种基本方式或其组合方式来实现。

(1) 秘密信息的身份认证

秘密信息的身份认证方法有口令核对、单向认证、双向认证、身份的零知识证明等。

① 口令核对。口令核对的基本做法是每一个合法用户都有系统给的一个用户名和口令。用户进入时，系统要求输入用户名、口令，如果正确，则该用户的身份得到了验证。这种方法又称身份标识码和密码(或称用户名和口令)的身份认证方法，是第一代的个人身份识别技术，也称一维识别技术，是当前最普及也是最不安全的个人身份识别技术。这种技术简单地根据输入的用户名，以及预先约定的秘密信息口令来判断用户的身份。

口令核对的优点是方法简单。其缺点是，用户设定的密码一般较短且容易猜测，不能抵御口令猜测攻击；口令的明文传输使得系统攻击者很容易通过在线窃听等方法获取用户口令；加密口令还存在加密密钥的交换问题。

② 单向认证。单向认证是指通信的双方只要一方被另一方鉴别的身份认证过程。口令核对其实也是一种单向认证，只是这种认证方法还没有与密钥分发相结合。解决此问题有两种方法，一是采用对称密钥加密体制，通过一个可信任的第三方——通常称为密钥分配中心，由这个第三方来实现通信双方的身份认证和密钥分发；二是采用非对称的密钥加密体制，无须第三方的参与。

③ 双向认证。双向认证是指通信双方需要互相鉴别各自的身份，然后交换会话密钥。

④ 身份的零知识证明。身份的零知识证明就是不传输通常的身份认证所要求传输的口令或身份信息而能得到认证的一种技术。零知识证明是由美国麻省理工学院的沙菲·戈德瓦塞尔(Shafi Goldwasser)等人在20世纪80年代初

提出的。它指的是证明者能够在不向验证者提供任何有用信息的情况下，使验证者相信某个论断是正确的。零知识证明实质上是一种涉及两方或多方的协议，即两方或多方完成一项任务所需采取的一系列步骤。证明者向验证者证明并使其相信自己知道或拥有某一消息，但证明过程不能向验证者泄漏任何关于被证明消息的信息。大量事实证明，零知识证明在密码学中非常有用。如果能够将零知识证明用于验证，将可以有效解决许多问题。

例如，A 要向 B 证明自己拥有某个房间的钥匙，假设该房间的锁只能用钥匙打开，其他任何方法都打不开。这时有两种方法：第一种方法是，A 把钥匙出示给 B，B 用这把钥匙打开该房间的锁，从而证明 A 拥有该房间的正确的钥匙。第二种方法是，B 确定该房间内有某一物体，A 用自己拥有的钥匙打开该房间的门，然后把物体拿出来出示给 B，从而证明自己确实拥有该房间的钥匙。后面这个方法属于零知识证明，其优点是：在整个证明的过程中，B 始终不能看到钥匙的样子，从而避免了钥匙的泄露。

(2) 物理安全的身份认证方法

物理安全的身份认证方法是指，依赖于用户持有的合法的、随身携带的物理介质硬件（如证件、钥匙、硬盘或卡等有形载体）进行身份认证的方法。在传统的身份认证方法中，证件是较常见的方法。例如，使用身份证、工作证、护照等证件对用户的身份进行认证。在网络环境中，较常见的身份认证方法是采用硬盘或智能卡。例如，登录网上银行时用 U 盘进行身份认证，U 盘中存放着网上银行客户数字证书。例如，智能卡中存储着用户的个人化参数，访问系统资源时必须使用智能卡。智能卡由专门的厂商通过专门的设备生产，是不可复制的硬件。智能卡由合法用户随身携带，登录时必须将智能卡插入专用的读卡器读取其中的信息，以验证用户的身份。智能卡认证是通过智能卡硬件不可复制来保证用户身份不会被仿冒。然而由于每次从智能卡中读取的数据是静态的，通过内存扫描或网络监听等技术很容易截取到用户的身份验证信息，因此还是存在安全隐患。

(3) 生物学特征的身份认证

基于生物学特征的身份认证是指使用包括指纹、声音、DNA 图案、视网膜扫描等生物特征来识别用户身份的认证技术。这种生物学特征身份识别是利用人的个体解剖、生理甚至病理特征，如人脸、指纹、虹膜、视网膜、声纹、唇纹、DNA 图案、个人习惯（例如敲击键盘的力度和频率、签字等），甚至手形、掌纹、指形、面形、牙形等这些特征进行图像处理，数字化、加密后存储到芯片中，用这种芯片做成识别系统。常见的识别技术有人脸识别、指纹识别、掌纹识别、虹膜识别、视网膜识别、语音识别、体型识别、键盘敲击识别、签字识别等。基于生物学特征的身份认证具有难以伪造、安全性高、不易丢失、可以通过网络传输等优点，广泛地应用于电子商务的身份识别领域。但此类认证系统的造价较高，适用于保密程度很高的场合。

4. 身份认证的常用技术——数字证书认证技术

传统的个人身份证明一般通过检验“物理物品”的有效性来确认持有者的身份，此类“物理物品”可以是身份证、护照、工作证、信用卡、驾驶证等，其上往往含有与个人真实身份相关的易于识别的照片、指纹等，并且具有权威机构，如公安机关等发证机构的盖章。对于企业的身份，如在我国，则有工商局颁发的营业证书及印章等，只有通过工商局认定的企业才是合法经营者。在电子商务活动中，网络业务是面向全球的，要求验证的对象数量很多，区域范围也很广，因而增加了商务参与者身份验证的复杂性和实现的困难性。

为能确认双方的身份，必须由网络上双方都信任的第三方机构（即认证中心）发行的一种特殊的证书来认证。在电子商务中，通常是把传统的身份证书转化为数字信息形式，由双方都信任的第三方机构发行和管理，以方便在网络上的传递与使用，从而进行身份认证。这就是身份认证的常用技术——数字证书认证技术。

（1）数字证书的概念与工作原理

数字证书是指利用电子信息技术手段，确认、鉴定、认证互联网上信息交流参与者的身份或服务器的身份，是一个担保个人、计算机系统或者组织（企业或政府部门）的身份，并且发布加密算法类别、公开密钥及其所有权的电子文档。

数字证书是模拟传统证书（如个人身份证、企业营业证书等）的特殊数字信息文档。客户的数字证书可以证实该客户拥有一个特别的公钥，服务器证书则证实某个特定的公钥属于这个服务器。

数字证书的工作原理，就是信息接收方在网上收到发送方发来的业务信息的同时，还收到发送方的数字证书，这时通过对其数字证书的验证，可以确认发送方的真实身份。在发送方与接收方交换数字证书的同时，双方得到对方的公开密钥。由于公开密钥是包含在数字证书中的，且借助证书上数字摘要的验证，确信收到的公开密钥肯定是对方的。通过这个公开密钥，双方就可完成数据传送中的加解密工作。

数字证书由发证机构——数字证书认证中心发行。该机构负责在发行数字证书之前，证实个人或组织的身份和密钥所有权。一般情况下，证书要由社会上公认的公正的第三方的可靠组织发行。在网上支付结算中，必须认证结算各方的真实身份以及行为，否则会直接带来经济上的损失，因此数字证书起着关键的作用。

（2）数字证书的内容

数字证书的具体内容与格式遵循国际流行的 X.509 标准，其内容主要由基本数据信息和发行数据证书的认证中心(Certificate Authority,简称CA)签名与签名算法两部分组成。

① 数字证书的基本数据信息

Ⅰ. 版本信息。用来区分X.509证书格式的版本。

Ⅱ. 证书序列号。每个由CA发行的数字证书必须有一个唯一的序列号,用于识别该证书。

Ⅲ. CA使用的签名算法。CA的数字摘要与公开密钥加密体制算法。

Ⅳ. 证书颁发者信息。颁发此证书者的CA信息。

Ⅴ. 有效使用期限。本证书的有效期,包括起始、结束日期。

Ⅵ. 证书主题或使用者。证书与公钥的使用者的相关信息。

Ⅶ. 公钥信息。公开密钥加密体制的算法名称、公钥的字符串表示。

Ⅷ. 其他额外的特别扩展信息。例如,增强型密钥用法信息、CRL(Certificate Revocation List,证书吊销列表)分发点信息等。

② 发行数字证书的CA签名与签名算法

数字证书的内容还包括发行证书的CA机构的数字和用来生成数字签名的签名算法,即缩略图算法部分、缩略图。应用这个缩略图算法与缩略图数据,任何人收到这份数字证书后都能使用签名算法,验证数字证书是否是由该CA的签名密钥签署的,以保证证书的真实性与内容的真实性。

(3) 数字证书的使用与有效性

严格来讲,只有下列三个条件都为真实时,数字证书才是有效的。

① 证书没有过期。所有的证书都有期限,可用检查证书的期限来决定证书是否有效。

② 密钥没有被修改。如果密钥被修改,就不应该继续使用,密钥对应的证书应被视为无效。这可通过证书上的缩略图及其算法检验。

③ 有可信任的相应的证书颁发机构及时管理与回收无效证书,并且发行无效证书清单。

有效的数字证书在使用前都要有认证的过程,即当颁发的数字证书传送给某人或某站点时,数字证书颁发机构将上面的相关信息用自己的私人密钥加密,以使接收者能用证书里的公钥证实颁发机构的真实身份,判断证书的有效性。

数字证书通常需要写入一定的存储介质内,如安全性较强的IC卡和U盘等,确保用户信息不被非法读取及窜改。现在商业银行的网络银行服务,如招商银行的企业网络银行以及个人网络银行专业版的数字证书,就采用了存入U盘的方式,而且另设密码控制,因而是相当安全的。

(4) 数字证书的种类

数字证书一般分为三种类型:个人数字证书、服务器证书和开发者证书。

① 个人数字证书

个人数字证书用于在网络中标识个人的身份。个人数字证书向特定的用户提供,当某特定用户与其他用户交换信息或者使用在线服务时,个人数字证书可对该特定用户的身份进行验证。个人数字证书一般分为两个级别:第一级提供个人电子邮件的认证,仅与电子邮件地址有关,并不对个人信息进行认证,这是最初级的认证;第二级提供个人姓名、个人身份等信息的认证。

个人数字证书是通过浏览器来申请获得的,认证中心对申请者的电子邮件地址、个人身份及银行卡号等进行核实后,就会向申请者发放个人数字证书。

② 服务器数字证书

服务器数字证书又称为企业数字证书,主要为网上的某个 Web 服务器提供,拥有 Web 服务器的企业就可以用具有凭证的互联网站点进行安全的电子交易。拥有数字证书的服务器可以自动与客户进行加密通信,具有数字证书的 Web 服务器会自动地将其与客户端的 Web 浏览器的通信加密。服务器拥有者有了数字证书,就可以进行安全的电子交易了。

服务器数字证书的发放较复杂。服务器数字证书是一个企业在网上的形象,是企业在网络空间信任度的体现,所以一个权威的认证中心对每一个申请者都要进行信用调查,包括企业的基本情况、营业执照、纳税证明等。认证中心通过考察,决定是否发放或者撤销服务器数字证书。一旦认证中心发放了数字证书,该服务器就可以安装认证中心提供的服务器数字证书。服务器得到数字证书后,就会有一对密钥(公开密钥和私有密钥),它与服务器之间密不可分。数字证书与这对密钥共同代表了该服务器的身份,是整个认证的核心。

③ 开发者数字证书

开发者数字证书又称为软件证书,通常为互联网中被下载的软件提供认证。借助这种数字证书,软件开发者可以为软件做数字标识,在互联网上进行安全地传送。当用户从互联网上下载软件时,开发者数字证书与微软的认证码技术共同为用户提供他们所需的软件信息和对该软件的认证。当客户从开发者网站上下载经过数字标识了的 ActiveX 控制命令、Java 程序、动态链接库、HTML 内容时,就能够确信该代码的确来自于开发者,而且没有被改变或破坏。开发者数字证书就像是软件的外包装,如果它被窜改了,客户就知道代码实际已经不可信了。

在上述三类证书中,前两类是常用的证书,第三类则用于特殊场合。大部分认证机构都只提供前两类证书。

5. 认证中心

(1) 认证中心的概念

在传统商务中,用来认证商家或客户身份的证书大多是被认为公正的第三方机构(如政府部门)颁发的。在互联网上也需要建立一个公正的第三方认证中心机构,负责颁发数字证书和检验网上商家的身份。这就是网上认证中心。

认证中心也称数字证书认证中心,是基于互联网平台建立的一个公正的、有权威性的、独立的(第三方的)和广受信赖的组织机构,主要负责数字证书的发行、管理以及认证服务,以保证网上业务安全可靠地进行。认证中心类似于现实生活中公证人的角色,具有权威性,是一个普遍可信的第三方,主要进行数字证书管理、电子贸易伙伴关系建立和确认、密钥管理、为支付系统中的各参与方提供身份认证等。例如,在网上支付结算中,就需要认证中心来确保所有网上支付与结算过程的安全性。

(2) 认证中心的功能

认证中心在整个公钥加密体制和安全的网上支付过程中的地位是至关重要的。其主要功能可以分为如下八个方面。

① 生成密钥对及 CA 证书。CA 要向交易各方颁发证书,必须生成公钥体系中自己的密钥对,并对私钥进行有效的保护,以利于签名的使用。作为自成体系的、封闭的 CA 系统,CA 必须生成自己的根密钥对,且在此基础上生成根证书,就可以为各级 CA 以及客户生成证书,保证证书持有者有不同的密钥对。已经建立的或正在建立的 CA 系统,很多都是自成体系的,这样的 CA 系统不仅做根 CA,还做品牌 CA、持卡人 CA、商家 CA 和网关 CA。

② 验证申请人身份。网上支付的交易各方,如持卡人、商家、支付网关等,在向 CA 申请数字证书时,CA 必须对其真实的身份进行认证,防止数字证书被冒领。因此,CA 必须建立一套严密的身份认证流程。

③ 颁发数字证书。CA 系统的主要任务就是向网上交易各方颁发数字证书。CA 系统必须能在互联网上接收交易各方的证书申请,在签名验证申请者的真实身份并且通过资格检查后,将有 CA 签名的申请者的数字证书在线发送给申请者。证书的发放也可通过离线方式,比如 CA 将申请者的数字证书加密后放入存储设备(如 U 盘)中,由证书申请者亲自到 CA 机构领取,再用特定的方法,将数字证书装入自己的计算机应用系统中。

④ 证书和证书持有者身份认证查询。借助 CA 服务器,可在线查询证书的生成情况,也可以在线认证证书持有者,CA 必须保证 24(小时)×365(天)的跨区域服务,而且须拥有足够的带宽,以保证较快的查询速度。

⑤ 证书管理及更新。及时记录所有颁发的证书和所有被吊销的证书,使得能在交易各方的证书失效以后,及时更新数字证书。在数字证书到期之前,须通知数字证书的持有者及时更新数字证书。

⑥ 吊销证书。CA 根据数字证书持有者的应用情况,可在证书有效期内使其无效,并且公布于众。CA 系统必须具有证书黑名单的生成与管理功能。证

书黑名单中只包括废除的分支 CA 和网关的数字证书。这些证书黑名单和黑名单管理文件通过各级 CA 及网关，在与商家及客户交换消息时分发出去。

⑦ 制定相关政策。CA 的政策越公开越好，信息发布越及时越好。要让普通用户信任一个 CA，除了拥有先进的技术和雄厚的实力之外，另一个极为重要的因素就是 CA 的政策。CA 的政策是指 CA 必须对信任它的各方负责，它的责任大部分体现在政策的制定和实施上。

⑧ 保护数字证书服务器的安全。数字证书服务器必须是十分安全的，CA 应当采取相应措施保证其安全性，如加强对系统管理员的管理，加强对防火墙的保护等。CA 应能有效地保护数字证书服务器的安全。

（二）信息认证

信息认证用于保证通信双方的不可抵赖性、信息的完整性和保密性。它是指通信双方之间建立联系后，对敏感的文件进行加密，这样即使别人截获文件也无法得到其内容；保证数据的完整性，防止截获人在文件中加入、删除或修改信息；对数据和信息的来源进行验证，以确保发信人的身份及所收到的信息是真实的。

目前在电子商务中广泛使用的信息认证方法和手段主要有数据加密、数字摘要、数字签名、数字信封、数字时间戳等技术。前面已介绍了数据加密技术，下面介绍其他几种认证技术。

1. 数字摘要技术

数字摘要（Digital Digest）是对一条原始信息进行单向哈希（Hash）函数变换运算得到的一个长度一定的摘要信息。该摘要与原始信息一一对应，即不同的原始信息必然得到一个不同的摘要。若信息的完整性遭到破坏，信息就无法通过原始摘要信息的验证，成为无效信息，信息接收者便可以选择不再信任该信息。

数字摘要技术包括消息验证码和散列函数两种方法。

（1）消息验证码

消息验证码（Message Authentication Code，简称 MAC）也称为完整性校验值或信息完整性校验值。MAC 是附加的数据段，是由信息的发送方发出，与明文一起传送并与明文有一定的逻辑联系。MAC 的值与输入信息的每一位都有关系，如果在消息中的任何一位发生了改变，则会产生不同的 MAC 值，接收方就能知道该消息的完整性已遭到了破坏。

（2）散列函数

散列函数一般用在数字签名中生成信息摘要，它是一种单向函数，可以把大量的信息映射成相对较小的信息范围。此外，它还具有以下特征：

① 函数必须是真正单向的，也就是说不可能（或者说很难）根据散列形成的

摘要来重新计算出原始的信息。

② 散列计算不可能对两条不同的消息求出相同的摘要，哪怕只有一位改变，摘要就完全不同。

这两条缺少任何一条都可能导致无法利用散列函数生成的数字摘要来判断消息的完整性。

2. 数字签名技术

数字签名(Digital Signature)是指以电子形式存在于数据信息之中，作为其附件或逻辑上与之有联系的数据，可用于辨别数据签署人的身份，并表明签署人对数据信息的认可。

使用密码机制对文件进行加密只解决了信息的保密性问题，但是如果他人对加密的文件进行破坏，或者参与交易的买方下了订单后又加以否认，或者不法分子冒充他人从账户上支取钱款等，对于这些问题，仅依靠密码技术是不能解决的。而数字签名技术则是一种很好的解决方法。

数字签名必须保证以下几点：接收者能够核实发送者对报文的签名；发送者事后不能对报文的签名抵赖；接收者不能伪造对报文的签名。

(1) 数字签名的步骤

数字签名是非对称密钥加密技术与数字摘要技术的应用。数字签名的具体步骤如下：

① 发送方首先采用数字签名软件，根据特定的算法(如哈希函数)从明文文件中生成一个数字摘要，然后用自己的私钥对这个数字摘要进行加密，从而形成发送方的数字签名。

② 发送方选择一个对称密钥对文件加密，然后通过网络传输到接收方，最后通过网络将该数字签名作为附件和报文密文一起发送给接收方。

③ 发送方用接收方的公钥给对称密钥加密，并通过网络把加密后的对称密钥传输到接收方。

④ 接收方使用自己的私钥对密钥信息进行解密，得到对称密钥。

⑤ 接收方用对称密钥对文件进行解密，得到经过加密的数字签名。

⑥ 接收方用发送方的公钥对数字签名进行解密，得到电子签名的明文。

因为除发送方自己外，没有人知道他的私有密钥，那么除发送方外，就没有人能产生密文，即数字签名。所以，借助数字签名技术，可以确定信息的发送方，也可以确定信息自发出后未被窜改过。同时，若发送方要抵赖曾发送报文给接收方，接收方可将信息原文及签名出示给第三方，第三方很容易用发送方的公开密钥证实发送方确实曾发送信息给接收方。因此，数字签名能够实现对原始报文的鉴别，保证信息传输过程中信息的完整性、信息发送者的身份认证以及不可抵赖性。

(2) 数字签名的功能

数字签名具有手工签名的全部功能,包括易更换、难伪造、可进行远程线路传递等,而且还具有能够确认信息是由签名者发送的,信息自签发至收到为止未曾作任何修改,以及能够用来防止电子商务信息伪造、冒用他人名义发送信息、否认发出或收到信息等功能。

3. 数字信封技术

数字信封(Digital Envelope)技术是综合利用对称加密技术和非对称加密技术两者的优点,进行信息安全传输的一种技术。数字信封既发挥了对称加密算法速度快、安全性高的优点,又发挥了非对称加密算法密钥管理方便的优点。

在数字信封中,信息发送方采用对称密钥加密信息内容,然后用接收方的公开密钥将此对称密钥加密(这部分称数字信封),之后将它和加密后的信息一起发送给接收方。接收方先用相应的私有密钥打开数字信封,得到对称密钥,然后使用对称密钥解开加密信息。这种技术的安全性相当高。

4. 数字时间戳服务

数字时间戳服务(Digital Time-stamp Service,简称 DTS)是对数字文件或交易信息进行日期签署的一项第三方服务。本质上数字时间戳技术与数字签名技术如出一辙。加盖数字时间戳后的信息不能进行伪造、窜改和抵赖,并提供了可靠的时间信息以备查用。

时间戳是指文件属性里的创建、修改、访问的时间。数字时间戳技术是对数字签名技术一种变种的应用。在电子商务交易文件中,时间是十分重要的信息。在书面合同中,文件签署的日期和签名一样,均是十分重要的防止文件被伪造和窜改的关键性内容。数字时间戳服务是网上电子商务安全服务项目之一,能提供电子文件的日期和时间信息的安全保护。

时间戳分为以下两类:

(1) 自建时间戳

此类时间戳是通过时间接收设备(如 GPS,CDMA,北斗卫星)来获取时间到时间戳服务器上,并通过时间戳服务器签发时间戳证书。此种时间戳可用于企业内部责任认定,在法庭认证时并不具备法律效力。因其在通过时间接收设备接收时间时存在被窜改的可能,不能作为法律依据。

(2) 具有法律效力的时间戳

它是由中科院国家授时中心与北京联合信任技术服务有限公司负责建设的第三方可信时间戳认证服务。由国家授时中心负责时间的授时与守时监测,保障时间戳证书中时间的准确性和不被窜改。

时间戳是一个经加密后形成的凭证文档,它包括三个部分:① 需加时间戳的文件的摘要;② DTS 收到文件的日期和时间;③ DTS 的数字签名。

时间戳产生的过程为:用户首先将需要加时间戳的文件用 Hash 编码加密形成摘要,然后将该摘要发送到 DTS;DTS 在加入了收到文件摘要的日期和时间信息后,再对该文件加上数字签名,然后送回用户。

书面签署文件的时间是由签署人自己写上的,而数字时间戳则不然,它是由认证单位 DTS 来加的,以 DTS 收到文件的时间为依据。

## 案例 4-4

### 免费无线上网小心黑客,警惕使用未知 Wi-Fi①

坐在咖啡厅,用手机、手提电脑使用店家提供的免费 Wi-Fi 无线上网如今已不是什么新鲜事。不少咖啡馆、餐厅、宾馆等消费场所都开通了免费的 Wi-Fi 无线上网功能,上班族喜欢午间休息时到这里一边喝咖啡,一边上网炒股、收发邮件甚至网上购物。然而有网友自曝,在星巴克上网时发现一个名为"Starbucks2"的无线网络连接,无需输入密码即可使用。当他使用这一无线网络进行网银支付后不久,就发现密码被盗,所幸账户内余额不多。

上海市公安局网络安全总队在官方微博"上海网安—SHWA"上发布一条提示信息,提醒市民在星巴克等消费场所使用免费 Wi-Fi 上网时,要当心遭"暗算":只要一台笔记本、一套无线网络和相关软件,就能搭起一个欺骗性 Wi-Fi,并从中窃取上钩者的用户名和密码。

然而记者走访发现,不少喜欢使用 Wi-Fi 的人对此显然缺乏警惕性。记者来到南京路上一家咖啡馆,打开手机就能搜索到至少 4 个 Wi-Fi 网络,其中有两个都不需输入密码。当记者询问旁边一名青年男子该店的密码时,对方表示:"你试试看,哪个能用就用哪个吧。"

记者从有关部门获悉,已有黑客公开自曝:在星巴克、麦当劳这些提供免费 Wi-Fi 的公共场所,用一台 Win7 系统电脑、一套无线网络及一个网络包分析软件,可以搭建一个免费的伪造 Wi-Fi 网络,再将名称设为 Starbucks2、KFC1 等,一般用户几乎无法辨别真伪。一旦进入黑客搭建的伪造 Wi-Fi 网络,黑客 15 分钟就可以窃取手机上网用户的个人信息和密码,甚至包括网银密码、炒股账号密码等。

一些商家也注意到这一问题。记者在莘庄、南京路及淮海路多家咖啡馆走访时发现,商家已由原先的无密码式 Wi-Fi 服务,改为店内张贴用户名和密码的做法,或由消费者向服务员询问相关信息,以避免消费者意外登录虚假的无线网络。不过一些店员也告诉记者,仍有不少消费者习惯看到无密码网络就想当然

① 参见简工博:《免费无线上网,小心黑客陷阱》,载《解放日报》2012 年 2 月 28 日。

地认为是店家提供的服务，而不去询问用户名和密码。

专家提醒市民，不要见到免费 Wi-Fi 就用，要选择可靠的 Wi-Fi 接入点。比如在咖啡馆、餐厅等公共场所，最好向服务员确认店方提供的免费 Wi-Fi 用户名和密码。尽量不要把自己移动设备的网络设置简单设为自动连接到 Wi-Fi 网络，而应设为手动，自己想用时才打开。

此外，目前不少家庭设置了移动上网。但这种移动网络给黑客提供了入侵便利，一旦黑客破解了家庭 Wi-Fi 密码，就有可能对用户机器进行远程控制。市民最好定期对家里的 Wi-Fi 密码进行修改，并尽量将密码设置得复杂一些。

## 复习思考题

### 一、名词解释

1. 防火墙　2. 入侵检测　3. 虚拟专用网　4. 数据加密技术　5. 数字证书　6. 认证中心　7. 数字签名

### 二、简答题

1. 黑客攻击电子商务系统的手段有哪些？
2. 卖家面临的安全威胁有哪些？
3. 买家面临的安全威胁有哪些？
4. 电子商务的安全技术有哪些？
5. 简述防火墙的功能。
6. 身份认证的基本方法有哪些？

# 第五章 电子商务模式

**【本章学习目标】**

- 了解 C2C 电子商务网站的特点；
- 掌握 C2C 电子商务的盈利模式；
- 掌握 C2C 电子商务模式所面临的问题；
- 掌握 B2C 电子商务模式的优势；
- 掌握 B2C 电子商务的盈利模式；
- 掌握 B2B 电子商务的盈利模式；
- 了解 B2B 电子商务的类型；
- 了解旅游电子商务、网上证券、网上保险等电子商务模式。

## 第一节 电子商务模式概述

### 一、商务模式

商务模式(Business Model)也称为商业模式，是指企业创造价值的模式。商务模式就是企业做生意的方法，是一个企业赖以生存的模式，一种能够为企业带来收益的模式，也即企业通过什么途径或方式来赚钱。例如，饮料企业通过卖饮料来赚钱；书店通过卖书来赚钱；航空公司通过卖机票来赚钱；超市通过平台和仓储来赚钱；通信企业通过收取话费来赚钱；银行通过存贷利差来赚钱；快递企业通过送快递来赚钱；网络企业通过收取广告费来赚钱等。只要有赚钱的地方，就有商务模式存在。

商务模式规定了企业在价值链中的位置，并指导其如何赚钱。从事某一领域的企业，必须确定市场定位和盈利目标。为了满足目标顾客主体，企业必须采取一系列的战略组合，以获得持续的竞争优势。“商务模式”这个词直到 20 世纪 90 年代才开始被广泛使用和传播，商务模式在当前的市场已经变得越来越重要。依靠引入新的商务模式来保持持续的变革和创新力，对于企业在快速变化的商业环境中存活并发展是极其重要的。

商务模式的核心是价值，具体包括以下三个方面：

(1) 面向客户的价值(价值体现)；

(2) 面向投资者的价值(盈利模式);

(3) 面向商业伙伴的价值。

商务模式就是企业通过创造价值而获取收益所采取的一系列活动,它表明了企业在价值链中所处的位置。任何商务模式都要有清晰的盈利模式和价值体现,它是商业计划书的主要组成部分。商务模式可以表现为一个完整的产品、服务和信息流体系,包括每一个参与者起到的作用,以及每一个参与者的潜在利益与相应的收益来源和方式。任何一个商务模式都是一个由客户价值、企业资源和能力、盈利方式构成的三维立体模式。在分析商务模式的过程中,主要关注企业在市场中与用户、供应商、其他合作者的关系,尤其是彼此间的物流、信息流和资金流。

## 二、电子商务模式

电子商务模式是指在网络环境中基于一定技术基础的商务运作方式和盈利模式。电子商务模式是企业确定细分市场和目标顾客之后,通过企业内部特定的组织结构和在价值链中的定位,运用网络信息技术,与价值链上的各合作成员整合相关的流程,最终满足顾客的需要,并给企业带来盈利的方式。从电子商务模式的定义出发,电子商务模式大致包括以下三层含义。

1. 商务活动内容

企业的商务活动应该是围绕着提高企业核心竞争力而展开的。生产型企业主要是推出满足消费者需求的产品,并提供优质的售前售后服务;服务型企业的工作重心是,以产品为载体,为顾客提供完整的服务。例如,旅游电子商务企业为旅游者提供食宿、交通工具和提供导游等旅游服务。

2. 价值增值方式

生产型企业依靠产品的附加值获取利润。服务型企业分为两类,流通型和增值型。流通服务型企业通过经销产品的批零差价获取利润,而增值服务型企业通过各种增值服务赚取利润。

3. 应用系统建设

应用系统的建设包括硬件与软件环境的建设,如计算机系统的选型、网络设备的安装与调试、系统软件与应用软件的开发应用等。电子商务模式的应用主要是基于电子商务商业模式下的价值增值方式的具体过程,以及实现这个过程的电子商务应用系统框架建设。

好的电子商务模式可以使企业在竞争中获得两种优势:一种是电子商务模式对业务中原有的重要流程或特性进行改进,以此提高效率,并降低成本;另一种是电子商务模式对企业业务进行了创新性的突破,创造了新的价值。

## 三、电子商务模式的主要类型

随着应用领域的不断扩大和信息服务方式的不断创新，电子商务模式的类型也层出不穷。目前主要可以分为以下几种类型：

1. C2C 电子商务模式（Consumer to Consumer）。C2C 电子商务模式是一种消费者对消费者的交易模式。C2C 电子商务平台为买卖双方提供一个在线交易平台，卖方可以在上面发布待出售物品的信息，而买方可以从中选择进行购买。同时，为便于买卖双方交易，C2C 电子商务平台提供交易所需的一系列配套服务，如协调市场信息汇集，建立信用评价制度，提供多种付款方式。

2. B2C 电子商务模式（Business to Consumer）。B2C 电子商务模式是一种企业对消费者的交易模式，是企业依托互联网等现代信息技术手段，面向消费者所进行的商务活动。B2C 电子商务模式是一种电子化的零售模式，主要采取在线销售形式，以网络手段向消费者提供各种产品与服务。

3. B2B 电子商务模式（Business to Business）。B2B 电子商务模式是一种企业对企业的交易模式，是企业与企业之间依托互联网等现代信息技术手段进行的商务活动。B2B 电子商务模式通常是批发业务，可以是企业利用互联网向供应商采购，也可以是企业面向企业提供各种产品与服务。B2B 电子商务模式可以帮助企业找到最佳合作伙伴，完成从订购到结算的全部交易。

4. B2G 电子商务模式（Business to Government）。B2G 电子商务模式是一种企业对政府的交易模式，是企业与政府之间依托互联网等现代信息技术手段进行的商务或业务活动。政府与企业之间的各项事务都可以涵盖在其中，包括政府采购、税收、商检、管理条例发布和法规政策颁布等。

以上四种类型是常见的电子商务模式，也是最为常见的分类方法。目前又出现了一些新型的电子商务模式，如 C2B（Consumer to Business）模式、O2O（Online to Offline）模式等。还有的学者提出了门户模式、搜索引擎模式等。电子商务模式可以从多个角度建立不同的分类框架，除以上分类之外，也可以把电子商务模式分为代理模式、广告模式、信息中介模式、商户模式、厂家直销模式、会员营销模式、社区模式、订阅模式、效用模式等九种电子商务模式；还可以把电子商务模式分为电子商店模式、电子采购模式、电子拍卖模式、电子集市模式、第三方市场模式、虚拟社区模式、价值链服务供应商模式、价值链集成者模式、合作平台模式、信息代理商模式、信用服务模式等。就电子商务企业而言，不必局限某种电子商务模式，可以把以上几种电子商务模式进行优化组合，同时采用多种电子商务模式。

# 第二节 C2C 电子商务模式

## 一、C2C 电子商务模式概述

由于 C2C 是个人与个人之间的交易，具有大众化交易的特点。这一模式最早在美国诞生，当时有美国人通过网络来处理自己不需要的用品，因此 C2C 网站刚开始被认为是二手产品的交易场所，后来又逐渐出现了利用 C2C 网站销售新产品。1995 年皮埃尔·奥米迪亚(Pierre Omidyar)创立的 eBay 是美国知名的 C2C 交易网站。1999 年，邵亦波等人创立易趣网，开中国 C2C 网站之先河。2003 年 5 月 10 日，阿里巴巴集团投资 4.5 亿元创立 C2C 网站——淘宝网，以免费策略逐渐超越了易趣网。

在 C2C 电子商务模式中，将一个有影响力的、受买卖双方信任的 C2C 电子商务网站作为买卖双方之间沟通的网络平台，是最为基础和必不可少的。一个先进的 C2C 电子商务平台能够结合自身资源，在人气、信息流、物流、资金流方面取得竞争优势，帮助网站培养更多的忠诚用户，进一步扩大 C2C 电子商务品牌所占的市场份额。在 C2C 电子商务网站上，只要参与者注册为网站会员，就可以参与网上交易，其身份可以是买家，也可以是卖家。作为买家，可以选购网站所有店铺所提供的各类商品；作为卖家，可借助 C2C 电子商务网站平台，以免费或较少的费用在网上开店，销售商品或服务。在 C2C 电子商务网站上开店的成本不高，启动资金的要求低，而且网上开店不受地域、时间的限制，却可以面向来自全国甚至全世界的消费者。适合在 C2C 电子商务网站上开店的群体很广泛，包括大学生、农民、在职职工、下岗人员、退休人员等。C2C 电子商务网站本身不参与交易，不提供商品，不负责货运及仓储，这就降低了网站的经营风险和成本。

## 二、C2C 电子商务网站的特点

1. 为买卖双方提供信息交流平台

C2C 电子商务网站为进行网上买卖交易的用户提供了一个发布信息和获取信息的平台。C2C 电子商务网站的最基础服务也正是为用户提供信息交流平台，提供多种信息交流工具(如阿里旺旺之类的即时通信工具、在线客服等)，扩大信息交流范围等。C2C 电子商务网站所扮演的角色类似于传统商务交易中的中介。

2. 为买卖双方进行网上交易提供一系列的配套服务

C2C 电子商务网站所提供的配套服务包括物流配送系统、支付系统、买卖双方的信用评价、店铺推广、保险、即时通信、网络社区等。

3. 用户数量多,且可具有买家和卖家双重身份

C2C电子商务网站是个开放的平台,向所有用户开放,而且是免费注册的。因此,几乎任何人都可以注册成为C2C电子商务网站的用户。C2C电子商务网站注重提高人气,通常通过免费策略(如免费注册、免费开店、免费发布产品、免交易费等)来吸引用户。因此,C2C电子商务网站的用户数量较多。此外,C2C电子商务网站上的用户可以具有双重身份,一旦注册成功,用户既可以作为买家在该网站上购物,也可以作为卖家开店销售商品或服务。

4. 商品信息多,且商品质量参差不齐

C2C电子商务网站具有数量众多的卖家,因而有数量众多的待出售商品。C2C电子商务网站上商品种类繁多,不仅有服装、鞋帽、数码家电、箱包配饰、护肤品、食品、书籍等日常生活用品,也有汽车、家具、建材等大件商品,还有游戏点卡、充值卡、机票、网店装修、旅游等服务类产品。此外,商品的质量也参差不齐:既有全新的,也有二手的;既有正品,也有仿冒的商品;既有大工厂统一生产的,也有小作坊制作的。总之,C2C电子商务网站融合了传统的大商场、百货店、便利店、专卖店、特色小店、地摊和跳蚤市场,商品信息非常庞杂。

5. 交易次数多,单次交易金额低

C2C电子商务网站中的买家通常是个人,因此其购买的商品一般是单件或少量的,单个买家的交易金额较低。C2C电子商务网站中卖家的经营理念是薄利多销,比拼的是价格。

C2C电子商务平台的目标是为用户提供完整可靠的购物解决方案,完善即时通信、社区资源、搜索以及物流服务,最大限度地降低交易成本,使之成为一个安全、便捷、稳定的交易平台。

## 三、C2C电子商务的盈利模式

一个商业模式是否成功在于它能为企业带来多少利润,C2C电子商务的盈利模式是提供C2C电子商务平台所关注的重点。C2C电子商务目前的盈利模式主要有以下几个方面。

### (一) 网络广告收入

网络广告是C2C电子商务网站一个重要的盈利模式。巨大的流量使C2C电子商务网站成为一个很好的广告平台,吸引大量的客户到网站上投放广告。如果C2C电子商务网站具有充足的访问量和用户黏度,广告业务量会非常大。C2C电子商务网站可以将网站上有价值的位置用于放置各类广告,根据网站流量和网站人群精确标定广告位价格,然后再通过各种形式向客户出售,从而获取大量的广告收入。

(二) 租用店铺费

租用店铺费是指卖家在C2C电子商务网站上租用店铺开店所需要支付的费用。租用店铺费是较常见的一种收费模式,通常按月或按年收费。有的网站以打包的形式收费,提供多种服务的组合,比较符合店铺卖家的需求,因此这种收费模式较稳定。但是如果在C2C电子商务网站发展初期收取租用店铺费,可能会导致店铺卖家的流失,从而影响C2C电子商务平台的发展。例如,淘宝在发展初期是不收租用店铺费的,在吸引了大量卖家和买家之后,才开始逐渐收取费用,收取的旺铺租用费为30元/月。这种收费模式在美国更成熟,eBay美国站店铺卖家的店铺月租费如表5-1所示。

**表5-1 eBay美国站店铺卖家的店铺月租费**

| 店铺级别/Store Level | 费用 |
| --- | --- |
| 普通店铺 / Basic Subscribers | $15.95/月 |
| 高级店铺 / Premium Subscribers | $49.95/月 |
| 超级店铺 / Anchor Subscribers | $299.95/月 |

数据来源:http://university.ebay.cn/payment/fees/type35/1353_2.html

(三) 商品刊登费

商品刊登费也叫商品登录费,是指C2C电子商务网站向卖家收取的刊登商品的费用。卖家在C2C电子商务网站上销售商品,展示商品的方法就是上传商品的图片与介绍等,而C2C电子商务网站会根据卖家所刊登的商品的金额,收取一定的费用。C2C电子商务网站就像一个大型的商场,每个在网站上卖东西的商家就像是商场内的各个产品展示的柜台,商家要把东西放到C2C电子商务网站上卖,就要支付商品刊登费。eBay美国站店铺卖家的商品刊登费如表5-2和表5-3所示。

**表5-2 eBay美国站店铺卖家拍卖物品的刊登费**

| 起拍价或底价区间/Starting or Reserve Price | 费用 |
| --- | --- |
| $0.01—$0.99 | $0.10 |
| $1.00—$9.99 | $0.25 |
| $10.00—$24.99 | $0.50 |
| $25.00—$49.99 | $0.75 |
| $50.00—$199.99 | $1.00 |
| $200 及以上 | $2.00 |

注:店铺卖家不享受每月免费刊登50件拍卖物品的优惠。

数据来源:http://university.ebay.cn/payment/fees/type35/1353_2.html

表 5-3　eBay 美国站店铺卖家一口价物品的刊登费

| 普通店铺/Basic Subscribers | 高级店铺/Premium Subscribers | 超级店铺/Anchor Subscribers |
|---|---|---|
| \$0.20 | \$0.05 | \$0.03 |

数据来源:http://university.ebay.cn/payment/fees/type35/1353_2.html

(四) 商品成交费

商品成交费也叫交易提成费、交易服务费,是指 C2C 电子商务网站向卖家收取的商品成交的费用。如果卖家在 C2C 电子商务网站上成功地把商品销售出去,那么网站会根据卖家所售商品的金额收取一定的成交费。C2C 电子商务网站是一个交易平台,它为交易双方提供机会,就相当于现实生活中的交易所、大卖场,所以可以从交易中收取提成。例如,eBay 收取的商品成交费如表 5-4 和表 5-5 所示。

表 5-4　eBay 美国站店铺卖家拍卖物品的成交费

| 最终成交价/Final Sale Price | 费用 |
|---|---|
| 物品未售出 | 不收费 |
| \$0.01—\$50.00 | 成交价的 7.5% |
| \$50.01—\$1,000 | 7.5%× \$50.00 +(成交价－\$50.01)×4.0% |
| \$1,000.01 及以上 | 7.5%× \$50.00 +(\$1,000.00－\$50.01)×4.0%+(成交价－\$1,000.01)×2.0% |

数据来源:http://university.ebay.cn/payment/fees/type35/1353_2.html

表 5-5　eBay 美国站店铺卖家一口价物品的成交费

| 最终成交价/Final Sale Price | 电子产品类/Electronics* | 服装、鞋及配饰类/Clothing, Shoes and Accessories | 图书及媒体类/Books, DVDs & Movies, Music, Video Games | 其他一般分类/All Other Categories |
|---|---|---|---|---|
| 物品未售出 | 不收费 | 不收费 | 不收费 | 不收费 |
| \$0.99—\$50.00 | 成交价的 7% | 成交价的 10% | 成交价的 13% | 成交价的 11% |
| \$50.01—\$1000.00 | 7%× \$50.00 +(成交价－\$50.00)×5.0% | 10%× \$50.00 +(成交价－\$50.00)×8.0% | 13.0%× \$50.00 +(成交价－\$50.00)×5.0% | 11.0%× \$50.00+(成交价－\$50.00)×6.0% |
| \$1,000.01 及以上 | 7%× \$50.00 +(\$1,000.00－\$50.01)×5.0%+(成交价－\$1,000.01)×2.0% | 10%× \$50.00 +(\$1,000.00－\$50.01)×8.0%+(成交价－\$1,000.01)×2.0% | 13.0%× \$50.00 +(\$1,000.00－\$50.01)×5.0%+(成交价－\$1,000.01)×2.0% | 11.0%× \$50.00 +(\$1,000.00－\$50.01)×6.0%+(成交价－\$1,000.01)×2.0% |

* 注:电子产品类包含的具体分类有 Pro Audio Equipment, Computers & Networking, Car Electronics, Cameras & Photo, and Video Game Systems。

数据来源:http://university.ebay.cn/payment/fees/type35/1353_2.html

### （五）特色功能费

特色功能费是指 C2C 电子商务网站向卖家提供特色服务所收取的费用。卖家合理地选择使用特色功能，将可以帮助提高卖家的销售额。特色功能即 C2C 电子商务网站为卖家提供的增值服务，包括店铺管理工具和店铺装饰工具，不同的网站提供不同的增值服务。具体的特色功能有：粗体显示功能、图片空间、统计软件、库存管理、客户管理、信用卡付款功能租用、货到付款功能租用、拍卖物品中添加“一口价”功能、优化刊登功能、设置物品“10 天在线”功能、多站点曝光功能等。eBay 美国站店铺卖家的特色功能费如表 5-6 所示。

**表 5-6　eBay 美国站店铺卖家的特色功能费**

<table>
<tr><td colspan="3">拍卖物品中添加“一口价”功能</td></tr>
<tr><td colspan="2">一口价的价格区间/Buy It Now price</td><td>费用</td></tr>
<tr><td colspan="2">$0.99—$9.99</td><td>$0.05</td></tr>
<tr><td colspan="2">$10.00—$24.99</td><td>$0.10</td></tr>
<tr><td colspan="2">$25.00—$49.99</td><td>$0.20</td></tr>
<tr><td colspan="2">$50.00 及以上</td><td>$0.25</td></tr>
<tr><td colspan="3">优化刊登功能费/Listing Upgrade Fees</td></tr>
<tr><td>功能/Feature</td><td>费用（针对拍卖、一口价刊登）<br>（3、5、7、10 天在线）</td><td>费用（针对一口价刊登）<br>（30 天、无限期在线）</td></tr>
<tr><td>优惠包 / Value Pack</td><td>$0.65</td><td>$2.00</td></tr>
<tr><td>橱窗展示/Gallery</td><td>免费</td><td>免费</td></tr>
<tr><td>橱窗展示大图/Gallery Plus</td><td>$0.35</td><td>$1.00</td></tr>
<tr><td>页面设计师/Listing Designer</td><td>$0.10</td><td>$0.30</td></tr>
<tr><td>副标题/Subtitle</td><td>$0.50</td><td>$1.50</td></tr>
<tr><td>字体加粗/Bold</td><td>$2.00</td><td>$4.00</td></tr>
<tr><td>物品定时刊登/Scheduled Listings</td><td>$0.10</td><td>$0.10</td></tr>
<tr><td>物品同时刊登于 2 个物品分类中/List in Two Categories</td><td>2 倍的刊登费和特色功能费，定时刊登费和成交费只收取 1 次</td><td>2 倍的刊登费和特色功能费，定时刊登费和成交费只收取 1 次</td></tr>
<tr><td colspan="3">设置物品“10 天在线”功能</td></tr>
<tr><td>物品的刊登形式/Listing Format</td><td colspan="2">费用</td></tr>
<tr><td>拍卖形式/Auction-style</td><td colspan="2">$0.40</td></tr>
<tr><td>一口价形式/Fixed Price</td><td colspan="2">免费</td></tr>
</table>

（续表）

| 多站点曝光功能 / International Site Visibility | | |
|---|---|---|
| 起始价/Starting Price | 费用(针对拍卖形式)(3、5、7、10 天在线) | 费用(针对一口价形式)(3、5、7、10、30 天在线,无限期在线) |
| $0.01—$9.99 | $0.10 | $0.50 |
| $10.00—$49.99 | $0.20 | |
| $50.00 及以上 | $0.40 | |

数据来源:http://university.ebay.cn/payment/fees/type35/1353_2.html

（六）搜索排名竞价

C2C 电子商务网站商品的丰富性决定了购买者搜索行为的频繁性,搜索的大量应用就决定了商品信息在搜索结果中排名的重要性,由此便引出了根据搜索关键字竞价的业务。用户可以为某关键字提出自己认为合适的价格,最终由出价最高者竞得,在有效时间内该用户的商品可获得竞得的排位。只有卖家认识到竞价为他们带来的潜在收益,才愿意花钱使用。例如,淘宝直通车就是一种搜索排名竞价,它是为淘宝卖家量身定制的按点击付费的效果营销工具,可以实现宝贝的精准推广。

（七）支付环节收费

为了解决买卖双方付款与收款的问题,很多 C2C 电子商务网站推出了第三方支付业务。本教材第三章已详细介绍了第三方支付业务,其具体支付流程为:买方选购商品后,使用第三方支付账户进行货款支付,由第三方通知卖家可安排发货;买方在收到货物后,通知第三方货已收到,可以把货款支付给卖家,然后第三方再将货款转至卖家账户。在此支付过程中,提供第三方支付的企业可以按成交额向使用者收取手续费。此外,买家所支付的货款需要暂存在第三方支付账户,如果有大量的用户使用第三方支付业务,那么第三方支付企业就会拥有庞大的沉淀资金,这为第三方支付企业提供了大量的现金流,这些现金流也可以给第三方支付企业带来盈利。例如,提供第三方支付业务的企业可以开展信贷业务。

## 四、C2C 电子商务模式所面临的问题

C2C 电子商务模式虽然具有很大的发展潜力,但也面临着许多问题,具体包括以下几个方面。

（一）信用方面的问题

1. 买卖双方缺乏信任

C2C 电子商务的难点在于,在买卖双方缺乏信任的前提下,要完成交易,很

难找到一个信任的"支点"。虽然C2C电子商务网站所采用的第三方支付方式很好地解决了交易中的支付问题,但买卖双方互相不见面,互相不了解,因此还是缺乏信任。随着网购信用纠纷的日益增多,网购中买卖双方的信任度正在消减。买家担心所购买的商品与描述不符,担心买到假冒伪劣产品,还担心卖家的信用度不真实,商品评价不真实等;而卖家担心所遇到的买家是恶意差评师、恶意退货者,甚至是诈骗者。由此可见,目前买卖双方仍缺乏信任。

2. 存在信用炒作问题

信用炒作又叫"刷钻""刷信誉""刷信用""互拍""旺掌柜""群拍"或者"炒作信用度",是指在淘宝、拍拍等C2C购物网站中,买卖双方以抬高信用为目的,或双方在无实际成交的情况下作出"满意""好评"评价的行为。针对信用度至上的规则,不管是新手卖家还是皇冠卖家,为了追求更高信誉,吸引更多买家,很多都通过专业刷信誉团体、免费的群里互相信用炒作或刷钻平台来达到增加信用度的目的。根据淘宝网数据,截至2009年7月21日,共有9777家店铺因重度虚假交易,通过淘宝第二代安全稽查监控系统被封。

3. 信用评价体系不完善

(1) 评分累计值参考因素单一。在评价的过程中,都是以交易次数为单位来加以评价,与交易金额无关。无论是一万元的交易还是一毛钱的交易,得到的评价机会都是一样的。然而,前者交易所承担的风险,所损耗的人力、物力,与后者相比都要高出很多倍。同样,买家对于前者和后者的交易所持心态也不相同。一万元的交易品只要存在丁点瑕疵,买家很可能会非常愤怒而给予差评;但是一毛钱的交易品即使马马虎虎,买家却会觉得价廉,所以毫不在意,从而给予好评。此外,在淘宝网中,虚拟物品和实物的评价也未分开。虚拟物品与实物存在许多差异,而评价的无差异化使得淘宝卖家有机可乘。

(2) 信用评价评分体系过于简单。例如,淘宝网只有"好、中、差"此类模糊的评价体系,买家或卖家的信用程度取决于另一方给予的评定,这种评分体系过于简单。虽然目前的评价体系鼓励用户填写详细的文字评价,但仍有很多用户不愿花时间去填写。

(3) 评价的主观性难以掌控,真实性难以考证。从评价的衡量标准来看,几乎所有评价都不具备定量的标准。对于好评、中评、差评,以及物品质量、服务态度这几点,完全取决于评价人的主观想法。同样的商品和同样的服务,很多人觉得还行就会给予好评,但还有一部分人的习惯是觉得一般就会给中评。甚至有时候这种评价取决于评价人当时的心情。这种随机性和主观性给予人的参考价值是不准确的。此外,用户评价的真实性也难以考证。有的用户会习惯性给予"好评",有的用户在对方的请求下,或在对方给予某些好处(如送券、送礼品、返现金等)的情况下,违背原意而给予"好评"。

（二）物流方面的问题

C2C 电子商务模式下的商品配送多数采用第三方物流，但是 C2C 电子商务网站难以控制第三方物流的服务。第三方物流较多存在配送服务不规范的问题，如配送的服务态度差、强迫买家先签字后验货、送货延迟、野蛮运货等。此外，就卖家而言，物流成本较高，这就削弱了网络交易的优势，尤其不利于低价有形商品的交易。

（三）消费者权益保护问题

尽管 C2C 电子商务网站采取了种种措施来保护消费者的权益（如卖家加入消费者保障服务、7 天无理由退换货、假一赔三服务等），但网络交易过程中仍有各种损害消费者权益的情况发生，网络购物的侵权问题成为消费者投诉的重点。消费者权益保护问题主要包括消费者的隐私权得不到保护，消费者的知情权受到限制，格式条款致使公平交易权难以保障，退换货难以实现等。

## 时事链接

### 《消费者权益保护法修正案（草案）》公开征集意见

2013 年 4 月 23 日，实行了近 20 年的《消费者权益保护法》首次迎来大修，《消费者权益保护法修正案（草案）》首次提交全国人大常委会审议。新草案中引人注目的内容有：非现场购物将被赋予"后悔权"，冲动网购后不满意可在 7 天内退货。买汽车、电脑、冰箱等耐用商品出现问题，拟由经营者举证"自证清白"。欺诈消费的惩罚性赔偿额度拟由原来的双倍提升到三倍。

2013 年草案具有如下特点：

(1) 法律将对网购欺诈说"不"

随着信息技术发展，网购逐渐成为人们购物的主流方式之一。但由于这种消费方式不易辨别商品真实性，因此投诉的数量居高不下。以北京市工商部门和消协 2012 年受理的申诉投诉量看，涉及网购的申诉投诉数量居首位，超过全市服务类申诉投诉量的一半。对此，草案中规定：首先要确保消费者的知情权。采用网络、电视、电话、邮购等方式提供商品或者服务的经营者，应当向消费者提供经营地址、联系方式、商品或者服务的数量和质量、价款或者费用、履行期限和方式、风险警示、售后服务、民事责任等真实、必要的信息。在保护网购消费者选择权方面，草案赋予消费者在适当期间单方解除合同的权利：消费者有权自收到商品之日起 7 日内退货，但根据商品性质不宜退货的除外。经营者应当自收到退回货物之日起 7 日内返还消费者支付的价款。在保护消费者的损失赔偿请求权方面，草案规定：当网络交易平台上的销售者、服务者不再利用该平台时，消费者可以向网络交易平台提供者要求赔偿。

(2) 经营者不得擅自泄露消费者个人信息

实践中,有的经营者非法收集、使用消费者个人信息,擅自泄露或非法向他人提供消费者个人信息,严重影响了消费者正常生活,侵害了消费者合法权益。对此,草案明确规定:消费者在购买、使用商品和接受服务时,享有姓名权、肖像权、隐私权等个人信息得到保护的权利。草案还规定,经营者收集、使用消费者个人信息,应当遵循合法、正当、必要的原则,明示收集、使用信息的目的、方式和范围,并经被收集者同意。经营者及其工作人员对收集的消费者个人信息必须严格保密,并确保信息安全。草案还规定,经营者未经消费者同意或请求,或者消费者明确表示拒绝的,不得向其发送商业性电子信息。

(3) 商品"三包",7日不再是硬约束

商品的服务和质量,关系消费者日常生活,涉及消费者的人身、财产安全。所以强化退货、更换、修理的"三包"规定,是促使经营者保证商品和服务质量的有效措施。据此,草案规定:经营者提供商品或者服务不符合质量要求的,消费者可以依照国家规定和当事人约定退货,或者要求经营者履行更换、修理等义务;没有国家规定和当事人约定的,消费者可以自收到商品之日起7日内退货。7日后,符合合同法规定的解除合同条件的,消费者可以及时退货;不符合的,可要求经营者履行更换、修理等义务。

(4) 缺陷商品,消费者或将不再"举证难"

不少消费者有这样的感觉,在商品房、网购、金融消费等领域,面临的最大问题是维权难,维权成本高。举证难是维权难的主要原因之一。对此,草案明确了经营者的举证责任。草案规定:"经营者提供的机动车、微型计算机、电视机、电冰箱等耐用商品或者装饰装修等服务,自消费者接受商品或者服务之日起六个月内出现瑕疵、发生纠纷的,由经营者承担相关举证责任。"

## 五、C2C电子商务主要运作模式

C2C电子商务的运作模式主要有两种,一种是网上商厦,另一种是网上拍卖。

(一) 网上商厦

网上商厦(e-Mall)也称虚拟商业街,是指基于互联网平台,聚集消费者与商家的虚拟商业中心。网上商厦是消费者与提供商品和服务的商家的汇聚地,买卖双方通过互联网进行商品与服务的交易。网上商厦的商家也被称为"入驻企业"。网上商厦为入驻企业进行网上商务活动提供功能性服务平台。入驻企业在网站上展示其各自的商品信息,消费者可在网上商厦的各商铺购买商品与服务,网上商厦为入驻企业提供支付结算服务,最终由入驻企业直接进行商品的配送，并做好售后服务。网上商厦通常具有很高的品牌知名度和访问流量。

1. 网上商厦的优势

（1）就入驻企业而言，可以低成本、快捷地开设自己的网上商店。入驻企业省去了网站建设与维护的昂贵费用，同时可获得网上商厦提供的便捷的网上交易服务体系，如网上支付与结算、物流配送等。有的网上商厦可以为入驻企业提供多种配套服务，能为卖家解决从货源、库存到推广销售等一系列问题。网上商厦还能利用社区营销来提升商品的成交率。入驻企业也可以借助网上商厦的品牌知名度和巨大的访问量，吸引大量的潜在顾客前来访问，并成为真正的顾客。

（2）就消费者而言，网上商厦可选的店铺多，商品种类多，具有价格优势。网上商厦中有大量的入驻企业，这些入驻企业所提供的商品和服务数量庞大，种类齐全，因而消费者易于找到满意的商品与服务。网上商厦的店铺多，竞争激烈，因此网上商厦所提供的商品与服务具有价格优势。

（3）就网上商厦运营企业而言，借助于数量庞大的入驻企业，可提供丰富的商品及服务种类，更容易形成巨大的品牌知名度并增加网站的流量。网上商厦提供了第三方交易平台，它在吸引大量的入驻企业的同时，也吸引了大量的买家，因而在达到一定的数量之后，可进入买卖双方均增长的良性循环，从而实现网站的规模化运营，增加广告收入、店铺会员费收入、店铺推广收入等，同时也可以集中精力拓展自己擅长的领域。

2. 网上商厦系统服务提供商的选择

就入驻企业而言，选择合适的网上商厦运营商是非常重要的，一般应从商务和技术两个角度加以综合考虑。

（1）商务要求（5C）

① 成本（Cost）。入驻企业首先会考虑网上开店的成本，即通过网上商厦开展经营活动的支出，包括租用店铺费用、店铺推广费用、使用数据库和支付平台以及维持正常运行等各种费用。在同等条件下，入驻企业通常会选择加入成本低的网上商厦。

② 信用（Credit）。信用是指网上商厦运营商所具有信用度的高低，包括网上商厦的知名度、信誉度、访问流量等。入驻企业通常会选择加入信用度高的网上商厦。

③ 覆盖（Coverage）。覆盖是指网上商厦所能影响的市场区域。有的网上商厦覆盖某一城市或某一省份，有的网上商厦覆盖全国甚至全球范围。入驻企业通常会选择加入覆盖范围广的网上商厦。

④ 特色（Character）。不同的网上商厦具有不同的特色，如有的网上商厦以销售图书为主，有的网上商厦以销售电子产品为主，有的网上商厦以销售母婴用品为主，有的网上商厦以销售日用品为主，有的网上商厦面向女性群体，有的网

上商厦面向青年群体等。入驻企业应研究不同的网上商厦顾客群的特点、购买习惯和频率等，进而根据自身产品的特点和目标市场选择合适的网上商厦。

⑤ 连续性(Continuity)。连续性是指网上商厦所具有的生命力。入驻企业应选择具有一定的品牌信誉、服务信誉，即具有生命力(连续性)的网上商厦运营商。

(2) 技术要求

① 提供方便快捷、多样化的交易平台。网上商厦应提供多种信息发布方式、快速的订单处理功能、简便灵活的购物车和收银台、可供选择的多种支付方式、可供选择的物流系统、可供选择的店铺模板，以及自动应答、即时通信、个性化服务等功能。

② 提供功能强大的数据库系统。功能强大的数据库是实现网上经营的基础。网上商厦系统至少应为入驻企业提供以下数据库管理系统：商品数据库——科学的分类目录，完善的查询功能；客户数据库——客户(供应商、顾客等)资料管理，可帮助企业实施有效的客户关系管理；经销数据库——实现企业在网上商厦中经营业务数据的有效管理。

③ 提供多样化的安全支付方式。网上商厦应为入驻企业提供多种支付方式，而且应保证支付安全可靠，确保网上支付的顺利实现。支付的安全性是买卖双方都关心的问题，提供安全的支付方式，以及提供可靠的第三方支付方式，均有利于提高商品与服务的成交率，而成交率正是入驻企业最为关注的。

④ 提供物流信息平台。消费者在提交订单后，会关注所购商品的递送情况。因此，网上商厦应为入驻企业提供物流信息平台，在使用第三方物流配送企业的情况下，买卖双方均可查询物流配送信息，协助完成交易。

⑤ 网上商厦运营商的技术能力。网上商厦的运营商应切实保障网上商厦软硬件系统安全正常地工作，除实现日常维护外，还应具备进行系统升级，改进与完善系统功能的能力。

(二) 网上拍卖

网上拍卖又称“网络拍卖”或“网上竞拍”，是指商品所有者或某些权益所有人利用互联网通信传输技术，使用网络服务提供者提供的互联网技术平台，展示其商品或其所具有的某些权益，通过不断变换的标价，向网上竞买人销售产品或有偿转让权益，竞买人通过上网竞买，购买商品或某些权益的一种交易形式。

网上拍卖产生于电子商务发展初期，最早是网上社区的成员寻找自己想买的东西，给出自己的报价，社区内的其他人在了解了销售者的信誉后作出反应，进行应拍。eBay是目前规模最大的和最著名的从事拍卖活动的网站，淘宝网则是我国国内著名的拍卖网站。随着电子商务的发展，eBay、淘宝、易趣等网站推出了多种商务模式(如团购、零售等)，拍卖不再是其主流模式。

拍卖是产品市场和资本市场必不可少的交易方式，而互联网扩展了传统拍卖的时空，互联网技术和传统拍卖机制的结合产生了网上拍卖。在电子商务市场中，网上拍卖以其独特的竞标运作方式占据了部分的市场份额。与传统拍卖相比，网上拍卖具有以下几个方面优势。

1. 操作简单，便于买卖双方参与交易

网上拍卖的操作流程简单，无论是买方还是卖方，都可以方便地参与网上拍卖。传统的拍卖会是少数人参与的，而网上拍卖是每个网民都可参与的交易活动。

2. 时间与空间上的优势

传统拍卖要求竞买人在同一地点、同一时间进行竞拍，而网上拍卖中的竞买人不需要在同一地点，也不需要同时竞价。网上竞价可持续数天或数周，这使得竞买人在竞价时间上具有很大的灵活性。

3. 成本上的优势

在传统拍卖活动中，拍卖成功后，拍卖行要向买卖双方分别收取一定的佣金，通常为成交金额的 10%—15%。而在网上拍卖活动中，买卖双方需要支付的成本则低多了，有时买方甚至不需要支付佣金。

4. 搜索商品的优势

网上搜索引擎可使买方很方便地搜索到所需竞买的物品，而且网上拍卖所提供的商品数量多，可以为买方提供更多的选择。

## 第三节　B2C 电子商务模式

### 一、B2C 电子商务模式的概念及优势

B2C 电子商务模式指的是企业与消费者之间通过互联网等现代信息技术手段进行的商务活动。这种形式的电子商务一般以网络零售业为主，主要借助于互联网开展在线销售活动，企业以网络手段向消费者提供商品与服务。B2C 模式是我国最早出现的一种电子商务模式，以 8848 网上商城正式运营为标志。国外 B2C 的代表是亚马逊，国内 B2C 成功的典型有天猫商城、京东商城、苏宁易购、易迅网、1 号店、当当网等。

（一）与实体店相比，B2C 电子商务网站的优势

与实体店相比，B2C 电子商务网站具有以下优势：

1. 成本优势

B2C 电子商务网站的成本优势包括场地优势、人力优势、容量优势和支付方式多样化优势。场地优势是指 B2C 电子商务网站不需要租场地，网站就是其

经营场所。人力优势是指 B2C 电子商务网站可以省去大量销售人员的费用。容量优势是指商品的种类与数量不受摆放场地的限制。支付方式多样化优势是指 B2C 电子商务网站可提供在线支付、货到付款、银行转账汇款、第三方支付等多种支付方式。

2. 搜索商品与推荐商品优势

一方面,客户可以通过商品目录或关键词搜索方式快速搜索到想要购买的商品;另一方面,B2C 电子商务网站可以通过促销商品、热销排行榜、热评排行榜、热卖商品、品牌推荐等方式,向客户推荐商品。就客户而言,选购商品更方便,能迅速地找到想购买的商品。

3. 更了解客户

与实体店相比,B2C 电子商务网站更能通过技术手段了解客户的需求。例如,B2C 电子商务网站可以根据客户的点击率、购买率、用户的反馈,随时调整进货计划,减少积压情况的出现。B2C 网站还可以通过分析客户的购买习惯和个性需求,开展有针对性的网上促销和个性化服务。

4. 不受时间与空间的限制

实体店通常会受到营业时间的限制,还会受到地理位置的限制。而 B2C 电子商务网站可以全天候营业,客户可以在任何时间进入网站购物。B2C 电子商务网站也不会受到地理位置的限制,只要客户能上网,无论在地球哪个角落,都可以方便地进入 B2C 电子商务网站购物。因此,与实体店相比,B2C 电子商务网站的客户群更广。

5. 交易快捷

在 B2C 电子商务网站上购物,计算机能自动处理订单,加快交易速度。B2C 电子商务网站能及时、快捷地满足客户的需求。

6. 无限的货架

与实体店相比,B2C 电子商务网站不受货架的限制,可以提供的商品种类多,而商品种类齐全也有助于吸引客户,并提高销售额。B2C 电子商务网站的商品种类的扩展速度明显超过实体店。

(二) 与 C2C 相比,B2C 电子商务网站的优势

与 C2C 相比,B2C 电子商务网站具有以下优势:

1. 信誉好,商品质量有保障

B2C 电子商务网站通常由实力雄厚的大企业建立,对入驻企业的要求也较高,因此其网站内所售卖的商品质量有着可靠的保障,能够保证所出售的商品是正品。而就 C2C 而言,由于卖家质量参差不齐,进货渠道不一样,产品质量也参差不齐,有不少假冒伪劣产品。此外,C2C 网站上的商家一般不能提供发票,而 B2C 电子商务网站可以提供正规的发票,以此来保证商品为正品,因而其质量就有保障。

2. 送货快，物流配送服务好

有些 B2C 网站自建物流配送网络，因此其物流速度较快，服务较好。有的 B2C 网站甚至能做到上午订货，下午就送到。如果是 B2C 网站自己的配送人员送货，一般服务态度较好，能主动打开包裹，让客户验货。而 C2C 网站通常使用第三方物流，物流的服务质量难以控制。

3. 售后服务好

与 C2C 网站相比，B2C 网站的售后服务更为优质。B2C 网站可提供无理由退换货服务，退换货的速度也较快。B2C 网站的售后人员有着较专业的素质，他们也更重视顾客的满意度。

4. 资金较雄厚，能不断扩大商品种类

与 C2C 网站相比，B2C 网站中卖家的资金实力更雄厚，更易于扩展商品种类，为客户提供丰富多样的商品，从而提高客户的满意度，也提高了商家的销售额。

5. 支付方式多样，可提供货到付款

与 C2C 网站相比，B2C 网站所提供的支付方式更为多样，尤其是支持货到付款。有很多客户喜欢采用货到付款方式，因为此支付方式较简单，安全性也高，客户可以在验货后再支付货款。

6. 广告投入多，有利于吸引客户

B2C 网站的资金实力雄厚，因此可以投入大量的广告，以此来提高知名度，吸引大量客户。

正是因为具有以上这些优势，B2C 网站有超越 C2C 网站的趋势。近年来，不仅涌现了众多纯线上业务的 B2C 网站，而且各大传统企业亦纷纷涉足 B2C 领域。B2C 电子商务市场呈现“井喷”，且逐渐呈现替代 C2C 成为网购第一大主流的趋势。此外，C2C 企业开始涉足代表网购未来趋势的 B2C 业务，如淘宝推出淘宝商城(后更名天猫)，这也意味着 B2C 是未来的发展方向。

## 二、B2C 电子商务的盈利模式

### (一) 销售商品收入

销售商品收入是指 B2C 电子商务网站通过销售商品所获取的收入，主要利用批零差价获取利润。目前网上销售商品的价格竞争较为激烈，因此销售商品的利润非常低。

### (二) 提供销售平台的收入

B2C 电子商务网站可以通过为入驻企业提供销售平台来获取收入。B2C 平台向入驻企业收取的费用包括保证金、平台使用费和交易服务费等。保证金用于交易纠纷的赔付，这只是押金，可以退回；平台使用费通常以年费的形式收取，根据店铺经营类目不同而收取不同的年费；交易服务费通常按交易金额的一定比例来收取。下面以天猫为例介绍一下 B2C 平台的收费。首先，入驻天猫的企业必须交纳保证金，保证金主要用于保证商家按照天猫的规范进行经营，并且在商家有违规行为时根据《天猫服务协议》及相关规则规定用于向天猫及消费者支付违约金。保证金根据店铺性质及商标状态不同，金额分为 5 万、10 万、15 万三档。其次，入驻天猫商城的企业必须交纳技术服务费年费，年费金额以一级类目为参照，分为 3 万元和 6 万元两档。最后，天猫还要实时划扣技术服务费，商家在天猫经营需要按照其销售额（不包含运费）的一定百分比（简称“费率”）交纳技术服务费。

（三）广告收入

知名的 B2C 电子商务网站每天都有很高的访问量，因此也成为了非常好的广告平台。例如，天猫广告主要有商品展示广告、品牌展示广告、阿里旺旺植入广告等，这些广告都能给 B2C 电子商务网站带来高额的收入。

（四）关键词搜索排名竞价收费

提供销售平台的 B2C 电子商务网站可以通过关键词搜索排名竞价，向入驻企业收费。由于内部竞争激烈，通常 B2C 电子商务平台允许入驻商家付费购买关键词，以提高在搜索结果中的排名，提高店铺的流量，这也是 B2C 电子商务平台非常重要的收入来源。

（五）软件和附加服务费

提供销售平台的 B2C 电子商务网站还可以通过提供软件和附加服务，向入驻企业收取附加费用。例如，天猫依托自己的技术团队，借助消费行为数据库，根据商家的需求开发了大量的软件和附加服务，如图片空间、会员关系管理、装修模板、数据魔方、量子统计等等。这些服务的推出是以天猫的数据库系统为依托的，因此在开发过程中迎合了卖家的需求，具有非常好的销量。几乎每一个商家都会购买相当一部分的软件和服务，以使自己的店铺能够更好地发展。

## 三、B2C 电子商务主要运作模式

目前较为成熟的 B2C 电子商务模式主要有网上商厦、网上商店和网上直销。关于网上商厦这种模式，在前面 C2C 中已作了介绍。B2C 模式下的网上商厦与 C2C 模式下的网上商厦类似，只不过在 B2C 模式下的网上商厦中，入驻企业的规模较大，实力较雄厚。例如，天猫属于 B2C 模式下的网上商厦，淘宝网属于 C2C 模式下的网上商厦，天猫对于入驻商家的要求相对较高，通常是以公司形式注册的企业才可以入驻天猫。对于网上商厦已在前面作了详细介绍，这里就不再赘述。下面重点介绍网上商店和网上直销。

（一）网上商店

网上商店又称“虚拟商店”或“电子商店”，是指商家直接面向消费者销售商品(服务)的网站。网上商店可以是无所不包的网上超市，也可以是专卖店，类似于传统的零售商。网上商店通过精心编辑的图片和文字来描述其所提供的商品，并进行促销活动。网上商店销售的绝大多数是有形商品，也提供无形商品。提供可直接下单的“购物车”系统和在线支付系统。网上商店通常提供多种支付方式，包括货到付款、在线支付、分期付款、邮局汇款、银行转账等。有的网上商店还自建物流配送网络，能够提供快速、良好的配送服务。

1. 网上商店的类型

网上商店又可分为两种类型，一种是综合型，另一种是垂直型。

(1) 综合型 B2C 网上商店

综合型 B2C 网上商店是指能够提供丰富商品种类的网上商店，其商品类别通常包括图书、电子产品、服装、母婴用品、日用品、食品等。综合型 B2C 网上商店类似于传统的大超市，提供非常丰富的商品种类，因而吸引了庞大的购物群体。此类网站提供便利的购物平台，有完备的支付体系和诚信的安全体系，也具有完善的物流配送体系。综合型 B2C 网上商店的主要优势是商品丰富、种类齐全。例如，京东商城、当当网、亚马逊、1 号店等都属于综合型 B2C 网上商店。

(2) 垂直型 B2C 网上商店

垂直型 B2C 网上商店是指仅提供某一类别商品的网上商店，此类网站的目标专一，专注于某一行业。垂直型 B2C 网上商店类似于传统的专卖店，所销售的商品具有单一性，有助于产品细分，有利于服务的专业化。例如，专注于 3C 类的易迅网，专注于母婴类的红孩子，专注于鞋类的乐淘网，专注于化妆品类的聚美优品、乐蜂网和草莓网，专注于酒类的也买酒等，都属于垂直型 B2C 网上商店。

2. 网上商店的构建方案

无论是综合型 B2C 网上商店，还是垂直型 B2C 网上商店，其可选用的构建方案主要有两种：加入网上商厦和自建。

(1) 加入网上商厦

加入网上商厦是构建网上商店最简单的方法。大多数网上商厦都提供现成的技术和服务，提供构建网上商店的模板，因此企业易于开展自己的销售业务，可以方便地发布商品，处理订单，进行销售统计，完成支付结算等具体业务。

加入网上商厦的优点是，开发和建设方便简单，网上商店较容易实现，免去了网站软、硬件的维护管理工作，而且与自建网站相比，其初始建设费用较低。加入网上商厦的缺点是，网站受限于网上商厦所提供的开发平台和开发手段，网上商店的构建不灵活。加入网上商厦一般适合于中小企业采用。

（2）自建

自建网上商店是指企业自己建设一个网站，需要完成注册域名、租用或购买空间、网页设计等一系列工作。自建网站的优点是，企业可根据自身的情况灵活地建设网站，其网站的功能强大，系统有较强的可控性、适应性、可扩充性，而且便于维护。自建网站的缺点是，开发和初始建设费用高，建设周期长，要求掌握相关的技术，系统升级与维护难度大。因此，自建网站适合于大型企业采用。

3．网上商店的规划

如果企业要开展B2C电子商务活动，除了考虑构建方案之外，还需要考虑网上商店自身的规划。网上商店的规划包括：

（1）网店的名称或域名

如果企业自建网站，那么网站就有独立的域名。网上商店的域名应当与产品或商店的特色等相关，这样可以加深顾客对网上商店的印象。另外，从商业角度看，简洁、易读、易懂的域名将会获得更多机会。如果企业通过加入网上商厦建立网店，那么网站就没有独立的域名，但可以为自己的网上商店起一个响亮的名字，这也是非常重要的。知名度高的品牌可以直接用品牌为自己的网上商店起名，有的网上商店则使用好听、简洁、易记的名称。网店的起名要注意下面几个原则：① 简洁通俗，朗朗上口。店名一定要简洁明了，通俗易懂，且读起来要响亮通顺，朗朗上口。如果店名用字生僻，读起来拗口，就不容易被消费者熟记。② 别具一格，独具特色。网店有千千万万，用与众不同的文字，使自己的小店在名字上就显得特别，体现出一种独立的品位和风格，吸引购物者的注意。③ 与自己经营的商品相关。店名用字要符合自己所经营的商品，最好选择一个与经营商品相关的店名，让人从店名就看出网店的经营范围。④ 用字吉祥，给人美感。中国人喜欢使用吉祥的店名，让人看起来就有一种美感，表达吉祥的含义。不要使用一些阴晦低俗、惹人反感的名字。

（2）商品目录

网上商店应建立一个清晰、简洁的商品目录。由于受到显示网页的尺寸限制，不可能在网站首页上放置很多商品的介绍。同时，许多顾客在进入网上商店后，一般会到合适的分类目录中查找。因此，网上商店要有完善的分类体系来充分展示商品，一个好的商品目录可以使顾客通过最简单的方式找到需要的商品。除了商品目录之外，通常网上商店也提供关键词搜索方式帮助顾客搜索到所需购买的商品。

（3）网页设计

网页相当于商店的外观，对顾客的购买决策具有一定的影响。网上商店网页设计的基本出发点是，怎样的设计才能更加有效地吸引顾客，并引导顾客浏览相关的页面。在网页设计中，网站首页的设计尤其重要。网站首页应提供网站导航，网站导航的目的是帮助用户找到所需要的信息，引导用户完成网站各内容页面间的跳转。网站首页应向顾客提供尽可能详尽的商品信息，分栏目向顾客推荐商品。网站首页可提供商品分类目录、促销商品、最新上架商品、热卖商品、热评商品、限时抢购、推荐商品、商品排行榜等内容。除了网站首页的设计之外，还应注意介绍单个商品的网页设计。顾客在网上选购商品，主要看商品的图片、商品介绍和商品评价。因此，网上商店应展示商品的整体效果图、细节图和包装图等，用文字详细介绍商品的功能特点、产品特色、主要功效、使用方法、使用说明、维护保养方法、品牌介绍等内容。商品展示网页还应有一些顾客对该商品的评价，包括总体评分情况和具体评价内容等。

(4) 在线订单生成

网上商店系统应能自动将客户资料、订单中商品的种类与数量、优惠金额、总金额、支付方式、配送地址和配送方式等信息自动生成完善的订单，并发送到网上商店的管理后台，供商店管理员实时进行处理。

(5) 网上支付平台

支付系统是网上交易的重要环节，也是顾客所关注的环节。网上商店应尽可能提供多种支付方式。大型的网上商店提供的支付方式包括货到付款、在线支付、预付卡支付、礼品卡支付、抵用券支付、分期付款、邮局汇款、银行转账等。其中，在线支付方式又包括银行卡支付、第三方支付、快捷支付和手机支付等方式。

(6) 物流配送

顾客在网上商店购买的有形商品，需采取物流配送方式来递送商品。网上商店应提供多种配送方式选择，通常提供上门自提、快递送货上门和邮寄等方式。有些大型网上商店自建物流配送系统，可为顾客提供更好的物流配送服务，配送速度快，提供“上午订货，下午送达”、一日三送等服务。有的网上商店还允许顾客自行选择配送时间。

(7) 商品评论

网上商店通常都提供商品评论功能，而且以积分、小礼品、少量现金回馈等方式鼓励顾客对曾购买过的商品进行评论。鼓励购物用户写评论，是为了让更多的用户方便地分享商品使用心得和体会，并用他们的切身感受帮助其他顾客作出最佳购买决定，从而提高成交率。

(8) 会员中心

网上商店通常都有会员中心。会员中心包括会员注册、积分管理、会员身份验证、会员资料修改、订单查看、订单修改、历史订单查看、商品收藏、商品评价、商品定期购、在线退换货、在线投诉、在线补开发票、账户查询、抵用券查询、地址簿管理、帮助中心等功能。

（二）网上直销

网上直销是指生产企业自己在网上直接面向终端客户进行商品或服务的销售。在此运营模式下，生产企业无需任何中介，直接通过网站向客户提供产品或服务。由于企业能与客户直接沟通，减少了批发、代理等中间环节，最大限度地降低了中间环节的信息和利润损失，进一步降低了销售成本，这使网上直销成为B2C电子商务的一个重要发展方向。Dell公司、Cisco公司、联想集团、海尔集团、凡客诚品（VANCL）、七匹狼男装、麦包包等企业都实施了网上直销。

网上直销具有以下特点：

1. 绕过中间商，降低流通环节成本

正是因为直销网站绕过了批发商和零售商，减少了批发、零售环节费用，所以直销网站所销售商品的价格较为低廉，具有价格优势。

2. 为顾客提供良好、便捷的服务

顾客可以直接在网上订货、付款，然后等着送货上门，这就大大方便了顾客。生产者通过网上直销为客户提供售后服务、技术支持和培训服务，方便顾客的同时，也有助于生产者降低为顾客服务的成本。有的直销网站提供验货、试穿、7天无理由退换货等服务，以良好的服务提高顾客的满意度。

3. 良好的互动性和信息的可反馈性

借助于直销网站，企业可通过E-mail、留言板、论坛、在线客服、即时通信工具等形式与消费者进行一对一的互动，及时解答顾客的问题，更好地为顾客服务。企业还可以通过直销网站获得顾客的反馈信息，跟踪消费者的需求及其变化情况，根据顾客的要求安排生产和销售，避免了传统企业在接到订单之前就已经完成了产品制造的盲目性，使企业能应对消费者需求的变化。利用互联网的交互特性，网络直销从过去单向信息沟通变成双向直接信息沟通，增强了生产者与消费者的直接联系。

4. 提供的产品和服务更具有针对性

正是因为企业可通过直销网站获取顾客的反馈信息，所以企业可以根据顾客的订单按需生产，所提供的产品和服务更具有针对性，能满足顾客个性化的需求。

5. 按需生产，降低库存

顾客通过直销网站直接向企业提出购买需求，企业可利用信息技术及时处理订单，按顾客的需求进行生产，从而可以降低企业的库存，甚至做到零库存管理。

据美国的统计研究，企业要独自构建一个具有网上销售功能的网站，投资一般都在100万美元以上，而且每年用于网站维护与运营的费用高达30万美元以上。小型企业难以承受如此昂贵的投资成本，因此网上直销适用于大型企业。

## 四、B2C 电子商务模式的发展趋势

（一）垂直 B2C 企业渐寻求多元化扩张

无论传统行业，还是互联网新经济产业，有很多企业的增长得益于在原先垂直领域取得一定行业领先地位后，再逐渐寻求多元化扩张，以求减少对某单一行业的依赖性，从而在降低行业周期性风险的基础上，又能扩大企业营收规模。如当当网、亚马逊、凡客诚品、京东商城等，纷纷由专注细分领域转型进军相关行业或突破原先在线销售的单一品牌与产品品类，呈多元化经营，谋求企业规模扩张与盈利突破。

（二）B2C 企业开始自建物流配送体系

自建物流的 B2C 企业可以为顾客提供更好的物流配送服务，在配送速度、配送人员的服务、配送时间的选择等方面都具有优势，而且还能缩短资金的周转周期。因此，一些行业领先的 B2C 企业，如当当网、京东商城等，从依托第三方物流逐渐加大对自建物流的资金投入，向产业链下游有机扩张。

（三）传统制造商与渠道商大规模介入 B2C 市场

传统制造商如家电领域的创维、海信等，以及传统实体渠道商如苏宁、国美，近几年来纷纷借自建网上商城进军 B2C 领域。B2C 市场是未来最具发展潜力的市场，它对传统零售企业产生极大的冲击，因此很多传统制造商与渠道商进入了 B2C 市场。

（四）网上商店与网上商厦趋于融合

很多网上商店在销售自有商品的同时，允许其他企业入驻其平台来销售商品。如亚马逊、当当网、1 号店、京东商城等都能为商家提供入驻平台。这就体现了网上商店与网上商厦趋于融合的趋势。

基于 B2C 成功的案例，B2C 的发展过程是：低价引导入门，服务成就口碑，口碑建立品牌，品牌养成依赖，依赖确立惯性。做 B2C 电子商务的企业起步要早，前期投入要多，这样才能带来大的流量和销量。

# 第四节　B2B 电子商务模式

## 一、B2B 电子商务模式概述

B2B 电子商务模式是指企业与企业之间通过互联网等现代信息技术手段进行产品、服务和信息交换的商务模式。B2B 模式为企业与企业之间的交易提供了方便，买卖双方能够在网上完成整个业务流程，从卖方的产品展示，到买方的货比三家，再到讨价还价、订货、支付，最后到售后服务等，都可以通过网络来完

成。B2B模式帮助企业简化了交易流程，从而降低了企业的经营成本。

中国电子商务研究中心发布的《2015年中国电子商务市场数据监测报告》显示，2015年，中国电子商务交易额达18.3万亿元，同比增长36.5%，增幅上升5.1个百分点。其中，B2B电商交易额13.9万亿元，同比增长39%。在B2B行业市场份额分布中，阿里巴巴继续排名首位，市场份额为42%，环球资源占5%、慧聪网占4.2%，上海钢联占3.7%，焦点科技占2.2%，环球市场占1.7%，网盛生意宝占0.8%，其他占40.4%。

B2B服务企业裁员、转型、倒闭现象不时出现，例如老牌B2B网站"万国商业网"宣布倒闭，深圳商机网宣布转型为电子商务解决方案商，环球资源裁员等。有专家认为，B2B市场增长放缓主要受世界经济增长放缓、国内经济发展逐渐减速的宏观经济环境影响，导致企业库存压力加大、采购意愿下降，这些都给中小企业B2B电子商务的发展带来极大挑战。为了突破自身发展的瓶颈，以及更好地满足用户的需求，B2B电子商务企业都迫切希望通过改革凸显竞争优势。例如在2012年，阿里巴巴正式从港交所退市，把B2B业务分为小企业业务和国际业务两大块；网盛生意宝建设"B2B互联网支付平台"项目，开展互联网支付业务；环球市场集团正式登陆伦敦证券交易所挂牌上市。

中国电子商务研究中心预测，今后国内B2B市场将呈现以下三大趋势：B2B行业将更加细分，B2B网站将由信息平台向交易平台转型，B2B与B2C融合发展。

## 二、B2B电子商务的盈利模式

1. 广告费

网络广告是平台型B2B电子商务网站的主要盈利来源。网站的广告根据其在首页位置及广告类型来收费，有弹出广告、漂浮广告、BANNER广告、文字广告、图片广告、动态广告、邮件广告等多种表现形式可供用户选择。

2. 关键词竞价排名

企业为了促进产品的销售，都希望在B2B网站的信息搜索中将自己的排名靠前，而网站在确保信息准确的基础上，根据会员交费的不同对排名顺序作相应的调整。例如，阿里巴巴推出的网销宝就属于此类服务。网销宝是面向诚信通会员推出的按效果付费的推广服务，通过竞价的方式把卖家客户的产品优先推荐给买家，提高卖家客户的成交机会。

3. 会员费

企业通过第三方电子商务平台参与电子商务交易，必须注册为B2B网站的会员，每年要交纳一定的会员费，才能享受网站提供的各种服务。目前会员费已成为我国B2B网站重要的收入来源。例如，在阿里巴巴注册为诚信通会员，每年需交纳 1688 元(普及版)或 3688 元(标准版)会员费。

4. 增值服务费

B2B 网站通常除了为企业提供贸易供求信息以外,还会提供一些独特的增值服务,包括企业认证、精准营销、询盘管理、搜索优化、精准营销短信资源包、企业官网、前沿资讯短信服务或邮件服务、高级商友俱乐部服务、提供行业数据分析报告、提供网站数据分析报告、优秀博客文章查阅服务、下载电子杂志、专家在线咨询服务等。

例如,阿里巴巴推出实地认证服务,由第三方取证公司上门实地拍摄,经独立权威机构核实认证,如实展现企业实力,赢取买家信任,帮助企业获得更多订单。精准营销是专门为阿里巴巴中文站会员提供在线营销工具。它能全面记录店铺访客,智能识别访客身份,主动与访客洽谈,以赢取先机;多渠道获取访客联系方式,让访客变买家。阿里巴巴推出的询盘管理是一款科学管理询盘与买家的工具,它能全面收录来自阿里巴巴中文站的询盘,全方位跟踪买家行为,帮卖家智能跟进老客户,营销推广新客户,帮助卖家把询盘转为订单。搜索优化是阿里巴巴推出的智能推广工具,可以针对企业网站(旺铺)进行诊断,并对客户的旺铺进行优化,在搜索引擎上提高客户的旺铺及供应信息被搜索到的概率,为客户带来更多的访问量及询盘。精准营销短信资源包服务能帮助客户实现"商机随身带,生意随时谈",具有及时、便利、简易三大核心优势。企业官网是阿里巴巴推出的一个专业企业建站产品,能为企业搭建专业美观的企业官方网站,为企业提升品牌形象,实现全网营销。阿里巴巴推出的生意参谋是基于阿里巴巴大市场的权威海量数据分析工具,为客户提供相关行业专业的数据服务,帮助客户判断市场未来走势,掌握买家行为特征,增加询盘转化率和买卖沟通的机会。

5. 线下服务

B2B 网站提供的线下服务主要包括展会、期刊、研讨会等。通过展会,供应商和采购商可以面对面地交流。期刊主要是关于行业资讯等信息,期刊里也可以植入广告。例如,《天下网商》是阿里巴巴唯一官方杂志。杂志观察企业的成败案例,分析企业的进退得失,用独家海量的贸易数据,帮助企业判断经济大势;用第一手的商情资讯,帮助企业获得行业发展动态;给所有企业的经营者提供出奇制胜的法宝。阿里巴巴推出了《天下网商》期刊封面定制服务,客户可以定做属于自己的封面,也可以为商业伙伴、为客户定做全球唯一的专享封面。

6. 商务合作

B2B 网站提供的商务合作包括网络广告联盟,政府、行业协会合作,传统媒体的合作等。网络广告联盟,又称联盟营销,指集合中小网络媒体资源(又称联盟会员,如中小网站、个人网站、WAP 站点等)组成联盟,通过联盟平台帮助广告主实现广告投放,并进行广告投放数据监测统计,广告主则按照网络广告的实际效果向联盟会员支付广告费用的网络广告组织投放形式。

## 三、B2B 电子商务的类型

### （一）直销型 B2B

直销型 B2B 是指直接提供产品或服务的企业，改变传统的销售渠道，将 Internet 作为新兴的销售渠道实现企业间的交易。就企业而言，提供产品或服务的企业可通过建立网上直销电子商务站点，为其客户提供产品或服务；另一方面，需要产品或服务的企业可以从供应商建立的网上直销电子商务站点中进行直接购买。直销型 B2B 的主要特点是，利用 Internet 代替传统的中间商，如零售商和批发商。这一方面可以提高企业对市场的反应速度，也可以减少企业的营销费用，特别是营销渠道费用，以更低廉的价格为客户提供更满意的服务。因此，企业一旦建立网上直销渠道模式，可以大大提高企业的竞争能力。利用网上直销渠道，企业可以直接与客户建立企业间电子商务交易方式，突破经由传统中间商分销时所受到的时间和空间的限制，企业的客户范围更广，从而扩大企业的市场份额。

实现直销型 B2B，要求企业的实力较雄厚，而且企业必须能进行柔性化生产，企业的业务流程必须是客户导向的。企业开展网上直销业务的主要目的是顺应电子商务发展的潮流，降低企业的渠道成本，为客户网上购物提供方便，并扩大企业的市场范围和市场份额。

直销型 B2B 电子商务系统必须具备网上订货功能、网上支付功能和物流配送功能。

1. 网上订货功能

企业提供网上订货功能时，要根据企业产品的特性和企业生产能力，最大限度地满足客户的需求。网上订货功能一般可以分为三个阶段：第一阶段是企业将已经生产出来的产品在网上进行展示，允许客户随时随量进行订购，这只要求企业的生产系统的生产能力比较充足即可；第二阶段是企业不但展示已经设计并完成生产的产品，还允许客户对产品的某些配置和某些功能进行调整，以满足客户对产品的个性化需求，这就要求企业的生产系统必须是标准化的和柔性化的；第三阶段是允许客户提出需求，在企业设计系统引导下，客户自己设计出满足自己需求的产品，这要求企业的内部系统必须高度柔性化和智能化。目前大多数企业主要提供第一阶段的订货模式，少数企业如 Dell 公司实现了第二阶段，达到第三阶段需要很多智能化技术进行配合，因而难度较大，但这是企业今后的发展方向。

2. 网上支付功能

电子商务要成为一个完整的过程，网上支付是其重要的环节。在网上直接采用电子支付手段能给交易双方带来便利。为了降低网络支付的风险,除了通过网上银行完成支付之外,企业还可以通过第三方支付进行网络支付。相对于传统的资金划拨交易方式,第三方支付可以较有效地保障货物质量、交易诚信、退换要求等环节。在整个交易过程中,第三方支付可以对交易双方进行约束和监督。在不需要面对面进行交易的电子商务形式中,第三方支付为保证交易成功提供了必要的支持。因此,随着电子商务的快速发展,第三方支付行业也发展得较快。目前国内的第三方支付产品主要有支付宝、财付通、银联在线、快钱等。此外,很多银行也为企业的电子商务活动提供了在线支付的中介服务,如工行的B2B在线支付。

3. 物流配送功能

B2B模式是企业之间的业务,与其他模式物流配送呈少批量、多批次的特点不同,B2B的单次配货量大,年配货总量稳定。直销型B2B的物流配送方式主要有两种:一种是利用第三方物流完成配送,另一种是自建物流配送网络。第三方物流是我国解决B2B电子商务配送问题的主要物流模式。有的企业与一些专业化的全球性的物流公司建立紧密的合作伙伴关系。如Dell公司的配送服务是通过联邦快递公司进行的,它们之间通过网络实现配送信息的同步。当Dell公司有订单需要配送服务时,该订单同时送达联邦快递公司,由联邦快递公司根据订单需要从生产地直接送到企业的顾客。随着现代物流在我国的快速发展,第三方物流的不足也凸显出来。客户需要得到包括电子采购、订单处理、充分的供应链可见性、虚拟库存管理以及必不可少的集成技术在内的多方面服务能力,而第三方物流企业的核心业务是物流业务的运作,对供应链整体解决方案的操作能力还差很多,很难整合所有的资源,处理供应链上所有的物流项目。因此,有些企业自建物流配送网络,以向客户提供更好的物流配送服务,更好地满足客户的配送需求。

一旦实现网上直销型的B2B电子商务模式,企业可以直接与客户进行面对面的接触,这就要求企业能根据客户直接提出的要求生产满足客户需求的产品。因此,企业内部的生产系统和后勤系统必须与客户需求同步。要真正实现及时满足客户需求,做到与市场同步,就要求企业的生产系统必须是柔性化的,即根据订单进行生产;同时企业的后勤系统必须紧密配合柔性化生产过程中的原料需求和人员配备需求。

实现网上直销型B2B电子商务,不仅仅是在网上销售产品或服务,还需要将传统营销渠道中提供的各种服务,特别是售后服务整合到网上去,否则难以完全满足客户的全部需求。例如,Dell公司在网上为客户提供产品的同时,允许客户实时查询订单处理情况,从网上获取技术支持和升级软件。

(二) 平台型 B2B

平台型 B2B 也称为中介型 B2B,是指企业利用第三方提供的电子商务服务平台实现企业与客户之间的交易。参与 B2B 交易的企业可以是买方,也可以是卖方。平台型 B2B 与直销型 B2B 电子商务的根本区别在于,直销型 B2B 的电子商务服务平台是由参与交易的一方提供,一般是产品或服务的销售方;而平台型 B2B 的电子商务服务平台则是由第三方提供的,交易双方在此服务平台上进行交易,交易过程中可能需交纳一定的费用。

1. 平台型 B2B 的类型

(1) 综合型 B2B 平台

综合型 B2B 平台是指服务于多个行业与领域的 B2B 平台。综合型 B2B 平台的交易模式是水平的,它将各个行业中相近的交易过程集中到一个场所,为企业的采购方和供应方提供了一个交易的机会。此类网站的经营者既不是拥有产品的企业,也不是产品的购买方,它只提供一个平台,将销售商和采购商汇集在一起,采购商可以在上面查到销售商的有关信息和销售商品的有关信息。综合型 B2B 平台追求的是"全",其潜在的用户群多,获取收益的机会多,易于找到盈利模式。因此,此类型是 B2B 的主流,如阿里巴巴、环球资源、慧聪网、中国供应商等这些占中国 B2B 绝大部分份额的网站都属于此类型。

(2) 行业垂直型 B2B 平台

行业垂直型 B2B 平台是指定位于某一特定专业领域的 B2B 平台。此类网站的专业性很强,通常专注于某一行业,如钢铁、化工、汽车、医药、纺织、农业等。行业垂直型 B2B 平台将特定产业的上下游厂商聚集在一起,让处于各层供应链上的厂商较容易地找到原料供应商与买方。例如,美国的三大汽车巨头(通用汽车、福特汽车和戴姆勒-克莱斯勒)联合建立的汽车零件交易网就属于行业垂直型 B2B 平台。汽车制造商不仅能很快地找到有足够货源的零件供应商,而且供应商也可更迅速地将产品销售出去,甚至库存品也可通过拍卖的方式售出。我国国内也有不少行业垂直型 B2B 平台,如我的钢铁网、中国化工网、中国医药网、中国纺织网、中国服装网等。行业垂直型 B2B 模式追求的是"专",所吸引的是针对性较强的客户,而这些针对性较强的客户是这些网站最有价值的财富。这种市场一旦形成,就具有极大的竞争优势。

2. 平台型 B2B 的功能

(1) 提供买卖双方的信息服务

这是平台型 B2B 最基本的功能。买方或者卖方在网站上注册后,就可以在网上发布自己的采购信息,或者发布企业产品出售的信息,并根据其他企业的发布信息来选取企业潜在的供应商或者购买方。网上发布的信息一般是图片或者文字信息,所发布的信息可提供丰富的内容。

（2）提供附加信息服务

附加信息是指为企业提供相关的经营信息，如行业信息、焦点新闻、市场行情、热门资讯排行、创业经验分享、贸易技巧介绍等。网站还可以根据客户的需求，定期将客户关心的买卖信息发送给相应的客户。

（3）提供与交易配套的服务

与交易配套的服务包括工商认证、运营服务、广告策划、包装设计、进出口代理、网上支付、物流配送等。通过为客户提供与交易相配套的服务，网站能为客户提供更好的服务，从而有助于吸引客户。

## 四、B2B 电子商务的发展趋势

据电子商务行业相关数据显示，2014 年，中国 B2B 电子商务市场交易额达 10 万亿元，同比增长 21.9％；2015 年，中国 B2B 电子商务市场交易额达 13.9 万亿元，同比增长 39％。2015 年电子商务市场细分行业结构中，B2B 电子商务合计占比超过七成，B2B 电子商务仍然是电子商务的主体。B2B 网站服务的行业主要集中在浙江、辽宁、北京、上海、山东、广东、福建、河北、江苏、江西等 10 多个省市地区。目前 B2B 涉及的领域以钢铁、化工为主，另外还涉及食品、服装、物流、化工、日化、五金、机械、农业、家具、文具、工程、电子、安防、汽配、化纤、印刷、农机、造纸、房产、医药、数控、塑料、纺织、眼镜、玩具、仪表、电器等 30 多个领域。

从目前来看，B2B 行业还不算发达，还处于初中期，整个行业处在小幅上涨阶段。这个行业的机会并不多，阿里巴巴等网站的垄断优势比较明显。国内 B2B 曾经一度火热，出现了慧聪、阿里巴巴、生意宝等一批上市企业。之后，B2B 的营收变缓、股价下跌。产品创新能力弱、服务层面低等原因导致多数 B2B 网站必须依靠销售拉动营业额，在许多 B2B 网站人员架构中，销售比例甚至超过一半。许多行业网站为了扩大营业收入，进行横向扩展，复制多个行业网站出来。数量大、不深入，这直接导致行业网站停止在行业小广告网站的水平。

从目前来看，B2B 电子商务市场呈现以下发展趋势：

（一）B2B 电子商务将由信息平台向交易平台转型

目前国内 B2B 电子商务平台主要还是以信息服务为主，通过信息发布和产品配对，帮助企业寻找和获取商机，B2B 的许多先天交易优势，如在线价格协商和在线协作等还没有充分发挥出来。现在很多 B2B 网站的在线交易都需要网下的沟通配合，才能完成整个交易过程。所以，B2B 电子商务平台必须加强平台服务的功能，由信息发布向交易服务转变。同时，B2B 网站要发展配套的交易担保服务。一方面，B2B 网站要努力开发新的交易产品；另一方面，B2B 网站对于供应商、采购商的信用和实力等要建立一套完整的评估体系，以保证线上交易的安全性。2012 年起，中小企业 B2B 发展增速趋缓，平台发展似乎遭遇瓶颈，行业内对 B2B 未来走向的讨论也不绝于耳，B2B 将由目前的信息服务向在线交易转型得到了业界普遍认同。未来 B2B 平台运营商都将从现有的信息平台为主向交易平台转型，帮助买卖双方安全、便利地完成整个交易流程。

（二）B2B 行业将更加细分

行业垂直型 B2B 网站将进一步在一定市场下细分，但其细分标准仍然以行业的相关度为标准，这样细分可以让许多行业垂直型 B2B 网站的创新模式得以执行并发展。B2B 细分性行业平台投资小，运营相对比较简单，正获得越来越多投资者的青睐。不仅如此，相比于综合性 B2B 平台，行业性的 B2B 平台更能让中小企业找到归属感。但是行业垂直型 B2B 的"专"和"深"将会成为影响它发展的两大主要因素。专即行业的专业性，提供专业性的信息服务。深即提供这个行业独特的服务内容和盈利模式。除此以外，未来的行业垂直型 B2B 平台也会越来越重视行业氛围的培养，行业社区、论坛、博客、百科和问答等栏目都将在行业垂直型 B2B 得到一定的应用。行业垂直型 B2B 与综合型 B2B 的差异化将会越来越明显，而这也将成为行业垂直型 B2B 的竞争优势。只针对行业某一类产品的 B2B 网站将大量涌现，尤其是工业品 B2B 行业网站，是未来一大发展趋势。该类行业网站的优势在于能够为供应商和采购商提供更加专业、更有针对性的服务。

（三）B2B 与 B2C 融合发展

B2B 与 B2C 融合发展将更加符合市场需求，将缩小商家与客户的距离，实现商品的直销。同时也减少了产品质量和服务方面的问题，让厂家直面消费者，缩短了交易的中间环节，加快供需信息交流的速度和保证供需信息的准确性。B2B 与 B2C 的融合有助于实现产业链上渠道的进一步延伸，促使产业链上游制造和加工企业更加灵活，最终推动整个电子商务产业的快速发展。

（四）B2B 电子商务平台线下服务随着线上服务的发展而不断多样化

现在 B2B 主要还是以线上服务为主，线下服务总体来说还是比较弱的。随着未来专业 B2B 网站的大幅度崛起，展览业务将会获得一定的发展，目前展会这一形式已经发展得相对成熟。B2B 平台可以联合展览公司共同组织展会，在网站发展到一定程度时，网站就可以自己组织展会。此外，研讨会等形式的活动也将会越来越深入。目前，会议模式已经成为一些 B2B 平台新的盈利模式。除此之外，行业期刊或者行业工具书等也在行业垂直型 B2B 中不断蔓延，这能增加企业对网站的黏度和认可度。

（五）B2B 电子商务平台将越来越重视数据分析

数据作为驱动电子商务企业发展的核心资源，包含的种类非常多，价格数据只是一方面，另外还有用户行为数据、竞争数据、用户调研数据等。实际上，未来电子商务企业真正的竞争并不在于利用数据来打公关战，而在于如何挖掘内部和外部数据，以形成自己的决策框架，以及用数据形成的智能化管理来指导企业的运营。近些年，国际各大行业巨头纷纷打开“数据门户”，诸如沃尔玛通过数据分析掌握客户的消费习惯、优化现金流和库存，并扩大销售量，数据已成为各行各业商业决策的重要基础。随着B2B的不断壮大，B2B平台的发展遇到了不少瓶颈，这个时候就需要作出新的决策，布局新的战略。目前国内已经有一些B2B企业开始着手数据分析。2011年4月7日，网盛生意宝对外发布了“小门户＋联盟”（数据版）战略，具体实施该战略的大宗商品数据服务的平台——“生意社”（100ppi.com）于4月8日上线。2011年5月25日，阿里巴巴宣布推出“数据门户”，并正式启用新域名，阿里巴巴根据4500万中小企业用户的搜索、询单、交易等电子商务行为进行数据分析和挖掘。

（六）银行涉足B2B业务

以前企业需要耗费人力奔波于各大银行才能完成货款的转账和支付，现在有些银行开始提供在线支付、订单管理、资金结算、三方存管等综合性金融服务，使得货款支付变得简单，还可以有效规避市场风险，保证交易资金的安全性。银行通过为中小企业提供在线支付结算和快捷化融资，满足参与电子商务各方的支付结算和资金管理的需要，助力中小微企业发展。

## 第五节 其他电子商务模式

前面所介绍的C2C、B2C和B2B模式主要涉及商品销售，而没有涉及服务类电子商务模式。本节将介绍服务类电子商务模式，具体包括旅游电子商务、网上证券、网上保险、网络信息服务、网上房地产、网上视频、网络教育、网上招聘、网络出版、网络游戏、电子政务等。本节将重点介绍旅游电子商务、网上证券和网上保险。

### 一、旅游电子商务

一般认为，互联网的产生促成了旅游电子商务的产生。而事实上，在20世纪六七十年代，航空公司和旅游饭店集团基于增值网络和电子数据交换技术构建的计算机预订系统，可视为旅游电子商务的雏形。旅游电子商务的概念始于20世纪90年代，最初是瑞佛·卡兰克塔（Ravi Kalakota）提出的，由约翰·海格尔（John Hagel）进一步发展。尽管各国研究这一领域的文献数量可观，却很少有对“旅游电子商务”这一概念作出充分解释的，目前学术界也还没有一个统一的完整定义。

在国际上沿用较广的是世界旅游组织对旅游电子商务的定义，它在其出版物《旅游电子商务》（*E-Business for Tourism*）中指出：“旅游电子商务就是通过先进的信息技术手段改进旅游机构内部和对外的连通性（connectivity），即改进旅游企业之间、旅游企业与供应商之间、旅游企业与旅游者之间的交流与交易，改进企业内部流程，增进知识共享”。这一定义概括了旅游电子商务的应用领域，侧重的是对其功效的描述，但并未凸显旅游电子商务自身的特征。

国内的研究文献中，许多学者对旅游电子商务有过不同的定义。唐超将旅游电子商务定义为，在全球范围内通过各种现代信息技术尤其是信息化网络所进行并完成的各种与旅游相关的商务活动、交易活动、金融活动和综合服务活动。刘四青对旅游电子商务的定义是，买卖双方通过网络订单的方式进行网络和电子的服务产品交易，是一种没有物流配送的预约型电子商务。刘笑诵给出的定义则是，旅游电子商务是指同旅游业相关的各行业，以网络为主体，以旅游信息库为基础，利用最先进的电子手段，开展旅游产品信息服务、产品交易等旅游商务活动的一种新型的旅游运营方式。

总之，旅游电子商务是通过先进的网络信息技术手段实现旅游商务活动各环节的电子化，包括通过网络发布、交流旅游基本信息和商务信息，以电子手段进行旅游宣传营销、开展旅游售前售后服务；通过网络查询、预订旅游产品并进行支付；也包括旅游企业内部流程的电子化及管理信息系统的应用等。本书所总结的旅游电子商务的定义为：利用先进的计算机网络及通信技术，整合旅游企业的内部和外部资源，扩大旅游信息的传播和推广，实现旅游产品的在线发布和销售，为旅游者与旅游企业之间提供一个信息共享、旅游产品交易及增进交互平台的网络化运营模式。

旅游业中最早引入网络技术的是航空公司，随后航空公司与旅行社开展合作，把航空公司的计算机预订系统延伸到旅行社代理商。20 世纪 70 年代，一些国际性的大型酒店集团开始建立自己的中央预订系统，之后计算机预订系统的业务范围逐步涉及订购机票、预订客房、租车等。20 世纪 90 年代中后期，随着互联网的出现以及个人电脑和信用卡的普及，旅行网络发展进入一个崭新阶段。全球旅游电子商务销售额 1999 年为 78 亿美元，2002 年为 310 亿美元，2003 年为 790 亿美元，2004 年为 1280 亿美元。2008 年旅游业电子商务销售额突破 1500 亿美元，占全球电子商务销售总额的 15％以上；全球有超过 1200 万家的旅游企业在网上开展综合、专业、特色的旅游服务；约有 8 亿人次以上享受过旅游网站的服务。2008 年全球国际旅游收入为 50000 亿美元（不含各国的国内旅游收入），旅游电子商务销售额相当于全球国际旅游收入的 13.2％，全球在线旅游收入在旅游业总收入中所占比例为 5％。

我国旅游电子商务的兴起可追溯到 1996 年初，当时由中国经济信息网正式向全国推出了“中国旅游电子商务系统”的服务项目。1997 年，两家网络公司先后推出了两个旅游网站：华夏旅游网、中国旅游资讯网。由于当时我国的互联网用户有限，加上旅游企业对网络的认知水平较低，这一阶段的旅游网站仅限于发布旅游相关信息等业务。1999年，资本市场的运营催生了一大批旅游网站，这些网站基本照搬美国模式，除提供旅游资讯外，还开始了机票、饭店客房、旅游线路的网上预订业务。

近年来，我国居民旅游需求逐渐增长。国家旅游局数据显示，2015年我国国内旅游、出境旅游人次和国内旅游消费、境外旅游消费均列世界第一。居民旅游需求的增加促进在线旅行预订行业的发展。2015年在线旅游中的出境游增速明显，同时亲子游、邮轮游、目的地当地玩乐等细分领域在也经过了14年的酝酿之后表现出色。

截至2016年6月，在网上预订过机票、酒店、火车票或旅游度假产品的网民规模达到2.64亿，较2015年底增长406万人，增长率为1.6%。在网上预订火车票、机票、酒店和旅游度假产品的网民分别占比28.9%、14.4%、15.5%和6.1%。

移动互联网应用已经深入在线旅游预订市场，各大垂直旅游网站和App服务商抢滩登陆这一潜力市场。移动旅游预订市场的潜力主要表现在：首先，各类旅游预订移动客户端整合了各种互联网信息，随时随地的提供查询、比较、预订等服务。其次，旅游预订移动客户端伴随用户整个旅游行程。包括预订前的信息查询比较、预订过程中的在线支付、旅游过程中的图片信息分享、旅游后的游记分享等。再次，LBS功能满足即刻需求。比如：用户来到某地后，搜索周边的酒店、美食、娱乐休闲场所等。未来，移动互联网和在线旅游的无缝对接能够大大刺激消费者的需求，推动在线旅游预订市场的发展。

### （一）旅游电子商务的特点

#### 1. 集成性

旅游业是由交通、住宿、餐饮、游览、购物、文娱等多个环节组合起来的综合产业。旅游电子商务通过网络平台把众多的旅游服务产品供应商、旅游中介机构和广大旅游者联系在一起。旅游相关行业借助于网络平台进行水平或垂直整合，进行集团化、网络化经营，实现优势互补，增强其竞争力。旅游电子商务可将分散的旅游景点、服务设施以及旅游者等旅游要素整合在一起，打破了时空的局限，提高了原有资源的附加值，降低了运作成本。因此，旅游电子商务具有集成性的特点，集成了多个行业。

#### 2. 虚拟体验性

旅游产品具有无形性的特点，旅游者在购买这一产品之前，无法亲自了解和体验，只能从别人的经历或介绍中寻求了解。在互联网发展起来之前，消费者获取和搜寻旅游产品信息很不方便，代价又高，且难免有信息失实的情况。旅游电子商务通过网络和多媒体技术为消费者了解旅游产品，提供了“身临其境”的虚拟体验的机会。这种全新的旅游体验,实现了无形的旅游产品的“有形”化,使足不出户畅游天下的梦想成真,而且可以培养和壮大潜在的客户群。

3. 快捷性

旅游电子商务通过全天候的在线服务,为游客提供了方便、快捷的服务。在线旅游企业依托于自身的技术优势,实现了传统旅游企业无法完成的24小时随时服务。在线旅游企业利用网络推广旅游产品,为游客提供在线确认订单、在线支付等服务。这些服务都能实时完成,非常快捷方便。

(二)旅游网站的类型

1. 平台型旅游网站

平台型旅游网站是指网络企业建立一个提供各种旅游产品的平台,旅游产品的提供方不必自建网站,通过此平台来提供旅游产品;旅游产品的需求方也可通过此平台选购各种旅游产品。平台型旅游网站有利于上下游企业之间的合作,也为游客提供了便利。此类旅游网站又可以分为以下三种模式。

(1) 旅游中介服务网站

此类旅游网站为客户提供第三方旅游中介服务,通常提供机票、酒店、旅游线路的在线预订,为消费者提供一站式、全方位的旅行服务。此类旅游网站的优势是:信息沟通快,沟通层次少,能够提供个性化的产品,提供庞大的旅游目的地和酒店数据库。此类网站主要有携程、艺龙、驴妈妈、途牛、同程、信天游以及新浪、搜狐等的旅游频道。其主要盈利模式为旅游广告、代理返利(佣金)以及为旅游企业提供的其他增值服务等。携程旅行网作为我国领先的在线旅行服务公司,成功整合了高科技产业与传统旅行业,向超过2.5亿会员提供集酒店预订、机票预订、旅游度假、商旅管理、特约商户等全方位旅行服务,被誉为互联网和传统旅游无缝结合的典范,其主要盈利来源于酒店与机票的销售佣金。

(2) 垂直搜索比价网站

此类网站以提供搜索信息为主要服务内容,搜索比价能让用户自己在网上自主选择,并在价格、时间、地点三者之间平衡,找到最适合自己的机票、酒店。而在携程或艺龙等旅游中介网站,用户只能接受其提供的统一定价,可选择的余地有限。此类网站的代表有去哪儿、到到、酷讯等,采用的是搜索引擎的商业模式,即精准营销,按点击付费。去哪儿的盈利模式主要是点击收费,即向用户提供酒店信息,当用户点击某一家酒店的链接时,该酒店向去哪儿支付一定费用。后来推出“酒店直通车”活动,去哪儿首次涉足在线预订的交易环节,并推出按电话费收费的新盈利模式,以提高网站整体收入和酒店产品线的贡献率。此前去哪儿仅提供酒店信息的搜索,不涉及交易。在预订的收费上,与携程收取佣金的模式不同,去哪儿收取用户与加盟酒店通话所产生的电话费用,按每分钟2元的标准收取。

(3) 具有特色的单一主题旅游网站

此类网站的主题比较单一,以中国古镇网、中国景点网为代表。中国古镇网是携程网旗下的网站,是古镇旅游行业的风向标,该网站有全国众多著名古镇和旅游客栈加盟。中国景点网是以旅游景点介绍为主,旅游信息查询为辅的旅游网站。这类网站的盈利来源主要是网络广告、会员费等。在广告盈利模式中,旅游网站向其用户提供信息、服务或者产品,提供登广告的场所,并向广告客户收取费用。而在会员制模式中,旅游网站向会员推荐业务,收取推荐费,或者从成交的销售额中提取一定百分比的收入。

(4) 旅游攻略类网站

旅游攻略类网站的典型代表是蚂蜂窝。蚂蜂窝专注于旅游攻略开发,基于UGC(客户生产内容),基于点评的选择,实质就是旅游社交。在旅游社交行为中,一个旅游的结束,是另一个旅游的开始,有很多人参与,就结成蜂窝状网络。实际上,蚂蜂窝旅游社交网络已经覆盖全球。旅游攻略类网站帮助用户解决食、住、行等问题。

2. 传统旅游企业自建的网站

此类网站主要是由实力较强的传统旅游企业自主建设的在线旅游服务网站。传统的旅游服务企业包括旅行社、航空公司、酒店、景区以及交通服务公司等,如芒果网、遨游网、春秋旅游网、春秋航空网、七天连锁酒店、中国国际航空公司、南方航空公司等。这些企业绕过了旅游中间商,减少交易中的中间环节,以在线的形式建立与客户的直接联系,从而在向客户传递价值的同时,使销售额和利润最大化。此类网站的优势是企业自身强大的知名度与优惠的产品价格,其主要盈利来源为旅游产品销售。值得提出的是广西新干线和上海春秋旅游网。广西新干线是以旅游批发销售为主,机票、车票、船票销售为辅的专业旅游网站,是华北旅游批发市场异军突起且很具影响力的新型旅游批发商。上海春秋旅行社是国内连锁经营、最多全资公司、最具规模的旅游批发商和包机批发商,专业网站与实体店结合,在旅游市场中更具竞争力。

3. 地方性旅游网站

这类网站主要提供地方性旅游景点和旅游线路,为地方旅游服务。有些地方性旅游网站是地方政府参与的网站,并非营利性网站,其运营模式与旅游中介网站相似,代表性网站有四川旅游网、北京旅游网、海南旅游资讯网、重庆旅游网等。

(三) 旅游电子商务的优势

1. 旅游产品具有价格优势

旅游电子商务减少了旅游分销环节,降低了成本。首先,旅游电子商务降低了旅游企业的信息传播成本,网络媒介具有无时间地域限制、无版面约束、内容详尽、双向交流、反馈迅速等特点。其次，网络营销无需付出店面租金成本。最后，减少了旅游市场的交易成本。电脑网络形成的“媒体空间”取代了“物质空间”，“虚拟市场”取代了“传统市场”，提供旅游产品的企业与消费者可进行直接交易。

2. 提供旅游者与旅游服务商的互动平台，可提供个性化旅游产品

通过旅游电子商务，订购旅游产品的客户可以方便地直接与旅游服务商进行在线互动。客户可提出自己的需求和对旅游服务的建议和要求，从而实现订购个性化的旅游线路。对旅游服务提供商来说，实现个性化的服务，可以满足不同客户的需求，提高客户的满意度。

3. 信息丰富，传播广泛

电子商务可以弥补传统旅游分销模式中旅行社与游客之间信息不对称的缺陷。电子商务为旅游产品提供了一种全新的产品信息发布媒体，可以将旅游产品概况、特色等图文并茂地放在互联网上，给游客提供丰富的旅游信息。网络多媒体给旅游产品提供了让客户“身临其境”的展示机会。这种全新的旅游体验使足不出户畅游天下的梦想成真，与此同时培养和壮大了潜在的游客群。此外，旅游信息在网络上传播快捷，不受时间、距离的影响，可以面向全球所有的可上网的客户。

4. 提供便捷的搜索方式，节省信息搜寻成本

消费者可以在短时间内，直接从网络中获得更多的、更有用的旅游产品信息。这也使得消费者的消费行为变得更加理智，对旅游产品的价格、质量等可以进行更精心的比较。同时，消费者的需求将变得更加多样化、个性化，消费者可直接参与确定产品，向旅游产品提供者主动表达自己的需求。

（四）旅游网站的盈利模式

1. 按点击收广告费

广告收入是流量大的网站常用的盈利模式，旅游网站也同样可采用这种盈利模式。一些用户流量大的网站采用网站首页为客户做广告的方式获取利润，而且通常会按点击率来收取广告费。

2. 向上游服务供应商收取佣金

旅游网站通过与航空公司、酒店、租车公司等签订协议，如果通过旅游网站把旅游产品销售出去，那么旅游网站就可以获得交易佣金。交易佣金包括酒店预订代理费、机票预订代理费、自助游与商务游中的酒店、机票预订代理费、线路预订代理费等。

3. 收取交易手续费

有的旅游网站为旅游产品供应商提供了交易平台，因此可在交易成功后向旅游产品供应商收取交易手续费。

（五）旅游网站的服务功能

1. 旅游信息的汇集、查询和导航

旅游网站可以为客户提供大量的旅游信息，信息内容包括景点、酒店、机票、交通线路、旅游线路、租车、旅游目的地的天气、环境、人文等，以及旅游常识、旅游注意事项、旅游观感、旅游新闻、旅游电子地图等。

2. 旅游产品的在线订购

客户可以便捷地比较各种旅游产品的价格，并选购适合自己的旅游产品，在线订购酒店、机票、火车票、游船、汽车租赁服务、旅游线路等旅游产品。

3. 个性化定制服务

旅游网站不仅能提供常规的旅游产品，而且还能为客户提供个性化定制服务。客户可根据自身的需求，订购自己喜欢的航空公司、酒店等，还可以由客户自己来设计旅游线路、旅行方式、旅游景点、交通工具、饭店、食品饮料等选择。网站实施个性化服务的最大好处是，客户可以得到最满意的旅游方案，提高客户的满意度。

4. 售后服务

良好的售后服务也可以提高客户的满意度。客户在购买了旅游产品之后，可能会出现退订的情况；还有的客户在实地旅游后，对旅游产品不满意，向网站投诉等。对于这些售后出现的退订、投诉等情况，网站应及时处理。

## 二、网上证券

作为电子商务在金融证券领域的应用，网上证券最早出现在20世纪90年代中期，最早在美国兴起。美国摩根下属的Discover Brokerage Direct公司从1995年8月起就开始从事互联网上证券交易，成为全美第一家提供网上证券交易的公司。嘉信理财公司(Charles Schwab)1996年推出网上证券交易，到1997年底，其网上交易客户总量已达120万，到1998年底，则猛增到550万，占其全部客户总数的60%，网上交易客户总资产达1450亿美元，网上年交易额超过2000亿美元，年收入超过23亿美元。一直排斥网上交易的老牌券商美林(Merrill Lynch)亦于1999年12月全面推出网上证券交易。其他如高盛、第一波斯顿、所罗门兄弟及雷曼兄弟也纷纷策划开通网上证券交易。截止到1999年底，全美证券网上账户已达1200万户，它使数以千万计的投资者同时以廉价、快捷的方式进行投资。继美国之后，其他西方工业化国家如英国、法国、日本等也相继推出网上证券交易。1997年3月，中国华融信托投资公司湛江营业部推出了视聆通多媒体公众信息网网上交易系统，标志着我国网上证券交易的正式登场。我国证监会于2000年4月14日正式颁布了《网上证券委托管理暂行办法》，我国网上证券交易进入了规范化轨道。现在全国几乎所有的券商或证券营业部都设立了自己的网站，推出了网上证券委托交易服务。证券电子交易场所的出现，将迫使证券从业人员的服务方式和内容都作出重大调整。经纪人的利润将不再以代为撮合成交来赚手续费为主，而是变为以向客户提供咨询服务收费为主。

（一）网上证券的概念

网上证券是电子商务条件下的证券业务的创新，网上证券服务是证券业以互联网为媒介，为客户提供的一种全新商业服务，它是一种信息无偿、交易有偿的网络服务。网上证券包括有偿证券投资资讯（国内外经济信息、政府政策、证券行情）、网上证券投资顾问、股票网上发行、买卖与推广等多种投资理财服务。

对投资者而言，网上证券是其利用互联网网络资源，获取证券的即时报价，查找与证券交易相关的财经信息，分析证券市场行情，并通过互联网委托下单，实现实时交易的全过程；对证券公司而言，网上交易是其为股民服务的手段和方式，即通过互联网来开展证券经纪业务。网上证券交易的品种包括股票、债券、共同基金以及股票指数的期权和期货。网上证券交易除信息流、资金流之外，无需庞大的物流体系支撑，且参与者不必担心暴露个人隐私，因此，网上证券交易易于被接受。

网上证券建立于证券市场网络化的基础之上，作为一种交易方式，网上证券使原来集中、固定的信息获取方式被开放、灵活的信息获取方式所取代，使证券交易从营业部走向家庭。网上证券对证券业的发展具有重要意义。

（二）网上证券的优势

作为一种全新的交易方式，网上证券交易能够在极短的时间内迅速发展，并有代替传统证券交易方式的趋势，一方面是由于互联网的飞速发展及其与证券经纪业务的有机结合，另一方面是和网上证券交易相对于传统的交易方式具有众多的优势密切相关。

1. 全面和快捷地获取证券市场信息和投资信息

网上证券交易克服了传统市场上信息不充分的缺点，有助于客户快捷地获取各类证券市场信息和投资信息，提高了证券市场的资源配置效率。投资者可以在网上主动、及时、有效地获取和筛选相关的证券市场信息和投资信息，使客户对信息的获取从单向被动获取向主动交互式信息获取转化，而且行情分析、下单委托、查询资料更加方便、直观。这些是传统的证券交易方式不可比拟的。

2. 证券交易更为方便快捷

网上交易可以为投资者提供便捷、功能全面的高质量的服务。如果客户在网上进行委托下单，委托可即时到达营业部，而且不存在电话委托中电话占线、断线等问题。与现有的其他证券委托方式相比，网上证券具有许多优势。网上证券能为投资者提供直观的图形走势，下单委托也十分方便，而且可以查询个人的股票明细、资金盈亏情况、成交状况等资料。

3. 突破了地域的限制

网上证券交易借助无所不在的互联网，通过高速、有效的信息流动，从根本上突破了地域的限制，能极大地缓解券商地域分布不均的矛盾，将身处各地的投资者有机地汇集在无形的交易市场中，使得投资者能在全国，甚至全球任何能上网的地方进行证券交易，并使那些有投资欲望却不便前往证券营业部进行交易的客户可以方便地进行网上证券交易。

4. 降低了证券企业的成本

网上证券交易的引入大幅度降低了营业部的设备投入和日常的运营费用。有关统计表明，一般营业部一次性投资为500万—2000万元，日常月营业费用为25万—80万元。网上交易是通过虚拟营业部完成的，因此可以大大降低成本。在支持同等客户的条件下，网上交易的投资是传统营业部的30%—50%，日常运营费用是传统营业部的1/4。

5. 提供个性化和优质化的服务

网上证券便于为客户提供个性化的服务，如通过即时通信工具或在线客服为客户提供一对一的沟通。投资者还可以根据自己的偏好，为自己设置所关注的个股、设置行情数据类型和窗口风格等，还可以自由选择交易和服务模式。另外，投资者的特定投资需求也可通过各种方式反馈给证券公司的研究机构或客户服务中心，从而获得更为优质的定制服务。

（三）网上证券的服务功能

1. 实时股市行情接收

股票行情按照其显示方式又可分为图形和文字两种。文字，顾名思义就是采用文字刷新来显示股票价格变动，而图形行情则将价格变动图示出来。两种方式又因数据形式的不同，导致对网络数据传输速率高低的要求不同，但两种方式都是由客户端先发出请求，由主机提取最新数据后单独返回客户端显示。

2. 实时网上交易

客户通过Internet较容易实现实时交易。在网上交易中，个人的资金账号、股票账户以及交易密码由客户自己录入，能确保股票买卖的准确性；客户可以方便及时地查询自己的股票成交情况；投资者的资金和股票变动可直接通过在线查询、电子邮件和手机短信等方式进行通知。

3. 盘后行情数据接收和分析

大部分投资者只是业余投资股票，其操作周期比较长，没有必要跟踪即时行情，一般通过看报、听广播、看电视等传媒来了解股票情况。这些方式的弊病是：仅了解价格情况，无法从技术分析的角度对股票投资进行理性化操作。但通过Internet，客户可方便地了解股票涨跌，查阅各种指标排行，掌握自己的资金和股票盈亏情况，可以对各种技术指标进行分析。

4. 提供网上电子信息和报刊

证券网站可通过网站或电子邮件等方式向用户提供电子证券信息和报刊，为用户提供各种证券市场信息和投资信息，还可以为客户提供咨询、投资顾问服务。目前，国内许多网站上提供的一般财经或证券信息都是免费浏览的，对于一些重要的资讯或数据，如对交易数据进行分析，决策系统发出的买入或卖出信号等，完全可以考虑实行付费服务方式。

5. 股市自由讨论

网络上各种先进的交流方式同样也可以应用到股市沙龙中，让更为广泛的投资者进行多种形式的交流。常用的方式有：电子邮件交流、网上聊天室、QQ群聊、Internet 可视电话等。

6. 投资理财服务

证券网站通常提供多种理财产品，为客户提供投资理财服务。证券网站以自身领先的技术系统为依托，全面汇集专家资源，以个性化、专属化的服务形式为客户提供更优质、更专业、更便捷的理财服务。

（四）网上证券的发展趋势

1. 集中式网上交易

我国证券行业正在向集中交易、集中清算、集中管理以及规模化和集团化的经营方式转变。网上交易采用这一经营模式，更有利于整合券商的资源，实现资源共享，节约交易成本与管理费用，增强监管和风险控制能力。可见，集中式网上交易模式符合未来券商经营模式的发展方向。

2. 网上经纪与全方位服务融合

在固定佣金政策的大背景下，国内券商提前从价格竞争进入了服务竞争阶段。通常情况下，这一竞争阶段应该是在充分的价格竞争之后到来。价格竞争的直接结果是导致网上交易佣金费率的降低，当竞争达到一定程度后，仅靠减佣模式已不能维持下去时，全方位服务模式就会出现。这时候，券商的收入将由单一的经纪佣金转向综合性的资产管理费用。

3. 进入移动交易时代

网上证券交易正在进入移动交易时代，WAP（无线应用协议）为互联网和无线设备之间建立了全球统一的开放标准，是未来无线信息技术发展的主流。WAP 技术可以使股票交易更方便，通过 WAP 可实现多种终端的服务共享和信息交流，包容目前广泛使用的和新兴的终端类型，如手机、呼机、PDA 等设备。用户通过手机对券商收发各种格式的数据报告来完成委托、撤单、转账等全部交易手续。由此可见，未来几年基于互联网的移动证券交易市场将有巨大的发展空间。

## 三、网上保险

保险是一个业务范围宽泛、多专业部门协同工作、信息处理要求较高的行业，因而具有应用网络和电子商务的良好基础。代表着保险业未来发展趋势的网上保险，正在全球蓬勃兴起。我国早在 20 世纪 90 年代就开展了网上保险业务。1997 年 11 月，我国首家保险信息网——中国保险网（www. china-insurance. com）正式开通，并为新华人寿促成了国内第一份网上保单。如今国内有很多保险公司的网站，较著名的保险网站有中国保险网、易保、平安保险和泰康在线等。2014 年，网上保险业务规模继续大幅增长。截至 2014 年底，有 85 家保险公司开展了网络销售，比上年增加了 26 家，当年保费收入 858.9 亿元，同比增长 195%。2014 年网上保险销售额占总保费收入的比例由 2013 年的 1.7% 增长至 4.2%；对全行业保费增长的贡献率达到 18.9%，比 2013 年提高 8.2 个百分点。2011 年至 2014 年间，互联网渠道保费规模提升了 26 倍，已经成为拉动保费增长的一个重要因素。目前，我国网络保险涉及车险、企财险、家财险、责任险、货运险、寿险、健康险、意外伤害险等多个品种。

在欧美等发达国家，网上保险已很普遍。现在美国几乎所有保险公司都已上网经营，一些险种的网上交易额已占到 30%—40%的市场份额。

### （一）网上保险的概念

网上保险也称为“网络保险”，是指保险企业或保险中介以互联网和电子商务技术为基础，来支持保险经营管理活动的经济行为。从狭义上讲，网上保险是指保险企业通过网络开展电子商务，如通过 Internet 买卖保险产品和提供服务；从广义上讲，网上保险还包括保险企业的内部、保险企业之间、保险企业与非保险企业之间以及与保监委税务部门等政府相关机构之间的信息交流和活动。网上保险的核心内容是指保险企业建立网络化的经营管理体系，并通过互联网与客户进行信息交流，宣传推销保险产品，实现投保、核保、理赔、给付或赔偿全过程的商业活动。网上保险的目标是建立一个供保险企业和客户使用的，基于“网络计算环境”的网上保险体系，以实现保险信息资源在社会生活中的广泛传播，保险业务的全方位开展，以及保险行业内部利用网络全面实现经营管理的现代化。

### （二）网上保险的优势

保险是无形产品，保险合同是格式合同，因此保险产品非常适合利用网络平台开展销售活动。与传统的保险企业经营方式相比，网上保险具有以下优势。

1. 提高了保险企业的运作效率，大大降低其经营成本

网上保险减少了保险推销的中间环节，使企业的运作效率得到提高。同时，网站的后期维护成本较低，相对于开设营业点的销售成本和广告成本都大大减少，节省了人力、场地和信息等方面花费的大量费用。据瑞士再保险公司主办的

《Sigma》杂志估计，现代信息技术可以在个人保险中节省约12%的成本，在商业保险中节省约9%的成本。

2. 网上保险可以超越时空的限制

保险公司可以提供24小时的全球性营销服务，极大地拓展了交易范围，延长了交易时间。特别是网上保险可以深入到代理人平时难以接触到的群体，有助于保险公司最大程度地挖掘潜在客户。保险企业和保险中介可通过互联网将保险业务延伸到全球任何地区的任何一台上网的电脑上，在未设分支机构的国家和地区提供保险服务，实现全天候服务，使保险业务的发展突破时空的限制，在全球范围内有效分散风险，获得规模效应。

3. 有利于客户获得优质的服务

首先，客户可方便快捷地获取大量与保险相关的信息。利用网络可以获得保险公司为其提供的企业经营背景、保险知识、保险产品、最新险种及费率表等与保险相关的一切信息。其次，客户可以方便地在网上搜集和比较各家保险公司的产品信息，并理性选择最适合自己的保险产品。最后，客户可以方便地与保险企业或保险中介进行双向交流，投保人可以在自主的环境中通过网络完成环境投保、缴费、索赔等一系列工作。这种一对一的服务方式符合未来营销发展的趋势，有利于保险公司与客户建立长期稳定的伙伴关系。

（三）网上保险的主要经营模式

从国内外的保险网站来看，目前较成熟的保险电子商务网站的营运模式主要有三种：

1. 网上直销模式

也称“全程网上交易模式”。它一般由保险公司创建，即保险公司在网站上直接推销自己的保险产品，完成保险产品销售的全过程。它以专业化为特征，宣传企业的发展历史、组织结构、保险产品等专业信息，同时兼顾行业动态、保险法规宣传，基本实现了信息查询、保单签订、自动转账、客户服务等功能，成为保险公司组织体系的一部分。

此类网站的特点是：

(1) 凭借保险公司的专业人才优势，能为客户提供专家级的客户咨询服务和个性化服务。

(2) 能依托保险公司的优势，提供及时的网上投保、核保、承保和理赔服务。因此，在维系客户忠诚度、满足个性化服务、提高客户服务的质量方面起到更加积极的作用，有利于保险公司开拓新的营销和客户服务渠道，有益于企业形象的宣传。

目前国内的泰康在线、华泰保险公司网站、新华人寿保险公司网站均属此类。

2. 网上保险经纪人模式

也称“中介模式”或“网上保险超市”，即网站作为中立机构，提供一个开放的网上平台，为众多保险公司、保险中介、其他相关行业和客户所公用，同时与许多网站合作，吸引客户访问自己的网站。客户可就保障范围、可承担的保费金额等在线发布需求，由各公司有意向的代理人提交险种设计竞标书，客户从中择优。在选定了最终方案后，客户和代理人之间通过传统方式进行联系，以后的核保、承保、理赔、给付等业务流程均与传统业务一致。在这种商务模式下，网站起到了保险经纪人的作用，通过将准客户介绍给保险公司向该公司收取佣金。

该模式的特点是：能给客户一个公正的比较和分析各公司产品的平台，促进保险公司之间的竞争，并较好地维护客户的利益。中国保险网采用了此模式。

3. 网上金融超市

网上金融超市与全程网上交易模式相似，给客户提供一个交易场所，客户在此可享受到集储蓄、信贷、结算、投资和保险多功能于一体的“一条龙”服务。

该模式的特点是：有利于提高网站的知名度，培养客户的忠诚度，有利于实现规模经济。

中国平安就属于此类网站，虽然它是由保险公司设立的网站，但它经营的产品不仅限于保险产品，还涉及了证券和银行产品。

## 复习思考题

### 一、名词解释

1. 商务模式　2. 电子商务模式　3. 旅游电子商务　4. 网上证券　5. 网上保险

### 二、简答题

1. 简述C2C电子商务网站的特点。

2. 简述C2C电子商务的盈利模式。你认为C2C电子商务还可以开发哪些盈利模式？

3. C2C电子商务模式面临着哪些问题？

4. 如果你要在网上商厦开一家网店，那么应如何选择网上商厦系统服务提供商？

5. 网上拍卖具有哪些优势？

6. B2C电子商务网站具有哪些优势？

7. 简述B2C电子商务的盈利模式。

8. 假设你要开一家网上商店，你将如何进行构建与规划？

9. 简述网上直销的特点。

10. 简述B2B电子商务的盈利模式。

11. 简述旅游电子商务的优势。

12. 简述网上证券的优势。

13. 简述网上保险的优势。

## 三、实训题

假定某企业(自行假设某行业)拟开发一个B2C网上商店,请对该网上商店进行系统规划,并撰写网上商店规划报告。重点从以下几个方面进行分析:

1. 对企业所处的行业及企业竞争力进行分析。

针对企业未来的市场定位、目标客户、竞争对手、网站规模、网站特色、网站推广、网站盈利模式、网站经营模式等进行分析。

2. 分析确定网上商店的构建与规划。

# 第六章　网络营销

**【本章学习目标】**

• 掌握网络营销的概念与职能；

• 了解网络营销与传统营销的异同；

• 了解网络营销模式，包括网络广告营销、电子邮件营销、搜索引擎营销和社会化媒体营销；

• 掌握网络营销策略。

## 案例导读

### 2014年七大网络营销趋势①

互联网极大地改变了信息共享的方式，对营销产生了深远的影响。在过去的几年里，相对于日趋过时的出站策略，入站技术已经有了更多的转变。更多的企业不再在外部内容中嵌入广告，而是通过发布原创内容取得成功，因为这种策略能带来品牌和受众成长等额外收益。

根据这些趋势，我们对未来主要网络营销趋势进行预测。

1. 内容营销将空前壮大

公司建立权威和获得消费者信任的一个主要方法，是通过多种渠道不断创造有价值的内容。这通常涉及相关的行业信息，为受众提供知识或娱乐。这样的做法使公司稳步建立起与受众的和谐关系，发展忠实的受众。根据内容营销协会的研究，最佳的B2B内容营销手段是社交媒体、企业网站上的文章、新闻通讯、案例研究，以及其他网站上的视频和文章。通过使用一个或多个渠道，企业可以在行业内建立正面形象。这一趋势表明，通过电视广告和电台广告的大众营销技术正逐渐变得低效。相反，企业更应该专注于入站营销，制作为特定受众设计的有价值的、引人入胜的内容。

2. 社交媒体营销需要多样性

短短几年前，企业开始将社交媒体加入营销活动中，当时能数得出的社交网站仅限于Facebook、LinkedIn和Twitter等大牌。如今，新的社交媒体网站层

---

① 参见〔美〕杰森·德莫斯：《2014年七大网络营销趋势》，林北译，载《中华合作时报·超市周刊》，2013年10月19日。

出不穷。虽然其中一些中途夭折，但是像Pinterest、Google+、Tumblr和Instagram这样的新秀已经流行开来，并为企业提供了数量多到爆棚的新选择，允许它们以各种媒体形式制作吸引人的内容，在更多渠道上建立它们的受众群体。于是，企业多路出击，遍地开花，尝试多种网络工具，以最大程度地与消费者群体进行接触，这已成为一种通用策略。这样的多样化对许多企业是富有成效的，因为它通过使消费者更容易地识别某品牌而建立了品牌资产。

3. 以图像为中心的内容大行其道

随着消费者接触到越来越多的广告，广告内容简单而迅速地被消化显得尤为重要。如果你查看一下迅速发展的社交媒体网站，可以发现大约3/4的广告有一个共同特点——强调图像。BuzzFeed和Pinterest成功地迅速崛起，证明了基于图像的内容的力量和病毒般的传播潜力。在社交网络中得到最多分享的博客文章通常有一个共同的特点：利用一些精心放置的图片提升内容的吸引力，并突出了其中的某些要点。另外一个例子是信息图表，它们结合图像与少量的文本来解释一个主题，并提供调查研究的统计信息或数据。显而易见，与图像的结合更有利于营销活动。

4. 事以简为上

一个值得注意的趋势是，消费者的偏好从深入的信息明显变成简化的营销信息。例如苹果(Apple)和谷歌(Google)等一些世界顶级品牌，它们显然注重简化。Pinterest的吸引力大多来自它干净、简洁和极简的美学追求。面对竭力争抢注意力的海量信息和广告，消费者感到不胜其烦。一些最有创意的营销者则背道而驰，他们正在努力简化他们的营销信息，而不是用天花乱坠的广告宣传征服消费者。福布斯网站的一篇文章恰如其分地阐述了这点："我们的生活与数字化高度结合，每天被明亮、华丽、复杂的感官输入狂轰滥炸，感觉不能再以这种节奏继续下去了。因此在今后，最成功的营销策略将不仅具有简单性，还要推广那些有助于简化消费者生活或至少是消费者体验的产品和服务。"

5. 对移动平台友好的内容将必不可少

由于智能手机和平板电脑的广泛使用及迅速发展，对企业来说有必要为移动用户创建可访问的内容。根据福布斯网站的报道，"到2017年，87%的联网设备销售将来自平板电脑和智能手机。"无论是创建一个网站的备用移动版本，还是利用响应性的网页设计，在用户通过移动设备浏览网站时提供正面的体验，都至关重要。否则，很容易将适应这种趋势的消费者拱手让给竞争对手。随着用户从使用传统电脑和笔记本电脑转变为使用移动设备，企业应加强在手机和平板电脑上的网络营销活动。

6. 广告重定向将提高效率

这是最近才真正兴起的营销策略。概括来讲，它的工作原理是利用浏览器的Cookies跟踪用户访问的网站。一旦他们离开某个站点,他们浏览过的产品或服务将在不同网站再次以广告形式展示。这项技术有效的原因显而易见。在首次访问时的网站流量转换率仅为2%,而广告重定向可以通过向消费者提醒浏览过的产品或服务来提升整体转换率。这样可以使品牌和产品给消费者留下深刻印象。甚至有心理研究显示,品牌名称和标识的简单曝光可以使消费者产生熟悉感及建立信任,更易于作出购买决定。即使没有立即购买,从长远来看也是可以得到实际回报的。

7. 搜索引擎优化和社交网络信号将更紧密地融合

虽然社交网络信号通常不具有与传统入站链接同等的重要性,但不可否认现在它在内生搜索排名中发挥着作用。毕竟,它是搜索引擎优化的三大支柱之一。由于谷歌和其他搜索引擎的目标在于尽可能为用户提供关联度最高的高质量内容,理所当然地,它们会将博客文章或产品页面收到的社会分享数量作为考量的因素。一条内容有越多的人分享,其质量就可能越高,因此它在搜索引擎结果页的位置就应越靠前。排名靠前的搜索结果趋向于拥有大量的社交网络分享,而排名靠后的分享数量则较少,这绝非巧合。除此之外,对于登录某页面的访客,社交网络分享可以作为认可的标志(例如信任信号)。如果他们看到内容被分享了成百上千次,会认为这可能是有点价值的东西。许多企业安装了社交网络分享的插件,鼓励消费者尽可能多地分享内容。虽然很难预测算法在未来的演变,但社交网络分享将有希望在未来赶上甚至超过传统入站链接的地位。

## 第一节 网络营销概述

互联网的出现改变了人们信息获取、处理和传播的方式,其巨大的信息容量、信息计算和组织能力,强大的交互功能,无处不在的连接能力和廉价的使用特性正深刻地影响着人们对时间、空间和信息等概念的认识,改变了人们交流沟通和交易的方式,它已经对商业、工业、政府、教育、娱乐等领域产生了巨大的影响。网络已经不仅是一种技术,它还深刻地影响了人们的工作和生活方式,甚至是思维方式,也改变了企业传统的营销环境。作为双向交流的多媒体通信工具,互联网被称为继广播、报纸、杂志、电视之后的又一新媒体,逐步受到众多企业的青睐,由此产生了网络营销活动。

### 一、网络营销的概念

网络营销(On-line Marketing或E-Marketing)是20世纪末出现在市场营

销新领域的，是企业营销实践与现代通信技术、计算机网络技术相结合的产物，是企业以电子信息技术为基础，以计算机网络为媒介和手段进行的各种营销活动的总称。网络营销是企业利用网络媒体开展的各类市场营销活动，是传统市场营销在网络时代的延伸和发展。不同学者对于网络营销的概念提法不一，总结他们的主要观点如下：

(1) 网络营销是借助联机网络、计算机通信和数字交互式媒体来实现营销目标的一系列市场行为。

(2) 网络营销是以互联网为媒体，以新的方式、方法和理念实施的营销活动，它更有效地促成了个人和组织交易活动的实现。

(3) 网络营销是利用计算机网络、现代通信技术以及数字交互式多媒体技术来实现营销的现代营销方式。

(4) 网络营销是指企业以现代营销理论为基础，利用互联网技术和功能，最大限度地满足客户需求，以开拓市场、增加赢利为目标的经营过程。

总结以上观点，本书给出的定义为：网络营销是企业整体营销战略的一个组成部分，是借助于互联网来实现企业一定营销目标的一种营销活动。

根据此定义，可以从以下几个方面加以认识：

(1) 网络营销是企业整体营销的一部分。网络营销不是孤立的，不可能脱离一般营销环境而独立存在。网络营销理论是传统营销理论在互联网环境中的应用和发展，由此也确立了网络营销在企业营销战略中的地位。无论网络营销处于主导地位，还是辅助地位，它都是互联网时代市场营销中必不可少的内容。

(2) 网络营销并不是网上销售。网络营销有别于网上销售，网络营销是企业传递信息、加强与客户之间的沟通、提升企业品牌价值的工具。很多情况下，网络营销活动不一定能实现网上直接销售的目的，甚至根本不能实行网上销售，但是很可能有利于销售量的增加。

(3) 网络营销是手段，而不是目的。无论传统企业还是互联网企业，都需要网络营销，但网络营销本身并不是一个完整的商业交易过程。当一个企业的网上经营活动发展到可以实现电子化交易的程度，就认为其进入了电子商务阶段。网络营销是电子商务的基础，开展电子商务离不开网络营销，但网络营销并不等于电子商务。网络营销是目前企业提升销售量的重要手段。

### 二、网络营销的职能

网络营销的职能不仅表明了网络营销的作用和网络营销工作的主要内容，同时也说明了网络营销所应该可以实现的效果。对网络营销职能的认识，有助于全面理解网络营销的价值和网络营销的内容体系。网络营销的职能包括以下几个方面：

（一）信息发布

网站是一种信息载体，通过网站发布信息是网络营销的主要方法之一，同时，信息发布也是网络营销的基本职能。无论哪种网络营销方式，结果都是将一定的信息传递给目标人群，包括顾客或潜在顾客、媒体、合作伙伴、竞争者等。网络营销所具有的强大的信息发布功能，是古往今来任何一种营销方式所无法比拟的。网络营销可以把信息发布到全球任何一个地点，既可以实现信息的广覆盖，又可以形成地毯式的信息发布链，既可以创造信息的轰动效应，又可以发布隐含信息。信息的扩散范围、停留时间、表现形式、延伸效果、公共能力、穿透能力，都是最佳的。值得提出的是，在网络营销中，网上信息发布以后，可以能动地进行跟踪，可以进行回复的再交流和再沟通。因此，信息发布的效果明显。

（二）销售促进

销售促进是网络营销最重要的职能。营销的基本目的是为增加销售提供帮助，网络营销也不例外，大部分网络营销方法都与直接或间接促进销售有关。但促进销售并不限于促进网上销售，事实上，网络营销在很多情况下对于促进网下销售也十分有价值。网络营销可以帮助企业开发新的目标市场，寻找潜在的客户群体，从而进一步促进产品或服务的销售。

（三）客户服务

互联网提供了更加方便的在线客户服务手段，从形式最简单的 FAQ（Frequently Asked Questions，常见问题解答），到电子邮件，以及 BBS、QQ、聊天室等各种即时信息服务。此外，企业也可通过互联网为客户提供特色服务，如信息定制、产品定制、定时送货等，这些服务都会提高客户的满意度。总之，企业可通过互联网为客户提供更好、更完善的服务，而客户服务质量对于网络营销效果具有重要影响。

（四）网上调研

企业可通过在线调查表、在线论坛、电子邮件等方式完成网上市场调研，从而取得关于产品、服务、客户等信息的第一手资料。企业也可以通过网上数据分析客户的消费行为、整体行业市场动态、竞争对手状况、市场宏观环境等信息，为了解客户消费动机、新产品开发、市场开拓作准备。相对于传统市场调研，网上调研具有高效率、低成本的特点，因此，网上调研成为网络营销的主要职能之一。

（五）品牌价值拓展和延伸

互联网的出现，不仅给品牌带来了新的生机和活力，而且推动和促进了品牌的拓展和扩散。美国广告专家莱利·莱特曾预言：未来的营销是品牌的战争。拥有市场比拥有工厂更重要，而拥有市场的唯一办法就是拥有占市场主导地位的品牌。实践证明，互联网不仅拥有品牌、承认品牌，而且对于重塑品牌形象，提升品牌的核心竞争力，打造品牌资产，具有其他媒体不可替代的作用。网络营销的重要任务之一就是在互联网上建立并推广企业的品牌。知名企业的网下品牌可以在网上得以延伸,一般企业则可以通过互联网快速树立品牌形象,并提升企业整体形象。网络品牌建设是以企业网站建设为基础,通过一系列的推广措施,达到顾客和公众对企业的认知和认可。有时网络品牌的价值甚至高于通过网络获得的直接收益。

开展网络营销的意义就在于充分发挥各种职能,让网上经营的整体效益最大化。网络营销的职能是通过各种网络营销方法来实现的,网络营销的各个职能之间并非相互独立的,同一个职能可能需要多种网络营销方法的共同作用,而同一种网络营销方法也可能适用于多个网络营销职能。

## 三、网络营销与传统营销

美国市场营销协会对市场营销所下的定义是:"市场营销是对构思、产品及服务进行设计、定价、促销及分销的计划与实施过程,其目的是产生满足个人和组织目的的交换。"通过互联网进行营销活动并不是要取代传统的营销,传统营销的许多思想、内容同样是适合网络营销的。但网络营销又不是简单地把传统营销原封不动地搬到网络环境中。

### (一)网络营销与传统营销的相同点

1. 两者都是一种营销活动。

2. 两者都是为了实现企业的既定目标。企业作为营利的经济实体,开展营销活动必须具有营利的动机。企业的营利是满足消费者需求的报酬。

3. 两者都把满足消费者的需求(潜在需求和现实需求)作为一切活动的出发点。

4. 两者在活动过程中都会使用各种策略。

### (二)网络营销与传统营销的区别

1. 营销理念的转变

在传统营销中,不管是无差异策略还是差异化策略,其目标市场的选择都是针对某一特定的消费群。但从理论上讲,没有任何两个消费者是完全一样的。因此,每一个消费者都是一个目标市场。而网络营销的出现,使大规模目标市场向个人目标市场转化成为可能。通过网络,企业可以搜集大量信息来反映消费者的不同需求,从而使企业的产品更能满足客户的个性化需求。科学技术的发展使企业多品种、小批量生产成为可能,而网络环境又能及时地为消费者的个性化需求和企业生产能力之间架起桥梁。

2. 沟通方式的转变

(1) 信息输送方式的改变

传统的促销手段(如媒体广告、公关等)只能提供单向的信息传输。信息传送后，企业难以及时得到消费者的反馈信息，因此生产经营策略和企业营销方式的调整往往会滞后一步，这必然会影响企业目标和企业盈利的实现。同时，在传统的营销方式下，消费者总是处于被动地位，他们只能根据广告等在媒体中出现的频率、广告的创意等来决定购买意向，很难进一步得到有关产品的功能、性能等指标。而互联网的出现，使传统的单向信息沟通模式转变为交互式营销信息的沟通模式。企业以交互式营销宣传沟通方式为用户提供丰富翔实的产品信息，用户也可以通过网络向企业反馈信息。这是网络营销与传统的市场营销最大的差别。在网络营销中，用户是主动的，他既可以查询自己喜欢的产品和企业信息，也可以将自己的信息（如喜好）及时提供给供应商。互联网已经从技术上保证和实现了这种信息的双向沟通。

(2) 信息容量的变化

在传统媒体上，尤其是在电视上做广告，尽管企业投入的是巨额资金，但所达到的营销目标也许只是企业的形象宣传，对产品的性能、特征、功效却无法进行深入的描述。正因为如此，消费者也就无法对企业的产品作深入的了解。互联网的出现在很大程度上弥补了传统营销在沟通方式上存在的不足。互联网在理论上具有无限的信息储存和传输空间，企业可以在互联网上利用各种不同的方式，为用户提供丰富翔实的产品信息以及所有与产品有关的其他信息。即使在一句十分简短的广告语中，企业也可以通过链接的方式很容易地将客户带到他所感兴趣的、宣传企业产品和服务的页面上。

3. 营销策略的改变

由于网络营销的双向互动性，使其真正实现了全程营销。传统的营销强调4P组合（即 Product，Price，Place，Promotion），而现代营销管理则追求4C。4C即顾客的欲望和需求（Customer's wants and needs）、满足欲望和需求的成本（Cost to satisfy wants and needs）、方便购买（Convenience to buy），以及与消费者的沟通（Communication）。不管是强调4P还是追求4C，任何一种观念都必须基于这样一个前提：企业必须实现全程营销，即必须由产品的设计阶段就开始充分考虑消费者的需求与意愿。但在实际操作中这一点往往很难做到。原因在于消费者与企业之间缺乏合适的沟通或沟通费用太高。消费者一般只能针对现有的产品提出建议或批评，对尚处概念阶段的产品无法涉足。另外，大多数的中小企业缺乏足够的资源用于了解消费者各种潜在的需求，它们只能从自身能力或市场策划者的策划出发进行产品的开发与设计。而在网络营销时代，这一点将有所改变。即使是小型企业，也可以通过电子公告栏、在线讨论、即时通信工具和电子邮件等方式，以极低的成本在营销的全过程中对消费者进行即时的信息搜集。消费者则有机会对从产品设计到定价以及服务的一系列问题发表意见。以上所提到的双向交互沟通方式提高了消费者的参与性和积极性，更重要的是，它能使企业的决策有的放矢，从根本上提高了消费者的满意度。

4. 方便性的提高

网络营销比传统营销更能满足消费者对购物方便的需求。网络营销消除了传统营销中的时空限制，使各方相隔的"时差"几乎不复存在。由于网络能够提供24小时服务，消费者可随时查询所需商品或企业的信息并在网上进行购物。查询和购物程序简便快捷，所需时间极短。这种优势在某些特殊商品的购买过程中体现得尤为突出，如图书的购买。网上书店的出现，使得广大消费者不必再为一本书跑遍大小书店，只需上网进行查询，就可以得到该书的详尽信息，进行网上订购即可。

（三）网络营销对传统营销的冲击

1. 对营销渠道的冲击

传统营销依赖层层严密的渠道，并以大量的人力与广告投入市场，这在网络时代将成为无法承担的"奢侈品"。在未来，人员推销、市场调查、广告促销、经销代理等传统营销手法，将与网络相结合，并充分运用网上的各项资源，形成以最低成本投入，获得最大市场销售量的新型营销模式。互联网大大提高了商品和服务供应方与需求方直接接触的能力，通过互联网，生产厂商可以更好地直接与最终用户联系，由传统中间人（零售商、批发商、分销商或经纪人）沟通生产与消费的必要性大大降低，中介渠道的重要性也因此而大打折扣。

2. 对定价策略的冲击

在网上对商品进行促销时，如果某种产品的价格标准不统一或经常改变，客户将会通过互联网认识到这种价格差异，并可能因此导致客户的不满。所以，相对于目前的各种媒体来说，互联网先进的网络浏览和服务器会使价格水平趋于一致。这将对公司在各地采取不同价格策略的销售业务产生巨大冲击，从而导致公司无法执行差别化定价策略。

3. 对广告策略的冲击

首先，相对于传统媒体来说，由于网络空间具有无限的扩展性，因此在网络上做广告可以较少地受到空间的局限，从而尽可能地将必要的信息一一罗列。其次，迅速提高的广告效果也为网上企业创造了便利条件。例如，有些公司可以根据其注册用户的购买行为很快地改变向访问者发送的广告；有些公司可根据访问者特性（如硬件平台、域名或访问时搜索主题等）有选择地显示其广告。

4. 对标准化产品的冲击

作为一种新型媒体，互联网可以在全球范围内进行市场调研。通过互联网，厂商可以迅速获得关于产品概念和效果测试的反馈信息，也可以测试消费者的不同认知水平，从而更加容易对消费者的行为方式和偏好进行跟踪。因此，在网络环境下，厂商可以根据每个用户的需求来组织生产和销售，实现产品或服务的个性化。今后厂商所提供的将不再是标准化产品，而是满足不同客户需求的个性化产品。

5. 对顾客关系的冲击

互联网能够大大改进公司与顾客之间的关系。首先，互联网提供内容广泛的产品或服务信息，并把这种内容与便捷的沟通和通信环境结合起来，创造一个能大量产生并传播信息的环境，这是虚拟社会产生强大力量的关键因素。在这个环境中，对同类产品或服务感兴趣的任何个人都可以在公告牌上"公布"，谁都可以得到信息，在交谈区进行实时书面"交谈"。它使成员能够在相互之间的信息交流、学习中产生新的信息。同时，在这种不间断的信息交流与学习中，通过比较和判断积累自己的经验，创造更加丰富的信息，最终使消费者可以在重要信息资源的获取上形成不依赖卖方和广告宣传的意识。其次，当在互联网这个虚拟的社会中组织信息和进行信息交易时，网络信息中介商应运而生，它使消费者在与卖方讨价还价时处于主动地位，帮助消费者从卖方那里获取更多的产品和服务信息。

（四）网络营销与传统营销的整合

网络营销伴随着电子商务发展而产生，是传统营销在网络时代的延伸和发展。依托互联网的环境和优越特性而产生的网络营销，有许多与生俱来的优势，但是，网络营销也不可能完全取代传统营销。二者是一个整合的过程，在很长一段时间内，网络营销和传统营销将互相影响、互相补充和互相促进。只有这样，企业的营销管理才能提升到一个较高的水平。

1. 各种营销要素和手段的整合

为保证和促进营销的有效性，传统营销要素，如市场调研、目标营销、人员推销、广告促销等将与网络营销相结合，充分利用网络的优势，实现企业的营销目标。网络营销围绕"以消费者为中心"，运用和协调各种不同的传播手段，最终在企业和消费者之间建立长期的、双向的、稳定的关系。

2. 各种营销策略的整合

网络使得企业实施各种营销策略的环境发生了变化，企业的选择更为广泛和丰富。网络营销既包括在网上针对网络虚拟市场开展的营销活动，又包括在网上开展的服务与传统市场的营销活动，以及以传统手段开展的服务于网络虚拟市场的营销活动。基于网站的网络营销是网络营销的主体，它包括网站的规划、建设、维护、推广以及与其他营销方法的整合。基于网站的网络营销还会涉及产品、价格、渠道和促销等传统营销策略要考虑的各种问题。总之，网络不是唯一的解决方案，而是整体方案的一部分，网络营销必须与公司的整体战略相互匹配和相互支撑。

## 第二节 网络营销模式

网络营销具有多种模式，企业在进行网络营销时，应根据企业的性质和营销目标选择合理的营销模式。网络营销模式的确立对于企业经营的成功至关重要。目前常用的网络营销的模式主要有网络广告营销、电子邮件营销、搜索引擎营销和社会化媒体营销四种。

### 一、网络广告营销

网络广告营销是配合企业整体营销战略，发挥网络互动性、及时性、多媒体、跨时空等特征优势，策划吸引客户参与的网络广告形式，选择适当网络媒体进行网络广告投放。网络广告是网络营销初期应用最为广泛的模式之一。所谓网络广告，是指广告主利用一些受众密集或有特征的网站摆放商业信息，并设置链接到某目的网页的过程。网络广告的基本特征有：利用数字技术制作和表示；具有可链接性，只要被链接的主页被网络使用者点击，就必然会看到广告，这是任何传统广告无法比拟的。在网络营销初期，企业主要依靠大量发布网络广告，以追求点击率、浏览量等广泛覆盖率为指标。网络广告主要有横幅广告（banner）、标识广告（logo）、按钮广告（button）、漂浮广告（moving icon）、画中画广告、文字链接（textlink）广告、自动弹出式广告、背投广告、擎天柱广告等。初期的网络广告没有明确定位，没有仔细锁定目标客户群，加上网站设计等因素，并没有收到预期的效果。进入 2001 年之后，网络广告领域发起了一场轰轰烈烈的创新运动，新的广告形式不断出现。新型广告克服了标准条幅广告条承载信息量有限、交互性差等弱点，因此获得了相对比较高一些的点击率。

网络广告具有以下几个特点：

1. 全球性和全天候性

网络广告的传播不受时间、空间限制，只要具备浏览互联网的条件，任何人在任何地点、任何时候都可以阅读到网络广告信息。这是传统媒介无法比拟的。

2. 实时性与持久性

网络媒体便于随时更改信息，广告主可以根据需要随时进行广告信息的改动，可以即时将最新的产品信息传播给消费者。网络媒体还可以长久保存广告信息。

3. 交互性

交互性是网络广告区别于传统广告的最大特点。网络广告不同于传统媒体信息的单向传播，而是信息的双向互动传播。受众可以方便地查询、获取他认为有用的广告信息，而商家也可以及时获得受众的反馈信息。网络广告具有交互性的特点,可以根据受众的需求、意愿传达广告信息,更易于为受众所接受。

4. 多媒体性

网络广告可以采用文字、图像、声音、影像等多媒体形式,创造出丰富多彩的广告形式,更能为受众所接受。

5. 信息容量大,发布站点多,发布成本低

通过网页的超链接,网络广告能容纳无限量的广告信息,能发布关于商品的详尽信息,这是传统媒体无法比拟的。

6. 效果的可测量性

在互联网上可以通过权威公正的访问统计系统精确统计出每一条广告信息的曝光次数、点击次数,还可以了解目标受众接触广告的时间和地区分布,从而为广告主科学评估广告效果、制定广告策略、广告计费提供依据。

## 二、电子邮件营销

电子邮件营销是通过向注册用户或潜在用户发送促销信息邮件,或在邮件中投放广告的方式来进行营销,是一种主动的营销方式。电子邮件具有针对性强、传播广、费用低廉等特点,因此电子邮件营销在初期也得到广泛使用。电子邮件推广的一个最大问题是垃圾邮件广告(spamming),这是指未经同意发送的商业性电子邮件,而且绝大部分是发给毫不相关的对象,容易引起用户的反感。这就要求广告主要在真正了解用户需求的基础上适时、适量地发送广告,否则只能取得适得其反的效果。目前有很多企业采用许可 E-mail 营销模式,即基于用户许可的 E-mail 营销。许可 E-mail 营销比传统的推广方式或未经许可的 E-mail 营销具有明显的优势,可以减少广告对用户的滋扰,增加潜在客户定位的准确度,增强与客户的关系,提高品牌忠诚度等。开展 E-mail 营销的前提是拥有注册用户或潜在用户的 E-mail 地址。注册用户的 E-mail 地址较容易收集,因为企业可以要求用户在注册时登记其 E-mail 地址,并且还可以在用户注册时获得向用户发送电子邮件的许可。而潜在用户的 E-mail 地址则需要企业从相关资料中自行收集整理,也可以利用第三方的潜在用户资源。此外,企业还可以通过自己网站上的产品订阅、询单、求购等功能来收集用户的电子邮件地址,也可以通过专业展会获得用户的电子邮件地址。

## 三、搜索引擎营销

随着互联网上信息量的爆炸式增长,如何寻找有价值的信息显得日益重要。搜索引擎便应运而生。庞大的信息搜索量和快速的信息传播速度,使搜索引擎成为网络营销的一个重要资源。搜索引擎营销是根据用户使用搜索引擎的方式,利用用户检索信息的机会,尽可能将营销信息传递给目标用户。简单来说,

搜索引擎营销就是基于搜索引擎平台的网络营销，利用人们对搜索引擎的依赖和使用习惯，在人们检索信息的时候尽可能将营销信息传递给目标客户。搜索引擎营销就是企业利用网络搜索引擎服务商提供的广告平台，实行国家及区域定向投放，并按点击率付费，而且价格相对低廉，能广泛触及国内与国外的潜在客户，同时可自主管理、随时监控搜索引擎营销效果。

较常见的搜索引擎营销是关键词营销。关键词是网络使用者在搜索引擎中用来查找相关信息所输入的搜索词。网络使用者通常会使用搜寻引擎查询他们想要寻找的产品或服务的信息，关键词是让搜索引擎引导潜在客户到网站的媒介。关键词营销分为两部分，一是关键词广告，二是搜寻引擎优化（Search Engine Optimization，SEO）。关键词广告是在用户通过关键词搜索信息时，在结果列表页面显示与关键词相关联的广告，具有较强的针对性。SEO 与关键词广告最大的不同在于它是搜寻引擎自己找出来的信息，对消费者而言，搜寻引擎的自然搜寻结果代表的是过滤过的信息，因而能得到更多的信任和点击率。

## 四、社会化媒体营销

社会化媒体营销就是利用社会化网络、在线社区、博客、百科、微博、微信或其他互联网协作平台和媒体来传播和发布资讯，从而形成的营销、销售、公共关系处理和客户关系服务维护及开拓的一种方式。一般社会化媒体营销工具包括论坛、博客、微博、SNS 社区、微信等。

网络营销中的社会化媒体主要是指具有网络性质的综合站点，其主要特点是网站内容大多由用户自愿提供（UGC），而用户与站点不存在直接的雇佣关系。社会化媒体营销要在自主信息时代走向成熟，关键在于下面几点：

（1）如何做到让目标客户触手可及并参与讨论。

（2）传播和发布对目标客户有价值的信息。

（3）让消费者与你的品牌或产品产生联系。

（4）与目标客户形成互动并感觉产品有他一份功劳。

下面介绍几种常见的社会化媒体营销。

### （一）论坛营销

论坛营销是指企业利用论坛这种网络交流的平台，通过文字、图片、视频等方式发布企业的产品和服务的信息，从而让目标客户更加深刻地了解企业的产品和服务，最终达到宣传企业的品牌、加深市场认知度的网络营销活动。论坛又名 BBS，是互联网上的一种电子信息服务系统。它提供的是一块公共电子白板，每个用户都可以在上面书写，可以发布信息或提出看法。这是一种交互性强、内容丰富的互联网电子信息服务系统。在论坛里，人们之间的交流不受时间和空间的限制。在与别人进行交往时，无须考虑自身的年龄、学历、社会地位等，也无从知道交谈对象的真实社会身份。这样参与讨论的人可以处于一个平等的位置,与其他人进行任何问题的探讨。论坛通常对所有人都免费开放,而且由于论坛的参与人数众多,不仅具备交流的功能,实际上也可以成为一种营销手段。

论坛营销主要有以下几种方法:

1. 寻找目标市场高度集中的行业论坛

知己知彼,方能百战百胜。企业在进行论坛营销时,首先要对本身所在的行业进行一个透彻的分析,根据分析得出的结果寻找所在行业的一些著名论坛和主题论坛。在主题集中的论坛上进行论坛营销,往往会起到事半功倍的效果。

2. 参与论坛,建立权威

在论坛营销的前期,为了打响企业知名度,建立权威性,企业要有自主性,积极地在论坛上参与讨论,发表意见和看法,同时也要时刻留意其他会员的动态情况。当其他会员有问题和困难的时候,企业应主动出手,积极帮忙。久而久之,企业会在各位会员的心目中建立起一个权威的形象,形成权威性,在这时候推广产品和服务,其可信度一定会大大提高。

3. 不要发广告

不要在论坛上发广告,尤其是广告性很强的广告。据了解,基本上所有的网民都会排斥论坛上的广告,而且会对发广告的人产生抵触的心理。为了避免被会员排斥甚至封账号,切勿在论坛上发广告。

4. 在论坛签名中促销

论坛签名是一个比较好的促销平台,当然,促销的效果跟签名的吸引力密切相关。打造一个个性化的签名,在论坛签名中插进产品和服务的介绍,并且在论坛中留下签名链接,加大宣传的力度,这样可以让有意向者看到你的产品和服务,并主动与你联系。

5. 个人图像和免费推广位

在论坛注册后,制作一张尺寸大小适中的广告图片作为个人图像,加大企业的曝光率。与此同时,也方便看帖的人了解企业的信息,达到做广告宣传的效果。有些论坛的主题会有一个免费的广告位,可以利用这个广告位刊登产品、服务信息,达到推广营销的效果。

(二) 博客营销

博客(blog)的全称是网络日志,是一种用来表达个人思想,按照时间顺序排列,并且不断更新的网络出版与交流形式。2004 年以来,博客作为一种全新的网络应用方式在我国开始普及。博客营销是指博客写手基于自己在某领域的专业知识和经验,或者对某产品的使用和体验,开展对产品和服务的评价,借助博客的知名度和口碑,在信息传播过程中充当意见领袖的角色。博客营销更适用于咨询、服务类的企业,产品型的企业也可以通过经营理念、产品使用经验等文章来进行推广。博客的优势是:发布内容、题材更加多样化;维护简单;可信度高(博客内容一般都经过审查);可以通过搜索引擎来发现。

博客作为一种特别的商业工具,还可以用来向客户及时通知新产品的研发情况,告知业务伙伴最近的可得性或新的发展情况,辅助改善公司公共关系等。进行博客营销要注意以下几点:多抓热点,参与讨论活动;找合适的题材;内容多样化;通过论坛引入、设置好的关键词吸引搜索引擎发现等方法增加浏览量等。

(三) 微博营销

微博营销是指企业把微博作为营销平台,把每一个听众(粉丝)都作为潜在的营销对象。企业通过更新自己的微博向网友传播企业信息、产品信息,树立良好的企业形象和产品形象。企业每天更新内容,就可以与听众交流互动,或者发布听众感兴趣的话题,达到营销的目的,这种方式就是新兴推出的微博营销。该营销方式注重价值的传递、内容的互动、系统的布局、准确的定位。微博的火热发展也使得其营销效果尤为显著。

微博营销的理念是,以客户为中心的精准营销和主动式服务营销,在正确的时间把正确的信息传递给正确的人。企业微博营销的关键原则就是"一切围绕客户"。企业可以在客户不同的消费阶段与其进行互动,并逐步建立情感关系。在消费者认知阶段,企业可以主动发现潜在客户的需求,帮助消费者了解品牌和产品的基本功能;在消费者购买阶段,企业可以有针对性地回答客户咨询,促进购买决策的达成;在消费者使用阶段,通过贴心的互动让客户有更好的体验;在最后的售后服务阶段,企业要倾听客户对产品的评价与使用体验,并适当给予关注和奖励,促使客户更有动力向身边的朋友推荐。

微博营销具有以下几个特点:

(1) 立体化。微博可以借助多种多媒体技术手段,以文字、图片、视频等展现形式对产品进行描述,从而使潜在消费者更形象、更直接地接受信息。

(2) 高速度。微博最显著的特征就是传播迅速。一条热度高的微博在各种互联网平台上发出后,短时间内被大量转发,就可以抵达微博世界的每一个角落。

(3) 便捷性。微博营销优于传统推广,无须严格审批,从而节约了大量的时间和成本。

(4) 广泛性。通过粉丝形式进行病毒式传播,与此同时,名人效应能使事件传播呈几何级放大,传播非常广泛。

(四) 贴吧营销

贴吧营销是以贴吧为载体的一种营销方式。贴吧是一种基于问答、百科、关键词的网上主题交流社区,它与搜索紧密结合,准确把握用户需求,具有针对性强、黏性高和互动功能强等特点和优势。贴吧可以通过用户输入的关键词,自动生成讨论区,使用户能立即参与交流,发布自己所拥有的其所感兴趣话题的信息和想法。这就意味着,如果有用户对某个主题感兴趣,那么他立刻可以在贴吧上建立相应的讨论区。并不是所有的贴吧都可以作为营销的工具,企业应该注意以下几点:(1) 选择贴吧要有侧重点;(2) 帖子的内容要有讲究;(3) 要学会利用百度热点;(4) 发帖要有技巧。

(五) 社交网站营销

社交网站营销是指企业通过社交网站进行产品或服务的营销活动。社交网站营销是随着网络社区化而兴起的营销方式。社交网站营销是利用社交网站的分享和共享功能,在六维理论的基础上实现的一种营销。社交网站营销可以帮助企业实现病毒式传播,让企业的产品或服务被更多的人知道。社交网站在不断地加强用户联系之后,也开创了类似论坛的功能,也就是群组。与论坛不同的是,群组各个板块允许用户自己创建,相当于实现了论坛的自助管理,这是对论坛的一大突破。社交网站是论坛和博客的综合体,同时又增加了用户之间更多的互动。目前国内的社交网站有人人网、豆瓣网、开心网、腾讯朋友网等,而国外有 Facebook 等。

社交网站营销具有以下几个特点:

(1) 资源丰富。无论是综合的社交网站还是垂直的社交网站,都没有特定的用户群体,其用户的分布很广泛,全国各地、各行各业的都有。因此,社交网站具有非常丰富的用户资源。

(2) 用户依赖性高。由于社交网站积累了较多的用户资源,所以用户更易于在社交网站上找到自己想寻找的朋友、同学、亲戚、同事、老乡等。用户一旦在社交网站上认识了一些志同道合的人,就经常想上去与朋友们交流。因此,社交网站具有较高的用户黏度。

(3) 互动性极强。社交网站虽然不是即时通信工具,但是其互动性极强。企业可以通过在社交网站上发布产品或服务信息,与用户们进行互动,从而产生很好的推广效果。

(六) QQ 营销

QQ 营销是指企业通过 QQ 开展各种营销活动。QQ 可以实现企业与用户之间的交流,企业能及时地回答用户的问题,在交流中增进买卖双方合作成功的概率,因此 QQ 也成为一种营销手段。QQ 的用户数已超 7 亿,QQ 营销可以有针对性地加 QQ 好友、建立 QQ 群,也可以购买企业 QQ,还可以用 QQ 邮箱进行邮件营销,在 QQ 空间上传公司产品图片,发布最新的企业与产品的消息。同时,还可以在 QQ 签名和个人说明处添加企业的网址链接。

(七) 微信营销

微信营销是网络经济时代企业对营销模式的创新,是伴随着微信的火热而产生的一种网络营销方式。微信不存在距离的限制，用户注册微信后，可与周围同样注册的“朋友”形成一种联系。用户可以订阅自己所需的信息，商家则通过提供用户需要的信息，推广自己的产品。微信是一种一对一的互动交流方式，因而具有良好的互动性。企业在精准推送信息的同时，能与客户形成一种朋友关系。微信的种种优势，使它成为继微博之后的又一新兴营销渠道。

微博的天然特性更适合品牌传播，作为一个自媒体平台，微博的传播广度和速度惊人，但是传播深度及互动深度不及微信。此外，微博营销本身的曝光率是极低的，企业的广告信息很容易就被淹没在微博滚动的动态中。而微信则不同，它可以做到强制信息的曝光，还可以实现用户分组、地域控制在内的精准消息推送。因此，微信公众平台上的粉丝质量要远远高于微博粉丝，只要控制好发送频次与发送的内容质量，一般来说用户不会反感，并有可能转化成忠诚的客户。

微信营销具有以下几个方面的优势：

(1) 高到达率。营销效果很大程度上取决于信息的到达率，这也是所有营销工具最关注的地方。与手机短信群发和邮件群发被大量过滤不同，微信公众账号所群发的每一条信息都能完整无误地发送到终端手机，到达率高达100%。

(2) 高曝光率。曝光率是衡量信息发布效果的另外一个指标。与微博相比，微信信息拥有更高的曝光率。在微博营销过程中，除了少数一些技巧性非常强的文案和关注度比较高的事件被大量转发后获得较高曝光率之外，直接发布的广告微博很快就被淹没在微博滚动的动态中，除非企业采用刷屏发广告或者用户刷屏看微博。而微信是由移动即时通信工具衍生而来，天生具有很强的提醒力度，比如铃声、通知中心消息停驻、角标等，随时提醒用户收到未阅读的信息，曝光率高达100%。

(3) 高接受率。微信用户数众多，甚至已经成为超过手机短信和电子邮件的主流信息接收工具，其广泛和普及性成为营销的基础。除此之外，由于公众账号的粉丝都是主动订阅而来，信息也是主动获取，完全不存在垃圾信息招致抵触的情况。因此，微信营销具有很高的接受率。

(4) 高精准度。微信可以进行一对一的关注和推送，公众平台方可以向“粉丝”推送包括新闻资讯、产品消息、最新活动等消息，甚至能够完成包括咨询、客服等工作。因此，微信营销具有很高的精准度。那些拥有粉丝数量庞大且用户群体高度集中的垂直行业微信账号，将成为炙手可热的营销资源和推广渠道。比如酒类行业知名媒体佳酿网旗下的酒水招商公众账号，拥有近万名由酒厂、酒类营销机构和酒类经销商构成的粉丝，这些精准用户粉丝相当于一个盛大的在线酒会，每一个粉丝都是潜在客户。

（5）高便利性。移动终端的便利性再次增加了微信营销的高效性。相对于PC电脑而言，未来的智能手机不仅能够拥有PC电脑所能拥有的全部功能，而且携带方便，用户可以随时随地获取信息，而这会给商家的营销带来极大的方便。

## 第三节　网络营销策略

美国营销大师麦卡锡教授在20世纪60年代提出了4P营销组合策略，即产品（Product）、价格（Price）、渠道（Place）和促销（Promotion）。他认为，一次成功和完整的市场营销活动，意味着以适当的价格、适当的渠道和适当的传播促销推广手段，将适当的产品和服务投放到特定市场。美国营销专家劳特朋教授在1990年提出了4C营销理论，他以消费者需求为导向，重新设定了市场营销组合的4个基本要素，即顾客价值（Consumer Value）、顾客获取满足的成本（Cost）、顾客购买的方便性（Convenience）和沟通（Communication）。4C理论强调企业首先应该把追求顾客满意放在第一位，产品必须满足顾客需求，同时降低顾客的购买成本，产品和服务在研发时就要充分考虑客户的购买力，然后要充分注意到顾客购买过程中的便利性，最后还应以顾客为中心实施有效的营销沟通。

21世纪初，美国学者舒尔兹提出了包括市场反应（Reaction）、顾客关联（Relativity）、关系营销（Relationship）和利益回报（Retribution）的4R理论。随着以IT技术为代表的高科技产业迅速崛起，对营销概念又有了新的阐述，即差异化（Variation）、功能化（Versatility）、附加价值（Value）和共鸣（Vibration）的营销组合4V理论。

市场营销理论由4P到4C，再到4R，直到4V的发展，使企业一步一步地更加接近客户，接近消费者。4P理论是站在企业的角度来看营销，它的出现一方面使市场营销理论有了体系感，另一方面又使复杂的现象和理论简单化，有更好的可操作性，从而促进市场营销理论的普及和应用。4C理论是在对4P理论扬弃的基础上，将整个营销活动的目标置于现实消费者和潜在消费者身上。4C理论的营销工具是营销过程中消费者、成本等基本因素的组合运用，努力做到产品、服务、成本的和谐统一。4R理论同样重视消费者的需求，但更多地强调以竞争为导向，是站在消费者的角度看营销，同时注意与竞争对手争夺客户。4V营销理论首先强调企业要实施差异化营销，一方面使自己与竞争对手区别开来，树立自己的独特形象；另一方面也使消费者相互区别，满足消费者个性化的需求。其次，4V理论要求产品或服务有更大的柔性，能够针对消费者的具体需求进行组合。最后，4V理论更加重视产品或服务中的无形要素，通过品牌、文化等满足消费者的情感需求。

根据以上营销理论，本节将讨论网络营销策略。网络营销策略（Network Marketing Strategy）是企业根据自身在市场中所处地位的不同而采取的一些网络营销组合，它包括网页策略、产品策略、价格策略、促销策略、渠道策略和顾客服务策略等。网络营销策略是以国际互联网络为基础，利用数字化的信息和网络媒体的交互性来辅助营销目标实现的一种新型的市场营销方式。本节将根据传统的4P理论来介绍网络营销策略。

## 一、产品策略

### （一）网络营销产品的概念

网络营销与传统的市场营销之间存在着差异。从事网络营销的企业，主要通过基于互联网的虚拟市场进行营销活动。与传统营销方式下的市场相比，在网络虚拟市场中，企业与客户之间的互动性大大增强了，客户的多样化和个性化需求得到了很好地满足。在网络营销中，产品的整体概念可分为5个层次，相应的有不同的策略。

（1）核心产品层次。核心产品是指产品或服务所能提供给客户的最基本的效用或利益。企业在设计和开发产品核心利益时，要从客户的角度出发，要根据上次营销效果制订本次产品的设计与开发方案。网络营销的突出特点是互动性，通过网络能充分地了解客户的需求，更好地为客户服务是网络营销的一大优势。因此，从事网络营销的企业，一定要以客户为中心，使自身产品提供的基本效用符合客户的需求。同时，由于不同类型的客户对同种产品的核心需求存在着差异，因此企业在营销过程中应注意识别客户之间的差异。

（2）形式产品层次。核心产品层次是抽象的，企业必须以一定的产品形式向客户展示，它包括品牌、包装、质量、外观式样等。形式产品是核心产品的物质载体，产品的基本效用通过形式产品的物质形态反映与体现出来。对于形式产品层次来说，必须保障品质，注重产品的品牌，注意产品的包装。此外，在式样与特征方面要根据不同地区的文化来进行有针对性的加工。

（3）期望产品层次。在网络营销中，客户处于主导地位，消费呈现出个性化的特征，不同的消费者可能对产品的要求不一样，因此，产品的设计和开发必须满足客户这种个性化的消费需求。客户在购买产品前对所购产品的质量、使用方便程度、特点等方面的期望值，就是期望产品。为满足客户的这种需求，对于有形产品，要求企业的设计、生产和供应等环节必须实行柔性化的生产和管理；对于无形产品，要求企业能根据客户的需要来提供服务。

（4）延伸产品层次。延伸产品是指客户在购买产品时，从产品的生产者或经营者那里得到的附加服务。产品的这一层次的主要作用是协助客户更充分、更好地享受核心产品带来的基本效用。在网络营销中，延伸产品层次包括售后服务、送货、质量保证等。

(5) 潜在产品层次。潜在产品层次是在延伸产品层次之外,由企业提供能满足客户潜在需求的产品。潜在产品层次是产品的一种增值服务,与延伸产品层次的主要区别是,客户没有潜在产品层次,仍然可以很好地使用客户所需要的产品的核心利益和服务。在科学技术发展迅速的时代,有许多潜在需求和利益还没有被客户认识到,这就需要企业通过引导和支持来更好地满足客户的潜在需求。

(二) 产品选择策略

网络营销中所推广的产品或服务多数是基于互联网进行销售的,因此企业应选择适合在网上进行销售的产品或服务。网上销售的产品(服务)包括有形产品和无形产品。有形产品指的是占有三维空间的实体类产品;无形产品(服务)是指软件、电影、音乐、电子读物以及服务类商品。无形产品(服务)可分为数字化商品和服务类商品。由于网上客户自身的某些特点,以及其在购买体验上的局限性,使适合网上营销的产品具有以下一些特点:

(1) 产品标准化。这类产品的质量和性能具有统一的质量标准,产品之间没有多大差异,在购买前后质量都非常透明且稳定,不需在购买时进行检验或比较。这类产品有书刊、电脑及相关产品、家电产品、通信产品等。

(2) 重购性。有些产品需要使用之后才能对产品好坏作出评价,而且使用率高,需要重复购买。通过重复购买,客户对产品的质量和性能逐渐熟悉,从而产生信任。这类产品有化妆品、音像器材及制品、家居用品、食品等。

(3) 时尚性。由于网民中以新潮者居多,他们对时髦、前卫型产品或特色服务的需求越来越多。这类产品和服务人们在现实生活中往往"可遇不可求"或没有时间进行深入的了解,但在网上却很容易找到相关的信息。这类产品主要有时装、礼品等。

(4) 廉价性。目前多数网民认为在网上所售商品的价格低于实体店,他们喜欢到网上去淘既价廉物美又称心如意的商品。因此,在网上销售廉价商品能更好地满足这些网民的需求。

(三) 新产品开发策略

(1) 引导客户参与新产品设计。新产品的开发过程包括新产品的构思与概念形成、研制、试销与上市。网络营销的一个重要特性是与客户的交互性,企业可以通过网络了解客户的需求,为客户提供个性化的产品研制服务,也可以按照客户需求来定制特殊产品,而根据该定制产品,很可能开发出一个新的产品。客户通过网络提出的批评意见、产品质量问题、对产品功能的询问等,都可以为老产品的改进或新产品的开发提供参考。

（2）采用敏捷制造系统实现“大规模量身定制”。电子商务的发展改变了传统经济下无法大规模满足客户特殊需要的情况。任何过去无法开通流水线生产的特殊款式的产品，通过网络进行全球范围的市场集结，都可以形成“批量”。柔性化敏捷制造系统可以将特殊产品转化为常规生产，按照相应的规模经济要求进行流水生产。更重要的是，集结这一全球市场所需要的费用正迅速下降。如品牌服装企业可以为广大特殊体型的顾客提供定制服务，只要顾客通过网络提供有关的尺寸，服装企业就可以生产。

（四）网络品牌策略

品牌是一种名称、术语、标记、符号或设计以及它们的组合，其目的是标识某种出售的产品或服务，并使之与竞争者区别开来。网络的虚拟性和低成本使越来越多的小企业和不知名的产品比较容易加入到市场竞争的行列，OEM 生产方式①为中小企业开展贴牌交易提供了商机，从而给传统强势品牌带来挑战。

网络品牌策略是指网络虚拟环境下企业的品牌塑造，也就是企业如何利用互联网塑造品牌。网络品牌主要体现在域名品牌上。有了域名后，还要注重企业品牌的发展。网络品牌包含三个层次：(1) 网络品牌要有一定的表现形态，如域名、网站（网站名称和网站内容）、电子邮箱、网络实名/通用网址等。(2) 网络品牌需要一定的信息传递手段，如搜索引擎营销、许可 E-mail 营销、网络广告等都具有网络品牌信息传递的作用。(3) 网络品牌价值的转化，如网站访问量上升、注册用户人数增加、对销售的促进效果等，这个过程也就是网络营销活动的过程。跨国界的网络营销对品牌文化内涵提出了更高的要求，要求企业为了满足不同国家和地区客户的需求，应赋予品牌不同的文化内涵。因此，企业应该针对不同网站影响的主要地区或客户群的差异，适应当地或目标客户群的文化特征。

## 二、价格策略

价格策略是企业营销中最富有灵活性和艺术性的策略，是企业非常重要的一种竞争手段，也是营销组合策略中的重要组成部分。它直接关系着市场对产品的接受程度，影响着市场需求量即产品销售量的大小和企业利润的多少。因此，在开展网络营销活动中，企业应该特别重视价格策略的运用，以巩固企业在市场中的地位，增强企业的竞争能力。

（一）网络营销产品定价的目标

定价目标是指企业通过制定产品价格所要达到的目的。企业在为产品定价

---

① OEM（Original Equipment Manufacturer，原始设备制造商）生产，也称为贴牌生产或定牌生产，原指由采购方提供设备和技术，由制造方提供人力和场地，采购方负责销售，制造方负责生产的一种现代流行的生产方式。但是，目前大多采用由采购方提供品牌和授权，由制造方生产贴有该品牌产品的方式。

时，首先必须要有明确的目标。不同企业、不同产品、不同市场、不同的时期有不同的营销目标，因而也就要求采取不同的定价策略。企业定价目标不是单一的，而是一个多元的结合体。在网络营销中，企业定价目标主要有以下几种。

1. 以维持企业生存为目标

当企业经营管理不善，或由于市场竞争激烈、顾客的需求偏好突然发生变化等原因，而造成产品销路不畅、大量积压、资金周转不灵，甚至濒临破产时，企业只能将其积压的产品低价出售，以求迅速出清存货，收回资金。但这种目标只能是企业面临困难时的短期目标，长期目标还是要获取利润，否则企业终将破产。

2. 以获取当前理想的利润为目标

此目标是追求当前利润的最大化，而不考虑长期效益。如果企业选择此目标，必须具备一定的条件，即当产品声誉好，而且在目标市场上占有竞争优势地位时，方可采用，否则还应以长期营利目标为主。

3. 以保持和提高市场占有率为目标

市场占有率是企业经营状况和企业产品竞争力的直接反映，它的高低对企业的生存和发展具有重要意义。一家企业只有保持或提高市场占有率，才有可能生存和发展。因此，这是企业定价选择的一个十分重要的目标。企业要实行全部或部分产品的低价策略，以实现提高市场占有率这一目标。

4. 以应付或抑制竞争为目标

有些企业为了阻止竞争者进入自己的目标市场，而将产品的价格定得很低，这种定价目标一般适用于实力雄厚的大企业。中小企业在市场竞争激烈的情况下，一般是以市场为导向，随行就市定价，从而也可以缓和竞争、稳定市场。

5. 以树立企业形象为目标

有些企业的定价目标实行的是“优质优价”，以高价来保证高质量产品的地位，以此来树立企业的形象。

总之，企业的定价目标一般与企业的战略目标、市场定位和产品特性相关。企业产品或服务价格的制定应主要从市场整体来考虑，它取决于需求方的需求强弱程度和价值，取决于客户的接受程度以及来自替代性产品的竞争压力的大小。在网络营销中，市场还处于起步阶段，企业进入网络营销市场的主要目的是占领市场，以求得生存和发展的机会，然后才是追求企业的利润。因此，目前网络营销产品的定价一般都是低价，甚至是免费，以期在快速发展的虚拟市场中寻求立足机会。网络市场一般可分为两个部分，即消费品市场和生产资料市场。对于消费品市场，企业必须采用相对低价的定价策略来占领市场；对于生产资料市场，购买者一般是商业机构和组织机构，购买行为比较理智，企业可以采用通过网络技术降低企业、组织之间的供应采购成本而达到企业的目标。总之，企业应选择合适的定价目标，以促进企业的长期、稳定发展。

（二）网络营销产品的定价策略

1. 免费价格策略

免费价格策略是市场营销中常用的营销策略，它主要用于促销和推广产品，这种策略一般是短期和临时性的。在网络营销中，免费价格不仅仅是一种促销策略，还是一种非常有效的产品和服务定价策略。具体来说，免费价格策略就是将企业的产品和服务以零价格形式提供给顾客使用，满足顾客的需求。目前有很多数字产品和服务类产品采取了免费策略，如免费信息查询、免费资料下载、免费邮箱、免费订阅等。

免费价格策略的形式有以下几类：

(1) 完全免费。即免费提供产品或服务的购买、使用以及售后所有环节。如美国在线公司成立之初，在商业展览会场、杂志封面、广告邮件等场合提供免费软件，通过这种方式，在5年后吸收到了100万名用户。

(2) 有限免费。即产品或服务可以被有限次地免费使用，或在有限时间内免费使用，超过一定次数或时限就不再享受免费。如有些网络游戏提供试玩，服务器免费开放一定天数，过了免费试玩期后，如果玩家想要继续玩游戏，就要交费。

(3) 部分免费。这是指将产品整体进行划分或将服务全过程分成若干个环节，只对其中某些部分或某些环节免费的策略。如研究网站上的论文或其他成果只进行部分公布，如果要获取全部就要付款；某些网络影视或音乐只免费提供部分片段播放，若要欣赏全部内容，则须付费。

(4) 捆绑式免费。即在购买某种产品或服务时，客户可以免费享受赠送其他产品和服务的待遇。如客户购买了某产品后，可以享受长期免费保修服务。

企业采用免费价格策略，通常有以下两种目的：其一，让用户免费使用，形成习惯后再开始收费。如允许消费者在网上下载限制使用次数版的瑞星、北信源等杀毒软件，免费使用3个月，消费者使用习惯后，版本到期，然后掏钱购买正式版本，是一种价格方面的促销策略。其二，先占领市场，再在市场上获取收益。出于这种目的的企业，在制定免费定价策略时，主要从战略发展的需要出发，着眼于发掘产品的后续商业价值。如雅虎公司通过免费建设门户站点，经过4年亏损，在第5年通过广告收入等间接收益扭亏为盈。在前4年的亏损中，公司得到飞速增长，带来的主要利益是股票市场对公司的认可和支持，看好其未来的增长潜力。

如果企业要采取免费价格策略，应注意以下几个方面的问题：

第一，符合商业模式。互联网作为成长性的市场，在市场上获取成功的关键是要有一个可能获得成功的商业运作模式，因此考虑免费价格策略时必须考虑是否与商业运作模式吻合。

第二，分析采用免费策略的产品(服务)能否获得市场认可。也就是提供的产品(服务)是否为市场迫切需求的。互联网上通过免费策略已经获得成功的公司都有一个特点，就是提供的产品(服务)受到市场的极大欢迎。如雅虎的搜索引擎克服了在互联网上查找信息的困难，给用户带来了便利；如新浪网站提供了大量实时性的新闻报道，满足了用户对新闻的需求。

第三，分析免费产品推出的时机。在互联网上的游戏规则是"赢家通吃"，只承认第一，不承认第二。因此，在互联网上推出免费产品是为抢占市场。如果市场已经被占领或者已经比较成熟，则要审慎推出免费价格策略。

第四，策划推广免费产品(服务)。互联网是信息海洋，对于免费的产品(服务)，网上用户已经习惯。因此，要吸引用户关注免费产品(服务)，应当与推广其他产品一样有严密的营销策划。在推广免费产品(服务)时，主要考虑通过互联网渠道进行宣传。

2. 定制生产定价策略

定制生产就是按照客户需求进行生产，以满足网络时代客户的个性化需求。定制生产中，消费者的个性化需求差异性大，需求量又少，因此企业必须在管理、供应、生产和配送各个环节上，都要适应这种小批量、多式样、多规格和多品种的生产和销售变化。

定制生产定价策略是在企业具备定制生产条件的基础上，利用网络技术和辅助设计软件，帮助消费者选择配置或者自行设计能满足自己需求的个性化产品，同时承担自己愿意付出的价格成本。定制定价策略的核心是价格会变动，根据消费者的需求进行针对性的定价。要实行定制定价策略，需要进行资料的搜集，建立数据库，将每一个客户都当成一个独立的个体。定制定价策略常适用于服务类产业，如品牌传播服务、网站优化推广、网站关键字推广等，需要根据客户的需求进行详细的分析，确定其难度，从而定制出一个合理的价格。目前这种定制生产方式的尝试还只是初步阶段，消费者只能在有限的范围内进行挑选，还不能完全要求企业满足自己所有的个性化需求。

3. 使用定价策略

使用定价策略是指顾客通过互联网注册后，可直接使用某公司的产品，顾客只需根据使用次数进行付费，而不需要完全购买该产品。在传统交易关系中，产品买卖是完全产权式的，顾客购买产品后即拥有对产品的完全产权。随着经济的发展和人们生活水平的提高，顾客对产品的需求越来越多，而且产品的使用周期越来越短，许多产品购买后使用几次就不再使用，非常浪费，制约着许多顾客对这些产品的需求。为改变这种情况，可以在网上采用类似租赁的按使用次数定价的方式。

这种定价策略的优点是：减少了企业为完全出售产品而进行的大量的生产

和包装浪费,同时还可以吸引那些有顾虑的顾客来使用产品,从而扩大市场份额。顾客每次只是根据使用次数付款,避免了购买产品、安装产品、处置产品的麻烦,还可以节省不必要的开销。

采用按使用次数定价,一般要考虑产品是否适合通过互联网传输,是否可以实现远程调用。目前,比较适合的产品有软件、音乐、电影等。对于软件,如我国的用友软件公司推出网络财务软件,用户注册后在网上直接处理账务,而无需购买软件和担心软件的升级、维护等非常麻烦的事情;对于音乐产品,也可以从网上下载或使用专用软件点播;对于电影产品,则可以通过视频点播系统来实现远程点播,无需购买录影带。另外,采用按次数定价对互联网的带宽提出了很高的要求,因为许多信息都要通过互联网进行传输,如互联网带宽不够,将影响数据传输,势必会影响顾客租赁使用和观看的体验。

4. 拍卖竞价策略

拍卖竞价是指产权交易采用市场方式进行拍卖,在产权交易市杨上通过公开招标进行。凡有条件的购买者,均可按照程序提出购买要求,卖方对所有的购买者一视同仁。其产权成交价格、付款方式、人员安置、债权债务处理等事项,应在多个购买者公开竞争中决定。拍卖活动应当遵守有关法律法规,遵循公开、公平、公正、诚实信用的原则。拍卖定价策略是一种较为新颖的定价策略,物品起始的价格非常低,甚至为零,但是经过买方的竞价后,其价格便会上涨,甚至竞拍的价格会高于货品通常的价格。拍卖竞价从传统市场延伸到了网上,成为网络时代流行的定价策略。

根据供需关系,网上拍卖竞价方式有下面几种:

(1) 竞价拍卖。有些商品的销售采用了竞价拍卖的方式,其中 C2C 的交易较多,包括二手货、收藏品交易等,也可以是普通商品以拍卖方式进行出售。如,惠普公司也将公司的一些库存积压产品放到网上拍卖。

(2) 竞价拍买。这是竞价拍卖的反向过程,即买方提出一个价格范围,求购某一商品,由商家出价,出价可以是公开的或隐蔽的,买方将与出价最低或最接近的商家成交。

(3) 集体议价。在互联网出现以前,这一种方式在国外主要是多个零售商联合起来,以大批量的方式向批发商(或生产商)购买产品,从而可以获得价格上的优惠。互联网出现后,普通的消费者也能使用这种方式来购买商品。集体议价是多个购买者联合购买同一类商品而形成一定购买规模,以获得优惠售价的交易方式。提出这一模式的是美国著名的 Priceline 公司。集体议价的一个特点就是,拍卖品的价格随着投标人数的增加而降低。

目前拍卖竞价针对的购买群体主要是消费者市场,个体消费者是目前拍卖市场的主体。采用拍卖竞价并不是企业目前首选的定价方法,因为拍卖竞价可能会破坏企业原有的营销渠道和价格策略。比较适合采用网上拍卖竞价的产品是企业的一些库存积压产品;也可以是企业的一些新产品,通过拍卖展示起到促销作用。许多公司将新产品以低廉价格在网上拍卖,以吸引消费者的关注。

5. 低价定价策略

互联网上的信息是公开的,且易于搜索比较,因此网上的价格信息对消费者的购买起着重要作用。据研究,消费者选择网上购物,一方面是因为网上购物比较方便,另一方面是因为从网上可以获取更多的产品信息,从而以最优惠的价格购买商品。企业可以采取的低价定价策略包括直接低价定价策略、折扣定价策略和促销定价策略。

(1) 直接低价定价策略。直接低价定价策略就是定价时大多采用成本加一定利润方式,有的甚至是零利润,因此这种定价在公开价格时就比同类产品要低。它一般是制造业企业在网上进行直销时采用的定价方式,如戴尔公司的电脑定价就比同性能的其他公司产品低10%—15%。

(2) 折扣定价策略。折扣定价策略是在原价基础上进行折扣定价,这种定价方式可以让顾客直接了解产品的降价幅度,以促进顾客的购买。这类价格策略主要用在一些网上商店,一般按照市面上的流行价格进行折扣定价。如亚马逊的图书价格采用了折扣定价策略。

(3) 促销定价策略。如果企业是为了拓展网上市场,但产品价格又不具有竞争优势时,可以采用网上促销定价策略。由于网上消费者的面很广而且具有很大的购买能力,许多企业为打开网上销售局面和推广新产品,采用临时促销定价策略。促销定价较常用的是有奖销售和附带赠品销售。

企业在采用低价定价策略时要注意的是:首先,由于互联网是从免费共享资源发展而来的,用户一般认为网上商品比从其他渠道购买的商品要便宜,在网上不宜销售那些顾客对价格敏感而企业又难以降价的产品;其次,在网上公布价格时要注意区分消费对象,企业可将客户分为一般消费者、零售商、批发商、合作伙伴,分别提供不同的价格信息发布渠道,否则可能因低价策略混乱导致营销渠道混乱;第三,网上发布价格时要注意比较同类站点公布的价格,因为消费者可以很容易通过搜索功能在网上找到更便宜的商品,否则价格信息公布将起到反作用。

### 三、渠道策略

市场营销理论认为,各市场主体之间的关系取决于其实力高低和相对优势的大小,这种实力不仅体现在产品的性能、价格和售后服务上,而且还体现在渠道的建设上。作为企业的一种极为重要的无形资产,渠道正日益受到厂商的重视。在网络营销条件下,传统营销的分销渠道已不能满足厂商低成本与多样性的要求。在分销渠道层次方面，网络营销方式减少了交易的中间层次，使宽渠道的营销出现了一次质的飞跃。

（一）网络营销渠道的功能

与传统营销渠道一样，以互联网作为支撑的网络营销渠道也应具备传统营销渠道的功能。营销渠道是指与提供产品或服务以供使用或消费这一过程有关的一整套相互依存的机构，它涉及信息沟通、资金转移和事物转移等。一个完善的网上销售渠道应有三大功能：订货功能、结算功能和配送功能。

1. 订货功能

它为消费者提供产品信息，同时方便商家获取消费者的需求信息，以求达到供求平衡。一个完善的订货系统，可以最大限度地降低库存，减少销售费用。

2. 结算功能

消费者在购买产品后，可以有多种方式方便地进行付款，因此厂家（商家）应有多种结算方式。目前国外流行的几种结算方式有：信用卡、电子货币、网上划款等。而国内的付款结算方式主要有：货到付款、第三方支付、银行卡支付、银行转账等。

3. 配送功能

一般来说，产品分为有形产品和无形产品。对于无形产品，如服务、软件、音乐等，可以直接通过网上进行配送；对于有形产品的配送，涉及运输和仓储问题。现在各国已经形成了专业的配送公司，如著名的美国联邦快递公司，它的业务覆盖全球，实现全球快速的专递服务。从事网上直销的戴尔公司，将美国货物的配送业务都交给联邦快递公司来完成。

（二）网络营销渠道策略

网络营销渠道可以分为两大类：一类是通过互联网实现的从生产者到消费者的网络直接营销渠道，简称网上直销。另一类是通过融入互联网技术后的中间商机构提供的网络间接营销渠道。

1. 网上直销

网上直销与传统直接分销渠道一样，都没有营销中间商。网上直销渠道一样也要具有传统营销渠道中的订货功能、支付功能和配送功能。网上直销与传统直接分销渠道不一样的是：生产企业可以通过建设网络营销站点，让顾客直接从网站进行订货；与一些电子商务服务机构（如网上银行）合作，通过网站直接提供支付结算功能，简化了过去资金流转的问题；对于配送方面，网上直销渠道可以利用互联网技术构造有效的物流系统，也可以通过互联网与一些专业物流公司进行合作，建立有效的物流体系。

与传统分销渠道相比，不管是网上直接营销渠道，还是间接营销渠道，都有许多更具竞争优势的地方。首先，利用互联网的交互特性，网上营销渠道从过去单向信息沟通变成双向直接信息沟通，增强了生产者与消费者的直接联系。其次，网上营销渠道可以提供更加便捷的相关服务。一是生产者可以通过互联网提供支付服务，顾客可以直接在网上订货和付款，然后就等着送货上门，这一切大大方便了顾客的需要。二是生产者可以通过网上营销渠道为客户提供售后服务和技术支持，提供网上远程技术支持和培训服务，方便了顾客，同时生产者可以以最低成本为顾客服务。最后，网上营销渠道的高效性，可以大大减少过去传统分销渠道中的流通环节，有效降低成本。对于网上直接营销渠道，生产者可以根据顾客的订单按需生产，实现零库存管理。同时网上直接销售还可以减少过去依靠推销员上门推销的昂贵销售费用，最大限度控制营销成本。

2. 网络时代的新型中间商

由于网络的信息资源丰富、信息处理速度快，基于网络的服务可以便于搜索产品，但在产品（信息、软件产品除外）实体分销方面却难以胜任。目前出现了许多基于互联网的提供信息服务中介功能的新型中间商，可称之为电子中间商（cybermediaries）。

电子中间商有以下几类：

（1）目录服务。利用 Internet 上的目录化的 Web 站点提供菜单驱动进行搜索，现在这种服务是免费的，将来可能收取一定的费用。

（2）搜索服务。与目录不同，搜索站点为用户提供基于关键词的检索服务，站点利用大型数据库分类存储各种站点介绍和页面内容。搜索站点不允许用户直接浏览数据库，但允许用户向数据库添加条目。

（3）虚拟商业街。虚拟商业街（Virtual Malls）是指在一个站点内连接两个或两个以上的商业站点。虚拟商业街与目录服务的区别是，虚拟商业街定位某一地理位置和某一特定类型的生产者和零售商，在虚拟商业街销售各种商品，提供不同服务。站点的主要收入来源依靠其他商业站点对其的租用。

（4）网上出版。由于网络信息传输及时而且具有交互性，网络出版 Web 站点可以提供大量有趣和有用的信息给消费者，目前出现的联机报纸、联机杂志属于此类型。由于内容丰富而且基本上免费，此类站点访问量特别大，出版商可以利用站点做 Internet 广告或提供产品目录，并以广告访问次数进行收费，如 ICP 属于此类型。

（5）虚拟零售店（网上商店）。虚拟零售店不同于虚拟商业街，它拥有自己的货物清单，能直接销售产品给消费者。

（6）站点评估。消费者在访问生产商的站点时，由于内容繁多、站点庞杂，往往不知该访问哪一个站点。提供站点评估的站点，可以帮助消费者根据以往数据和评估等级，选择合适的站点进行访问。通常一些目录和搜索站点也提供一些站点评估服务。

(7) 电子支付。电子商务要求能在网络上交易的同时，能实现买方和卖方之间的授权支付。提供支付服务的企业可以通过商户推荐、优惠信息等向客户推荐商户，并向被推荐的商户收取费用，从而也成为了电子中间商。

(8) 虚拟市场和交换网络。虚拟市场所提供的是虚拟场所，任何符合条件的产品都可以在虚拟市场站点内进行展示和销售，消费者可以在站点中任意选择和购买，站点主持者收取一定的管理费用。

(9) 智能代理。智能代理是一种软件，它根据消费者偏好和要求预先为用户自动进行初次搜索，软件在搜索时还可以根据用户自己的喜好和别人的搜索经验自动学习，优化搜索标准。用户可以根据自己的需要选择合适的智能代理站点为自己提供服务，同时支付一定的费用。

与传统中间商一样，电子中间商起着连接生产者和消费者的桥梁作用，帮助消费者进行购买决策和满足需求，帮助生产者掌握产品销售状况，降低生产者为达成与消费者交易的成本费用。

## 四、网络促销策略

### (一) 网络促销的特点

网络促销是指利用现代化的网络技术向虚拟市场传递有关商品和劳务的信息，以激发消费者的需求，唤起其购买欲望和促成购买行为的各种活动。与传统的市场促销相比，网络促销有以下三个特点：

1. 网络促销通过网络技术传递商品和劳务的信息

它是建立在现代计算机与通讯技术基础之上的，并且随着计算机和网络技术的不断改进而改进。因此，网络促销不仅需要营销者熟悉传统的营销技巧，而且需要掌握相应的计算机和网络技术知识，包括各种软件的操作和某些硬件的使用。

2. 网络促销是在虚拟市场上进行的

这个虚拟市场就是互联网。互联网是一个媒体，是一个连接世界各国的大网络，它在虚拟的网络社会中聚集了广泛的人口，融合了多种文化成分。所以，从事网上促销的人员需要跳出实体市场的局限性，采用虚拟市场的思维方法。

3. 网络促销是全球性的、全天候的活动

互联网虚拟市场的出现，将所有的企业，不论是大企业，还是中小企业，都推向了一个世界统一的市场。传统的区域性市场的小圈子正在被一步步打破，全球性的竞争迫使每个企业都必须学会在全球统一的大市场上进行网络促销活动。此外，网络购物不受时间限制，客户可以在任何时间进行购物。因此，网络促销必须是全球性的、全天候的活动。

### （二）网络促销的功能

1．告知功能

网络经济属于注意力经济，公众的注意力能够带来相应的经济回报。网络促销是把企业的产品、服务、价格等信息传递给目标公众，引起他们的注意，从而引起客户的购买欲望。

2．说服功能

网络促销的目的在于通过各种有效的方式，解除目标公众对产品或服务的疑虑，说服目标公众坚定购买决心。例如，在同类商品中，许多产品往往只有细微的差别，用户难以察觉。企业通过网络促销活动，宣传自己产品的特点，使用户认识到本企业的产品可能给他们带来的特殊效用和利益，进而愿意购买本企业的产品。

3．反馈功能

网络促销能够通过电子邮件及时地收集和汇总顾客的需求和意见，并迅速反馈给企业的管理层。网络促销所获得的信息基本上都是文字资料，信息准确，可靠性强，因而对企业的经营决策具有较大的参考价值。

4．创造需求功能

运作良好的网络促销活动，不仅可以诱导需求，而且可以创造需求，发掘潜在的顾客，扩大销售量。

5．稳定销售功能

企业可以通过适当的网络促销活动，树立良好的产品形象和企业形象，使更多的用户形成对本企业产品的偏爱，以达到稳定销售的目的。

### （三）网络促销组合

传统市场营销的促销形式主要有四种：广告、销售促进、宣传推广和人员推销。网络营销是在网上市场开展的促销活动，相应的形式也有四种，分别是网络广告、销售促进、站点推广和关系营销。其中，网络广告和站点推广是主要的网络营销促销形式。

网络广告已成为一个很有影响力的产业市场，企业首选的促销形式就是网络广告。网络广告主要是借助网上知名站点、免费电子邮件和一些免费公开的交互站点发布企业的产品信息，对企业和产品进行宣传推广。网络广告作为有效而可控制的促销手段，被许多企业采用，但费用不低。

站点推广是利用网络营销策略扩大站点的知名度，吸引上网者访问网站，起到宣传和推广企业和企业产品的效果。站点推广主要有两类方法：一类是通过改进网站内容和服务，吸引用户访问，起到推广效果；另一类是通过网络广告宣传推广站点。前一类方法费用较低，而且容易稳定顾客访问流量，但推广速度比较慢；后一类方法可以在短时间内扩大站点知名度，但费用不菲。

销售促进就是企业利用可以直接销售的网络营销站点，采用一些销售促进方法，如价格折扣、有奖销售、拍卖销售等方式宣传和推广产品。

关系营销是通过借助互联网的交互功能吸引用户与企业保持密切关系，培养客户的忠诚度，提高企业的收益率。

（四）网络促销的实施

网络促销需要促销人员深入了解商品信息在网络上传播的特点，分析网络信息的接受对象，设定合理的网络促销目标。根据国内外网络促销的实践，网络促销战略的实施程序由五个方面组成，即确定网络促销对象、设计网络促销内容、决定网络促销组合方式、制订网络促销预算方案和衡量网络促销效果。

1. 确定网络促销对象

网络促销对象是针对可能在网络市场上产生购买行为的消费群体提出来的。随着网络的迅速普及，这一群体也在不断膨胀。这一群体主要包括三部分人员：产品的使用者、产品购买的决策者、产品购买的影响者。

(1) 产品的使用者。这里指实际使用或消费产品的人。实际的需求是这些客户实施购买的直接动因，抓住这部分消费者，网络销售就有了稳定的市场。

(2) 产品购买的决策者。产品购买的决策者是指实际决定购买产品的人。在较多情况下，产品的使用者和购买决策者是一体的。但在有些情况下，产品的购买决策者和使用者则是分离的。例如，中小学生是各种文具的使用者，但实际的购买决策往往由学生的父母作出。所以，网络促销同样应当把购买决策者放在重要的位置上。

(3) 产品购买的影响者。产品购买的影响者是指在看法或建议上对最终购买决策可以产生一定影响的人。在低价、易耗日用品的购买决策中，产品购买的影响者的影响力较小。但在高价、耐用消费品的购买决策上，产品购买的影响者的影响力较大。这是因为对高价、耐用品的购买，购买者往往比较谨慎，希望广泛征求意见后再作决定。因此，企业也不能忽视产品购买的影响者。

2. 设计网络促销内容

网络促销的最终目标是希望引起购买。这个最终目标是要通过设计具体的信息内容来实现的。消费者的购买过程是一个复杂的、多阶段的过程，促销内容应当根据购买者目前所处的购买决策过程的不同阶段和产品所处的经济寿命周期的不同阶段来决定。

3. 决定网络促销组合方式

促销组合是一个非常复杂的问题。网络促销活动主要通过网络广告促销、网络站点促销、E-mail 促销等多种方式展开。由于企业的产品种类不同、销售对象不同，促销方法与产品种类和销售对象之间将会产生多种网络促销的组合方式。企业应当根据多种促销方式各自的特点和优势，根据自己产品的市场情况、顾客情况，扬长避短，合理组合，以达到最佳促销效果。

一般来说，对日用消费品，如化妆品、食品、饮料、医药制品、家用电器等，网络广告促销的效果比较好。而对大型机械产品、专用品则采用网络站点促销的方法比较有效。在产品的成长期，应侧重于网络广告促销，宣传产品的新性能、新特点。在产品的成熟期，则应加强自身站点的建设，树立企业形象，巩固已有市场。企业应当根据自身网络促销的能力，确定网络促销组合方式。

4. 制订网络促销预算方案

在网络促销实施过程中，使企业感到最困难的是预算方案的制订。在网络营销实施过程中，企业首先必须明确网上促销的方法及组合的方式。企业应当认真比较各站点的服务质量和服务价格，从中筛选适合于本企业的、质量与价格匹配的信息服务站点。其次，企业需要确定网络促销的目标。最后，企业需要明确希望影响的是哪个群体、哪个阶层，是国外的还是国内的。因为在服务对象上，各个站点有较大的差别，有的站点侧重于中青年，有的站点侧重于学术界，有的站点侧重于产品消费者。企业促销人员应当熟知自己产品的销售对象和销售范围，根据自己的产品选择适当的促销形式。

5. 衡量网络促销效果

网络促销的实施过程到了这一阶段，必须对已经执行的促销内容进行评价，衡量一下促销的实际效果是否达到了预期的促销目标。对促销效果的评价主要依赖于两个方面的数据。一方面，要充分利用互联网上的统计软件，及时对促销活动的好坏作出统计。这些数据包括主页访问人次、点击次数、千人广告成本等。在网上，企业易于统计站点的访问人数，也易于统计广告的阅览人数。另一方面，效果评价要建立在对实际效果全面调查的基础上，调查市场占有率的变化情况，产品销售量的增加情况，利润的变化情况，促销成本的降低情况等，通过这些指标判断促销决策是否正确。同时，企业还应注意促销对象、促销内容、促销组合等方面与促销目标的因果关系的分析，从中对整个促销工作作出正确的判断。

（五）网络促销方式

常见的网络促销方式有 15 种，具体包括定价促销、附加值促销、回报促销、纪念式促销、奖励促销、借力促销、临界点促销、另类促销、名义主题促销、时令促销、限定式促销、引用举例式促销、赠送类促销、指定促销和组合促销。

1. 定价促销

定价促销是指以指定价格的形式进行促销，具体包括统一价促销、特价式促销和满额促销。统一价促销是指对店铺内所有商品统一定价，例如全场 2 元或全场 5 元等，以统一价来吸引客户的眼球，给客户以低价促销的感觉。特价式促销是指给商品标上特价，以表示此商品是以特别优惠的价格来销售，提醒客户不要错过良机。例如,有的商店采用“一元拍”“一元疯抢”“仅售59元”等来进行特价式促销。满额促销是一种常用的促销方式,通常采用满额送优惠券、抵扣券或赠品,或者满额减一定的金额。满额送或满额减的前提是,客户一定要在指定商店内、指定专柜或指定的某类商品购物满一定的金额。例如,“满200元送100元购物券”“满198元减100元”等。

2. 附加值促销

附加值促销是指在不提高或稍微增加价格的前提下,以设法提高产品或服务的附加值,让消费者感到物有所值或物超所值的促销方式。由于网上商品直接打折促销易引起降低了商品品质的怀疑,而利用增加商品附加值的促销方法会更易于获得消费者的信任。附加值促销具体包括服务性促销、故事性促销、承诺式促销、口碑式促销、榜单排名式促销、品牌型促销。服务性促销是指以提供增值服务的方式进行促销,例如销售商品的同时提供包邮服务、以旧换新、帮客户制订减肥计划(常用于减肥商品)等。故事性促销是指以讲述故事的方式介绍商品,让客户在故事中更好地体验商品的价值。承诺式促销是指商家直接给予某些承诺,以提高客户的信任度,从而促进商品的销售。常见的承诺式促销有:全网正品、十天保价、30天内退换货、退换货包邮、“保证有效,无效可退货”等。口碑式促销分为邀请式和好评式。邀请式是指如果消费者邀请好友注册或购物,那么就可以获得礼品或返利,常见的形式是邀请有礼和邀请返利。好评式是指客户给予商品好评后,可以获得礼品或返利,常见的形式是评论有礼和好评返利。榜单排名式促销是指以标明商品排名的方式进行促销。例如淘宝排名第一、运动类商品排名第一、女鞋排名第一等。品牌型促销是指以品牌广告语的形式进行促销。例如:“屈臣氏,更加关心您!”、棉麻艺术家、您的终身鞋柜等。

3. 回报促销

回报促销是指向消费者提供回报,以促进销售。回报促销具体包括免费式促销、回扣返利促销和拼单折扣促销。免费式促销有免费试用、免单(通常有排名要求,例如前10名免单)。回扣返利促销有满就减、返现等。拼单折扣促销有满几件赠送、团购价、满几件包邮等。折扣促销是网上最常用的一种促销方式,幅度比较大的折扣可以促使消费者产生网上购物的冲动并作出购买决定。

4. 纪念式促销

纪念式促销是指商家选择有纪念意义的日子进行促销,具体包括节日促销、会员式促销、纪念日促销和特定周期促销。节日促销有三八节促销、圣诞节促销、“光棍节”促销等。会员式促销有VIP价、会员日特价、满额VIP升级等。纪念日促销有生日特惠、店庆特惠等。特定周期促销有周二新品促销、每月半价日等。

5. 奖励促销

奖励促销是指以给予消费者奖励的方式进行促销,具体包括抽奖式促销、互动式促销和优惠券促销。抽奖式促销有购买抽奖、抽取幸运顾客等。抽奖促销是网上应用较广泛的促销形式之一,是大部分网站乐意采用的促销方式。抽奖促销活动主要附加于调查、产品销售、扩大用户群、庆典、推广某项活动等。消费者或访问者通过填写问卷、注册、购买产品或参加网上活动等方式获得抽奖机会。网上抽奖促销活动应注重以下几点:(1) 奖品要有诱惑力,可考虑用贵重的产品吸引人们参加;(2) 活动参加方式要简单化,网上抽奖活动要策划得有趣味性,并易于参加。过于复杂和难度太大的活动较难吸引匆匆的访客;(3) 抽奖结果的公正公平性。由于网络的虚拟性和参加者地域分布的广泛性,对抽奖结果的真实性要有一定的保证,应该及时请公证人员进行全程公证,并及时通过E-mail、公告等形式向参加者通告活动的进度和结果。

互动式促销有收藏有礼、签到有礼等。优惠券促销有优惠券、抵价券、现金券、包邮券等。优惠券促销的具体方式为,客户在购物时,每消费一定数额或次数,就给客户优惠券,这样能促使客户下次再来购物,从而达到网络促销的目的。

6. 借力促销

借力促销是指借助时事、明星或依附于某个活动的形式进行促销,具体包括时事促销、明星促销和依附式促销。时事促销的例子有:油价上涨、楼市上涨、硬盘涨价等。明星促销的例子有:某明星最爱、某明星挚爱款等。依附式促销的例子有:奥运赞助商、某某活动赞助品牌等。

7. 临界点促销

临界点促销是指利用极端价、最低额、最高额等临界点进行促销的方式,具体包括极端式促销、最低额促销和最高额促销。极端式促销的例子有:全网最低价、全淘宝最低价等。最低额促销的例子有:1 折起、全场最低 2 折、低至 1 折等。最高额促销的例子有:全场 50 元封顶、最贵 50 元等。

8. 名义主题促销

名义主题促销是指借助某些名义进行的促销活动,具体包括首创式促销、主题性促销、公益性促销、配合平台的"主题性"促销和联合促销。首创式促销的例子有网购狂欢节。主题性促销的例子有:感恩特卖、感恩回馈等。公益性促销的例子有"买就捐 1 元给希望小学"。配合平台的"主题性"促销的例子有:"聚划算""天猫新风尚"、淘品牌女装大集合等。联合促销的例子有:互补式促销(男装和女装)、同类目促销(T 恤衫促销专场)。

9. 时令促销

时令促销是指以清仓、季节性促销的名义进行的促销活动,具体包括清仓类促销和季节性促销。清仓类促销的例子有:换季清仓、季末清仓、反季清仓等。

季节性促销的例子有季节性热卖促销。

10. 限定式促销

限定式促销包括限时促销、限量促销、单品促销和阶梯式促销。限时促销的例子有:秒杀、今日有效、逢时促销(整点免单)等。限量促销是指限量销售。单品促销是指只卖某一款单品。阶梯式促销的例子有:早买早便宜、“单件8折,两件7折”等。

11. 产品特性促销

产品特性促销包括产品卖点促销、引用举例式促销、效果对比式促销和新品促销。产品卖点促销的例子有质优产品和功能卖点等。引用举例式促销的例子有:网友推荐、某某用了都说好。效果对比式促销的例子有:与其他产品对比、使用前与使用后对比。新品促销有新品折扣、专门针对新品的促销活动。

12. 赠送类促销

赠送类促销包括礼品促销和惠赠式促销。礼品促销即“买就送礼品”。惠赠式促销的例子有:买一赠一、买多赠一、买多送多、买送红包、买送积分等。

在新产品推出试用、产品更新、对抗竞争品牌、开辟新市场的情况下,使用赠送类促销可以达到比较好的促销效果。赠送类促销的优点是:(1) 可以提升品牌和网站的知名度;(2) 鼓励人们经常访问网站以获得更多的优惠信息;(3) 能根据消费者索取赠品的热情程度总结分析营销效果和产品本身的反映情况等。

赠送类促销应注重赠品的选择:(1) 不要选择次品、劣质品作为赠品,这样做只会起到适得其反的作用;(2) 明确促销目的,选择适当的能够吸引消费者的产品或服务;(3) 注重时间和时机,注重赠品的时间性,如冬季不能赠送只在夏季才能用的物品;(4) 注重预算和市场需求,赠品要在能接受的预算内,不可过度赠送赠品而造成营销困境。

积分促销属于惠赠式促销,也是网络上常用的一种促销方式。积分促销更易于在网络上应用,因为网上积分活动易于通过编程和数据库等来实现,并且可信度很高,操作起来相对较为简便。积分促销一般采用积分兑换商品、积分直接抵扣所购商品的金额或积分兑换抵扣券、折价券等形式。消费者通过购买商品和参加某项活动(如评价商品、评价物流配送情况等)来增加积分。积分促销可以增加上网者访问网站和参加某项活动的次数,可以增加上网者对网站的忠诚度,也可以提高网站的知名度。

13. 指定促销

指定促销包括指定产品促销和指定对象促销。指定产品促销有:赠送式促销(如买A送B)和附加式促销(如加一元,多一件)。指定对象促销有:先购买者减价(前十位购买者专享半价)、角色专享价(母亲特惠价)、老顾客优惠价(二次购买特惠)、新顾客优惠。

14. 组合促销

组合促销包括搭配促销、捆绑式促销和连贯式促销。搭配促销即A+B优惠价(如衣服配裤子一起买,减十元)。捆绑式促销有:赠送式促销(如买A送B)和附加式促销(如加一元,多一件)。连贯式促销有:首次购买正价,二次购买半价。

15. 另类促销

另类促销是指商家以另类的方式进行促销活动,具体包括悬念式促销、反促销式促销、通告式促销、稀缺性促销、模糊式促销和纯视觉冲击促销。悬念式促销有价格竞猜和不标价等。反促销式促销有高价促销(只卖贵的)和原价售卖(绝不打折)等。反促销式促销通常的做法是,声明自己的网站或网店质量有保证,从不打折促销,这样做要求商店有一定的实力,以不促销作为促销的卖点。通告式促销有规定销售日(如iPhone的销售)。稀缺性促销有绝版促销、孤品、独家代理等。模糊式销售有全场促销和便宜卖等。

## 复习思考题

### 一、名词解释

1. 网络营销　2. 网络广告营销　3. 电子邮件营销　4. 搜索引擎营销　5. 社会化媒体营销

### 二、简答题

1. 简述网络营销的职能。
2. 简述网络营销与传统营销的相同点和区别。
3. 网络营销对传统营销的冲击有哪些?
4. 简述网络广告的特点。
5. 简述论坛营销的方法。
6. 微博营销具有哪些特点?
7. 简述社交网站营销的特点。
8. 简述微信营销的优势。
9. 简述网络营销产品定价的目标。
10. 网络营销产品的定价策略有哪些?
11. 简述网络促销的功能。
12. 你认为网络上可以采取哪些促销方式?

# 第七章　移动电子商务

【本章学习目标】

- 了解移动电子商务的概念和特点；
- 掌握移动电子商务的优势；
- 了解移动电子商务的服务模式；
- 了解移动电子商务的发展历程；
- 了解我国移动电子商务的发展现状；
- 了解移动电子商务的发展趋势；
- 了解移动电子商务的应用。

## 案例导读

**百度地图 App 上线电影选座**

2013 年 7 月，百度地图上线安卓系统的 5.3.0 版本。在新版本中，百度地图一方面在加大团购版块的营销力度，另一方面在电影票预订、地理定位方面增加了新功能。百度地图在电影票预订方面追随 PC 端各大电影票预订网站的脚步，推出了"在线选座"系统。包括万达、橙天嘉禾、金逸、保利国际等在内的多家影院，已经实现百度地图的在线选座。

分析人士称，在团购和电影票两方面的新动作，预示着百度地图有意强化自有团购业务。更重要的是，其搭建本地生活服务系统、抢夺移动端用户入口的野心正一步一步体现在功能的细化上。另外，百度地图方面表示，新版地图增加了"离线缓存定位"功能，在没有网络的情况下，用户可以通过运营商基站获取大致的位置信息。

## 第一节　移动电子商务概述

艾媒咨询发布的《2015—2016 中国移动电商市场年度报告》显示，2015 年有超半数的手机网民曾在移动端购物。移动电商成交额首超 PC 端，移动端将成为电子商务主要的交易渠道。截至 2015 年底，我国移动购物用户规模达到 3.64 亿人，同比增长 23.8%，预计到 2018 年我国移动电商用户规模将接近 5

亿。分析指出，目前移动网购呈现出明显的"公车效应"，即移动网购的高峰时段一般都集中在每天上午8—10点和傍晚6—8点之间，而这些时段里，大多数人都是在乘坐公共交通工具上下班的路上。统计显示，54%的人认为在移动设备上购物快捷方便，28%的人认为能够找到价格实惠的商品，还有5%的人是因为兴趣爱好在移动设备上购物。

2015年我国移动网购市场交易规模达2.1万亿元，同比增长123.8%，增速远高于我国网络购物整体增速；移动网购交易规模在整体网络购物交易规模中占比达到55.5%，比去年增长21.7个百分点。未来几年，我国移动网购仍将保持较快增长，预计2018年移动网购市场交易规模将超过5万亿元。

传统电商沉淀并进一步拓展移动电商领域，为移动电子商务的发展奠定了基础，快速增长的智能手机用户是移动电商迅速发展的动力。同时，淘宝、天猫、京东、亚马逊等中国各大主流电商相继推出购物类App，提升了消费者移动购物的频率。

业内分析认为，移动购物打破了时间和地域的限制，利用人们上下班乘坐公共交通工具的碎片时间，使得网络购物和网上支付能够随时随地发生；由于手机屏幕的增大和网页设计的优化，手机网络购物的用户体验在逐渐提升；二维码、条形码、比价搜索等移动App的发展和手机支付的完善，大大缩短了移动购物进程，逐渐培育了用户习惯。

随着智能手机用户的快速增长，移动电子商务现在已是传统电商企业争夺的一块"大蛋糕"。预计未来将有更多的传统电商企业进入该领域展开较量。

## 一、移动电子商务的概念

移动电子商务(M-Commerce)是指利用手机、平板电脑、掌上电脑等无线终端进行的各种商务活动。它将互联网、移动通信技术、短距离通信技术及其他信息处理技术完美地结合，使人们可以在任何时间、任何地点进行各种商贸活动，实现随时随地、线上线下的购物与交易、在线电子支付以及各种交易活动、商务活动、金融活动和相关的综合服务活动等。与传统通过台式电脑开展的电子商务相比，移动电子商务增加了移动性和终端的多样性。无线系统允许用户访问移动网络覆盖范围内任何地方的服务，用户可随时随地获取所需的信息和服务。由于移动终端的广泛使用，尤其是智能手机的普及，使得移动电子商务具有更为广泛的用户基础，因此具有更为广阔的市场前景。

用户至少可以从移动电子商务中享受到四个方面的好处：

(1) 方便。用户在需要时能够随时访问金融服务，因此能够在任何时间、任何地点进行电子商务交易和支付。

(2) 灵活。用户可以根据他们的个人需要灵活地选择访问和支付方法。

(3) 安全。移动终端能够确保移动电子商务交易具有很高的安全性。

(4) 熟悉。用户可以使用他们非常熟悉的移动电话作为交易和支付工具，并且可以根据自己的爱好设置个性化的信息格式。

随着无线网络的完善和智能终端的普及，移动互联网已经深入人们的生活。基于移动互联网的电子商务已成为一种重要的商业运作模式，成为电子商务的新亮点。移动电子商务将会在企业应用、移动信息、移动购物、移动支付等方面发挥重大作用。

## 二、移动电子商务的特点

移动电子商务不仅仅是电子商务的简单扩展，相对于电子商务，移动电子商务有一些独有的特点。下面从技术和服务两个方面介绍移动电子商务的特点。

### (一) 移动电子商务的技术特点

1. 移动接入

移动接入是移动电子商务的一个重要特性，也是其基础。移动接入是移动用户使用移动终端设备通过移动网络访问 Internet 信息和服务的基本手段。移动网络的覆盖面是广阔的，用户可以通过移动网络随时随地方便地进行电子商务活动。

2. 身份鉴别

SIM 卡的卡号是全球唯一的，每一个 SIM 卡对应一个用户，这使得 SIM 卡成为移动用户天然的身份识别工具。可编程的 SIM 卡可以存储用户的银行账号、CA 证书等，还可以用来实现数字签名、加密算法、公钥认证等电子商务领域必备的安全手段。有了这些手段和算法，就可以开展比传统的电子商务领域更广阔的电子商务应用。

3. 移动支付

移动支付是移动电子商务的一个重要目标，用户可以随时随地完成必要的电子支付业务。移动支付是未来支付的发展方向，能给人们带来极大的便利。

4. 信息安全

移动电子商务与传统的电子商务一样，需要具有四个基本特征(数据保密性、数据完整性、不可否认性及交易方的认证与授权)的信息安全。由于无线传输的特殊性，现有有线网络安全技术不能完全满足移动电子商务的基本需求。移动电子商务的信息安全所涉及的新技术包括：无线传输层安全(WTLS)、基于 WTLS 的端到端安全、基于 SAT 的 3DES 短信息加密安全、基于 SignText 的脚本数字签名安全、无线公钥基础设施(WPKI)、KJava 安全、BlueTooth/红外传输信息传输安全等。

(二)移动电子商务的服务特性

1. 位置的确定

在电子商务环境下,用户可以通过互联网访问各类信息资源,但是用户的位置并不重要,也很难确认用户的真实身份,企业甚至无法判断某个访问是来自一个用户还是多个用户。移动通信技术的发展改变了这种情况。在移动环境下,一方面可以很方便地对使用者进行定位,另一方面,由于移动通讯用户所用的终端通常属于个人所有,用户的个人配置能被内置在移动设备中,而每个终端都有一个唯一的标志(如手机号码)。因此,用户的身份不但容易分辨,而且容易收集和处理。利用用户的位置相关性特点,移动电子商务应用在与用户的交互过程中能达到很高的个性化程度,从而满足客户对服务和应用的差异化、个性化的要求。

2. 满足实时性的要求

移动技术使得通信者可以在任何时间和地点进行通信,这种实时通信的特性,可以大大提高企业的反应速度,及时满足客户的实时性要求。有时客户会有实时性的需求,例如野外的医疗急救事件、汽车故障、森林火警等紧急情况,人们对于股票价格、公交车到达时间、天气情况等也有实时性需求。由于移动通信设备可随身携带,对于这类事件的处理具有独特的优势。实时性越强,移动电子商务提供的时间服务越具有优势。

3. 提供新的渠道

对于企业而言,移动电子商务可以提供端到端/个人到个人的通信能力,可以随时随地访问各种类型的服务。因此,移动电子商务可作为一种新的营销渠道,帮助企业与客户之间建立密切的关系,并提供新的客户体验。同时,通过移动电子商务,用户也可以随时随地获取所需的服务、信息和娱乐。

4. 具有媒体特性

随着移动通信产业的发展,手机终端所承载的信息量越来越大。无论是从信息传播的角度,还是从受众的广泛性来看,手机的媒体特质已逐步显现,甚至被称为第五媒体。随着4G时代的到来和移动宽带速度的加快,手机等移动网络媒体将引发媒体行业创意和传播营销方式的巨大变革。

## 三、移动电子商务的优势

移动电子商务的主要特点是灵活、简单、方便。通过移动电子商务,用户可随时随地获取所需的服务、应用、信息和娱乐。与传统电子商务相比,移动电子商务具有以下优势。

(一)获取信息和服务更加方便快捷

尽管传统的电子商务已经使用户感受到了网络所带来的便利和乐趣,但台式电脑携带不便，有线接入互联网方式不利于网络的随时随地接入，这些都给电子商务活动造成很大的限制。移动电子商务采用无线终端的方式很好地弥补了这种缺憾，其最大的优势就是让人们随时随地获取所需的服务、应用、信息、娱乐等，或进行电子商务交易活动，用户的消费行为将变得无处不在。在移动电子商务中，用户可以通过移动终端访问网站，可以在任何时间、任何地点进行电子商务交易，办理银行业务，以及完成支付。

（二）不受时空限制

移动电子商务是电子商务从固定地点的商务形式到随时随地的商务形式的延伸，其最大优势就是移动电子商务的用户可随时随地获取所需的服务、应用、信息和娱乐等。用户可以在自己方便的时候，使用智能手机或其他移动终端查找、选择及购买商品和服务。

（三）易于推广使用

移动通信所具有的灵活、便捷的特点，决定了移动电子商务更适合大众化的个人消费领域，易于推广使用。例如，移动电子商务可应用于自动售货机、停车场计时器、商店的收银机、出租车计价器、公共事业收费（水、电、煤气等）、互联网支付系统以及登录商家的 WAP 站点购物等。

（四）潜在用户规模大

根据工信部统计数据，截至 2015 年底，我国共有 13.06 亿移动通信用户。显然，从电脑和移动电话的普及程度来看，移动电话远远超过了电脑。而从消费用户群体来看，手机用户中基本包含了消费能力强的中高端用户，而传统的上网用户则以缺乏支付能力的年轻人为主。由此不难看出，以移动电话为载体的移动电子商务不论在用户规模上，还是在用户消费能力上，都优于传统的电子商务。

（五）提供更好的安全性

移动终端通常属于个人使用，不会是公用的，所以安全性较高。另外，移动电子商务所使用的安全技术也比传统的电子商务更先进。尤其是手机号码具有唯一性，手机 SIM 卡上存储的用户信息也可以用来确定用户身份，用户在登录时可以用 SIM 卡进行双重认证，从而确保账号不被他人冒用。因此，移动电子商务能更好地保护用户的私人信息，更具有安全性。

（六）更好地提供个性化服务

移动电子商务能更好地实现对移动用户的个性化服务，这是因为移动环境能提供更多移动用户的动态信息，如各类位置信息和手机信息，这为个性化服务的提供创造了更好的条件。移动电子商务的用户能更加灵活地根据自己的需求和喜好来定制服务与信息。例如，用户可以根据自己所处的城市来定制信息和服务，根据实际情况来调整商品递送的时间，从而实现自己的个性化服务需求。

（七）更易于提供基于位置的服务

在移动电子商务中，产品与服务的提供者通常能获取用户的位置信息，因而可以向用户提供基于位置的服务。与位置相关的商务应用成为移动电子商务领域中的一个重要组成部分。

## 四、移动电子商务的服务模式

移动电子商务体系是一个包含用户、商家、电信运营商、电子商务提供商等主体在内的商务系统。该体系还包括为其提供支撑、支持作用的终端厂商、金融及支付服务商、物流商和其他类型服务提供商，体系内各主体通过信息流、资金流和物流互相联系，承担提供接口、应用和服务的工作。在移动电子商务这个产业链中，涉及的主要利益体有五个：用户、商户、网络提供商、应用提供商、设备提供商。而按照移动电子商务产业链中主导者的不同，移动电子商务的服务模式可分为四种，分别是电信运营商主导的移动电子商务、传统电子商务提供商主导的移动电子商务、设备提供商主导的移动电子商务和应用提供商主导的移动电子商务。以上四类移动电子商务主导方是未来移动电子商务行业发展的关键力量，其业务发展的策略代表了未来移动电子商务发展的基本方向。下面将重点分析这几类移动电子商务主导方的优劣势，并提出其发展的战略方向。

（一）电信运营商主导模式

电信运营商作为移动电子商务中主要的网络提供者和支撑者，其主导的是一种“通道＋平台”的商业模式。电信运营商在移动电子商务产业链中有着无人可及的优势：电信运营商处于信息传递的核心位置，拥有规模庞大的潜在用户群体，凭借用户信息通道的巨大优势，电信运营商搭建移动电子商务平台可谓水到渠成。但作为电信运营商，要主导移动电子商务，也有着无法克服的劣势：不具备专业化运营团队，不具备电子商务运营的经验。单凭运营商自身，很难在短期内克服这些劣势。

针对移动电子商务的挑战，电信运营商应该充分利用自己的网络及技术优势，并凭借广大的用户群与产业链中的应用提供商和商户合作，利用应用提供商的运营经验，借助商户的丰富营销经验，共同创新，实现互惠共赢。

（二）传统电子商务提供商主导模式

传统电子商务提供商主导的是一种“品牌＋运营”的移动电子商务服务模式。在移动电子商务中，传统电子商务提供商的优势在于：具备传统的基于台式电脑的电子商务运营、管理经验，拥有商品渠道、物流仓储的储备实力，还具备多年以来在广大用户中形成的品牌形象。因此，传统电子商务提供商仅需将手机作为用户接入通道，即可为自身带来源源不断的客户和订单。目前，在市场上已经运营成熟的平台，包括淘宝、京东、当当、Amazon、Ebay都属于此种商业模式。

传统电子商务提供商最大的劣势在于:它不掌控网络,仅把手机作为一个接入渠道,并未充分挖掘及发挥其巨大的潜力;同时,受限于其原来的积累,不能主动进行创新,这显然无法满足移动电子商务中用户的多样需求。

在未来移动电子商务的发展中,传统电子商务提供商若想走得更远,只有利用自己的运营经验、渠道及物流实力,与电信运营商合作,各取所需,才能吸引更多用户,为自己带来更多利益。

(三) 设备提供商主导模式

设备提供商(设备制造商)作为市场上的主要设备提供者(移动设备制造者),主导的是“设备+服务”的商业模式。目前以苹果公司的 App Store 为代表。

这种模式的优势在于:为第三方软件的提供者提供了方便而又高效的软件销售平台,使得第三方软件的提供者参与其中的积极性空前高涨,适应了手机用户们对个性化软件的需求,从而使得手机软件业开始进入一个高速、良性发展的轨道。但这种模式的劣势在于:设备制造商需要具备足够强的吸引力吸引用户使用设备;这种模式提供的商品仅限于虚拟商品,对于消费者的消费行为影响有限,很难大规模复制发展。

(四) 应用提供商主导模式

一些应用提供商以新兴移动电子商务提供商的身份作为移动电子商务的主导者,利用各种新技术,结合各式各样的奇思妙想,提出完全区别于传统电子商务的“创新应用”,通过应用来吸引用户,引导用户的消费模式。在“应用为王”的时代,以应用创新为导向无疑会吸引用户眼球,这是此模式的优势所在。但此模式的劣势在于:应用提供商自身的力量不够强大,很多应用创新还需要产业链中的电信运营商、设备制造商乃至传统电子商务提供商的商户来配合才能完成。

应用提供商若想凭借创新应用在未来的移动电子商务中独领风骚,除了不断地进行创新之外,更需要与运营商、设备商等合作伙伴合作,才能推动更多的移动电子商务创新应用发展,谋求利益最大化。在移动电子商务时代,应用提供商主导模式占据优势的成功案例就是微信。2013 年初,拥有超过三亿用户的微信,蚕食了中国电信运营商的重要收入来源——语音通话和短信服务,但同时也给电信运营商带来流量收入的增长。微信是一种社交类的手机 App 应用,也是一种 OTT 业务(Over The Top,绕开电信运营商、基于互联网提供的服务)。这类应用免费向用户提供文字、图片、语音、视频等功能,一定程度上可取代电信运营商提供的语音通话、短信、彩信功能,而运营商只能收到少量流量费用。微信对中国电信运营商带来了极大的冲击。

# 第二节　移动电子商务的发展

## 一、移动电子商务的发展历程

移动电子商务由电子商务的概念衍生而来。基于互联网的电子商务刚开始是以台式电脑为主要界面的，是“有线的电子商务”。而移动电子商务则是通过手机、平板电脑、掌上电脑及笔记本这些移动终端进行商务活动，无论何时何地都可以进行。与传统通过台式电脑开展的电子商务相比，移动电子商务(尤其是以手机为载体的移动电子商务)拥有更为广泛的用户基础。截至2015年底，我国互联网用户为6.88亿，而我国手机用户总数为13.06亿。因此，移动电子商务具有更为广阔的市场前景。随着移动通信技术和计算机的发展，移动电子商务的发展已经经历了以下三代。

### (一) 第一代移动电子商务

第一代移动商务系统是以短信为基础的访问技术。这种技术存在着许多严重的缺陷，其中最主要的缺陷是信息容量小。由于信息的长度受限，用户需要发送多条短信才能获得较多的信息，使用不方便，因而对用户的吸引力较弱。

### (二) 第二代移动电子商务

第二代移动商务系统采用基于WAP技术的方式，手机主要通过浏览器访问WAP网页，以实现信息的查询，部分地解决了第一代移动访问技术的问题。第二代移动访问技术的缺陷主要表现在WAP网页访问的交互能力极差，因此极大地限制了移动电子商务系统的灵活性和方便性。此外，WAP网页访问的安全问题也有待解决。这些问题也使得第二代技术难以满足用户的要求。

随后新的移动电子商务系统采用了基于面向服务的体系结构(Service-oriented Architecture，简称SOA)的Web-service、智能移动终端和移动虚拟专用网络(Virtual Private Network，简称VPN)技术相结合的移动访问和处理技术，使得系统的安全性和交互能力有了极大的提高。新的移动商务系统同时融合了3G移动技术、智能移动终端、VPN技术、数据库同步、身份认证及Web-service等多种移动通讯、信息处理和计算机网络的最新前沿技术，以专网和无线通讯技术为依托，为电子商务人员提供了一种安全、快速的现代化移动商务办公机制。但新的移动电子商务系统仍是基于WAP技术的方式。

### (三) 第三代移动电子商务

第三代移动电子商务是基于App的方式。App是Application的简称，指智能手机的第三方应用程序，统称“移动应用”，也称“手机客户端”。随着时代与技术的进步，人们对于信息的需求越大，对于移动性的要求也就越高。所以，手机 App 的快速发展是必然的趋势，同时应运而生的还有很多 App 商店，这就大大提高了 App 的下载量，让 App 的下载成为了一件非常简单的事情。

移动 App 给用户带来了全新的体验，其优越性体现在以下几个方面：(1) App 使用方便，因而其用户数增长快；(2) App 基于手机的随时随身性、互动性特点，易于通过微博、微信等社交网络方式分享和传播，实现裂变式增长；(3) App 可整合基于位置的服务(Location Based Service，简称 LBS)技术，带给用户前所未有的用户体验；(4) App 的开发成本，比传统营销手段成本更低；(5) 通过新技术以及数据分析，App 可实现精准定位企业目标用户，实现低成本快速增长；(6) App 有助于企业进行客户关系管理，便于企业与客户保持联系。

目前市场上的 App 种类多种多样，包括通讯类、游戏类、娱乐类、社交类、购物类、金融类、实用生活类等。其中，游戏类是目前市场上最受欢迎、下载量最高的手机 App 应用，其次是社交类。社交类 App 有微信、米聊、易信、微爱、啪啪、微博、陌陌等。排在第三的是娱乐类 App，娱乐类 App 又可分为歌曲类、播放器类等。QVOD 播放器和酷狗是应用较多的娱乐类 App。购物类 App 有京东商城、淘宝等。例如，京东商城提供"直接去国美、苏宁扫描产品条码，并与京东商城进行比价"的功能，基本上让使用 App 的人实现了在国美、苏宁等家电卖场试用，并回到京东购买。金融类 App 如招商银行推出的掌上生活，首先是整合了招行手机银行，可以用一卡通、信用卡和一网通登录，解决了支付问题；其次提供了一些针对性需求较高的服务，如手机充值、买电影票以及招行自己的网点查询；再次，还有一些优惠的信息以及手机商城；最后，还能基于客户所在的位置信息，提供餐饮、休闲和招行自身的生活服务，在地图上直接显示。2013 年 4 月，招行信用卡正式在微信上推出招行信用卡智能客服平台，用户将个人信息与微信账号绑定，就可以办理信用卡申请、账单查询、个人资料修改等业务，接收在招行信用卡上产生的所有交易信息。实用生活类的 App 有地图、打车、餐饮(在线订位与点餐)等。

移动 App 是未来移动电子商务发展的潮流，其主要发展方向有以下几个方面：(1) 基于互联网特性和手机获取、上传信息模式的云服务；(2) 利用 GPS 定位，把客户与实体商户绑定；(3) 强大的 IT 后台整合能力，能将长链条的电子商务以合理的形式充分呈现给用户；(4) 能通过各种信息更加精准地定位用户(位置、使用习惯、时间，甚至手机号和通讯簿)；(5) 利用手机社交关系进行营销活动。

## 案例 7-1

### 京东商城推“拍照购”应用[①]

2012 年 3 月，在当当网、亚马逊中国等布局移动购物领域之后，京东商城加快布局移动端，推出一款名为“拍照购”的手机应用。

据了解，“拍照购”用户可以利用手机拍照功能及京东商城图像识别技术，在书店、超市、电器卖场随手拍摄一个商品，即可查到该商品在京东商城的价格，实现“货比三家”，到京东商城网购享受更低的优惠价格。京东商城“拍照购”不仅支持图书精准搜索，还同时支持 3C 商品、日用百货等商品的相似商品搜索。

京东商城相关负责人介绍，京东商城“拍照购”对消费者的最大价值在于其简便、强大的“比价”功能。用户在逛线下商场或超市时，如果看到一款商品，产生想要购买的意向时，往往会“货比三家”，然而时间一长就记不住。有了京东商城“拍照购”之后，拿起手机拍摄该商品的照片，就可以随时查找到对应商品在京东商城的价格，方便快捷地实现线下和线上价格的对比。

## 二、我国移动电子商务的发展现状

我国庞大的移动用户和移动互联网的快速发展为移动电子商务提供了强大的动力，随着 4G 时代的到来，移动终端和互联网的融合成为必然趋势，移动电子商务将成为各大网商竞逐的领域。种种迹象表明，电子商务竞争的战火正烧向移动互联网领域。随着移动用户的迅速增加，以及移动通信技术在信息化领域的应用向纵深发展，我国移动电子商务发展开始步入快车道。中国互联网信息中心发布的《第 38 次中国互联网络发展状况统计报告》显示，截至 2016 年 6 月，我国手机网民规模达 6.56 亿，网民中使用手机上网的人群占比由 2015 年底的 90.1%提升至 92.5%，仅通过手机上网的网民占比达到 24.5%，网民上网设备进一步向移动端集中。截至 2016 年 6 月，我国使用网上支付的用户规模达到 4.55 亿，较 2015 年底增加 3857 万人，增长率为 9.3%，我国网民使用网上支付的比例从 60.5%提升至 64.1%。手机支付用户规模增长迅速，达到 4.24 亿，半年增长率为 18.7%，网民手机网上支付的使用比例由 57.7% 提升至 64.7%。2015 年我国移动网购市场交易规模达 2.1 万亿元，同比增长 123.8%；移动网购交易规模在整体网络购物交易规模中占比达到 55.5%，比去年增长 21.7 个百分点。

---

① 参见《京东商城推“拍照购”应用，布局移动端》，http://www.ebrun.com/20120313/42251.shtml，2015 年 12 月 2 日访问。

近几年我国移动电子商务迅速发展，原因在于：手机用户数量和用手机上网用户数量攀升；智能手机及平板电脑的普及；上网速度、无线宽带、资费下调；传统电商的沉淀，为移动电子商务的发展奠定了基础。目前，我国拥有庞大的用户群，这为移动电子商务的发展奠定了基础。随着时代与技术的进步，人们对移动性和信息的需求急速上升，移动互联网已经渗透到人们生活、工作的各个领域。

另据中国电子商务研究中心监测数据显示，目前移动电子商务用户规模逐年递增。2009 年我国移动电子商务用户规模达 3600 万，2010 年攀升到 7700 万，2011 年达到 1.5 亿人，同比增长 94.8%。2015 年移动电子商务用户规模达 3.64 亿人，同比增长 23.8%。预计到 2018 年，这个数字将增长到接近 5 亿。

手机成为各类应用规模增长的重要突破点。截至 2016 年 6 月，我国手机端网络视频用户 4.40 亿，85.7%的视频用户分布在手机端；手机端用户规模半年增长率为 8.7%，增长速度明显高于整体。手机端网络游戏用户规模达到 3.02 亿，规模增长率为 2014 年 12 月以来最高，达到 8.3%；手机网络游戏使用率达到 46.1%。手机网络文学用户规模为 2.81 亿，较去年底增加 2209 万，增长率达到 8.5%。

移动电子商务最初以移动支付应用为主，电信运营商的"手机钱包"和"手机银行"就提供这类业务，消费者可以通过手机购电影票、超市购物、公共事业缴费等。作为近年来涨幅迅速的互联网应用，电子商务类应用在手机端应用中发展迅速，其中手机在线支付网民规模增幅较大。截至 2016 年 6 月，我国使用网上支付的用户规模达到 4.24 亿，半年增长率为 18.7%，网民手机网上支付的使用比例由 57.7%提升至 64.7%。此外，手机购物、手机团购和手机网上银行等也有较大增长。

随着移动电子商务应用逐渐由社会生活向经济领域延伸，移动电子商务的内涵不断深化，与实体经济、生产性服务结合更加紧密。移动电子商务的服务领域已衍生出移动视频、游戏、阅读、位置服务等各种虚拟产品和服务，拥有了一定规模的消费群体，成为吸引网上用户的盈利新模式。近年来移动阅读风生水起，吸引了包括终端厂商、内容提供商以及运营商在内的多家上市公司竞相参与，大部分主流畅销杂志也都拥有了自己的手机版杂志，多家报社网站也都开发了自己的客户端。

B2C 网商对手机电子商务的热情早已显现。为了在新一轮的移动电子商务大战中将蛋糕做大，国内各大商家奇招尽出，力拓这片业务新蓝海。淘宝网 2008 年开始"试水"移动电子商务，当当网、卓越网、京东网等大型电子商务网站陆续布局移动互联网，推出了手机业务。百度 2014 年的主要投资方向就包括移动互联网领域。各家具备前瞻意识的电子商务公司开始在移动支付、移动 IM、移动搜索、移动旺铺、移动定位等领域抢先战略布局。中国移动电子商务的发展会趋向于普及化、常态化、服务化、多元化、诚信化、安全性、多种模式共存，并更加完善。

目前，我国移动电子商务发展现状可归纳为以下几个方面。

1. 移动客户群庞大

截至 2016 年 6 月，我国手机网民规模达 6.56 亿(手机上网和宽带上网等方式存在重叠)，网民中使用手机上网的人群占比由 2015 年底的 90.1%提升至 92.5%，仅通过手机上网的网民占比达到 24.5%。这说明目前移动设备越来越成为主要的上网工具之一。而庞大的客户群体使得移动电子商务市场的空间巨大，增长潜力非常充分。

2. 国家政策支持

包括移动电子商务在内的电子商务被列入了 2006 年 3 月颁布的《国民经济和社会发展信息化“十一五”规划》。2007 年 6 月，发改委与原国务院信息办又专门出台了《电子商务发展“十一五”规划》(以下简称《规划》)，其中移动电子商务试点工程作为六大重点引导工程之一。《规划》中明确指出“鼓励基础电信运营商、电信增值业务服务商、内容服务提供商和金融服务机构相互协作，建设移动电子商务服务平台”，“发展小额支付服务、便民服务和商务信息服务，探索面向不同层次消费者的新型服务模式”，并确定了转变经济发展方式、方便百姓生活和带动战略产业发展的三大目标。三大目标正在逐步实现，初步显现了移动电子商务巨大的效益和潜力。2013 年 8 月，国务院出台《关于促进信息消费扩大内需的若干意见》，将信息基础设施显著改善作为主要目标之一。到 2015 年，适应经济社会发展需要的宽带，融合、安全的下一代信息基础设施初步建成，城市家庭宽带接入能力基本达到每秒 20Mbps，部分城市达到 100Mbps，农村家庭宽带接入能力达到 4Mbps，行政村通宽带比例达到 95%。国家出台一系列扶持移动电子商务的政策，这将加快移动电子商务的应用和普及。

3. 无线基础设施建设迅速

政府加大了对电信基础设施建设的投资力度，中国移动、中国电信和中国联通三大电信运营商加快了 4G 网络的部署工作。4G 网络的铺设，加速了我国移动电子商务的发展。在网络基础设施建设领域，重点在“宽带中国”战略、发展移动通信和推进“三网融合”。要加快宽带网络升级改造，推进光纤入户，推动下一代互联网规模化商用。在移动通信领域，要优化 4G 网络结构，有序推进 5G 网络前期的研发和实验工作。在三网融合方面，加快电信和广电业务双向进入，总结推广试点经验，全面实现三网融合发展，普及应用融合业务，基本形成适度竞争的网络产业格局。

4. 移动支付的发展日趋成熟

随着移动互联网的发展、智能手机的全面普及以及电子商务的兴盛，移动支付市场规模急速扩张。移动支付已经进入加速落地阶段，应用环境和技术日益成熟。电信运营商、银行、第三方支付企业纷纷加快逐鹿移动支付市场。继与中国联通合作推出基于 NFC 技术的"手机钱包"后，2013 年 2 月，招商银行与中国移动共推移动支付。无独有偶，支付宝不仅涉足二维码支付，还发布了酝酿已久的"支付宝钱包"。

移动支付的发展日趋成熟主要体现在以下几个方面：(1) 技术标准正式发布，确定采用 13.56MHz NFC 为标准并支持将安全模块存储在 SIM 卡中的 NFC-SWP 方案；(2) 截至 2015 年 3 月 30 日，央行已总共向市场发放了 270 张支付机构牌照；(3) 运营商和银联进入实际操作阶段。2013 年 6 月中国移动与中国银联共同推出移动支付联合产品——手机钱包，首批 8 家商业银行都完成了与该系统的对接。此外，NFC 进入北京市政公交系统，这也是 NFC 商用迈出的重要一步。

5. 移动互联网蓬勃发展

移动互联网的发展非常迅猛。近年来，全球移动智能终端的出货量、用户量呈现爆炸性的增长。移动互联网的发展，特别是智能终端的使用，正在改变产业形态和广大人民群众的消费习惯。市场调研机构 IDC 发布的报告显示，2015 年中国智能手机出货量达 4.341 亿部，同比增长 2.5%。据工信部统计，截至 2016 年 6 月，我国移动互联网用户总数达 10.3 亿户。2016 年 1—6 月，我国移动互联网接入流量累计达 37.5 亿 G，同比增长 123.9%。2016 年 6 月当月户均移动互联网接入流量达到 707.3M，比上年末提高了 140.2M。

## 三、移动电子商务的发展趋势

移动电子商务正逐渐渗透到人们生活、工作的各个领域，微信、移动音乐、手机游戏、社会网络、微博、手机支付、位置服务等丰富多彩的移动互联网应用不断涌现，正在深刻改变信息时代的社会生活。移动电子商务因其具有的开放性、无处不在、随时随地等特点，成为电子商务未来发展的趋势。下面重点分析移动电子商务的业务发展趋势和应用发展趋势等方面的内容。

### (一) 移动电子商务的业务发展趋势

移动电子商务是移动通信及电子商务应用两大领域的结合体。随着移动技术和信息应用技术的快速发展，移动电子商务将会为电子商务注入新的发展活力，带来新的发展机遇，极大地拓展电子商务的发展空间。移动电子商务为用户带来更为方便、快捷、时尚、准确、安全的信息化服务和交易体验；为商家提供了高效、准确、优质的信息服务；拉近了商家和客户的距离，增加了有效客户，降低了商家的交易成本。下面将重点分析移动电子商务价值链相关方的需求发展趋势，主要从用户、商家和移动电子商务运营商三个方面来分析。

1. 用户需求趋势

随着移动新技术和应用的不断发展，市场竞争的愈发激烈，用户对移动电子商务的需求也更加苛刻，主要体现在以下几方面：(1) 信息服务的便利性，即用户希望随时随地获取有效信息，并进行交易，减少信息获取及交易的时间成本。(2) 用户服务感知，即用户希望得到有效的商家信息，避免垃圾信息骚扰。(3) 交易的安全性，即保证移动电子商务中的交易安全，避免出现资金安全问题。

2. 商家需求趋势

对移动电子商务产业链中的商家而言，获得更多的有效客源是其获利的根本，因而其需求的发展趋势主要表现在以下几方面：(1) 用户信息获取的有效性。通过消费者行为的分析，发掘潜在用户，感知用户需求。(2) 信息的及时性。商家对快速感知有效客户、接触客户、促成交易的时间要求也将提高。具体来说，包括信息传递的有效性和及时性，用户接触商家的难易程度，尽量减少接触客户的距离，让用户方便、快捷地找到商家。(3) 交易的安全性，即保证商家的交易资金及交易过程安全。

3. 移动电子商务运营商的发展趋势

作为移动电子商务的业务运营者，移动电子商务运营商将会通过为用户和商家提供高质量的信息服务、安全的支付手段、高效的物流配送、创新的服务模式及先进的技术、专业的运营方式等，获取更多的用户，谋求自身的发展。

（二）移动电子商务应用发展趋势

通过对移动电子商务价值链相关方需求发展的分析可以发现，未来该行业各方对信息服务和交易的要求将越来越高，随着信息技术和移动技术的发展，也必将会涌现越来越多的创新应用以满足行业的发展需要。下面将重点分析未来移动电子商务应用的发展趋势。

1. 3A 成为应用的基本特性

3A 是指 Anytime，Anywhere，Anyservice。Anytime 是指不受时间限制，在任何时间都可以使用业务；无论是白天还是黑夜，只要有移动网络就可以使用；Anywhere 是指不受空间限制，在任何地点都可以使用业务；Anyservice 指任何应用。

移动电子商务的业务有别于传统电子商务的最大特点就是用户的移动性，这不仅促使移动电子商务的应用要满足用户在任何时间、任何地点使用任何业务的需求，同时还要满足商户在任何时间、任何地点发布任何商品的需求。因此，3A 特性将成为未来移动电子商务中应用的最基本特性。

2. 基于 LBS 的应用大放异彩

国外移动电子商务的运营者 Foursquare 和 Shopkick 利用用户独有的移动特性，引入 LBS（Location Based Service，基于位置的服务）技术，依据用户的位置（地点）信息推出了针对性的电子商务业务。当用户向系统登记其位置（地点）时，不仅可以获得积分，还可以根据用户累积的积分及用户所在的位置得到业务系统推送的各类优惠券、折扣编码、代金券等。因为 LBS 等定位技术的引入，商户可与应用提供商合作，向进入目标位置（地点）范围内的特定人群做广告，快速地锁定目标人群进行营销，通过短信、二维码等多种方式推送优惠券、代金券及广告信息。

LBS 技术的引入，使用户的搜索成本大为降低，不仅为用户带来了更低的商品折扣，也使用户真切地体验到了移动电子商务带来的优惠，提升了用户体验；LBS 也使商户可以更快地锁定目标人群，进行针对性营销；对于移动电子商务运营商，LBS 技术不仅带来了广告收入，还可以通过向商家提供流量分析工具而盈利。可以预见，随着移动电子商务业务的不断发展，LBS 将在更多的应用中得到广泛运用，为产业链中的各参与方带来意想不到的商机。

3. 获取信息将成为移动电子商务的主要应用

在移动电子商务中，虽然主要目的是交易，但是在实际业务使用过程中，信息的获取对于带动交易的发生或是间接引起交易是有非常大的促进作用的。例如，用户可以通过手机获取股票行情、天气预报、旅行路线、电影、航班、音乐、游戏、商品、餐饮等信息。在这些信息的引导下，客户有可能被激发进行电子商务业务的交易行为。

4. 实现精准营销

移动电子商务将改变传统的企业营销模式，逐渐实现精准营销。在互联网技术和手段快速发展的今天，精准有效的传播是大家关注的焦点。精准营销并不是把广告播给少数人看，而是要让合适的人看到合适的广告，所以真正的精准营销是个众，但个众并不代表就是小众。精准营销首先要抽象该人群特质，其基础就是人群定向划分，而人群定向就是对群体的科学划分。从行业竞争角度、用户体验角度以及信息安全角度综合考量，通过特定的兴趣和表现，聚合出不同的人群，在聚合基础上进行行为分析和消费路径跟踪，在海量的数据基础上进行深入信息挖掘，并对人群的认知数据广泛分析，形成专属人群分类属性标签。例如，微信扫一扫就是一种实现精准营销的方式。

## 第三节　移动电子商务的应用

随着信息科技的高速发展，特别是网络技术和移动通信技术在全世界的推广，人们获取信息的手段发生了巨大变化，尤其是那些对实现实时信息要求强烈、移动性强的单位和个人，移动计算和无线数据技术将为他们的工作、生活和学习带来新的变化。移动电子商务正是在这样一种背景下发展起来的。目前移动电子商务发展非常迅速，市场活跃度很高，移动互联网的用户数增长迅速。移动电子商务不但蕴含着巨大的商业价值，也悄然地改变着人们的生活方式。目前移动电子商务的应用可以分为三大类：(1) 金融类。此类包括银行、证券和保险，目前应用较多的是手机银行、手机股票查询与交易。在金融类的应用中，本小节将重点介绍手机银行。(2) 娱乐类。此类包括游戏、社交、音乐和视频等。(3) 商品交易类。此类包括有形商品和无形商品的交易，无形商品包括数字化商品和服务商品。服务商品的交易包括订餐、订电影票、订机票和火车票、订出租车、旅游订购、维修服务、家政服务等。

### 一、移动电子商务在银行的应用

移动电子商务使用户能随时随地在网上安全地进行银行账户管理，进一步完善互联网银行体系。用户可以使用其移动终端核查其账户、接收付款通知、完成支付、进行转账汇款等。移动电子商务在银行的应用表现为移动银行服务(Mobile Banking Service)。移动银行服务也可称为手机银行，是利用移动通信网络及终端办理相关银行业务的简称。作为一种结合了货币电子化与移动通信的崭新服务，移动银行业务不仅可以使人们在任何时间、任何地点处理多种金融业务，而且极大地丰富了银行服务的内涵，使银行能以便利、高效而又较为安全的方式为客户提供传统和创新的服务。而移动终端所独具的贴身特性，使之成为继 ATM、互联网、POS 之后银行开展业务的强有力工具，越来越受到国际银行业者的关注。我国移动银行业务在经过先期预热后，逐渐进入了成长期，如何突破业务现有发展瓶颈，增强客户的认知度和使用率，成为移动银行业务产业链各方关注的焦点。移动电子商务在银行的应用主要表现为手机银行，因此本教材重点介绍手机银行。

#### (一) 手机银行的定义及其产生背景

手机银行是利用移动通信网络及移动电话办理相关银行业务的简称。手机银行既是产品，又是渠道，属于电子银行的范畴。银行通过提供手机银行这种产品，为客户提供银行服务。通俗地说，手机银行就是银行业务和手机的结合体，其要义就是“通过手机办理银行业务”。手机银行是银行实现电子化服务的一种渠道，是移动通信网络上的一项电子商务服务。手机银行通过移动通信网络将客户手机连接至银行，实现利用手机界面直接完成各种金融理财业务的服务系统。

手机银行是银行电子化服务的产物。随着互联网络与移动通信技术发展的方兴未艾，传统的银行服务方式已被赋予了新的内涵。从传统的柜台办理到网上银行及手机银行的出现，新技术的应用正在改变着银行决策者的观念与银行业的竞争规则，营业网点的数量及覆盖率已不再是银行决策者追求的目标，更不是体现银行综合竞争能力的关键。给客户提供更方便的服务才是银行在竞争中制胜的法宝。银行通过对互联网络与移动通信等高新技术的使用，突破了时间及空间的限制，不仅改变着人们对银行的认识，也促使银行加快业务的创新，提高服务质量及服务便利性。

相关调查及预测表明：未来几年银行传统分支机构数量将大幅减少，自动柜员机（ATM）数量将低幅增长，电话银行服务也将放缓增长速度，最具生命力及前途的两种新兴服务方式将是网上银行与手机银行。

手机银行是继网上银行出现之后，因移动通信技术迅猛发展而新出现的一种银行服务渠道，是网络银行服务的延伸。在具有网络银行全网互联和高速数据交换等优势的基础上，手机银行更加突出了移动通信随时随地的独特性，成为银行业一种更加便利、更具竞争性的服务方式。

（二）国外手机银行的发展

世界上率先实现商业性运作的手机银行项目是由东欧的捷克斯洛伐克 Expandia 银行与移动通信运营商 Radiomobile 公司在布拉格地区联合推出的，其 GSM 网络从 1996 年 9 月 30 日开始使用，拥有 31.5 万用户，由德国捷德（G&D）公司提供 SIM 卡技术及安全系统。该手机银行系统从 1998 年 5 月 1 日运行，推出后即吸引了 4000 多个银行客户，目前已由最初支持一家银行业务发展为支持多家银行业务。其基于捷德公司的 IC 卡-STARSIM 平台，能运行在一系列的标准化手机上。该手机银行可为客户提供包括账户资料和安全支付在内的大量在线金融服务，功能包括账户结算要求、股票和货币信息、账单支付以及客户服务热线等。如客户申请了这项服务，就将得到一张载有手机银行应用的 STARSIM 卡，凭借这张卡，客户可得到由 Expandia 银行和 Radiomobil 公司提供的范围广泛的新颖服务。据统计，2001 年全法国 90%以上的银行开通了手机银行业务。自从出现手机银行之后，欧洲又开始流行手机支付服务。手机支付这种新型银行业务前景广阔。2012 年 7 月，欧洲五国（法国、德国、意大利、西班牙和英国）有 3000 万用户通过智能手机登录银行账号，比一年前增长 85%。当月访问银行账号的英国用户规模最大，为 730 万人，是一年前的将近二倍，西班牙增长强劲，比一年前增长 113%。

手机银行服务在北美也得到了迅速发展。美国花旗银行与法国 Gemplus 公司、美国 M1 公司于 1999 年 1 月携手推出了手机银行，客户可以用 GSM 手机银行了解账户余额和支付信息，并利用短信息服务向银行发送文本信息来执行交易，客户还可以从花旗银行下载个人化菜单，阅读来自银行的通知和查询金融信息。这种服务方式更加贴近客户，客户可以方便地选择金融交易的时间、地点和方式。北美地区城市移动通讯设施相对完善，手机银行发展环境比较优越。相比之下，加拿大展开手机银行业务的时间相对较晚，但是增长迅速。北美地区手机银行业务发展比较成熟，但由于其他金融手段也很发达，导致手机银行没有发挥更大功效。

美联储公布的一份年度调查报告显示，2014 年美国人使用手机登录银行账户、信用卡或其他财务账户的比例继续上升，截至 2014 年底共有 39％拥有手机的成年人使用移动银行服务，高于 2013 年的 33％。eMarketer 预测，2016 年美国成年手机用户中使用手机银行的数量将首次超过不使用的。在所有手机银行用户中，查询账户和交易信息仍然是美国手机银行用户最为普遍的手机银行应用；48％的用户下载银行提供的 App 应用；42％的人从事账户间的转账；33％的人接收银行的短信通知；26％的人从网页或 App 中支付账单；21％的人用来寻找银行网点。

在日本，占据日本移动通讯市场份额最大的日本移动通信公司——NTT DoCoMo 最先推出了利用手机上网处理银行业务的在线服务，即通常所说的手机银行。DoCoMo 在日本已被各类商业银行、信用合作社、邮政储蓄银行、农业协会等视做最重要的合作伙伴。手机银行业务在日本银行业中已受到普遍重视，被视做与网络银行、电话银行相匹配的“直接银行”工具之一，得到了较大力度的推广和应用。随着使用者的不断增多和服务内容的不断充实，手机银行业务日渐成为日本银行零售业务的支柱之一。

### （三）我国手机银行的发展

#### 1. 我国手机银行市场概述

为加快网络金融业的发展，提高金融业的整体竞争力，2000 年 6 月由中国人民银行牵头，与 12 家商业银行联合共建的中国金融认证中心（CFCA）正式挂牌。2001 年 4 月泰康亚洲（北京）科技有限公司通过与 CFCA 的连接测试，成为移动领域中首家获 CFCA 金融权威安全认证的移动电子商务技术提供商。

与国外手机银行的发展相比，我国手机银行起步晚，但发展迅猛。2000 年 2 月 14 日，中国银行与中国移动通信集团公司签署了联合开发手机银行服务合作协议，并于 2000 年 5 月 17 日正式在全国范围内先期开通北京、天津、上海、深圳等 26 个地区的手机银行服务。几乎与中国银行同时，中国工商银行与中国移动通信集团公司也于 2000 年 5 月 17 日开通了手机银行系统，并首先在北京、天津、河北、上海、江苏、浙江、福建、江西、山东、广东、重庆、深圳等12个省市分行开通。2000年3月24日，招商银行发布信息，宣布已与中国移动通信集团广东有限公司深圳分公司联合在深圳推出手机银行服务，随后在重庆、北京、武汉、上海等11个城市推出。2000年4月26日，中国光大银行宣布在摩托罗拉公司的支持下推出手机银行服务。2001年广东发展银行中山分行与中国移动通信集团中山分公司联合推出手机钱包项目。目前国内各家手机银行服务项目的开通基本上都是分期进行的，首期主要以账户查询、存款账户间转账、金融信息查询和临时挂失等信息服务为主。从2010年开始，手机银行在国内进入加速发展阶段，因此，有人把2010年作为中国的手机银行元年。

随着我国经济的不断增长，人们对于银行服务的需求与日俱增，手机银行也相应地迅猛发展，并与其他电子银行手段一起成为银行服务体系中重要的组成部分。手机银行的发展壮大，使中国乃至全球银行服务体系的结构发生了根本性变化，传统银行服务体系的作用不断减弱。手机银行比传统银行服务增长更加快速，作为一种结合移动通信与货币电子化的全新服务，它不仅可以使人们在任何时间、任何地点处理多种金融服务业务，而且大幅度拓展了银行服务的范围。

(1) 我国手机银行的发展历程

手机银行伴随技术革新的脚步发展而来，2000年之前，电子技术催生出ATM、网上银行以及POS终端等多种银行产品，这些产品帮助银行开展业务并取得良好成效。进入21世纪后，移动通信技术完成了从量变到质变的飞跃，也为手机银行的出现奠定了基础。

我国手机银行经历了以下三个发展阶段：

① 短信银行阶段。2000年后，工商银行、中国银行、建设银行和招商银行先后推出了基于GSM短信中心和银行系统构成的短信手机银行服务，这标志着我国手机银行进入了短信时代。各银行短信手机银行服务可以帮助用户完成账务查询、自助缴费、银行转账等基础业务，并且可借助短信自由查询股市行情、航班信息、外汇牌价等信息。短信手机银行时代的特点是使用门槛低，用户易于接受，但同时期一些具有更高安全保障性的手机卡也存在更换成本高、普及率低以及手机短信输入复杂等缺点。

② WAP银行阶段。2004年至2006年，手机银行进入WAP时代。几大门户网站率先推出了WAP网站，迅速抢占移动互联网市场。银行跟随这股热潮，推出基于WAP技术标准的手机银行产品。该产品将相对成熟的网上银行业务部分移植到手机终端，使得用户可以通过手机完成大部分网上银行可以办理的业务。随着手机技术的发展，智能手机逐渐普及，手机显示屏越来越大，硬件性能越来越强，手机功能越来越丰富，手机和电脑之间的界限将越来越模糊。

WAP手机银行时代的优点是升级方便，成本较低，手机银行的业务内容丰富。其缺点是操作不方便，受制于无线网络的资费和速度等因素的影响，而且由于引入了电信运营商的必要支持，使得产业链逐步走向复杂化。

③ App银行阶段。从2007年至今，随着智能手机的出现和移动互联网技术的迅猛发展，手机的概念被重新定义。它不再只是一个通讯工具，而是具备了更丰富的内涵，人们的生活习惯从此被改变。包括银行业在内的所有行业都在针对移动互联网进行改革和升级，不断满足不同用户的需求，手机银行业因此跨入了App时代。App手机银行时代的特点是进一步提升了用户体验，而且随着手机功能的增加，使得手机银行能够完成的业务更加多元化，这也促使产业链更加复杂，同时也使银行的竞争者成倍增加。目前，App手机银行面临的一个最重要问题就是如何突出手机银行的金融属性，只有将更多金融创新融入手机银行中，才可以突显手机银行的竞争优势。在移动互联网时代，银行的App客户端正逐渐成为商业银行的“新门户”。

(2) 我国手机银行的重要意义

手机银行对于我国银行业最重要的意义在于：首先，在减弱中国金融系统性风险的同时，促进我国银行业向零售银行进行战略转型，为我国金融行业全面进入移动互联网时代积累经验。自1979年以来，我国金融业完全以银行为核心，银行业总资产占金融业总资产的99%以上，银行业贷款占社会融资规模总量的90%以上，这种不均衡的结构导致银行越来越被孤立。这不仅削弱了我国金融服务的质量，抑制我国金融生态健康发展，更重要的是，目前银行在我国金融生态中的作用已经越来越低，这种乱象为我国金融生态增加了系统性风险。这种畸形的现象导致存贷利差一直是我国银行业快速发展的引擎。但是，利率市场化、金融创新以及监管机构对银行传统业务的压力与日俱增，使得依靠存贷利差生存的银行不得不重新思考自己在国民经济生活中应该发挥的作用。在这种情况下，我国商业银行必将面临新一轮的战略转型和重新定位。

其次，手机银行在促进银行业务分流、推动网点转型方面发挥着重要作用。手机银行属于电子银行的范畴，而电子银行是实现银行规模扩张的战略要求。现阶段，平均规模小、人手紧张是中小银行面临的普遍问题。因此，发展电子银行将是中小银行的不二选择。电子银行替代率是衡量银行电子银行发展水平的最有力指标。国外的先进银行电子银行替代率普遍超过80%，有的达到90%；国内银行平均在44%，中小银行平均不足30%。[①] 手机银行“随时随地”的特点是其他任何电子银行产品所不具有的独特优势，大力发展手机银行，有利于缩小这方面的差距，提高电子银行替代率，为银行的战略扩张保驾护航。

① 参见张怡：《手机银行业务发展浅析》，载《银行家》2013年5月16日。

再次,发展手机银行可有效填补乡镇和农村金融服务的空白。由于经济总量和成本的双重限制,银行不愿意到乡镇和农村开设网点或安置自动柜员机,农村金融服务基本一片空白。近几年,手机在农村迅速普及,农民也能做到人手一机。因此,手机银行成为农村金融服务发展的希望。在农村和乡镇推广手机银行,有助于中小银行吸引和服务农村客户,推动负债业务发展,有助于服务"三农"。在广大农村地区推广手机银行,不仅可行,而且势在必行。

最后,发展手机银行可有效拓展银行服务的时间和空间。现实中因电子银行服务渠道不足,交易不及时而流失客户的案例层出不穷。银行的产品同质化严重,竞争也日趋白热化,银行的服务显得尤其重要。手机的贴身属性,使得"客户走到哪里,银行服务就跟到哪里"成为可能,大大拓展了银行服务的时间和空间。此外,手机银行在增强客户体验,提升银行品牌形象,促进存款业务增长方面也发挥着重要的作用。

2. 我国手机银行发展环境

(1) 我国手机银行产业链

手机银行是多产业相互交叉的新生产业,而且目前手机银行还未形成固定的商业模式,整体还处于不断变革的初创时期。我国手机银行产业链的现状是,行业整体刚刚起步,各大相关利益集团处于割据状态,彼此都有各自固定的客户群体,行业标准不一,急需更强力的政府机构确立主次地位。主要涉及三大相关利益集团:银行、电信运营商以及手机生产商。

电信运营商是移动金融早期的探路者之一,为手机银行市场的发展积累了一定的经验。自2000年初,中国移动就已经开始和各大银行合作开发手机银行项目,联通和电信随后相继展开相关业务。手机银行已发展成为电信运营商向外拓展的重要方式。

电信运营商是手机银行最重要的相关利益方,主要体现在以下三个方面:

首先,电信网络是手机银行正常运营的基础和保障。手机银行基于手机平台完成金融服务业务,稳定、安全、高效的网络环境是避免手机银行产生使用风险的最重要保障,也是保证信息能够及时交互的硬性基础,并且电信运营商数据流量资费的高低直接影响用户使用手机银行的意愿。

其次,电信运营商是手机银行业务的竞争者。目前在缴费和支付领域,用户对手机通讯安全性的认可以及长久以来的使用习惯,使得电信运营商的优势要大于银行。因此电信运营商与银行形成了一定的竞争关系。

最后,电信运营商是银行手机银行业务的合作者。在中国,电信运营商和银行在企业性质和经营现状方面都非常相似,目前都面临着相似的市场困境。二者都是国民经济生活中不可或缺的一环,但都因为存在一定的国有企业烙印和相对垄断的市场环境而缺乏创新的内在动力。面对移动互联网的爆发,电信运营商和银行都非常希望能够在移动金融方面有所突破，以树立新的市场地位和形象，同时增加新的利润来源。

（2）我国手机银行的经济基础

2015年中国移动互联网市场规模达到3981.5亿元，比2014年增长76.9%。[①]以上数据表明，移动互联网市场是又一个金矿。

首先，移动互联网市场规模爆发式的增长，将为手机银行提供广阔的增长空间，尤其在金融领域，各金融机构在手机银行的市场地位还没有确立，银行越早在手机银行领域发力就会获得越多的资源，为其之后的发展奠定基础。其次，移动互联网的发展将促使商业模式愈加成熟，这使手机银行得以搭载更多超越金融范畴的营销功能和服务功能，一方面增加了银行的重要性，另一方面也使银行更加贴近市场，了解市场需求。最后，移动互联网的发展将深度改变用户使用习惯，手机等移动终端在用户生活中将成为必需品，这也使手机银行可以获得更多的使用机会，进而提高其使用效率。

3. 我国手机银行发展现状

我国手机银行的发展现状是，国有银行拥有绝对优势，但没有鲜明特色，客户容易流失。招商银行发展最为优秀，客户依赖度最高。城市商业银行和外资银行发展滞后。随着近年来智能手机的广泛应用，手机银行交易量迅速增加。2014年手机银行交易规模高达32.8万亿元，同比增长157.1%。

推动手机银行资金处理规模高速增长的原因主要有以下三个：

（1）银行的大力推动。目前，各大银行都将手机银行业务定为未来业务拓展的主要方向，为手机银行开通提供很大便利，并且大幅降低手机银行使用成本。丰富的优惠政策和广泛的宣传推广，必然使手机银行得到最大程度的普及，交易量自然上涨。

（2）硬件设施的普及。随着智能手机的诞生和手机银行进入App时代，移动终端在用户生活中扮演的角色越来越重要，更多的资金划转、支付功能也会搭载到移动终端上。不仅如此，由于用户的增加，商户、企业和机构也会把更多的精力投入移动终端上，使得手机银行的使用更加便捷。

（3）商业生态的形成。手机银行和移动互联网产业二者相辅相成。移动互联网被誉为互联网的二次革命，未来移动互联网产业会更加成熟，形成更加稳定的商业环境。作为最重要的支持产业，手机银行必然随之繁荣。

（四）手机银行的功能

从理论上讲，除了现金业务，银行的柜台业务都可以搬到手机银行上来。任

---

① 参见《2015年中国移动互联网应用市场回顾与展望》，http://www.199it.com/archives/442057.html，2015年9月5日访问。

何事物都有从小到大、从简到繁的发展过程,手机银行也不例外。“先做起来,逐步完善”是已被证明的成功路径,成为业界的共识。

手机银行的功能可分为标配功能和拓展功能。查询、转账、汇款、缴费、临时挂失等属于标配功能。之所以称之为标配功能,是因为几乎每家银行提供的手机银行都具备这些功能。拓展功能就是在标配功能的基础上发展的基金理财、商业支付、网购等功能。拓展功能的提供,离不开银行后台的支持。在国内,手机银行功能同质化严重,手机银行在达到一定程度的普及后,要取得进一步的突破,业务创新不可或缺。手机银行在功能方面,也要作好发展规划。

目前多数手机银行已有账户查询、转账汇款、充值缴费、网购支付、信用卡还款、购买机票和电影票、购买基金及理财产品、无卡取款等功能。还有一些银行正在与运营商、电子商务网站进行合作,开发远程消费、支付和资金划转等功能,届时手机将兼具银行卡的作用。

(五) 我国手机银行所面临的问题

手机银行虽然具有传统商业银行无法比拟的优势,具备不可限量的发展潜力,并逐渐呈现出快速增长的态势。但是,同其他新鲜事物的发展规律一样,手机银行的发展同样会存在许多困难和制约因素。我国手机银行所面临的问题主要表现在以下几个方面。

1. 安全机制不够健全

与网上银行一样,安全问题是人们最关心的问题。资金和货币的电子化,很容易使银行在转账、交易、支付等服务过程中产生各种风险。如果安全无法保障,那么无论是银行,还是企业或个人,都不会使用此类服务。2013 年 9 月发布的《2013 年中国手机银行用户调研报告》显示,绝大多数用户对使用手机银行支付存在疑虑,对安全性存疑的用户占比 61.23%。他们最担心涉及账户安全的问题,比如手机遗失造成账户损失,出现问题后找不到责任方,以及手机中病毒。因此,在实施手机银行解决方案时,必须考虑交易过程中所涉及的各个方面、环节的安全性,必须采用比一般的信息增值服务高得多的安全保障机制,包括信息收发的保密性、完整性、不可抵赖性等。手机银行所存在的安全问题是制约手机银行发展的首要因素。

手机银行的安全性需要从银行和用户两个方面来保障。从银行方面来看,银行通过技术手段不断提高手机银行的安全性。例如,手机银行所使用的软件具有自动清除账户密码、自动清除登录信息等功能,假如手机丢失或者有他人使用手机,也不会出现手机银行被盗的情况。例如,浦发银行手机银行有手机号识别功能,相当于增加了一把由客户掌握的开启手机银行的钥匙,拿不到客户的手机号,就无法使用相应的身份登录手机银行。同时,手机银行在客户登录后会显示客户号确认身份,避免网络钓鱼。浦发银行还将手机银行登录密码与支付密码分离，为交易设立两道安全网。另外，当用户设定的查询密码过于简单时，系统会自动提示，要求用户修改密码。

除了银行需努力提高手机银行的安全性之外，用户也应注意防范风险。例如，用户一定要使用官方手机银行客户端；平时尽量不使用公共场所的免费 Wi-Fi 登录手机银行；安装杀毒软件，并且定期升级软件和杀毒；尽量不要将手机借给他人使用等。

2. 服务单一，内容不够丰富

手机银行能够使用户获得更快捷、更便利的银行服务，但它毕竟只是银行提供电子化金融服务的一种新渠道，最终吸引用户的是服务内容。目前国内刚起步的各家手机银行业务，往往因为服务内容的单一和贫乏而使市场推广遭遇阻力。目前各金融机构的手机银行功能趋同，多集中于转账汇款、查询余额、缴费等功能，而客户较关注的理财、投资等功能还需进一步丰富。手机这种终端由人们随身携带，极具个性色彩，因此，手机银行的使用对象应重点放在个人用户上，服务内容应根据手机使用人群的个性特点设计才能有效果。如果手机银行除了提供账户查询服务之外，还能提供支付水电费、订餐、订票，或在其他城市、省份消费，将能吸引更多的手机用户使用手机银行。银行应根据手机容量小、用户流动等特点，积极与第三方合作，不断开拓新业务，才能促进手机银行服务的发展繁荣。欧洲和日本的电信运营商与餐厅、电影院、航空公司等第三方建立合作关系，实现了手机订餐、订票、订座等多种服务。欧洲、日本的银行看到了这种移动服务巨大的市场潜力，纷纷配合电信运营商提供移动支付服务。因此，手机银行作为一种服务通道，其成功不仅取决于它和其他服务渠道的整合，更取决于银行服务内容本身，客户真正需要的是银行的金融产品和服务。手机银行只有充分发挥无线互联网和手机这种灵巧终端的优势，开发出独特的产品或服务（如定制、基于位置服务、预约排队等），移动银行才能发挥更大的作用，体现更充分的竞争优势。

3. 核心竞争力不明显，推广难度大

易观智库研究显示，中国手机银行市场在 2015 年第 4 季度保持增长，环比和同比都较上季度有较大增长。虽然国内的一些手机银行，已形成一定的品牌知名度，但仍未构建出明显的核心竞争力。手机银行虽然改变了支付行为，但核心竞争力仍不足。虽然一些银行通过减免手续费、送话费等方式进行促销，但手机银行的推广仍有一定的难度，客户的使用习惯一时难以改变。因此，手机银行应提高其核心竞争力，了解客户的需求，努力满足消费者对于网络金融服务多渠道、多元化的立体需求。

### （六）手机银行的益处

手机银行只是诸多移动支付增值服务中的一个缩影，它昭示着一个崭新消费时代的开始，更加预示着这个电子时代的明日辉煌。随着诸如移动证券、移动彩票、移动票务、移动政务、移动办公等增值服务的不断涌现，现有的手机银行/移动支付模式将会被注入更加丰富的功能和新的活力。参与运营手机银行系统的各个利益团体（如移动运营商、平台开发商、平台运营商、银行、服务提供商、广大移动终端用户、普通消费者以及社会各界）将连接成一条衔接人们生活方方面面的高效能价值链，而且这条新兴的多产业价值链将会对社会和人们的生活产生不可估量的级数效应，并最终进一步促进科技的发展和技术的不断进步。下面分别介绍手机银行能够给各团体带来的长期利益和广泛的社会效应。

1. 手机银行给移动运营商带来的利益

手机银行有助于促进移动运营商与银行、电商、社会公用事业部门及其他服务提供商进行合作，从合作中获取收益，并提高客户的忠诚度。手机银行交易平台是连接若干行业（如金融业、电信业、服务业、娱乐业等）、若干领域的桥梁和纽带，从前与移动运营商没有业务往来、毫无任何潜在业务关系的行业和企业，如今通过手机银行能够找到一个最为有效的渠道与移动运营商展开多领域、跨行业的合作，这给移动运营商带来前所未有的商机。

2. 手机银行给银行带来的利益

（1）降低银行经营成本，提高盈利能力。开展手机银行服务可以有效降低银行经营成本。国外某金融研究机构（Booz Allen & Hamilton/Logica Estimate）调查结果表明，利用手机银行处理每一笔交易的平均成本为 0.16 美元，远远低于 1.07 美元的传统柜员交易成本（比柜员成本低 85%）。按国内目前平均柜台交易成本约为 4 元人民币进行推算，使用手机银行交易的成本为 0.6 元人民币。

（2）拓展银行服务方式，增强银行竞争力。手机银行拓展了银行的服务渠道，是继网上银行、电话银行之后又一种方便银行用户使用的服务方式。银行业向来注重利用技术提高服务，发展手机银行已成为各银行提高服务、增强竞争力的一个重要手段，是各银行重要的经营战略之一。

（3）延长了银行服务的时间，扩大了银行服务范围。手机银行是将银行业务柜台延伸至手机用户身边，无形地增加了许多业务网点，同时不受营业时间的限制，真正实现了 7×24 小时全天候服务。

（4）方便展开中间服务，增加银行收入。手机银行服务的方便性和安全性，使手机用户更愿意选择通过手机缴纳电话费和水、电、煤气费等。有利于银行开展中间业务，增加收益。

（5）易于推广银行的金融产品，增加业务量。银行可以随时将新的金融产品推向用户，通过短信息或银行客户端及时与客户沟通互动，促进交易达成，有效地提高交易频率，扩大业务量和规模。例如：当记账式国债和新基金推出时，银行在通知用户定期存款到期的同时，提供可转记账式国债/转基金/续存定期/转活期等多种金融产品方便用户选择。

（6）利于开展有偿收费服务，获得新的服务收入。随着国外银行在国内开展个人银行业务，外资银行提供的理财收费服务使国内各商业银行看到了新的服务形式和新的收入来源。目前国内已经有一些银行提供这种满足用户理财需求的专家建议、投资组合建议等有偿的个人理财服务，并获得了较好的回报。手机银行服务除了能为移动用户提供通知、查询服务外，还是银行开展有偿服务的一个最佳服务方式。

3. 手机银行给服务提供商(SP)带来的益处

（1）提高竞争力。通过手机银行系统和移动增值服务业务的推广，可扩大SP的服务地域覆盖范围，提高SP品牌知名度，利用高新技术为客户提供方便、快捷的增值服务，提高行业综合竞争力，应对日益激烈的市场竞争。

（2）拓展新业务，吸引新客户。SP可以通过手机银行交易平台向客户提供各种新服务类型。以移动证券为例，除证券查询、委托交易等传统业务的移动电子化之外，还可推出行情预警、股评预订等新型个人化证券信息定制服务，促进券商和其他SP业务的发展；面对种类繁多的移动电子商务服务种类，SP还能够通过空中菜单下载(OTA)技术提高服务提供及选择的双向灵活性。这些方便实用的新业务将吸引大批新客户，提高客户忠诚度，并提高总体交易量，帮助SP获取更多的利润。

（3）节约成本。通过参与手机银行系统的分工与合作，SP无需耗费巨资自行开发或购买相关技术，即可实现为用户提供移动增值服务的愿望，节省大量人力物力的投入；手机银行系统将与SP共同对其移动交易业务进行市场推广，从而为SP节约可观的市场营销成本；通过手机银行增值交易的推出，SP如券商还能够缓解营业厅运营压力，降低日常运营成本，提高运营效率。

（4）快速抢占市场。SP将通过与手机银行系统的合作赢得时间，得以快速有效地占领移动增值业务的新市场，并避免或降低自行开发技术的风险及投入。此外，通过与手机银行系统的合作，SP即直接与移动运营商及银行等其他服务提供商达成合作，迅速实现整套服务体系的形成。

（5）原有业务体系不受影响，更好地了解用户的消费行为。与手机银行系统合作实现移动增值交易业务后，该服务的实行对SP现有的业务体系、工作流程等各方面的运作没有任何影响。随着各种移动交易业务不断被用户接受，SP可以通过业务量更好地了解用户的消费需求和倾向，这有助于开发出更多、更丰富的新型应用服务。

4. 手机银行给广大消费者带来的益处

（1）用户将享受丰富多彩的增值服务。通过一部手机居然能做那么多事情，这是以前的移动用户想都没想过的，也是移动运营商、银行、SP等所始料不及的。手机银行赋予了多方团体崭新的角色，让他们又拥有了更加广阔的活动空间，而最大的受益者就要属广大的移动用户了。随着手机银行系统的不断完善和应用服务内容的不断增加，普通的移动用户可以享受到诸如银行账户查询、转账汇款、信用卡还款、费用充值、投资理财、水电煤气费的支付、股票买卖、在线订票、在线订餐、生活娱乐等层出不穷的移动增值服务。

(2) 用户将真正享受7×24小时的无障碍消费体验。电子商务的蓬勃发展缩短了人们之间的距离，也使地球变小了，人们可以坐在家里通过互联网访问世界任何角落的人或机构。而移动商务时代的到来使电子商务活动变得更加方便。人们不必再坐在家里，而是通过一部手机就可以随时随地实现移动炒股、移动银行、移动购物、移动支付等，真正实现每周7天、每天24小时跨时间、跨地区的无障碍购物新体验。

（七）手机银行的发展趋势

1. 手机银行向移动金融转变

手机银行发展初期，各大银行都试图将柜台服务复制到手机上。但实际上，移动互联网给用户生活带来的变化是颠覆性的，仅仅将银行服务转移到手机上是不够的。

未来的发展趋势是，手机不再是移动金融服务的唯一载体，更多概念型产品将在市场上出现；银行提供金融服务将更加精准，并且赋予客户更多自主性。手机银行的定义将向移动金融转移，这体现在两个方面。第一，服务形式。手机银行将搭载更多基于本地化的金融服务，基于用户所在位置进行的生活化金融信息的推送将会增多，这既可以增加手机银行的竞争力，也可以为银行创造更多非利息收入。第二，产品形式。一直以来，银行都以最小的成本进行银行实体产品的推广，例如：存折、银行卡，ATM机等。随着移动互联网的发展，移动POS机、U盾、动态口令卡、驱动盘等实物产品的普及，加之手机的形式也在逐步趋于异形化、非实体化，一味地向手机上集成特殊功能将会达到饱和状态。因此，移动金融专用的实物产品也将出现，银行方面应该对此进行提早设计和规划，确保用户体验良好。

2. 金融账户向电子化转变

艾瑞咨询分析认为，随着电子银行的蓬勃发展，越来越多的用户倾向于以更便捷、更快速、更安全的形式享受金融服务。手机银行的出现使得用户不仅可以将电子现金随身携带，还可以将银行的营业厅随身携带，大幅提高了电子货币和电子账户的实际使用价值。这也会促进金融账户、金融服务、金融产品的进一步电子化，为银行打造现代化的服务平台奠定基础。为了用户使用方便，银行业跨行账号一体化将成为趋势。

3. 银行在移动银行业务中的位置越来越重要

移动银行本质上是一组移动业务与银行业务的整合。银行是移动银行业务的直接提供者,了解客户需求,拥有客户资料,因此银行在该业务中的位置将越来越重要。移动运营商的作用主要还是为业务提供安全的数据传输通道。韩国移动银行业务发展迅速的重要原因就是银行在该业务中扮演了积极的角色。

4. 移动银行业务发展的环境越来越成熟

影响移动银行业务发展的环境是多方面的,包括用户的认可、法律环境、行业标准等。随着电子银行和电子消费概念的深入,人们会逐渐适应利用电子手段进行金融交易的方式,从而逐渐减少对于移动银行业务安全性的担忧。法律环境指相关法律的配套支持与完善,如电子签名、用户隐私保护等。而行业标准指移动银行业务流程的认定、安全认证和行业服务标准的统一,这是保障业务合法性、防范风险的重要因素。

**案例 7-2**

**招商银行的手机银行 Android 2.0 版的功能介绍**

为您打造最酷、最炫、最好用的手机银行,完美适用于 Android 1.6 及更高系统版本的各类手机,让您畅享轻松的移动金融生活!

五大特性:

1. 界面够酷,大屏手机上使用,视觉体验更加清晰流畅。

2. 转账汇款 0 费用。即日起至 2013 年底,享受每日高达 5 万元的转账汇款额度,费用全免。

3. 专属高收益理财产品,专享尊贵礼遇。

4. 全新的频道设计,功能应有尽有。主要具有以下功能:

(1)"我的最爱":常用功能随心 DIY,一步立即进入你想要的功能;

(2)"生活助手":话费充值、商旅预订、彩票投注、电影票购买、优惠商户等,贴心生活好助手;

(3)"金融助手":无需登录,即可轻松查询最新的金融资讯及产品信息,更有理财计算器等一系列最实用的金融工具;

(4)"手机银行":涵盖一卡通和信用卡的常用金融服务,查询、转账、理财应有尽有。

5. 更周全的安全机制,更安全、更安心。秉承业界最高安全标准,采用 SSL 加密通信协议确保数据全程加密,登录 IP 变动检测、转账额度自主设置等安全措施及其他多种防护措施。在涉及用户资金安全的交易中,以短信验证码验证用户身份,保障客户资金安全。

2.0版全新升级版新增了以下功能：

1. 完美支持安卓大屏手机，全新的操作界面及频道设计，够炫、够酷。

2. 新增跨行“超级网银”功能，跨行转账免费了。通过招行网银专业版开通超级网银，即可通过手机银行办理他行账户转招行（实时免费）、他行账户余额及交易明细查询、跨行资金归集交易查询等业务。

3. 最新推出“网票网”手机购买电影票功能，支持在线提前选座，短信接收电影票，方便快捷，而且有折扣。操作流程：进入生活助手→电影票→网票网。

4. 新增“VANCL凡客诚品”，在线购物，货到试穿，30天无条件退换货。操作流程：进入生活助手→CMB Store→凡客诚品。

## 二、移动电子商务在娱乐类的应用

移动电子商务在娱乐类的应用包括游戏、社交、音乐和视频等。用户不仅可以从他们的移动设备上收听音乐，还可以订购、下载或支付特定的曲目，并且可以在网上与朋友们玩交互式游戏。手机游戏是移动互联网领域里的娱乐大户，而社交类应用主要是手机即时通信服务。下面将重点介绍手机游戏和手机即时通信服务。

### （一）手机游戏

手机游戏是指运行于手机上的游戏软件。随着智能机的普及和4G网络的覆盖率增加，手机网游日益兴起。目前，手机游戏的用户数量不断增加，正在移动互联网领域掀起一股手机游戏圈地热。手机游戏是中国移动互联网比较成熟的应用之一，《愤怒的小鸟》在电脑和手机上下载次数突破3亿次的成功，引发业界对手机游戏爆发式增长的期待，同时也引发了人们对手机游戏潜力的无尽猜想。不可否认的是，全球的手机游戏市场依然是一餐让人垂涎欲滴的美食。数十亿美元的潜在市场规模有可能让手机游戏在网游市场里排名第一。

资料显示，随着手机智能化的快速发展，以及移动互联网的不断完善，中国手机游戏市场规模将保持稳步快速的增长。中国互联网络信息中心发布的数据显示，2015年我国手机网络游戏用户规模为2.79亿，较2014年底增长了3105万，占手机网民的45.1%。全球在这方面的数据更是振奋人心：据统计，2013年全球手机游戏行业产值达到122亿美元。

### （二）手机即时通信服务

手机即时通信是将即时通信聊天软件搬到手机上，满足用户随时随地聊天的需求。目前国内的主要产品包括微信、手机QQ、陌陌、米聊、易信、来往等软件，主要面向手机个人用户。以用户数来计算，微信在国内的市场份额超过80%，其他类似应用的用户数量相对较少。

最早推出手机即时通信软件的是一家加拿大公司，它于 2010 年 10 月 21 日推出了一款 Kik Messenger，这是一种手机端即时通信程序，支持 iPhone、谷歌 Android 和黑莓三个手机平台。据说，最初他们想开发一款音乐交流应用，但是后来发现短消息功能更酷、更被人需要，于是果断转身，剪裁掉大量规划中的功能，迅速上线，并刷新了互联网纪录。历数互联网近几年最流行的服务增长速度：用户数从 0 到 100 万，Twitter 用了两年；Foursquare 用了 1 年；Facebook 用了 9 个月。而 Kik Messenger（以下简称 Kik）只用了 15 天，其用户数就达到了 100 万。Kik 流行的一个原因是利用了病毒式营销原理，在安装程序后，它会自动扫描手机通讯录，如果有朋友也注册了这个服务，它就会提示使用者将这个朋友加入好友名单。如此一传十、十传百，其用户规模就出现了爆炸式增长。

随着国外 Kik 在发布 15 天后宣布突破 100 万用户，类 Kik 的手机即时通信工具在国内纷纷涌现，小米的米聊，盛大的 KIKI，遨游的遨信，还有一些小型工作室作品，例如速聊、个信等。2011 年 1 月 21 日，腾讯宣布发布微信，加入这个划时代的全新手机聊天体验之战。微信用户可以通过手机、平板电脑、网页快速发送语音、视频、图片和文字。微信提供公众平台、朋友圈、消息推送等功能，用户可以通过摇一摇、搜索号码、附近的人、扫二维码方式添加好友和关注公众平台，同时用户可以把看到的精彩内容分享到微信朋友圈。截至 2013 年 11 月，微信的注册用户量已经突破 6 亿，是亚洲地区拥有最大用户群体的移动即时通信软件。2013 年 8 月，微信 5.0 上线，添加了表情商店和游戏中心，扫一扫功能全新升级，可以扫街景、扫条码、扫二维码、扫单词翻译、扫封面。2013 年 8 月 15 日，微信海外版（WeChat）注册用户突破 1 亿。截至 2016 年第一季度末，微信每月活跃用户已达到 5.49 亿，用户覆盖 200 多个国家、超过 20 种语言。此外，各品牌的微信公众账号总数已经超过 800 万个，移动应用对接数量超过 85000 个，微信支付用户则达到了 4 亿左右。

微信在我国的手机即时通信服务中占据绝对的优势，下面将重点介绍微信的功能。

1. 基本功能

（1）聊天。支持发送语音短信、视频、图片（包括表情）和文字，是一种聊天软件，支持多人群聊。

（2）添加好友。微信支持查找微信号、查看 QQ 好友添加好友、查看手机通讯录和分享微信号添加好友、摇一摇添加好友、扫二维码添加好友和漂流瓶接受好友等七种方式。

（3）实时对讲机功能。用户可以通过语音聊天室和一群人语音对讲，但与在群里发语音不同的是，这个聊天室的消息几乎是实时的，并且不会留下任何记录，在手机屏幕关闭的情况下也仍可进行实时聊天。

2. 其他功能

（1）朋友圈。用户可以通过朋友圈发表文字和图片，同时可通过其他软件将文章或者音乐分享到朋友圈。用户可以对好友新发的照片进行“评论”或“点赞”,并且只能看到相同好友的评论或赞。

(2) 语音提醒。用户可以通过语音设置“语音提醒”,可以提醒时间与事项,例如提醒打电话或是查看邮件,如“5 分钟后提醒我打个电话”。

(3) 文件传输助手。使用文件传输助手,可以在手机与电脑间互发消息。支持文字、图片、音频、视频以及各种文件类型。通过文件传输助手,普通的 txt 文件、word 文件、excel 文件以及较小的视频文件都可以通过微信相互传输。也就是说,用户除了使用微信给好友发送消息、语音、照片、视频之外,还可以给好友发送更多东西。

(4) 通讯录安全助手。开启后可上传手机通讯录至服务器,也可将之前上传的通讯录下载至手机。

(5) QQ 邮箱提醒。开启后可接收来自 QQ 邮箱的邮件,收到邮件后可直接回复或转发。

(6) 私信助手。开启后可接收来自 QQ 微博的私信,收到私信后可直接回复。

(7) 漂流瓶。通过扔瓶子和捞瓶子来匿名交友。

(8) 查看附近的人。微信将会根据用户的地理位置找到在用户附近同样开启本功能的人。

(9) 语音记事本。可以进行语音速记,还支持视频、图片、文字记事。

(10) 微信摇一摇。这是微信推出的一个随机交友应用,通过摇手机或点击按钮模拟摇一摇,可以匹配到同一时段触发该功能的微信用户,从而增加用户间的互动和微信黏度。

(11) 群发助手。通过群发助手把消息发给多个人。

(12) 微博阅读。可以通过微信来浏览腾讯微博内容。

(13) 流量查询。微信自身带有流量统计的功能,可以在设置里随时查看微信的流量动态。

(14) 游戏中心。可以进入微信玩游戏(还可以和好友比分数高低),例如“经典飞机大战”“天天连萌”等。

(15) 支付功能。用户关注公众账号后,可选择餐厅,在线点餐并支付餐费。该账号集合了多家餐饮、休闲等生活类线下实体客户,为用户提供优惠券下载、生活类信息推介等功能。

(16) 公众号服务。微信 5.0 版的公众号分为两类:订阅号和服务号。订阅号为用户提供信息和资讯。如:骑行西藏、央视新闻。订阅号每天(24 小时内)可以发送 1 条群发消息,发给订阅用户(粉丝)的消息,将会显示在对方的订阅号文件夹中。在发送消息给订阅用户(粉丝)时,订阅用户不会收到即时消息提醒。订阅号收拢至订阅号文件夹,不强制推送。

服务号旨在为用户提供服务。如:招商银行、中国南方航空。最初服务号1个月(30天)内仅可以发送1条群发消息,后改为1个月4条,现又改为每天可以发送1条群发消息。发给订阅用户(粉丝)的消息,会显示在对方的聊天列表中。在发送消息给用户时,用户将收到即时的消息提醒。

(17) 微信网页版。微信网页版指通过手机微信(4.2版本以上)的二维码识别功能在网页上登录微信,微信网页版能实现和好友聊天、传输文件等功能,但不支持查看附近的人以及摇一摇等功能。

## 三、移动电子商务在商品交易类的应用

移动电子商务在商品交易类的应用包括有形商品和无形商品的交易,无形商品包括数字化商品和服务商品。服务商品的交易包括订餐、订电影票、订机票和火车票、订出租车、旅游订购、维修服务、家政服务等。目前移动电子商务在商品交易类的应用较多,主要有淘宝、团购网站(美团网、拉手网、大众点评团、高朋网等)、分类信息网站(58同城、百姓网等)、B2C网站(天猫、京东商城、苏宁易购、亚马逊、当当等)、比价网站(一淘等)、优惠券类网站(丁丁网、爱折客等)。借助移动电子商务,用户能够通过其移动通信设备进行网上购物。即兴购物会是一大增长点,如订购鲜花、礼物、食品或快餐等。传统购物也可通过移动电子商务得到改进。例如,用户可以使用"无线电子钱包"等具有安全支付功能的移动设备,在商店里或自动售货机上进行购物。

### 案例7-3

#### 六大将被微信支付改变的行业①

看到一盒益达口香糖,打开微信,对着瓶身的条形码一扫,手机立即显示易迅、当当和1号店都有售。其中,易迅卖9.9元,当当卖9.9元,1号店卖10元。点开易迅的链接,选择微信支付,若已开通微信支付,直接输入密码即可进行消费;若未开通微信支付,提交订单,绑定银行卡,设定支付密码,验证后即可进行消费。

看到广场上的一个二维码,打开微信,远远地扫一下,发现是海岸城商场的微信公众号,进入公众号,了解该商场正在打折促销一款潮品,然后在海岸城微信公众号里直接下单购买。

看到一本书《大数据》,想了解下是什么内容。打开微信扫描封面,显示了书

---

① 参见《微信未来将改变六大行业》,http://www.cyzone.cn/a/20131017/246217.html#utm_source=copyright,2015年12月1日访问。

的作者和内容简介，以及该书在豆瓣上的评分7.5分，还有亚马逊售价34.8元、当当售价35.5元。打开亚马逊的链接，即可下单购买该书。

扫一扫，扫出新世界。这是微信5.0里对扫一扫的强大功能给出的定位。扫一扫，将线下和线上、人和机、物和网完美地结合起来。而在这个结合的过程中，因为微信支付的加入，线下和线上、人和机、物和网才真正形成了一个圆。经过盘点，大胆设想了一下，这个圆将催生出六大新兴的商业模式，这也同时意味着将有六大行业将被微信支付彻底改变。

(1) 广告业——找回那浪费的50%广告费

传统广告基本是在广播、电视、报纸杂志等传统媒介上投放广告，视听类媒体通常以广告时长和时段进行计费，平面媒体通常是以位置、发行量和版面进行计费。无论如何计费，广告主都不能获得直接的转化数据。

Dell可谓对传统媒体广告运用最娴熟的企业，在不同的媒体投放不同的订购电话。但即便如此，也难以将用户关注强关联至用户购买转化。

进入1.0时代，互联网广告基本以展示广告为主，计费方式仍然与传统平面媒体差异不大，仍是以流量(发行量)、位置和尺寸(版面)计费。所以曾经有不少广告主抱怨，在新浪首页投放广告，单个用户的展示成本高达500多元。

2.0时代，互联网强调人和电脑的互动，广告计费方式多以CPC(单个点击成本)和CPA(单个安装成本)来计算。一则广告，有多少人点击了，一个软件广告，有多少人下载了，成为最主要的计费方式。

而随着移动互联网时代的到来和社交媒体的兴起，微信的扫一扫和支付功能将实现广告业CPS(单个销售成本)的可能。用户看见商品，立即扫描、立即比价、立即购买，广告投入带来的销售非常直观，再也不会出现如宝洁的CEO感叹"有50%的广告费被浪费了"的情形了。

(2) 电商业——电商网站不是平台是货架

无论何时何地，扫描商品包装条形码，即可获得商品在各个电商网站的售价，选择一个最低售价下单购买，一气呵成。这是微信提供的极致购买体验。

在这个体验中，微信将变成商品的入口，各大电商都成为了陈列商品的货架。消费者只需选择最便宜的那个价格下单即可。这就相当于在一个巨大的批发市场里，开了沃尔玛、家乐福等各家卖场，各家卖场陈列了绝大多数的商品品类。这个时候卖场比拼的将是售价和服务，谁的售价低、谁的服务好，用户就选择从哪个货架上取东西。

(3) 出版业——数字出版到自出版的进化

传统出版业被改变已是不争的事实，书籍的电子化、音乐的电子化、电影的电子化等，几乎所有传统出版的内容形式都被数字化了。

看到一本书、一张CD、一张电影海报，扫描即可获得内容简介和购买信息?

不，不只是如此，扫描一本书，或许出现了该书的电子版；扫描一张 CD，或许出现歌曲的 MP3 格式；扫描一张电影海报，直接让你看视频……

这将促使无数的创作者，自由地进行创作。寂寂无名的作家，可以在微信朋友圈或者微信公众号进行连载，用内容吸引用户通过微信支付购买；年轻的歌手可以发布网络歌曲供免费试听、付费下载；微电影和一切自投拍的电影可以发布数字版供用户观赏，并吸引广告主付费。

罗振宇通过微信公众号募集会员付费已达 160 万元。笔者的一个作家朋友，在微信朋友圈中连载小说《单身是幸福的前戏》，收入已能维持体面的生活。微信的出现和微信支付的产生，使得当我们还在讨论数字出版浪潮到来的时候，自出版已经悄然而至。

(4) 影院餐饮业——线下服务业的 O2O

自移动互联网热潮来袭，O2O 一直是令各互联网评论人、创业者们欣喜不已的名词。在传统互联网时代，O2O 并没有真正做到。铺天盖地的团购扫街小分队，将大街小巷的餐饮店、电影院、KTV、按摩店、美容院扫了个遍，但是除了给线下商业带来不定期的“捡便宜”的人流热潮外，并没有得到真正的可持续的商业利益。

微信将其 4 亿用户推送到了所有线下商家面前。用户通过微信查找附近的商家，然后挑选自己喜欢的商品和服务，支付后即可到商家消费。比如一群美女逛街逛累了，想做美甲，通过微信查找最近的美甲店，然后下单购买就可享受服务，免去排队、预约等各种麻烦。而这也完全有别于此前的团购模式的 O2O，给商家带来的是持续的近场人流，只要用户在商家附近，商家就可以利用微信将人流吸引到身边。

同时，对于商家来说，用户通过微信支付将钱直接转入商家的账户，真正实现了 O2O 闭环。

(5) 预付卡/会员卡——CRM 还可以这样玩

打开你的钱包，是不是除了银行卡之外，还有相当多的会员卡/预付费卡？地铁卡、公交卡、美容院的卡、理发店的卡、火锅店的卡、超市的卡……鼓鼓囊囊的一大堆卡，随时还有可能忘了里面是否还有余额或者积分。到了节假日，这种情况就更严重了，家乐福的卡、沃尔玛的卡、百盛商场的卡、天虹商场的卡等，而且这些卡往往又不能通用，给用户造成巨大的困扰。

接入了微信支付的微信服务号，变成了一个商家 CRM 平台。每个商家的用户信息、积分、消费记录、消费内容都可以记录下来。用户带着装了微信的手机，就可抛开鼓鼓的卡包。而对商家来说，在微信上发行一张虚拟的会员卡，成本要远远低于发行一张实体的会员卡。另外，商家也不用再部署复杂的 CRM 系统，直接上微信后台查数据即可。

即将与微信打通的羊城通就是典型的例子,复杂的数据库和账户体系、千奇百怪的终端设备,通过微信支付充值,将前端用户、后台数据、终端设备完美地结合在一起。被每个商家视为核心竞争力之一的CRM,将可以轻而易举地管理。

(6)银行基金业——互联网金融的试验田

在银行业还在为传统金融业的互联网化而争论不休的时候,当网上银行、电话银行、手机银行还在为推动用户转型而伤脑筋的时候,招商银行的"微信银行"上线3个月用户已经突破100万。用户只需发条微信,就能获得个人账户情况、信用卡账单、各类贵金属价格、外汇价格等。

招商银行"微信银行"的火爆让中信银行、工商银行、平安银行、广发银行、交通银行纷纷跟进,各银行纷纷推出"微信银行",用户只需关注银行公众号,就能办理部分银行业务。

将物理网点变成虚拟网点,将人工电话客服变成在线客服,将庞大的IT系统变成简单易用的公众号,银行业的变革已经开始。

国内管理资产规模最大的基金公司华夏基金正式登陆微信,并在微信上推出基金交易业务。用户可通过微信支付实现货币基金的存入和快速取现等功能。目前已经有30余家基金公司开通了微信公众号,在微信平台上买卖其他基金公司基金也指日可待。

手机上买基金实现了,手机上买保险还会远吗?

## 复习思考题

**一、名词解释**

1. 移动电子商务　　2. 手机银行

**二、简答题**

1. 移动电子商务有哪些特点?
2. 简述移动电子商务的优势。
3. 简述移动电子商务的发展历程。
4. 简述我国移动电子商务的发展趋势。
5. 简述手机银行的功能。
6. 简述我国手机银行所面临的问题。
7. 简述手机银行的发展趋势。
8. 你认为微信具有哪些优势?微信对人们的生活、工作和学习带来了哪些影响?

# 参考文献


1. 周曙东主编:《电子商务概论》,东南大学出版社 2008 年版。
2. 姜红波主编:《电子商务概论》,清华大学出版社 2009 年版。
3. 邵兵家主编:《电子商务概论》,高等教育出版社 2006 年版。
4. 白东蕊、岳云康、张莹编著:《电子商务概论》,人民邮电出版社 2010 年版。
5. 芮廷先主编:《电子商务》,北京大学出版社 2010 年版。
6. 高功步主编:《电子商务概论》,机械工业出版社 2011 年版。
7. 俞立平、李建忠、何玉华编著:《电子商务概论》,清华大学出版社 2012 年版。
8. 袁毅、陆建平编著:《电子商务概论》,机械工业出版社 2013 年版。
9. 杨天翔主编:《电子商务概论》,复旦大学出版社 2007 年版。
10. 黄敏学主编:《电子商务》,高等教育出版社 2004 年版。
11. 明均仁主编:《电子商务概论》,人民邮电出版社 2012 年版。
13. 许国柱编著:《电子商务实务》,清华大学出版社 2010 年版。
14. 吴爽编著:《电子商务理论与实务》,清华大学出版社 2010 年版。
15. 赵卫东、黄丽华编著:《电子商务模式》,复旦大学出版社 2011 年版。
16. 郑适:《中国 B2B 电子商务的发展与障碍》,中国经济出版社 2010 年版。
17. 张波、孟祥瑞编著:《电子商务安全》,华东理工大学出版社 2006 年版。
18. 〔美〕菲利普·科特勒:《营销管理》,梅清豪译,上海人民出版社 2005 年版。
19. 姜旭平:《网络整合营销传播》,清华大学出版社 2007 年版。
20. 冯英健:《网络营销基础与实践》,清华大学出版社 2007 年版。
21. 秦成德、王汝林编著:《移动电子商务》,人民邮电出版社 2009 年版。
22. 师群昌、帅青红:《移动支付及其在中国发展探析》,载《电子商务》2009 年第 2 期。